Staatshaftungsrecht

Hemmer/Wüst/Hauck/Holzinger

Juristisches Repetitorium hemmer

Augsburg - Bayreuth - Berlin - Bielefeld - Bochum - Bonn - Bremen - Dortmund - Düsseldorf - Erlangen - Essen - Frankfurt/M. - Freiburg - Gießen - Göttingen - Greifswald - Halle - Hamburg - Hannover - Heidelberg - Jena - Kiel - Koblenz - Köln - Konstanz - Leipzig - Mainz - Marburg - München - Münster - Nürnberg - Osnabrück - Passau - Potsdam - Regensburg - Rostock - Saarbrücken - Stuttgart - Trier - Tübingen - Würzburg

UNSERE HAUPTKURSE ZIVILRECHT - ÖFFENTLICHES RECHT - STRAFRECHT

Ab dem 5. - 6. Semester werden Sie sich erfahrungsgemäß für unsere Examensvorbereitungskurse interessieren. Hören Sie kostenlos Probe und besuchen Sie unsere Infoveranstaltungen.

IM REPETITORIUM GILT DANN: LERNEN AM EXAMENSTYPISCHEN FALL!
WIR ORIENTIEREN UNS AM NIVEAU DES EXAMENSFALLS!

Gemäß unserem Berufsverständnis als Repetitoren vermitteln wir Ihnen nur das, worauf es ankommt: Wie gehe ich bestmöglich mit dem großen Fall, dem Examensfall, um. Aus diesem Grund konzentrieren wir uns nicht auf Probleme in einzelnen juristischen Teilbereichen. Bei uns lernen Sie, mit der Vielzahl von Rechtsproblemen fertig zu werden, die im Examensfall erkannt und zu einem einheitlichen Ganzen zusammengesetzt werden müssen („Struktur der Klausur"). Verständnis für das Ineinandergreifen der Rechtsinstitute und die Entwicklung eines Problembewusstseins sind aber zur Lösung typischer Examensfälle notwendig.

Ausgangspunkt unseres erfolgreichen Konzepts ist die generelle Problematik der Klausur oder Hausarbeit: Der Bearbeiter steht bei der Falllösung zunächst vor einer Dekodierungs- (Entschlüsselungs-) und dann vor einer (Ein-) Ordnungsaufgabe: Der Examensfall kann nur mit juristischem Verständnis und dem entsprechenden Begriffsapparat gelöst werden. Damit muss Wissen von vorneherein unter Anwendungsgesichtspunkten erworben werden. Abstraktes, anwendungsunspezifisches Lernen genügt nicht.

Man hofft auf die leichten Rezepte, die Schemata und den einfachen Rechtsprechungsfall. Die unnatürlich klare Zielsetzung der Schemata lässt aber keine Frage offen und suggeriert eine Einfachheit, die im Examen nicht besteht. Auch bleibt die der Falllösung zugrunde liegende juristische Argumentation auf der Strecke. Mit einer solchen Einstellung wird aber die korrekte, sachgerechte Lösung von Klausur und Hausarbeit verfehlt.

ERSTELLER ALS „IMAGINÄRER GEGNER"

Der Ersteller des Examensfalls hat auf verschiedene Problemkreise und ihre Verbindung geachtet. Diesen Ersteller muss der Student als imaginären Gegner bei seiner Falllösung berücksichtigen. Er muss also versuchen, sich in die Gedankengänge, Annahmen und Ideen des Erstellers hineinzudenken und dessen Lösungsvorstellung wie im Dialog möglichst nahe zu kommen. Dazu gehört auch der Erwerb von Überzeugungssystemen, Denkmustern und ethischen Standards, die typischerweise und immer wieder von Klausurenerstellern den Examensfällen zugrunde gelegt werden.

Wir fragen daher konsequent bei der Falllösung:
Was will der Ersteller des Falls („Sound")?
Welcher „rote Faden" liegt der Klausur zugrunde („mainstreet")?
Welche Fallen gilt es zu erkennen?
Wie wird bestmöglicher Konsens mit dem Korrektor erreicht?

Wer sich überwiegend mit Grundfällen und dem Auswendiglernen von Meinungen beschäftigt, dem fehlt zum Schluss die Zeit, Examenstypik einzutrainieren. Es droht das Schreckgespenst des „Subsumtionsautomaten". Examensfälle zu lösen ist eine praktische und keine theoretische Aufgabe.

SPEZIELLE AUSRICHTUNG AUF EXAMENSTYPIK

Die Thematik der Examensfälle ist bei uns auffällig häufig vorher im Kurs behandelt worden. Auch in Zukunft ist damit zu rechnen, dass wir mit Ihnen innerhalb unseres Kurses die examenstypischen Kontexte besprechen, die in den nächsten Prüfungsterminen zu erwarten sind.

Schon beim alten Seneca galt: „Wer den Hafen nicht kennt, für den ist kein Wind günstig". Vertrauen Sie auf unsere Expertenkniffe. Seit 1976 analysieren wir Examensfälle und die damit einhergehenden wiederkehrenden Problemfelder. Problem erkannt, Gefahr gebannt. Die „hemmer-Methode" setzt richtungsweisende Maßstäbe und ist Gebrauchsanweisung für Ihr Examen.

Das Repetitorium hemmer ist bekannt für seine Spitzenergebnisse. Sehen Sie dieses Niveau als Anreiz für Ihr Examen. Orientieren Sie sich nach oben, nicht nach unten.

Unsere Hauptaufgabe sehen wir aber nicht darin, nur Spitzennoten zu produzieren: Wir streben auch für Sie ein solides Prädikatsexamen an. Regelmäßiges Training an examenstypischem Material zahlt sich also aus.

GEHEN SIE MIT DEM SICHEREN GEFÜHL INS EXAMEN, SICH RICHTIG VORBEREITET ZU HABEN. GEWINNEN SIE MIT DER „HEMMER-METHODE".

www.hemmer.de

Mergentheimer Str. 44 / 97082 Würzburg
Tel.: 0931-7 97 82 30 / Fax: 0931-7 97 82 34

6 Monate kostenlos testen*

juris by hemmer - zwei starke Marken!

Ihre Online-Recherche: So leicht ist es, bequem von überall – zu Hause, im Zug, in der Uni – zu recherchieren. Ob Sie einen Gesetzestext suchen, Entscheidungen aus allen Gerichtsbarkeiten, zitierte und zitierende Rechtsprechung, Normen, Kommentare oder Aufsätze – **juris by hemmer** bietet Ihnen weitreichend verlinkte Informationen auf dem aktuellen Stand des Rechts.

Erfahrung trifft Erfahrung

juris verfügt inzwischen über mehr als dreißig Jahre Erfahrung in der Bereitstellung und Aufbereitung von Rechtsinformationen und war der erste, der digitale Rechtsinformationen angeboten hat. hemmer bildet seit 1976 Juristen aus. Das umfassende Lernprogramm des Marktführers bereitet gezielt auf die Staatsexamina vor. Jetzt ergänzt durch die intuitive Online-Recherche von juris.

Nutzen Sie die durch das Kooperationsmodell von **juris by hemmer** geschaffene Möglichkeit: Für die Scheine, vor dem Examen die neuesten Entscheidungen abrufen, schnelle Vorbereitung auf die mündliche Prüfung, bequemes Nachlesen der Originalentscheidung passend zur Life&LAW und den hemmer-Skripten. So erleichtern Sie sich durch frühzeitigen Umgang mit Onlinedatenbanken die spätere Praxis. Schon für Referendare ist die Online-Recherche unentbehrlich. Erst recht für den Anwalt oder im Staatsdienst ist der schnelle Zugriff obligatorisch. hemmer hat ein umfassendes juris-Paket geschnürt: Über 800.000 Entscheidungen, der juris PraxisKommentar zum BGB und Fachzeitschriften zu unterschiedlichen Rechtsgebieten ermöglichen eine Voll-Recherche!

Das „juris by hemmer"-Angebot für hemmer.club-Mitglieder

So einfach ist es, **juris by hemmer** kennenzulernen:

*Ihr Vorteil: 6 Monate kostenfrei für alle Teilnehmer/-innen des hemmer Haupt-, Klausuren- oder Individualkurses oder des Assessorkurses, die sich während dieser Kursteilnahme anmelden und gleichzeitig hemmer.club-Mitglied sind. Die Mitgliedschaft im hemmer.club ist kostenlos.

Danach nur 2,90 € monatlich, solange Sie Jurastudent oder Rechtsreferendar sind. Voraussetzung ist auch dann die Mitgliedschaft im hemmer.club. Auch für alle hemmer.club-Mitglieder, die nicht (mehr) Kursteilnehmer sind, gilt unser Angebot: nur 2,90 € monatlich, solange Sie Jurastudent oder Rechtsreferendar sind. Kündigung jederzeit zum Monatsende möglich.

Jetzt anmelden unter „juris by hemmer": www.hemmer.de

Juristisches Repetitorium hemmer

VORBEREITUNG AUF DAS ERSTE STAATSEXAMEN

Kursorte im Überblick

Augsburg
Wüst
Mergentheimer Str. 44
97082 Würzburg
Tel.: (0931) 79 78 230
Fax: (0931) 79 78 234
Mail: augsburg@hemmer.de

Bayreuth
Daxhammer/d'Alquen
Parkweg 7
97944 Boxberg
Tel.: (07930) 99 23 38
Fax: (07930) 99 22 51
Mail: bayreuth@hemmer.de

Berlin-Dahlem
Gast
Schumannstraße 18
10117 Berlin
Tel.: (030) 240 45 738
Fax: (030) 240 47 671
Mail: mitte@hemmer-berlin.de

Berlin-Mitte
Gast
Schumannstraße 18
10117 Berlin
Tel.: (030) 240 45 738
Fax: (030) 240 47 671
Mail: mitte@hemmer-berlin.de

Bielefeld
Lück
Salzstr. 14/15
48143 Münster
Tel.: (0251) 67 49 89 70
Fax.: (0251) 67 49 89 71
Mail: bielefeld@hemmer.de

Bochum
Schlömer/Sperl
Salzstr. 14/15
48143 Münster
Tel.: (0251) 67 49 89 70
Fax.: (0251) 67 49 89 71
Mail: bochum@hemmer.de

Bonn
Ronneberg/Clobes/Geron
Meckenheimer Allee 148
53115 Bonn
Tel.: (0228) 91 14 125
Fax: (0228) 91 14 141
Mail: bonn@hemmer.de

Bremen
Kulke/Hermann
Mergentheimer Str. 44
97082 Würzburg
Tel.: (0931) 79 78 257
Fax: (0931) 79 78 240
Mail: bremen@hemmer.de

Dresden
Stock
Zweinaundorfer Str. 2
04318 Leipzig
Tel.: (0341) 6 88 44 90
Fax: (0341) 6 88 44 96
Mail: dresden@hemmer.de

Düsseldorf
Ronneberg/Clobes/Geron
Meckenheimer Allee 148
53115 Bonn
Tel.: (0228) 91 14 125
Fax: (0228) 91 14 141
Mail: duesseldorf@hemmer.de

Erlangen
Grieger/Tyroller
Mergentheimer Str. 44
97082 Würzburg
Tel.: (0931) 79 78 230
Fax: (0931) 79 78 234
Mail: erlangen@hemmer.de

Frankfurt/M.
Geron
Dreifaltigkeitsweg 49
53489 Sinzig
Tel.: (02642) 61 44
Fax: (02642) 61 44
Mail: frankfurt.main@hemmer.de

Frankfurt/O.
Gast
Schumannstraße 18
10117 Berlin
Tel.: (030) 240 45 738
Fax: (030) 240 47 671
Mail: mitte@hemmer-berlin.de

Freiburg
Behler/Rausch
Rohrbacher Str. 3
69115 Heidelberg
Tel.: (06221) 65 33 66
Fax: (06221) 65 33 30
Mail: freiburg@hemmer.de

Gießen
Sperl
Parkweg 7
97944 Boxberg
Tel.: (07930) 99 23 38
Fax: (07930) 99 22 51
Mail: giessen@hemmer.de

Göttingen
Schlömer/Sperl
Kirchhofgärten 22
74635 Kupferzell
Tel.: (07944) 94 11 05
Fax: (07944) 94 11 08
Mail: goettingen@hemmer.de

Greifswald
Joh. Lück
c/o HLS Rechtsanwälte
Knieperstraße 20 / Alter Markt
18439 Stralsund
Tel.: (03831) 26 27 17
Fax: (03831) 26 27 28
Mail: greifswald@hemmer.de

Halle
Luke
Rödelstr. 13
04229 Leipzig
Tel.: (0341) 49 25 54 70
Fax: (0341) 49 25 54 71
Mail: halle@hemmer.de

Hamburg
Schlömer/Sperl
Steinhöft 5-7
20459 Hamburg
Tel.: (040) 317 669 17
Fax: (040) 317 669 20
Mail: hamburg@hemmer.de

Hannover
Daxhammer/Sperl
Matzenhecke 23
97204 Höchberg
Tel.: (0931) 400 337
Fax: (0931) 404 3109
Mail: hannover@hemmer.de

Heidelberg
Behler/Rausch
Rohrbacher Str. 3
69115 Heidelberg
Tel.: (06221) 65 33 66
Fax: (06221) 65 33 30
Mail: heidelberg@hemmer.de

Jena
Richard Weber
c/o Kanzlei Luke
Rödelstr. 13
04229 Leipzig
Mail: jena@hemmer.de

Kiel
Schlömer/Sperl
Kirchhofgärten 22
74635 Kupferzell
Tel.: (07944) 94 11 05
Fax: (07944) 94 11 08
Mail: kiel@hemmer.de

Köln
Ronneberg/Clobes/Geron
Meckenheimer Allee 148
53115 Bonn
Tel.: (0228) 91 14 125
Fax: (0228) 91 14 141
Mail: koeln@hemmer.de

Konstanz
Guldin/Kaiser
Hindenburgstr. 15
78467 Konstanz
Tel.: (07531) 69 63 63
Fax: (07531) 69 63 64
Mail: konstanz@hemmer.de

Leipzig
Luke
Rödelstr. 13
04229 Leipzig
Tel.: (0341) 49 25 54 70
Fax: (0341) 49 25 54 71
Mail: leipzig@hemmer.de

Mainz
Geron
Dreifaltigkeitsweg 49
53489 Sinzig
Tel.: (02642) 61 44
Fax: (02642) 61 44
Mail: mainz@hemmer.de

Mannheim
Behler/Rausch
Rohrbacher Str. 3
69115 Heidelberg
Tel.: (06221) 65 33 66
Fax: (06221) 65 33 30
Mail: mannheim@hemmer.de

Marburg
Sperl
Parkweg 7
97944 Boxberg
Tel.: (07930) 99 23 38
Fax: (07930) 99 22 51
Mail: marburg@hemmer.de

München
Wüst
Mergentheimer Str. 44
97082 Würzburg
Tel.: (0931) 79 78 230
Fax: (0931) 79 78 234
Mail: muenchen@hemmer.de

Münster
Schlömer/Sperl
Salzstr. 14/15
48143 Münster
Tel.: (0251) 67 49 89 70
Fax.: (0251) 67 49 89 71
Mail: muenster@hemmer.de

Osnabrück
Fethke
Dankwartstraße 46
23966 Wismar
Tel.: (0541) 18 55 21 79
Fax.: ---
Mail: osnabrueck@hemmer.de

Passau
Köhn/Rath
Mergentheimer Str. 44
97082 Würzburg
Tel.: (0931) 79 78 230
Fax: (0931) 79 78 234
Mail: passau@hemmer.de

Potsdam
Gast
Schumannstraße 18
10117 Berlin
Tel.: (030) 240 45 738
Fax: (030) 240 47 671
Mail: mitte@hemmer-berlin.de

Regensburg
Daxhammer/d'Alquen
Parkweg 7
97944 Boxberg
Tel.: (07930) 99 23 38
Fax: (07930) 99 22 51
Mail: regensburg@hemmer.de

Rostock
Joh. Lück
c/o HLS Rechtsanwälte
Knieperstraße 20 / Alter Markt
18439 Stralsund
Tel.: (03831) 26 27 17
Fax: (03831) 26 27 28
Mail: rostock@hemmer.de

Saarbrücken
Bold/Hein/Issa
Preslesstraße 2
66987 Thaleischweiler-Fröschen
Tel.: (06334) 98 42 83
Fax: (06334) 98 42 83
Mail: saarbruecken@hemmer.de

Trier
Geron
Dreifaltigkeitsweg 49
53489 Sinzig
Tel.: (02642) 61 44
Fax: (02642) 61 44
Mail: trier@hemmer.de

Tübingen
Guldin/Kaiser
Hindenburgstr. 15
78465 Konstanz
Tel.: (07531) 69 63 63
Fax: (07531) 69 63 64
Mail: tuebingen@hemmer.de

Würzburg
- ZENTRALE -
Mergentheimer Str. 44
97082 Würzburg
Tel.: (0931) 79 78 230
Fax: (0931) 79 78 234
Mail: wuerzburg@hemmer.de

VORBEREITUNG AUF DAS ZWEITE STAATSEXAMEN

ASSESSORKURSORTE IM ÜBERBLICK

BAYERN
WÜRZBURG/MÜNCHEN/NÜRNBERG/REGENSBURG/POSTVERSAND

RA I. Gold
Mergentheimer Str. 44
97082 Würzburg
Tel.: (0931) 79 78 2-50
Fax: (0931) 79 78 2-51
Mail: assessor@hemmer.de

BADEN-WÜRTTEMBERG
KONSTANZ/TÜBINGEN/POSTVERSAND

Rae F. Guldin/B. Kaiser
Hindenburgstr. 15
78467 Konstanz
Tel.: (07531) 69 63 63
Fax: (07531) 69 63 64
Mail: konstanz@hemmer.de

STUTTGART

Rae R. Rödl / A. Baier
Mergentheimerstr. 44
97082 Würzburg
Tel. 0931-7978230
Fax. 0931-7978234
Mail: stuttgart@hemmer.de

BERLIN/POTSDAM/BRANDENBURG
BERLIN

RA L. Gast
Schumannstr. 18
10117 Berlin
Tel.: (030) 24 04 57 38
Fax: (030) 24 04 76 71
Mail: mitte@hemmer-berlin.de

BREMEN/HAMBURG
HAMBURG/POSTVERSAND

Rae M. Sperl/Clobes/Dr.Schlömer
Kirchhofgärten 22
74635 Kupferzell
Tel.: (07944) 94 11 05
Fax: (07944) 94 11 08
Mail: assessor-nord@hemmer.de

HESSEN
FRANKFURT

RA A. Geron
Dreifaltigkeitsweg 49
53489 Sinzig
Tel.: (02642) 61 44
Fax: (02642) 61 44
Mail: frankfurt.main@hemmer.de

MECKLENBURG-VORPOMMERN
POSTVERSAND

Ludger Burke/Johannes Lück
Buchbinderstr. 17
18055 Rostock
Tel.: (0381) 37 77 40 0
Fax: (0381) 37 77 40 1
Mail: rostock@hemmer.de

RHEINLAND-PFALZ
POSTVERSAND

RA A. Geron
Dreifaltigkeitsweg 49
53489 Sinzig
Tel.: (02642) 61 44
Fax: (02642) 61 44
Mail: trier@hemmer.de

NIEDERSACHSEN
HANNOVER

RAe M. Sperl/Dr. Schlömer
Steinhöft 5 - 7
20459 Hamburg
Tel.: (040) 317 669 17
Fax: (040) 317 669 20
Mail: assessor-nord@hemmer.de

HANNOVER POSTVERSAND

RAe M. Sperl/Clobes/Dr. Schlömer
Kirchhofgärten 22
74635 Kupferzell
Tel.: (07944) 94 11 05
Fax: (07944) 94 11 08
Mail: assessor-nord@hemmer.de

NORDRHEIN-WESTFALEN
KÖLN/BONN/DORTMUND/DÜSSELDORF/POSTVERSAND

Dr. A. Ronneberg
Meckenheimer Allee 148
53113 Bonn
Tel.: (0228) 91 14 125
Fax: (0228) 91 14 141
Mail: koeln@hemmer.de

SCHLESWIG-HOLSTEIN
POSTVERSAND

RAe M. Sperl/Clobes/Dr. Schlömer
Kirchhofgärten 22
74635 Kupferzell
Tel.: (07944) 94 11 05
Fax: (07944) 94 11 08
Mail: assessor-nord@hemmer.de

THÜRINGEN
POSTVERSAND

RA Stock, RA Hunger & Kollegen
Zweinaundorfer Str. 2
04318 Leipzig
Tel.: (0341) 6 88 44 90 oder -93
Fax: (0341) 6 88 44 96
Mail: dresden@hemmer.de

SACHSEN
DRESDEN/LEIPZIG/POSTVERSAND

RA Stock, RA Hunger & Kollegen
Zweinaundorfer Str. 2
04318 Leipzig
Tel.: (0341) 6 88 44 90 oder -93
Fax: (0341) 6 88 44 96
Mail: dresden@hemmer.de

SACHSEN-ANHALT
POSTVERSAND

RA Stock, RA Hunger & Kollegen
Zweinaundorfer Str. 2
04318 Leipzig
Tel.: (0341) 6 88 44 90 oder -93
Fax: (0341) 6 88 44 96
Mail: dresden@hemmer.de

VORWORT
Staatshaftungsrecht mit der hemmer-Methode

Wer in vier Jahren sein Studium abschließen will, kann sich einen Irrtum in Bezug auf Stoffauswahl und -aneignung nicht leisten. Hoffen Sie nicht auf leichte Rezepte und den einfachen Rechtsprechungsfall. Hüten Sie sich vor Übervereinfachung beim Lernen. Stellen Sie deswegen frühzeitig die Weichen richtig.

Staatshaftungsrecht ist eine bei Studenten und Referendaren unbeliebte Thematik. Das mag daran liegen, dass es keine einheitliche, gesetzliche Kodifikation gibt, anhand derer man sich (systematisch) einen Überblick über das Rechtsgebiet verschaffen kann.

So bleiben Begriffe wie „enteignungsgleicher Eingriff" oder „Aufopferungsanspruch" Schlagwörter, die man schon einmal gehört hat, mit deren Herleitung die meisten Studenten aber bereits Schwierigkeiten haben.

Das Skript versucht, dem entgegen zu wirken. Hemmertypisch wird ein Überblick über die wesentlichen Grundlagen des Staatshaftungsrechts gegeben. Zusammenhänge werden deutlich, das Rechtsgebiet wird leichter erlernbar. So muss man auch vor einer „Staatshaftungsklausur" keine Angst haben.

Die **hemmer-Methode** vermittelt Ihnen die **erste richtige Einordnung** und das **Problembewusstsein**, welches Sie brauchen, um an einer Klausur bzw. dem Ersteller nicht vorbeizuschreiben. Häufig ist dem Studenten nicht klar, warum er schlechte Klausuren schreibt. Wir geben Ihnen **gezielte Tipps**! Vertrauen Sie auf unsere **Expertenkniffe**.

Durch die ständige Diskussion mit unseren Kursteilnehmern ist uns als erfahrenen Repetitoren klar geworden, welche **Probleme** der Student hat, sein **Wissen anzuwenden**. Wir haben aber auch von unseren Kursteilnehmern profitiert und von ihnen erfahren, welche **Argumentationsketten** in der Prüfung zum Erfolg geführt haben.

Die **hemmer-Methode** gibt **jahrelange Erfahrung** weiter, erspart Ihnen viele schmerzliche Irrtümer, setzt richtungsweisende Maßstäbe und begleitet Sie als **Gebrauchsanweisung** in Ihrer Ausbildung:

1. Grundwissen:

Die **Grundwissenskripten** sind für den Studenten in den ersten Semestern gedacht. In den Theoriebänden Grundwissen werden leicht verständlich und kurz die wichtigsten Rechtsinstitute vorgestellt und das notwendige Grundwissen vermittelt. Die Skripten werden durch den jeweiligen Band unserer **Reihe „Die wichtigsten Fälle"** ergänzt.

2. Basics:

Das Grundwerk für Studium und Examen. Es schafft schnell **Einordnungswissen** und mittels der hemmer-Methode richtiges Problembewusstsein für Klausur und Hausarbeit. Wichtig ist, **wann und wie** Wissen in der Klausur angewendet wird.

3. Skriptenreihe:

Vertiefendes Prüfungswissen: Über 1.000 Klausuren wurden auf ihre „essentials" abgeklopft.

Anwendungsorientiert werden die für die Prüfung nötigen Zusammenhänge umfassend aufgezeigt und wiederkehrende Argumentationsketten eingeübt.

Gleichzeitig wird durch die **hemmer-Methode** auf **anspruchsvollem Niveau** vermittelt, nach welchen Kriterien Prüfungsfälle beurteilt werden. Mit dem Verstehen wächst die Zustimmung zu Ihrem Studium. Spaß und Motivation beim Lernen entstehen erst durch Verständnis.

Lernen Sie, durch Verstehen am juristischen Sprachspiel teilzunehmen. Wir schaffen den „background", mit dem Sie die innere Struktur von Klausur und Hausarbeit erkennen: **„Problem erkannt, Gefahr gebannt"**. Profitieren Sie von unserem **strategischen Wissen**. Wir werden Sie mit unserem know-how auf das Anforderungsprofil einstimmen, das Sie in Klausur und Hausarbeit erwartet. Die Theoriebände Grundwissen, die Basics, die Skriptenreihe und der Hauptkurs sind als **modernes, offenes und flexibles Lernsystem** aufeinander abgestimmt und ergänzen sich ideal. Die **studentenfreundliche Preisgestaltung** ermöglicht den **Erwerb als Gesamtwerk**.

4. Hauptkurs:

Schulung am examenstypischen Fall mit der Assoziationsmethode. Trainieren Sie unter professioneller Anleitung, was Sie im Examen erwartet und wie Sie bestmöglich mit dem Examensfall umgehen.

Nur wer die Dramaturgie eines Falles verstanden hat, ist in Klausur und Hausarbeit auf der sicheren Seite! Häufig hören wir von unseren Kursteilnehmern: **„Erst jetzt hat Jura richtig Spaß gemacht"**.

Die Ergebnisse unserer Kursteilnehmer geben uns Recht. Maßstab ist der Erfolg. Die Examensergebnisse zeigen, dass unsere Kursteilnehmer überdurchschnittlich abschneiden.

Die Examensergebnisse unserer Kursteilnehmer können auch Ansporn für Sie sein, intelligent zu lernen: Wer nur auf vier Punkte lernt, landet leicht bei drei.
Lassen Sie sich aber nicht von diesen Supernoten verschrecken, sehen Sie dieses Niveau als Ansporn für Ihre Ausbildung.

Wir hoffen, als Repetitoren mit unserem Gesamtangebot bei der Konkretisierung des Rechts mitzuwirken und wünschen Ihnen **viel Spaß beim Durcharbeiten** unserer Skripten.

Wir würden uns freuen, mit Ihnen als Hauptkursteilnehmer mit der **hemmer-Methode** gemeinsam Verständnis an der Juristerei zu trainieren. Nur wer erlernt, was ihn im Examen erwartet, lernt richtig!

So leicht ist es, uns kennenzulernen: Probehören ist jederzeit in den jeweiligen Kursorten möglich.

Karl-Edmund Hemmer & Achim Wüst

Staatshaftungsrecht

Hemmer/Wüst/Hauck/Holzinger

Hemmer/Wüst Verlagsgesellschaft

Das Skript ist urheberrechtlich geschützt. Die dadurch begründeten Rechte, insbesondere des Nachdrucks, der Wiedergabe auf photomechanischem oder ähnlichem Wege und der Speicherung in Datenverarbeitungsanlagen bleiben, auch bei nur auszugsweiser Verwertung, der Hemmer/Wüst-Verlagsgesellschaft vorbehalten.

Hemmer/Wüst/Hauck/Holzinger, Staatshaftungsrecht

ISBN 978-3-86193-729-6
5. Auflage 2018

gedruckt auf chlorfrei gebleichtem Papier
von Schleunungdruck GmbH, Marktheidenfeld

INHALTSVERZEICHNIS

EINFÜHRUNG ... 1

Das System der staatshaftungsrechtlichen Ansprüche ... 1

I. Unterscheidung nach dem Grund der Haftung ... 2
1. Verschuldenshaftung und Gefährdungshaftung ... 2
2. Unrechtshaftung ... 3
3. Aufopferungshaftung ... 4

II. Unterscheidung nach den Rechtsfolgen ... 4

§ 1 DIE AMTSHAFTUNG GEMÄß § 839 BGB I.V.M. ART. 34 GG ... 6

A) Einführung, Entwicklung und Grundlagen ... 6
I. Einführung ... 6
II. Historische Entwicklung ... 7
III. Verfassungsrechtliche Grundlagen ... 7
IV. Reichweite der verfassungsrechtlichen Garantie ... 8
V. Anspruchsgrundlage der Amtshaftung ... 9

B) Prüfungsschema des Amtshaftungsanspruchs ... 9

C) Die Anspruchsvoraussetzungen im Einzelnen ... 10

I. Handeln eines Amtswalters ... 10
1. Staatshaftung für Beliehene ... 11
2. Staatshaftung für Verwaltungshelfer ... 13
3. Staatshaftung für Privatunternehmer ... 13
   a) Maßnahmen der Eingriffsverwaltung ... 14
   b) Maßnahmen der Leistungsverwaltung ... 15

II. In Ausübung eines öffentlichen Amtes ... 18
1. Definition „öffentliches Amt" ... 18
2. Problemfälle ... 18
   a) Haftung für Realakte im Rahmen der Eingriffsverwaltung ... 18
   b) Haftung für Realakte im Rahmen der Leistungsverwaltung ... 20
3. Handeln in Ausübung ... 22
   a) Äußerer Zusammenhang ... 23
   b) Innerer Zusammenhang ... 23

III. Verletzung einer Amtspflicht ... 24
1. Amtspflicht ... 24
2. Rechtswidrigkeit ... 27

IV. Drittbezogenheit der Amtspflicht ... 28
1. Umfang des sachlichen Schutzbereichs ... 29
2. Haftung für normatives/legislatives Unrecht ... 30
   a) Einzelfall- und Maßnahmegesetze ... 30
   b) Amtshaftung im Rahmen der Bauleitplanung ... 30
   c) Haftung bei unterlassener Rechtssetzung ... 32
3. Drittbezug gegenüber Trägern öffentlicher Gewalt ... 32
4. Drittbezug bei innerbehördlichen Vorgängen ... 33

V. Verschulden ... 35
1. Begründung und Bedeutung des Verschuldenserfordernisses ... 35
2. Inhalt und Bezugspunkt des Verschuldenserfordernisses ... 35
   a) Schuldfähigkeit ... 35
   b) Schuldformen ... 35
      aa) Vorsatz ... 36
      bb) Fahrlässigkeit ... 36
   c) Beweislast ... 36
   d) Problemkonstellationen ... 36

VI. Entstehung eines Schadens 38

VII. Haftungsausfüllende Kausalität 38
    1. Begriff 38
    2. Prüfungsschema 38

VIII. Haftungsbeschränkungen 40
    1. Gemeindliche Satzungen 40
    2. Das Verweisungsprivileg des § 839 I S. 2 BGB 42
        a) Entstehung und Bedeutung des Verweisungsprivilegs 42
        b) Tatsächliches Bestehen einer anderweitigen Ersatzmöglichkeit 43
            aa) Lohnfortzahlungsanspruch 44
            bb) Versicherungsrechtliche Ansprüche 44
            cc) Ansprüche gegen andere Hoheitsträger 44
            dd) Konkurrierende Ansprüche gegen denselben Hoheitsträger 45
            ee) Verletzung einer Verkehrssicherungspflicht 45
            ff) Teilnahme am allgemeinen Straßenverkehr 45
        c) Durchsetzbarkeit der anderweitigen Ersatzmöglichkeit 45
        d) Fahrlässiges Handeln des Amtswalters 46
        e) Rechtsfolge 46
    3. Das Richterspruchprivileg des § 839 II BGB 46
        a) Bedeutung des Privilegs 46
        b) Personaler und sachlicher Anwendungsbereich 47
        c) Weitere Voraussetzungen 48
    4. Rechtsmittelversäumung gem. § 839 III BGB 48
        a) Inhalt und Rechtsfolge 48
        b) Voraussetzungen einer vorwerfbaren Rechtsmittelversäumung 49
            aa) Rechtsmittel 49
            bb) Vorwerfbarkeit 50
            cc) Kausalität 50
    5. Mitverschulden, § 254 BGB 51

IX. Verjährung, §§ 195 ff. BGB 52
    1. Frist und Fristbeginn 52
    2. Tatbestand 52
    3. Hemmung der Verjährung 52

D) Rechtsfolge und Durchsetzbarkeit des Anspruchs 53

I. Anspruchsgegner (Passivlegitimation) 53
    1. Haftungszurechnung 53
    2. Haftungssubjekt 54

II. Inhalt und Umfang des Anspruchs 54
    1. Art der Ersatzpflicht 54
    2. Umfang der Ersatzpflicht 55
        a) Allgemeines 55
        b) Schmerzensgeld 56

III. Anspruchsdurchsetzung 56
    1. Rechtsweg und Prüfungskompetenz 56
    2. Zuständigkeit 58

E) Anspruchskonkurrenzen 58

I. Öffentlich-rechtliche Abwehransprüche 58

II. Ansprüche auf Entschädigung 59

III. Ansprüche auf Schadensersatz 59
    1. Aus Delikt 59
    2. Aus Gefährdungshaftung 59
    3. Wegen Pflichtverletzung eines öffentlich-rechtlichen Schuldverhältnisses 59

F) Rückgriff auf den Amtswalter	60
G) Haftungsmodelle bei privatrechtlicher Betätigung	60
I. Aus Delikt	60
II. Nach schuldrechtlichen Haftungsvorschriften	61
H) Zusammenfassendes Schema	61

§ 2 DER UNIONSRECHTLICHE STAATSHAFTUNGSANSPRUCH ... 62

A) Allgemeines	62
I. Begriff	62
II. Grundlagen	62
III. Systematik	63
B) Entstehungsvoraussetzungen des Anspruchs	66
I. Allgemeine Haftungsvoraussetzungen	67
1. Schutznormverletzung	67
2. Kausalität	68
3. Hinreichend qualifizierter Unionsrechtsverstoß	68
II. Besondere Haftungsmaßstäbe	69
III. Der Haftungsmaßstab bei den einzelnen Arten von Unionsrechtsverstößen	69
1. Legislatives Unrecht	69
2. Administratives Unrecht	72
3. Judikatives Unrecht	75
C) Durchsetzung des Anspruchs	78
I. Grundsatz	78
II. Haftung für legislatives Unrecht	79
III. Haftung für administratives Unrecht	80
IV. Haftung für judikatives Unrecht	80
V. Sonstige mögliche Haftungsbeschränkungen	81
1. Das Verweisungsprivileg des § 839 I S. 2 BGB	81
2. Das Richterspruchprivileg des § 839 II BGB	81
3. Die Rechtsmittelversäumung gem. § 839 III BGB	81
4. Mitverschulden gem. § 254 BGB	81
VI. Art und Umfang des Schadensersatzes	81
VII. Passivlegitimation	82
VIII. Verjährung	82
IX. Rechtsweg und Gerichtszuständigkeit	83

§ 3 DIE EIGENTUMSDOGMATIK NACH DER RECHTSPRECHUNG DES BUNDESVERFASSUNGSGERICHTS ... 84

§ 4 ENTSCHÄDIGUNGSANSPRUCH AUS ENTEIGNUNG GEMÄß ART. 14 III GG I.V.M. ENTSCHÄDIGUNGSGESETZ ... 87

A) Enteignung	87
I. Eigentum als enteignungsfähige Rechtsposition	87
II. Gezielter hoheitlicher Rechtsakt	91
III. Vollständige oder teilweise Entziehung	92
IV. Zur Erfüllung hoheitlicher Aufgaben	93

B) Rechtmäßigkeit der Enteignung 93
I. Gesetzmäßigkeit 94
1. Administrativenteignungen 94
2. Legalenteignung 95
II. Allgemeinwohlbedürfnis 96
III. Verhältnismäßigkeit 96
IV. Junktimklausel 97
V. Verfahren 98
VI. Sonderfall: Enteignungsrechtliche Vorwirkung 98

C) Rechtsfolge: Entschädigung 99

D) Verjährung 100

E) Anspruchsgegner 100

F) Rechtsweg 100

§ 5 AUSGLEICHSPFLICHTIGE INHALTSBESTIMMUNG 102

A) Entschädigungsregelung als Anspruchsgrundlage 103

B) Verkürzung des Eigentums durch Inhaltsbestimmung 104

C) Rechtmäßigkeit des inhaltsbestimmenden Gesetzes 105

D) Höhe der Entschädigung 110

E) Verjährung 110

F) Anspruchsgegner 110

G) Rechtsweg 110

H) Abschließendes Fallbeispiel 110

§ 6 ENTEIGNUNGSGLEICHER UND ENTEIGNENDER EINGRIFF 115

A) Allgemeines 115

B) Enteignungsgleicher Eingriff 117
I. Anwendbarkeit 117
1. „Maßnahmen nach Art. 10 PAG" 118
2. Anspruchsberechtigter 118
3. Kausalität und Schaden 119
4. Subsidiarität, Art. 70 I HS 2 BayPAG 119
5. Maßnahmen zum Schutz des Betroffenen, Art. 70 IV BayPAG 119
6. Entschädigungspflichtiger, Art. 70 VI PAG 119
7. Rechtsweg 120
II. Anspruchsgrundlage 120
III. Hoheitlicher Eingriff in eine von Art. 14 GG geschützte Rechtsposition 120
IV. Rechtswidrigkeit 122
V. Unmittelbarkeit 124
VI. Sonderopfer 125
VII. Rechtsfolge: Entschädigung 125
VIII. Mitverschulden, § 254 BGB analog 125
IX. Verjährung 126

X. Anspruchsgegner 127

XI. Rechtsweg 127

C) Enteignender Eingriff 127

I. Anwendbarkeit 128

II. Anspruchsgrundlage 128

III. Eingriff in eine von Art. 14 GG geschützte Rechtsposition 128

IV. Unmittelbarkeit 130

V. Sonderopfer 130

VI. Rechtsfolge: Entschädigung 131

VII. Verjährung 132

VIII. Anspruchsgegner 132

IX. Rechtsweg 132

X: Abschließender Beispielsfall: 132

§ 7 DER AUFOPFERUNGSANSPRUCH IM ENGEREN SINN 135

A) Anwendbarkeit 135

B) Anspruchsgrundlage 135

C) Hoheitlicher Eingriff in ein nichtvermögenswertes Rechtsgut 136

D) Unmittelbarkeit 136

E) Sonderopfer 137

F) Subsidiarität 137

G) Rechtsfolge: Entschädigung 137

H) Verjährung, Anspruchsgegner und Rechtsweg 137

§ 8 ÖFFENTLICH-RECHTLICHER ERSTATTUNGSANSPRUCH 140

A) Allgemeines 140

B) Anspruchsvoraussetzungen 141

I. Anwendbarkeit 141

II. Anspruchsgrundlage 142

III. Vermögensverschiebung 142

IV. Öffentlich-rechtliche Rechtsbeziehung 142

V. Ohne Rechtsgrund 144

    1. Verwaltungsakt 144

    2. Öffentlich-rechtlicher Vertrag 144

    3. Sonstige mögliche Rechtsgründe 144

C) Erstattungsumfang 145

I. Rechtsfolge 145

II. Wegfall der Bereicherung 146

    1. Ansprüche gegen einen Hoheitsträger 146

    2. Ansprüche gegen den Bürger 146

    3. Sonstige Anspruchsgrenzen 147

- D) Verjährung 148
- E) Durchsetzung des Anspruchs 148
  - I. Ansprüche Privater 148
  - II. Ansprüche einer Behörde gegen einen Bürger 148
- F) Konkurrenzen 150
- G) Abschließender Beispielsfall 150

§ 9 VERWALTUNGSRECHTLICHE SCHULDVERHÄLTNISSE 153

- A) Allgemeines 153
- B) Öffentlich-rechtliche Benutzungs- und Leistungsverhältnisse 153
- C) Öffentlich-rechtliche Verwahrung 154
- D) Öffentlich-rechtliche Geschäftsführung ohne Auftrag 155
  - I. Handeln eines Verwaltungsträgers für einen anderen Verwaltungsträger 157
    1. Problemstellung 157
    2. Konsequenzen für die Fallbearbeitung 157
  - II. Handeln eines Verwaltungsträgers für einen Privaten 158
  - III. Handeln eines Privaten für einen Verwaltungsträger 159
- E) Rechtsweg 159
- F) Konkurrenzen 160

§ 10 DER ALLGEMEINE FOLGENBESEITIGUNGSANSPRUCH 161

- A) Begriff und Grundlagen 161
  - I. Begriff 161
  - II. Rechtsgrundlagen 162
- B) Tatbestand 163
  - I. Hoheitlicher Eingriff 165
  - II. Geschützte Rechtsposition 167
  - III. Andauernder, rechtswidriger Zustand 168
    1. Rechtswidrigkeit 168
    2. Andauern des rechtswidrigen Zustandes 169
  - IV. Ausschlussgründe 169
    1. Unmöglichkeit der Wiederherstellung 169
    2. Zumutbarkeit der Wiederherstellung 170
    3. Unzulässige Rechtsausübung 171
    4. Mitverantwortung des Geschädigten 171
- C) Inhalt des Folgenbeseitigungsanspruchs 172
  - I. Tatsächliche Wiederherstellung (status quo ante in natura) 172
  - II. Haftungsausfüllende Kausalität 173
- D) Durchsetzung des Folgenbeseitigungsanspruchs 173
  - I. Aktivlegitimation 173
  - II. Passivlegitimation 174
  - III. Rechtsweg 175
  - IV. Klageart 175
  - V. Verjährung 175

E) Verhältnis und Abgrenzung zu anderen Ansprüchen 176
I. Der sozialrechtliche Herstellungsanspruch 176
II. Der öffentlich-rechtliche Erstattungsanspruch 176
III. Der Amtshaftungsanspruch 177
IV. Anspruch aus Aufopferung und Enteignung 177
V. Enteignungsgleicher Eingriff 177
VI. Privatrechtliche Ansprüche auf Folgenbeseitigung 177

F) Zusammenfassung 180

§ 11 DER ÖFFENTLICH-RECHTLICHE UNTERLASSUNGSANSPRUCH 181

A) Begriff und Rechtsgrundlagen 181
I. Begriff 181
II. Rechtsgrundlagen 181

B) Tatbestand 182
I. Hoheitliche Maßnahme 183
II. Geschützte Rechtsposition 184
III. Andauernde bzw. drohende Beeinträchtigung der Rechtsposition 184
IV. Keine Duldungspflicht des Betroffenen (=Rechtswidrigkeit) 184
1. Der Immissionsabwehranspruch 185
2. Abwehr hoheitlicher Äußerungen 185

C) Inhalt des Unterlassungsanspruchs i.w.S. 186

D) Durchsetzung des Unterlassungsanspruchs 186

E) Verhältnis und Abgrenzung zu anderen Ansprüchen 187

§ 12 PLANGEWÄHRLEISTUNG, ANPASSUNGSHILFE UND PLANENTSCHÄDIGUNG 191

A) Einführung 191
I. Grundlagen 191
II. Begriffe 192
III. Plantypen 193

B) Anspruchsinhalt 194
I. Ansprüche auf Planfortbestand und Planbefolgung 194
II. Anspruch auf Anpassungshilfe 195
III. Anspruch auf Planentschädigung 196

C) Zusammenfassendes Schema 197

D) Verhältnis und Abgrenzung zu anderen Ansprüchen 198

E) Rechtsweg, Statthafte Klageart, Passivlegitimation 198

Kommentare

Jarass/Pieroth — Grundgesetz

Kopp/Ramsauer — Verwaltungsverfahrensgesetz

Kopp/Schenke — Verwaltungsgerichtsordnung

Münchener Kommentar — Bürgerliches Gesetzbuch, Band 5

von Münch/Kunig — Grundgesetz-Kommentar, Band 1

Palandt — Bürgerliches Gesetzbuch

Schmidbauer/Steiner/Roese — Bayerisches Polizeiaufgabengesetz

Stelkens/Bonk/Sachs — Verwaltungsverfahrensgesetz

Callies/Ruffert — Kommentar zu EU-Vertrag und EG-Vertrag

Lehrbücher

Brohm — Öffentliches Baurecht

Maurer — Allgemeines Verwaltungsrecht

Ossenbühl — Staatshaftungsrecht

Windthorst/Detterbeck/Sproll — Staatshaftungsrecht

Weitere Nachweise (insbesondere auf Aufsätze) in den Fußnoten.

EINFÜHRUNG

Das Staatshaftungsrecht ist unter Studenten ein eher unbeliebtes Thema. Während man in den letzten Monaten vor dem Examen typischerweise noch krampfhaft versucht, sich möglichst viele Details aus dem besonderen Verwaltungsrecht einzuverleiben, bleibt dieses Rechtsgebiet oft auf der Strecke.

Klausurvarianten

Das ist insofern fatal, als die Klausurersteller dieser Materie meist wesentlich aufgeschlossener gegenüber stehen. Das liegt v.a. daran, dass man staatshaftungsrechtliche Ansprüche sehr leicht mit anderen Rechtsmaterien kombinieren kann.

staatshaftungsrechtlicher „Aufhänger"

Einmal bietet es sich an, den Anspruch als Einstieg in die Klausur zu verwenden.

So kann beispielsweise ein Amtshaftungsanspruch dem Einstieg in eine Polizeirechtsklausur dienen, denn der Amtshaftungsanspruch setzt eine Amtspflichtverletzung voraus, also ein rechtswidriges Handeln. Im Rahmen des Amtshaftungsanspruchs kann deshalb eine polizeiliche Primär- oder Sekundärmaßnahme zu prüfen sein. Es liegt auf der Hand, dass sich angesichts der Vielzahl von Ansprüchen im Staatshaftungsrecht große Kombinationsmöglichkeiten bieten.

abschließende Zusatzfrage

Des Weiteren kann man Staatshaftungsrecht als Zusatzfrage abprüfen. Diese Variante erlaubt es dem Ersteller, einen zu knapp geratenen Klausurfall zu „strecken". Für den Bearbeiter bietet sich die Chance, am Ende der Klausur einen guten Eindruck zu hinterlassen.

Themenklausur

Schließlich gab es zumindest in Bayern auch schon eine Themenklausur aus dem Staatshaftungsrecht.[1]

Das Abschreckende am Staatshaftungsrecht ist für viele das Fehlen gesetzlicher Regelungen. Es ist aber keinesfalls erforderlich, in diesem Bereich alles auswendig zu lernen, denn meistens gibt es Parallelen zu gesetzlich geregelten Ansprüchen des Zivilrechts oder zur Grundrechtsdogmatik. Der Reiz des Rechtsgebiets liegt gerade darin, dass man sich dort an der Grenze zwischen Zivilrecht und öffentlichem Recht, sowie zwischen Verfassungs- und Verwaltungsrecht befindet.

Das System der staatshaftungsrechtlichen Ansprüche

Unterscheidung nach Grund bzw. Rechtsfolge des Anspruchs

Da das Staatshaftungsrecht nur sehr unzureichend gesetzlich geregelt ist, fällt es schwer, den Überblick über die Vielzahl der Ansprüche zu behalten. Umso wichtiger ist es, sich Unterschiede und Gemeinsamkeiten der einzelnen Haftungsinstitute klar zu machen. Dabei kann man zum einen nach dem Grund der Haftung und zum anderen nach der Rechtsfolge des Anspruchs unterscheiden.

---

[1] Aufgabe 6 der Ersten Juristischen Staatsprüfung 1987/II, mit Lösungsskizze abgedruckt in BayVBl. 1989, 669, eignet sich sehr gut als erster Einstieg in das Staatshaftungsrecht.

I. Unterscheidung nach dem Grund der Haftung

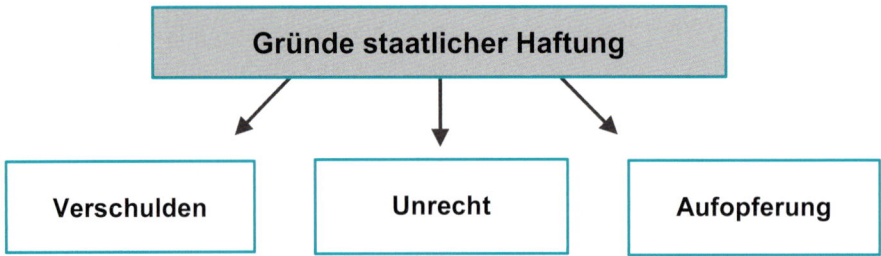

1. Verschuldenshaftung und Gefährdungshaftung

bei Verschuldenshaftung zumindest fahrlässiges Handeln der Behörde erforderlich; kein ungeschriebener Gefährdungshaftungstatbestand

Die Verschuldenshaftung setzt ein rechtswidriges und schuldhaftes Verhalten voraus. Sie ist im Zivilrecht vorherrschend, liegt aber auch dem Amtshaftungsanspruch, sowie den Ansprüchen aus verwaltungsrechtlichem Schuldverhältnis zugrunde. Entscheidend ist somit bei dieser Kategorie von Ansprüchen, ob die nach § 276 II BGB im Verkehr erforderliche Sorgfalt beachtet wurde. Eventuelle Haftungslücken, die bei fehlendem Verschulden entstehen können, werden im Zivilrecht gegebenenfalls durch die Kategorie der Gefährdungshaftung geschlossen.

Sie knüpft an das Vorliegen einer besonderen, übermäßig hohen oder wahrscheinlichen Gefahr an und sieht deshalb eine verschuldensunabhängige Haftung für den Zustand einer Anlage, eines Grundstücks, etc., sowie für optimales menschliches Verhalten vor. Die klausurrelevanteste Vorschrift ist § 7 StVG. Nach h.M. gibt es hingegen keinen ungeschriebenen Haftungstatbestand, der an die Existenz besonderer Gefahren anknüpft. Hier darf nach Ansicht des BGH die Rechtsprechung dem Gesetzgeber nicht vorgreifen.[2] Die richterliche Rechtsfortbildung findet hier ihre Grenzen im Grundsatz der Gewaltenteilung und der Wesentlichkeitstheorie. Wie man noch sehen wird, ist dies im Staatshaftungsrecht auch gar nicht erforderlich.

„feindliches Grün" (Ampelfälle)

Bsp.: *Eine Ampelanlage in Nürnberg funktioniert aufgrund eines unvorhersehbaren Computerdefekts nicht und zeigt nach allen Seiten Grün (sog. „feindliches Grün"). Aufgrund dessen stoßen zwei Autos zusammen. Autobesitzer A verlangt von der Verkehrsbehörde Schadensersatz.[3]*

Ein Anspruch aus § 823 I BGB besteht nicht, da die Verkehrssicherungspflichten der Behörde gemäß Art. 69 BayStrWG öffentlich-rechtlicher Natur sind. In Betracht kommt aber ein Anspruch aus Amtshaftung gemäß § 839 BGB i.V.m. Art. 34 GG. Dieser setzt Verschulden i.S.d. § 276 I S. 1 BGB voraus. Hier handelt es sich aber um einen unvorhersehbaren Defekt, der trotz Beachtung der im Verkehr erforderlichen Sorgfalt nicht zu verhindern war. Der Amtshaftungsanspruch scheitert mithin jedenfalls am fehlenden Verschulden. Ein ungeschriebener öffentlich-rechtlicher Gefährdungshaftungsanspruch ist aus den oben genannten Gründen mit dem BGH abzulehnen.

---

[2] BGHZ 54, 332.
[3] Zu weiteren Problemen bei dieser Fallgestaltung vgl. Rn. 29.

2. Unrechtshaftung

Zivilrecht: Spannungsverhältnis zwischen Güterschutz und Handlungsfreiheit

Anders als die Verschuldenshaftung ist die Unrechtshaftung eine Besonderheit des öffentlichen Rechts. Der Grund für diese Besonderheit ist folgender: auf dem Gebiet des Zivilrechts ist es die Aufgabe des Deliktsrechts, das bestehende Spannungsverhältnis zwischen Güterschutz und Handlungsfreiheit zum Ausgleich zu bringen, das dadurch bedingt ist, dass sich der Schädiger jedenfalls auf sein Grundrecht aus Art. 2 I GG (allgemeine Handlungsfreiheit) berufen kann, der Verletzte hingegen auf Art. 14 GG bzw. Art. 2 II GG. Die möglichen Haftungsfolgen könnten Privatpersonen davon abhalten, von ihren grundrechtlich verbürgten Freiheiten Gebrauch zu machen. Dieses Problem löst das Deliktsrecht in erster Linie durch das Verschuldensprinzip, das einen Schädiger nur im Falle seiner Verantwortlichkeit zur Haftung heranzieht.

Ö-Recht: Rechtsstaatsprinzip führt zu Rechtfertigungsbedürftigkeit jeglichen staatlichen Handelns

Im öffentlichen Recht hingegen ist belastendes staatliches Handeln aufgrund des Rechtsstaatsprinzips und der vom BVerfG[4] weit ausgelegten allgemeinen Handlungsfreiheit (Art. 2 I GG) stets rechtfertigungsbedürftig. Die deutlichste Ausprägung hiervon ist der im Rechtsstaatsprinzip wurzelnde Gesetzesvorbehalt. Das Grundgesetz erlaubt es dem Staat zwar, in vielfältiger Weise in die Grundrechte seiner Bürger einzugreifen. Diese Eingriffe müssen aber den verfassungsrechtlichen Vorgaben entsprechen. Rechtswidrige Maßnahmen hingegen sind zu unterlassen, bereits erfolgte Rechtsverletzungen sind grds. rückgängig zu machen, und soweit dies nicht mehr möglich ist, ist zumindest der Rechtsgutinhaber für den Verlust zu entschädigen. Beispiele für Unrechtshaftung sind somit der Unterlassungsanspruch, der Folgenbeseitigungsanspruch, sowie der enteignungsgleiche Anspruch.

> Im Beispielsfall ist die Konstruktion eines ungeschriebenen Gefährdungshaftungsanspruchs unnötig, da ein Anspruch aus Unrechtshaftung in Gestalt des Anspruchs wegen enteignungsgleichen Eingriffs in Betracht kommt. Dafür genügt eine schuldlos rechtswidrige Maßnahme des Staates. Entscheidend für die Rechtswidrigkeit ist nicht, ob die für die Behörde tätigen Personen rechtswidrig gehandelt haben, sondern wie sich der Verwaltungsakt („Grün" statt richtigerweise „Rot") im Ergebnis für den Adressaten darstellt.[5] Grund dafür ist wiederum der staatliche Rechtfertigungszwang gegenüber dem Bürger.

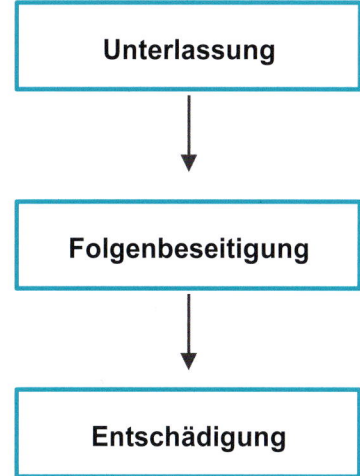

---

4 BVerfGE 6, 32 (Elfes) = **juris**byhemmer (Wenn dieses Logo hinter einer Fundstelle abgedruckt wird, finden Sie die Entscheidung online unter „juris by hemmer": www.hemmer.de).

5 BGHZ 99, 249 (253 f.) = **juris**byhemmer.

3. Aufopferungshaftung

Prinzip der Lastengleichheit

Das Prinzip der Aufopferungshaftung ist nur aus seiner historischen Entwicklung heraus verständlich. Während die landesherrlichen Hoheitsrechte bis ins 17. Jahrhundert auf besonderen Rechtstiteln beruhten, die der Landesherr im Streitfall zu beweisen hatte, bildete sich seit dieser Zeit nach und nach eine umfassende Staatsgewalt heraus. Sie ermöglichte dem Landesherrn unter bestimmten Voraussetzungen, in die wohlerworbenen Rechte seiner Untertanen einzugreifen. Parallel dazu entstand jedoch die Überzeugung, dass der in seinen Rechten Beeinträchtigte für diesen Rechtsverlust zu entschädigen sei. Grundgedanke war das Prinzip der Lastengleichheit: wenn ein Bürger in besonderem Maße belastet wird, sollen die übrigen Bürger zu einem finanziellen Ausgleich, z.B. über Steuern etc., herangezogen werden. Einen positivrechtlichen Ausdruck fand dieser Gedanke erstmals in den §§ 74, 75 der Einleitung des Allgemeinen Landrechts für die Preußischen Staaten (EinlALR) von 1794:

§§ 74, 75 EinlALR

> **§ 74.** *Einzelne Rechte und Vorteile der Mitglieder des Staates müssen den Rechten und Pflichten zur Beförderung des gemeinschaftlichen Wohls, wenn zwischen beiden ein wirklicher Widerspruch (Kollision) eintritt, nachstehen.*
>
> **§ 75.** *Dagegen ist der Staat demjenigen, welcher seine besonderen Rechte und Pflichten dem Wohle des gemeinen Wesens aufzuopfern genötigt wird, zu entschädigen gehalten.*

Die §§ 74, 75 EinlALR gelten gewohnheitsrechtlich fort und haben somit heute noch für das Staatshaftungsrecht entscheidende Bedeutung.

Sonderopfer

Entscheidendes Merkmal der Aufopferungshaftung ist das Sonderopfer. Ein solches liegt vor, wenn der Einzelne ein übermäßig belastendes Opfer im Interesse der Allgemeinheit erbringen muss. Es zeichnet sich somit zum einen durch das Ausmaß der Rechtsbeeinträchtigung und zum anderen durch eine Ungleichbehandlung aus.

kein „Dulde und Liquidiere"

Aus dem oben zur Unrechtshaftung Gesagten folgt aber auch, dass ein Aufopferungsanspruch nur bei einem rechtmäßigen Eingriff bestehen kann. Denn im Rechtsstaat sind rechtswidrige Eingriffe abzuwehren, sie dienen niemals dem Interesse der Allgemeinheit. Dazu passt das aufopferungsrechtliche Prinzip des „Dulde und liquidiere" nicht. Vor diesem Hintergrund stellen sich z.B. die Enteignung (Art. 14 III GG), die ausgleichspflichtige Inhaltsbestimmung (Art. 14 I S. 2 GG) oder (mit Einschränkungen) der enteignende Eingriff als Fälle der Aufopferungshaftung dar.

> Im Beispielsfall kommt kein aufopferungsrechtlicher Anspruch in Betracht, da der Verwaltungsakt „grüne Ampel" rechtswidrig war und somit ein Fall der Unrechtshaftung einschlägig ist.

II. Unterscheidung nach den Rechtsfolgen

Schadensersatz

Betrachtet man die Rechtsfolgen der oben erwähnten Ansprüche, so stellt man fest, dass Schadensersatz - wie im deutschen Rechtssystem üblich - nur im Falle der Verschuldenshaftung gewährt wird. Ansonsten, d.h. verschuldensunabhängig, kann - sieht man einmal von Ansprüchen wie dem Unterlassungs- oder Folgenbeseitigungsanspruch ab, die überhaupt nicht auf einen Schaden bezogen sind - nur Entschädigung verlangt werden. Zwischen beiden Rechtsfolgen besteht ein – jedenfalls theoretisch - fundamentaler Unterschied.

Der Schadensersatz ist nach dem Ausgleichsgedanken und dem Grundsatz der Totalreparation darauf gerichtet, den Eingriff ungeschehen zu machen.[6] Nach der Differenzhypothese (vgl. § 249 I BGB) soll der Schadensersatz die Vermögenslage wieder herstellen, die hypothetisch bestehen würde, wenn das zum Schadensersatz verpflichtende Ereignis nicht eingetreten wäre. Es sind also zwei Kausalverläufe zu entwickeln: der Geschehensablauf ohne das schädigende Ereignis und der Geschehensablauf mit dem schädigenden Ereignis.[7]

Entschädigung

Entschädigung bedeutet hingegen nur Ersatz des durch den Eingriff entstandenen Vermögensverlustes. Sie ist auf das in der Vergangenheit liegende schädigende Ereignis ausgerichtet und bemisst sich nach dem damaligen Wert des entzogenen Objekts. Der Unterschied zeigt sich insbesondere darin, dass bei der Entschädigung der entgangene Gewinn (vgl. für den Schadensersatz klarstellend § 252 S. 1 BGB) nicht ersatzfähig ist. Bei einem reinen Sachschaden ist der Unterschied zwischen einem Anspruch auf Schadensersatz und einem Entschädigungsanspruch dagegen nur gering!

Es handelt sich bei der Entschädigung nur um einen Billigkeitsausgleich, der sich wertmäßig vom Schadensersatz also deutlich unterscheiden kann.

> Im Beispielsfall kann sich aus dem enteignungsgleichen Anspruch nur eine Entschädigung ergeben. Soweit A auch in seiner Gesundheit verletzt wurde, kommt auch ein Anspruch auf Schmerzensgeld aus Aufopferung in Betracht.[8]

---

[6] Zu den Grundgedanken des Schadensersatzrechts Palandt, vor § 249 BGB, Rn. 4 ff.

[7] Siehe dazu Palandt-Grüneberg, vor § 249 BGB, Rn. 10; vgl. zum Schadensumfang **Hemmer/Wüst, Schadensersatzrecht I, Rn. 34 ff.**

[8] BGH, Urteil vom 07. September 2017 – III ZR 71/17 = **juris**byhemmer.

§ 1 DIE AMTSHAFTUNG GEMÄß § 839 BGB I.V.M. ART. 34 GG

A) Einführung, Entwicklung und Grundlagen

I. Einführung

der Amtshaftungsanspruch als umfassend normierter Tatbestand

Im Gegensatz zu den sonstigen staatshaftungsrechtlichen Ersatzansprüchen ist der Amtshaftungsanspruch umfassend einfachgesetzlich und verfassungsrechtlich in § 839 BGB und Art. 34 GG normiert. Bei genauerer Betrachtung der einschlägigen Rechtsgrundlagen zeigt sich jedoch, dass es sich bei dieser „einzigartigen" Konstruktion um einen Anspruch handelt, der durch die wechselseitigen Modifikationen und Ergänzungen nicht leicht zu erfassen ist.

Die Systematik des Amtshaftungsanspruchs lässt sich wie folgt vereinfacht darstellen:

systematischer Aufbau

- ⇨ Ein hoheitlich oder fiskalisch handelnder Beamter haftet für Schäden grundsätzlich unmittelbar und persönlich, d.h. als Privatperson, wenn die Voraussetzungen des § 839 BGB erfüllt sind.

- ⇨ Durch Art. 34 S. 1 HS 1 GG wird der Tatbestand des § 839 BGB teilweise erweitert („jemand") und teilweise beschränkt („in Ausübung eines öffentlichen Amtes"),

- ⇨ anschließend wird durch Art. 34 S. 1 HS 2 GG die persönliche Haftung des „Amtswalters" auf den dann passivlegitimierten Hoheitsträger übergeleitet.

Amtshaftung als mittelbare Staatshaftung

Grundsätzlich ist somit festzustellen, dass es sich beim Amtshaftungsanspruch um die normierte ausschließliche mittelbare Staatshaftung für rechtswidriges und schuldhaftes (= deliktisches) öffentlich-rechtliches Verhalten handelt.

Aus diesem Modell der Haftungsübernahme, welches an die Person des „Amtswalters" als „Privatperson" anknüpft, ergeben sich in der Folge eine Reihe von Problemen, vor allem unter Wertungsgesichtspunkten. Besonders deutlich wird dies im Bereich der Rechtsfolgen: Die im Schadensersatzrecht grundsätzlich vorrangige Naturalrestitution nach § 249 BGB scheidet in der Regel aus, da der Beamte zwar als Privatperson haftet, als solche aber keine hoheitliche Amtshandlung vornehmen kann, § 251 I BGB.[9] Des Weiteren kommen dem Staat trotz fehlender Schutzwürdigkeit alle Haftungserleichterungen zugute, die ursprünglich nur für den persönlich haftenden Beamten normiert worden waren.[10]

> **hemmer-Methode:** Die Entscheidung des Gesetzgebers für das Modell der Haftung des Staates (grundgesetzlich normiert) anstelle des persönlich haftenden Beamten (einfachgesetzlich normiert) stellt somit den eigentlichen „Konstruktionsfehler"[11] des Amtshaftungsanspruchs dar. Davon ausgehend ergeben sich die vielfältigen dogmatischen und systematischen Probleme in Tatbestand und Rechtsfolge. Die Darstellung der Grundlagen dieser Probleme verlangt in der Klausur niemand von Ihnen.

---

9   Siehe dazu ab Rn. 129.
10 Vertiefend Ossenbühl, S. 10 ff.
11 Ossenbühl, S. 10.

> Wenn Sie jedoch mit dem Tatbestand des Amtshaftungsanspruchs arbeiten, erschließen sich viele Probleme leichter, wenn man die dogmatische Grundstruktur des Anspruchs verstanden hat und sie sich ins Gedächtnis rufen kann. Die intensivere Beschäftigung mit dem Amtshaftungsanspruch eröffnet dem Examenskandidaten jedoch auch eine Chance. Die „Einzigartigkeit" des Amtshaftungsanspruchs liegt nämlich vor allem darin, dass in keinem anderen Rechtsgebiet eine derartige Verquickung von verwaltungs- und verfassungsrechtlichen Problemen mit zivilrechtlichen Fragen zu finden sein dürfte. Nutzen Sie also die Möglichkeit zur Wiederholung und lernen Sie dabei, Ihr bereits erworbenes Wissen aus den betreffenden Rechtsgebieten miteinander zu verknüpfen.

II. Historische Entwicklung

Amtshaftung als mittelbare Staatsunrechtshaftung

Die Konstruktion der Amtshaftung als übergeleitete, mittelbare Staatsunrechtshaftung wurde erstmals durch Art. 131 WRV von 1919 verfassungsrechtlich normiert.[12] Dies stellte die endgültige Absage an das System der ausschließlichen persönlichen Haftung des Beamten dar, das seit Ende des 18. Jahrhunderts als selbstverständlich angesehen worden war und in der Normierung der Beamtenhaftung in § 839 BGB ihren Ausdruck findet.

Sinn und Zweck der Haftungsüberleitung

Der Sinn und Zweck dieser Haftungsüberleitung wurde einerseits darin gesehen, dem Geschädigten mit dem Hoheitsträger als haftender Körperschaft einen leistungsfähigen Schuldner zu garantieren, andererseits sollte jedoch auch der Beamte in seiner Entschluss- und Handlungsfreudigkeit gestärkt werden.

III. Verfassungsrechtliche Grundlagen

Art. 34 GG als Weiterführung und Modifikation des Art. 131 WRV

Der Art. 131 WRV wurde nahezu wortlautgleich in Art. 34 GG übernommen. Als folgenschwerste Änderung dürfte jedoch die Ersetzung des Wortes „Beamter" durch die Formulierung „jemand" in Art. 34 GG angesehen werden.[13] Die Weitergeltung des § 839 BGB ergibt sich jedenfalls aus Art. 123 I GG.

das StaatshaftG von 1981

Umfassend normiert wurde eine dem Amtshaftungsanspruch vergleichbare verschuldensunabhängige „Haftung für rechtswidriges Verhalten der öffentlichen Gewalt" im Staatshaftungsgesetz von 1981[14], gestützt auf Art. 74 I Nr. 1 GG. Obschon dieses Gesetz wegen der fehlenden Bundeskompetenz für verfassungswidrig erklärt worden war, fanden einige Intentionen des Gesetzgebers Eingang in die höchstrichterliche Rechtsprechung.[15] Durch die Einfügung des Art. 74 I Nr. 25, II GG im Jahre 1994 ist nunmehr eine Kompetenzzuweisung an den Bund erfolgt. Jedoch sind derzeit keine Bestrebungen des Gesetzgebers dahingehend festzustellen, ein bundeseinheitliches Staatshaftungsrecht zu normieren.

Vorrang des Primärrechtsschutzes

Im System des grundgesetzlich verankerten Rechtsschutzes für den Bürger stellt der Amtshaftungsanspruch gleichsam eine Form des zivilrechtlichen Sekundärrechtsschutzes dar. Er ergänzt den Grundsatz der Gesetzmäßigkeit des Art. 20 III GG und den in Art. 19 IV GG i.V.m. den Grundrechten verfassungsrechtlich garantierten verwaltungsgerichtlichen primären Rechtsschutz.[16]

---

12 Es gab bereits ab dem Jahre 1910 in einzelnen Bundesstaaten einfachgesetzliche Regelungen. Für die Reichsbeamten wurde eine Haftungsüberleitung durch das RBG ebenfalls 1910 normiert.
13 Zu den sich daraus ergebenden Konsequenzen siehe unten Rn. 18.
14 BGBl, Jg. 1981, Teil I S. 553 (554).
15 BVerfGE 61, 149 = **juris**by**hemmer**.
16 Maurer, § 26 Rn. 6.

Dies bedeutet, dass der Amtshaftungsanspruch nur eingreift, wenn es dem Bürger unverschuldet nicht möglich war, bereits die rechtswidrige hoheitliche Maßnahme vollständig abzuwehren und somit den Eintritt eines Schadens schon im Vorfeld zu verhindern, vgl. § 839 III BGB.

Amtshaftungsanspruch als subjektives öffentliches Recht

Aus dieser Sichtweise folgt des Weiteren, dass Art. 34 GG ein subjektives öffentliches Recht für den von der Amtspflichtverletzung Betroffenen enthält. Dies wird insbesondere durch die gestellten Anforderungen an den Prüfungspunkt der drittgerichteten Amtspflicht deutlich.[17]

kein Grundrecht/grundrechtsgleiches Recht

Art. 34 GG enthält jedoch kein Grundrecht bzw. grundrechtsgleiches Recht. Eine Geltendmachung des enthaltenen subjektiven öffentlichen Rechts durch Verfassungsbeschwerde scheidet aus.[18]

IV. Reichweite der verfassungsrechtlichen Garantie

Frage der „Institutsgarantie"

Ein besonderer Streitpunkt innerhalb der Dogmatik der staatlichen Ersatzleistungen dreht sich um die Frage, ob - und wenn ja inwieweit - durch Art. 34 GG eine „Institutsgarantie" des Amtshaftungsanspruchs festgeschrieben ist. Umstritten ist dabei, ob Art. 34 GG lediglich eine Mindestgarantie der Haftung des Staates für schuldhafte Amtspflichtverletzung darstellt. Bejaht man dies, hätte das zur Folge, dass sowohl eine Einschränkung der Haftungsüberleitung, als auch ein umfassender Ausschluss der Staatshaftung möglich wäre. Es verblieben dann (nur) die persönliche Haftung des Beamten gem. § 839 BGB bzw. sondergesetzliche Regelungen.

h.M.: „grundsätzlich" als einfacher Gesetzesvorbehalt

Nach der überwiegenden Ansicht in Rspr. und Literatur kann die in Art. 34 GG normierte Staatshaftung einfachgesetzlich beschränkt oder gar ausgeschlossen werden. Dies wird mit dem Wortlaut der Norm, nämlich der Formulierung „grundsätzlich" in Art. 34 S. 1 GG, begründet. Dem Gesetzgeber sei es somit unbenommen, den Regelungsvorbehalt dahingehend auszuschöpfen, dass lediglich ein Mindeststandard an Staatshaftung bestehen bleiben müsse.[19]

a.A.: kein Gesetzesvorbehalt in Art. 34 GG, keine Haftungseinschränkung möglich

Nach der Gegenansicht überdehnt diese Interpretation den Wortlaut der Norm. Diese Formulierung sei zwar wortlautgleich aus Art. 131 S. 1 WRV übernommen worden. Dort habe diese Interpretation jedoch zusammen mit dem geschriebenen Gesetzesvorbehalt des Art. 131 S. 4 WRV auch einen Sinn ergeben. Das ausdrückliche Fehlen eines Gesetzesvorbehalts in Art. 34 GG werde mithin auch nicht durch das „grundsätzlich" überwunden. Eine normative Bedeutung entfalte das „grundsätzlich" somit lediglich im Hinblick auf die haftende Körperschaft.[20] Ein Regelungsvorbehalt, der eine Einschränkung der Staatshaftung gestatte, fehle somit.

strenge Anforderungen an eine Haftungsbeschränkung

Vorzugswürdig ist die erstgenannte Ansicht, wobei jedoch an eine grundsätzliche Möglichkeit der Haftungsbeschränkung strenge Maßstäbe zu stellen sind. Eine Einschränkung der Staatshaftung soll demnach vor allem in Hinblick auf die Art. 19 IV, 20 III GG und den Grundsatz der Verhältnismäßigkeit nur durch förmliches (Bundes- oder Landes-) Gesetz und nur in sachlich gerechtfertigten Ausnahmefällen möglich sein. Insbesondere soll eine vom Gesetzesvorbehalt gedeckte Satzung als haftungsbeschränkende Norm nur in Ausnahmefällen in Betracht kommen.[21]

---

17 Siehe dazu unten ab Rn. 57.
18 Maunz/Dürig-Papier, Art. 34 GG, Rn. 87; Jarass/Pieroth, Art. 34 GG, Rn. 1 m.w.N.
19 Jarass/Pieroth, Art. 34 GG, Rn. 2 m.w.N.
20 MüKo-Papier, § 839 BGB, Rn. 336 m.w.N.
21 MüKo-Papier, § 839 BGB, Rn. 337 ff. m.w.N.; näheres dazu ab Rn. 92.

Des Weiteren ist die Existenz amtshaftungsverdrängender Sondervorschriften anerkannt. Eine Prüfung des Tatbestandes des § 839 BGB i.V.m. Art. 34 darf dann nicht erfolgen, wenn ein spezielles, in sich geschlossenes deliktisches Haftungssystem vorliegt.[22] Als verdrängende Vorschrift kommen insbesondere die spezielle Haftung des Bundes gegenüber Soldaten nach dem SVG für Wehrdienstbeschäftigte und die Notarhaftung nach § 19 BNotO in Betracht.

V. Anspruchsgrundlage der Amtshaftung

h.M.: § 839 BGB als Anspruchsgrundlage, Art. 34 GG als Haftungsüberleitung

Nach der wohl h.M. ist die eigentliche Anspruchsgrundlage in § 839 BGB zu sehen. Erst wenn dessen Voraussetzungen erfüllt sind, findet durch die Anwendung des Art. 34 GG in der Form einer befreienden Schuldübernahme die Haftungsüberleitung auf den Hoheitsträger statt.[23]

e.A.: Art. 34 GG als verfassungsrechtliche Norm vorrangig

Eine abweichende Ansicht stellt unter Beachtung insbesondere der Normenhierarchie auf den Art. 34 GG ab, der seinerseits durch den § 839 BGB lediglich konkretisiert wird.[24]

a.A.: einheitliche Anspruchsgrundlage

Überzeugender als diese beiden trennenden Ansichten dürfte jedoch die im Vordringen befindliche Sichtweise sein, die auf das Zusammenspiel der beiden Normen abstellt. Ausgehend von § 839 BGB hat bei den jeweils betreffenden Tatbestandsmerkmalen durch ein Hineinlesen der verfassungsrechtlichen Vorgaben des Art. 34 GG eine Modifikation des Grundtatbestandes zu erfolgen. Beide Normen unterliegen somit bereits auf der Tatbestandsebene einer Wechselwirkung, die durch das Anerkennen einer einheitlichen Anspruchsgrundlage aus § 839 BGB i.V.m. Art. 34 GG ihren Ausdruck findet.[25]

hemmer-Methode: Diesen Streit müssen Sie natürlich nicht in einer Klausur darstellen. Es soll nur gezeigt werden, dass es bereits an dieser Stelle, bedingt durch die besondere Konstruktion des Amtshaftungsanspruchs, keine absolut „richtigen" oder „falschen" Ansichten gibt.

B) Prüfungsschema des Amtshaftungsanspruchs

I. Handeln eines Amtswalters
⇨ Haftungsrechtlicher Beamtenbegriff
⇨ Problemfälle: Beliehene, Verwaltungshelfer, Privatunternehmer

II. In Ausübung eines öffentlichen Amtes
⇨ Öffentliches Amt: Unterscheidung Eingriffs-/ Leistungsverwaltung
⇨ Handeln in Ausübung: innerer und äußerer Zusammenhang. Nicht: bei Gelegenheit

III. Verletzung einer Amtspflicht
⇨ Unterscheidung zu Rechtspflichten
⇨ Verstoß gegen bindendes Innenrecht

---

22 Windthorst, § 8 Rn. 12 f.
23 MüKo-Papier, § 839 BGB, Rn. 119 ff. m.w.N.
24 Jarass/Pieroth, Art. 34 GG, Rn. 1 m.w.N.
25 Maurer, § 26 Rn. 7 ff.; Windthorst, § 8 Rn. 4.

> **IV. Drittbezogenheit der verletzten Amtspflicht**
>
> ⇨ Ermittlung des Schutzbereichs der Amtspflicht
>
> ⇨ Problemfälle: normatives/legislatives Unrecht, Drittschutz gegenüber Hoheitsträgern, bei innerbehördlichen Vorgängen
>
> **V. Widerrechtlichkeit und Verschulden**
>
> **VI. Entstehung eines Schadens**
>
> **VII. Haftungsausfüllende Kausalität**
>
> **VIII. Haftungsbeschränkungen**
>
> ⇨ Problem bei gemeindlicher Satzung
>
> ⇨ Verweisungsprivileg gem. § 839 I S. 2 BGB; Durchsetzbarkeit, Zumutbarkeit, keine unbillige Entlastung
>
> ⇨ Richterspruchprivileg des § 839 II BGB
>
> ⇨ Vorwerfbare Rechtsmittelversäumung gem. § 839 III BGB
>
> ⇨ Mitverschulden, § 254 BGB
>
> **IX. Verjährung, §§ 195 ff. BGB**
>
> **X. Anspruchsgegner**

hemmer-Methode: Dieses Prüfungsschema soll Ihnen zur Orientierung dienen. Nicht in jeder Klausur wird jeder Prüfungspunkt gleichermaßen problematisch sein. Setzen Sie die Schwerpunkte richtig, lernen Sie es, unwesentliche Sachverhaltsangaben herauszufiltern und knapp als unproblematisch abzuhandeln.

C) Die Anspruchsvoraussetzungen im Einzelnen

I. Handeln eines Amtswalters

Nach dem Wortlaut des § 839 I S. 1 BGB, müsste ein „Beamter" eine nicht näher beschriebene Verletzungshandlung begangen haben.

öffentlich-rechtliche Tätigkeit eines Amtswalters

Unstreitig ist, dass an dieser Stelle bereits eine Tatbestandsmodifikation durch das Hineinlesen des Art. 34 GG zu erfolgen hat. Der „Beamte" des § 839 I S. 1 BGB wird durch das „jemand" in Art. 34 GG zum Funktionsbegriff des „Amtswalters" modifiziert. Da die Amtshaftung eine mittelbare Staatsunrechtshaftung darstellt (s.o.), muss (zumindest) eine öffentlich-rechtliche Tätigkeit[26] des „Amtswalters" vorliegen.

hemmer-Methode: Dieser erste Prüfungspunkt eines Amtshaftungsfalles stellt den Klausurbearbeiter nicht selten schon vor Probleme.

haftungsrechtlicher Beamtenbegriff

Der scheinbar eindeutige Begriff des „Beamten" in § 839 I S. 1 BGB wird durch das „jemand" des Art. 34 GG zum schwer greifbaren Tatbestandsmerkmal. Hilfreich ist es jedoch, wenn man sich, ausgehend von der historisch-rechtspolitischen Entwicklung, ins Gedächtnis ruft, dass die Rechtsstellung – der Status – des Handelnden gerade unbeachtlich ist.

---

[26] Ein weitergehendes hoheitliches Handeln ist demgegenüber nicht zwingend notwendig. Näheres dazu siehe Rn. 33. Exemplarisch zur Abgrenzung öffentlich-rechtliches Handeln/hoheitliches Handeln siehe BGH, NJW 2003, 1308.

Es kommt vielmehr auf die Funktion an, die der Handelnde dem Bürger gegenüber im Außenverhältnis wahrnimmt.[27] Jemand „waltet" somit „(s)eines Amtes", die Person wird hoheitlich tätig, ohne dass es, gerade im Hinblick auf das Gebot des effektiven Rechtsschutzes, für den betroffenen Bürger darauf ankommt, ob der Handelnde in einem tatsächlichen Beamtenverhältnis nach geltendem Beamtenrecht steht. Es gilt der haftungsrechtliche Beamtenbegriff.

hemmer-Methode: Amtshaftung ist keine Statushaftung, sondern Funktionshaftung! Es kommt nicht auf den Status des Handelnden, sondern auf die Rechtsnatur seiner Handlung an!

Beamter im haftungsrechtlichen Sinn ist, wer in seiner konkreten Funktion mit der Ausübung hoheitlicher Gewalt betraut wurde.[28]

Weitere Beamtenbegriffe:
- ⇨ Beamter im statusrechtlichen Sinn ist, wer durch förmliche Ernennung zum Beamten ernannt wurde und in einem öffentlich-rechtlichen Dienstverhältnis steht.[29]
- ⇨ Beamte im strafrechtlichen Sinn sind die in § 11 I Nr. 2 bis 4 StGB genannten Personen.

jede öffentlich-rechtliche Tätigkeit

Dies bedeutet konsequenterweise, dass grundsätzlich jedes öffentlich-rechtliche Handeln von Exekutive, Judikative und Legislative unter den Anwendungsbereich der Amtshaftung fallen kann.[30]

Als „jemand" i.S.d. Art. 34 GG können somit (Status-)Beamte, Richter, Soldaten und Zivildienstleistende ebenso in Betracht kommen wie Parlamentsabgeordnete, Minister oder Bürgermeister.[31] Für die Bereiche der hoheitlich-obrigkeitlichen Verwaltung (Erlass von VAen, Bebauungsplänen, Ausübung von Befehl/Zwang) ist dies ebenso unstreitig wie für den Bereich der schlicht-hoheitlichen Leistungsverwaltung (z.B. Straßenbaumaßnahmen, Betrieb der städtischen Kanalisation[32]).

Problem: Haftung für Privatpersonen

Probleme treten auf, wenn ein öffentliches Amt durch Privatpersonen ausgeübt wird. Dies geschieht in der Regel durch Beliehene und Verwaltungshelfer, aber auch durch Personen, die als selbständige Privatunternehmer vom Staat zur Erfüllung seiner Aufgaben herangezogen werden. Problematisch kann auch die Haftung sein, wenn Beamte privatrechtlich auftreten, etwa im Bereich der sog. Leistungsverwaltung.

1. Staatshaftung für Beliehene

Haftung für Beliehene

Beliehene sind natürliche oder juristische Personen des Privatrechts, denen durch Gesetz oder aufgrund Gesetzes durch Verwaltungsakt oder aufgrund verwaltungsrechtlichen Vertrages bestimmte einzelne hoheitliche Kompetenzen zur Wahrnehmung im eigenen Namen übertragen worden sind.[33] Der Gesetzesvorbehalt betrifft nicht nur das „Ob" einer Beleihung, sondern umfasst auch deren wesentliche Modalitäten.[34]

---

27 Ganz h.M., vgl. Windthorst, § 9 Rn. 5. Nach a.A. soll ein Schluss vom Innenverhältnis auf das Außenverhältnis maßgeblich sein, BGHZ 118, 304 (305) = **juris**byhemmer.
28 Maunz/Dürig-Papier, Art. 34 GG, Rn. 105; vertiefend Meyer, JuS 1998, 404 ff.
29 Maunz/Dürig-Papier, Art. 34 GG, Rn. 105.
30 Ossenbühl, S. 13.
31 Ossenbühl, S. 13; Palandt-Sprau, § 839 BGB, Rn. 91 ff.
32 BGH, NJW 1972, 101 = **juris**byhemmer.
33 Ossenbühl, S. 15; Maurer, § 23 Rn. 56.
34 BVerwGE 137, 377.

Statusmäßig bleiben Beliehene nach wie vor Privatrechtssubjekte, sie nehmen aber - funktionell - als Teil der mittelbaren Staatsverwaltung im Rahmen ihrer Kompetenzen hoheitliche Aufgaben dem Bürger gegenüber wahr.[35] Sie sind somit Beamte im haftungsrechtlichen Sinn.

Beispiele

> **Beliehene sind z.B.:**
>
> ⇨ Luftfahrzeugführer gem. § 12 LuftSiG
>
> ⇨ Jagdaufseher, § 25 II BJagdG
>
> ⇨ die Mitglieder der Freiwilligen Feuerwehr, soweit ihnen im jeweiligen (Landes-)Feuerwehrgesetz hoheitliche Befugnisse eingeräumt werden[36]
>
> ⇨ amtlich anerkannte Sachverständige für den Kraftfahrzeugverkehr nach dem KfSachvG[37] und für Anlagen i.S.d. BImSchG[38]
>
> ⇨ grds. auch (Nur-)Notare, vgl. hierzu aber die Spezialnorm des § 19 BNotO[39]
>
> ⇨ die Post nur bei förmlichen Zustellungen (§§ 33 - 35 PostG), im Übrigen ist das PostG abschließende Haftungsregelung[40]

Bsp.: Der Student Martin G. möchte sich ein Auto kaufen. Seine Wahl fällt auf einen rostroten Opel Kadett Baujahr 1994, in den er sich beim Gebrauchtwagenhändler Emil J. Hals über Kopf verliebt hat. Während der Verkaufsverhandlungen weist der Gebrauchtwagenhändler auf die kürzlich „ohne Beanstandung" erteilte Prüfplakette durch einen Sachverständigen der DEKRA, Dr. Mabuse, hin. Nach wenigen Tagen ist die Liebe des G. zum Fahrzeug jedoch erloschen. Er ist gerade auf der Autobahn unterwegs, als das Fahrzeug unvermittelt auseinander bricht. Im Verlauf des folgenden Rechtsstreits wird zweifelsfrei festgestellt, dass der Kadett absolut fahruntüchtig war. Der Sachverständige M. hätte eine Prüfplakette nicht erteilen dürfen. G. möchte wissen, ob er Ansprüche aus Art. 34 GG i.V.m. § 839 BGB geltend machen kann.[41]

Beleihungsakt als Zurechnungstatbestand

Zunächst müsste der Sachverständige M. der DEKRA als Amtswalter tätig geworden sein. Ob jemand Amtswalter ist, richtet sich nach dem haftungsrechtlichen Beamtenbegriff. Danach ist allein maßgeblich, dass dem Handelnden die Ausübung hoheitlicher Aufgaben anvertraut wurde. Auf einen Beamtenstatus kommt es dagegen nicht an. Die DEKRA ist ein privatrechtlicher Verein. Der dort angestellte amtlich anerkannte Sachverständige Dr. Mabuse nimmt als Beliehener die Aufgabe der Kraftfahrzeugüberwachung im Rahmen der §§ 19 I, 20 II, 21 I S. 3, 29 StVZO war. Durch den engen Zusammenhang der Prüfertätigkeit des Sachverständigen mit der Erteilung der Prüfplaketten erfüllt dieser eine hoheitliche Funktion.[42] Der Anwendungsbereich der Amtshaftung wird somit durch den Beleihungsakt als antizipierten Zurechnungstatbestand[43] eröffnet.

---

35 Maurer, § 23 Rn. 56.
36 BGHZ 20, 290 (292) = **juris**byhemmer.
37 BGHZ 49, 108 (117) = **juris**byhemmer; In Betracht kommen hier beispielsweise die amtlich anerkannten Sachverständigen des TÜV und der DEKRA.
38 BGH, NJW 1993, 1784 = **juris**byhemmer.
39 Palandt-Sprau, § 839 BGB, Rn. 149 ff.; zu beachten ist aber, dass die Rechtsstellung des Notars je nach Bundesland unterschiedlich sein kann. Anwaltsnotare sind deshalb differenziert zu beurteilen.
40 Palandt-Sprau, § 839 BGB, Rn. 132.
41 Zur Problematik der haftenden Körperschaft siehe unten ab Rn. 124.
42 BGHZ 49,108 (113); BGH, NJW 1993, 1784 = **juris**byhemmer.
43 Windthorst, § 9 Rn. 14.

2. Staatshaftung für Verwaltungshelfer

Verwaltungshelfer als unselbstständiges Werkzeug

Examensrelevanter als der Beliehene ist der Verwaltungshelfer. Dieser Begriff wurde von Rechtsprechung im Zusammenhang mit der „Werkzeugtheorie" entwickelt. Während beim Beliehenen wenigstens ein wirksamer förmlicher Beleihungsakt als Zurechnungstatbestand vorliegen muss, erfüllt der Verwaltungshelfer lediglich gelegentlich anfallende ergänzende Hilfsdienste[44], er wird dabei „wie ein Werkzeug" durch die staatliche Gewalt gelenkt.[45]

hemmer-Methode: Eine Beleihung kann immer nur durch oder aufgrund eines Gesetzes erfolgen, während bei dem Verwaltungshelfer die rein faktische Aufgabenübertragung eine Amtshaftung auslösen kann!

Beispiele

Das klassische Beispiel für einen solchen Verwaltungshelfer ist der Schülerlotse oder der Schüler, der in der Abwesenheit des Lehrers die Klasse beaufsichtigen soll.

Bsp.: Während einer Doppelstunde Mathematik wird der Lehrer zu einem dringenden Telefonat in das Sekretariat der Schule gerufen. Er beauftragt die Klassenbeste Johanna H., für die nächsten fünf Minuten die Aufsicht über die Klasse zu übernehmen. Kaum hat er das Klassenzimmer verlassen, breitet sich Unruhe unter den Schülern aus. Die resolute H. beschließt „durchzugreifen" und verteilt einige gezielte Nackenschläge gegen den von ihr als Störer ermittelten Yves O. Dieser bricht bewusstlos im Klassenraum zusammen und muss ärztlich behandelt werden. Die Eltern des O. möchten Ansprüche aus Amtshaftung geltend machen.

unselbstständige Verwaltungshelfer sind Amtswalter kraft tatsächlichen Übertragungsaktes

Lösung: Fraglich ist, ob H. eine Beamtin im haftungsrechtlichen Sinn ist. H. wird im Ausgangsfall als sog. Ordnungsschülerin tätig. Ihr Verhalten wird dem Hoheitsträger grundsätzlich zugerechnet, da sie lediglich weisungsabhängig, als „verlängerter Arm"[46] der öffentlichen Hand auftritt. Es hat sich hier die Bezeichnung unselbstständiger Verwaltungshelfer eingebürgert. Da es gerade am formellen Übertragungsakt fehlt, muss es einzig auf den tatsächlichen Vorgang des „Anvertrauens eines öffentlichen Amtes" ankommen. H. handelte somit als Beamtin im haftungsrechtlichen Sinn.

Abwandlung: Der Lehrer möchte „eine Auszeit nehmen" und beauftragt kurz vor Beginn der Doppelstunde H. mit der Leitung der gesamten Unterrichtseinheit. Es kommt daraufhin zu oben genannter Verletzungshandlung.

Hier überträgt der Lehrer bereits unzulässigerweise eine hoheitliche Aufgabe an die Schülerin H. Daher ist bereits in diesem Verhalten die Amtspflichtverletzung zu sehen[47]. Das Fehlverhalten des Verwaltungshelfers entfaltet keine eigenständige Bedeutung mehr, es sei denn man verneint die Zurechenbarkeit zwischen Überlassung der Klassenaufsicht und Verletzungshandlung der H.

3. Staatshaftung für Privatunternehmer

Haftung für selbstständige Privatunternehmer

Im Gegensatz zum Verwaltungshelfer, der weisungsgebunden und somit unselbstständig im hoheitlichen Pflichtenkreis tätig wird, hat der Hoheitsträger auch die Möglichkeit, selbstständige private Werk- oder Dienstunternehmer zur Erfüllung der öffentlichen Aufgaben heranzuziehen.

---

44 Ossenbühl, S. 18.
45 BGHZ 48, 98 (103), BGH, NJW 1980, 1679.
46 Windthorst, § 9 Rn. 16.
47 Ossenbühl, S. 20.

Zu denken ist hier insbesondere an private Abschlepp- und Bauunternehmen. Da die Verpflichtung der Unternehmen auf der Grundlage eines zivilrechtlichen Rahmenvertrages erfolgt, werden diese primär tätig, um ihre vertraglichen Verpflichtungen dem Hoheitsträger gegenüber zu erfüllen. Es könnte somit zweifelhaft sein, ob sie dabei dem Bürger gegenüber zumindest auch hoheitlich als Beamte im haftungsrechtlichen Sinn handeln.

Unterscheidung: Eingriffs- oder Leistungsverwaltung

Zur Lösung dieser Fälle werden die unterschiedlichsten Ansätze vertreten. Zuerst ist festzustellen, ob es sich um eine Maßnahme der Eingriffs- oder der Leistungsverwaltung handelt. Diese Unterscheidung ist wichtig, da im Bereich der Eingriffsverwaltung für den betroffenen Bürger in jedem Fall eine Duldungspflicht besteht. Es muss dem Hoheitsträger somit in diesen Fällen wesentlich schwerer möglich sein sich dem Anwendungsbereich der Amtshaftung zu entziehen als im Bereich der Leistungsverwaltung.

a) Maßnahmen der Eingriffsverwaltung

Bsp.: Im Rahmen seines Streifengangs entdeckt der Polizeibeamte Oliver H. den in einer Feuerwehreinfahrt abgestellten neuen Kadett des Martin G. Wie in solchen Fällen üblich, verständigt er telefonisch das private Abschleppunternehmen „Murnau & Lang OHG", um das Fahrzeug auf den nächsten freien Parkplatz versetzen zu lassen. Während dieser Maßnahme beschädigt der Fahrer der OHG das Fahrzeug des G. Als er zu seinem geparkten Auto zurückkehren will, findet er es auf einem angrenzenden Parkplatz. Dabei entdeckt er auch die Beschädigungen und den Strafzettel unter dem Scheibenwischer. Er wendet sich nun an die Polizei und verlangt Schadensersatz. Dort ist man der Ansicht, er solle sich doch mit dem Abschleppunternehmen auseinandersetzen.

BGH (früher): Maßgeblichkeit des Innenverhältnisses

Der BGH wählte als Ausgangspunkt der Betrachtung die sog. „Werkzeugtheorie".[48] Im Ergebnis führte diese Ansicht dazu, dass es nach Ansicht des BGH nicht auf das (Außen-) Verhältnis des Hoheitsträgers zum geschädigten Bürger, sondern auf das Innenverhältnis Hoheitsträger/Unternehmer ankommen sollte.

Problem: Verkürzung des Rechtsschutzes für den Bürger

Beschädigt demnach ein auf Grundlage eines privatrechtlichen Werkvertrages mit der Polizei tätiger Abschleppunternehmer das abzuschleppende Fahrzeug, käme es – nach dieser Ansicht – auf die Intensität der Einflussnahme der Polizei auf den Abschleppvorgang an. Für den Bürger könnte dies zu einer Einschränkung möglicher Ansprüche führen, da es für ihn nicht ersichtlich ist, wie das Innenverhältnis Polizei/Unternehmer ausgestaltet ist.[49] Auch wird es ihm in der Regel darauf nicht ankommen, stellt sich doch die Maßnahme für ihn zweifelsfrei als Hoheitsakt der Polizei dar. Bei ihm bleibt somit die Unsicherheit, an wen er sich wegen möglicher Ersatzansprüche zu wenden hat.

Modifikation der „Werkzeugtheorie"

Um eine Einordnung der schädigenden Handlung in das jeweilige (öffentlich-rechtliche oder privatrechtliche) Haftungsregime vornehmen zu können, sind deshalb flexible und wertende Zurechnungskriterien heranzuziehen. Zurechnungsgesichtspunkte sind hierbei insbesondere der Charakter der Aufgabe, die Sachnähe der ausgeführten Tätigkeit zur Aufgabe und das Ausmaß der Einbindung des Privaten in den hoheitlichen Pflichtenkreis.[50]

---

48 BGHZ 48,98 (103); BGH, NJW 1971, 2220 (2221); NJW 1980, 1679. Siehe dazu oben Rn. 22.
49 Windthorst, § 9 Rn. 16; Ossenbühl, S. 21 ff.
50 Windthorst, § 9 Rn. 18 m.w.N.; jetzt auch BGHZ 121, 161 (165 f.).

Als Modifikation der „Werkzeugtheorie" findet somit eine Gesamtschau aller Umstände des Einzelfalls unter Einbeziehung von Innen- und Außenverhältnis statt.[51]

keine Flucht ins Privatrecht

Insbesondere bei Maßnahmen der Eingriffsverwaltung soll es der öffentlichen Hand somit verwehrt sein, sich im Wege externer Vergabe von Hoheitstätigkeit durch eine „Flucht ins Privatrecht" der Amtshaftung zu entziehen.[52]

> Für die „Abschleppfälle" bedeutet dies, dass der Abschleppunternehmer in Anlehnung an § 831 BGB lediglich als „Verrichtungsgehilfe"[53] der Polizei tätig wird, ohne jedoch eine Exkulpationsmöglichkeit des Hoheitsträgers anzunehmen, da dies wiederum am Innenverhältnis Staat/Unternehmer anknüpfen würde. Der Abschleppvorgang verliert seine Rechtsnatur als Ersatzvornahme[54] und somit als Hoheitsakt nicht allein deswegen, weil es der Polizei lediglich technisch nicht möglich ist, das Fahrzeug selbst abzuschleppen. Der Anwendungsbereich des Staatshaftungsrechts ist grundsätzlich eröffnet. Die Folge ist, dass ein unmittelbarer Anspruch gegen den Abschleppunternehmer ausscheidet.[55]

b) Maßnahmen der Leistungsverwaltung

Nur im Bereich der Leistungsverwaltung ist es der öffentlichen Hand gestattet, öffentliche Aufgaben - insbesondere der Daseinsvorsorge – umfassend durch beauftragte weisungsunabhängige Privatunternehmer ausführen zu lassen.

„feindliches Grün"

> **Bsp.:** Die bayerische Stadt E. beauftragt das private Unternehmen „City lights AG" mit der Installation von Ampelanlagen an ausgewiesenen Standorten im gesamten Stadtgebiet. Aufgrund eines Programmierungsfehlers, der eindeutig einem Mitarbeiter der AG unterlaufen ist, kommt es bereits im Rahmen des von der „City lights AG" durchgeführten Probebetriebes zu einem folgenschweren Unfall. Der Radfahrer Martin H. überquert vorschriftsmäßig bei „grün" den Georg-Wilhelm-Pabst Ring und wird dabei von einem aus der Eisenstein-Strasse kommenden Fahrzeug erfasst. Wie sich zweifelsfrei ermitteln lässt, zeigte die Lichtzeichenanlage an der Eisenstein-Strasse ebenfalls „grün" (Situation des sog. „feindlichen Grüns"). H. möchte nun Ansprüche gegen die Stadt E. wegen seiner Krankenhauskosten und der Zerstörung seines Rades geltend machen. Außerdem verlangt er Schmerzensgeld.
>
> Die Stadt E. verweist ihn demgegenüber an die „City lights AG". Diese sei für die Programmierung und das Aufstellen der Anlage auf Grundlage eines privatrechtlichen Vertrages verantwortlich.

Verkehrsregelungspflichten als öffentlich-rechtliche Pflichten

Da es sich beim Aufstellen einer Ampelanlage um eine Verkehrsregelungspflicht und somit um eine öffentlich-rechtliche Pflicht handelt,[56] ist fraglich, ob der Programmierungsfehler des Mitarbeiters der AG der Stadt E. zuzurechnen ist. Dies kann für den Geschädigten vor allem dann von Bedeutung sein, wenn die Liquidität des privaten Schuldners nicht gesichert ist.

---

51 BGHZ 121, 161 (165 f.) = **juris**byhemmer.
52 Staudinger-Wurm, § 839 BGB, Rn. 101; BGH, NJW 2005, 286 [287] = **juris**byhemmer; BGH, Urteil vom 18.02.2014, VI ZR 383/12, VersR 2014, 502 f. = **Life&Law 06/2014** = **juris**byhemmer. **Unser Service-Angebot an Sie: kostenlos hemmer-club-Mitglied werden (www.hemmer-club.de) und Entscheidungen der Life&Law lesen und downloaden.**
53 Windthorst, § 9 Rn. 20 m.w.N.
54 Zur Problematik des Abschleppens von Kfz siehe **Hemmer/Wüst, Polizei- und Sicherheitsrecht in Bayern, Rn. 299 ff.**
55 BGH, Urteil vom 18.02.2014, VI ZR 383/12, VersR 2014, 502 f. = **Life&Law 06/2014,** = **juris**byhemmer (der BGH verneint insbesondere auch einen Anspruch aus einem Vertrag mit Schutzwirkung zugunsten Dritter).
56 Palandt-Sprau, § 839 BGB, Rn. 144; Ossenbühl, S. 29 f. m.w.N.; BGH, NJW 1972, 1268.

Es werden verschiedene Lösungsansätze vertreten:

e.A.: keine Haftung bei zulässiger Übertragung

Überträgt der Hoheitsträger zulässigerweise solche Aufgaben auf Grundlage privatrechtlichen Vertrages, soll er nach e.A. auch nicht strenger haften als ein privater Dritter.[57] Eine Anwendung des § 839 BGB scheidet aus.

> **hemmer-Methode: Dies gilt nur bei der zulässigen Übertragung von Aufgaben. Bei der unzulässigen Übertragung ist vorrangig verwaltungsgerichtlicher Rechtsschutz zu suchen (Vorrang des Primärrechtsschutzes).**

a.A.: „Flucht ins Privatrecht" darf nicht ermöglicht werden

Die generelle Ablehnung eines Amtshaftungsanspruch im Rahmen der durch Privatunternehmer ausgeführten Leistungsverwaltung wird jedoch zunehmend als zu unbefriedigend angesehen, da auch im Bereich der Leistungsverwaltung die Gefahr besteht, dass sich die öffentliche Hand durch eine „Flucht ins Privatrecht" der Amtshaftung entziehen kann. Im Ergebnis hat somit, wie für den Bereich der Eingriffsverwaltung, eine Gesamtbetrachtung aller Umstände, insbesondere des Außenverhältnisses Unternehmer/Bürger zu erfolgen.[58] Es soll somit weniger auf die (im Grunde rein dogmatische) Unterscheidung zwischen Eingriffs- und Leistungsverwaltung, sondern vielmehr auf das Rechtsschutzbedürfnis des Bürgers ankommen.

modifizierte „Werkzeugtheorie" auch bei Maßnahmen der Leistungsverwaltung

Stellt sich der Charakter der Maßnahme aus der Sicht des betroffenen Bürgers als Erfüllung einer hoheitlichen Aufgabe dar, ist der Anwendungsbereich des Amtshaftungsanspruchs grundsätzlich eröffnet. Der BGH hat sich zur Problematik des selbständigen Privatunternehmers im Rahmen der Leistungsverwaltung noch nicht explizit geäußert. Aufgrund der Modifizierung der „Werkzeugtheorie" durch flexible und wertende Zurechnungskriterien (s.o.) und insbesondere der Maßgeblichkeit des Außenverhältnisses,[59] spricht viel für eine großzügigere Beurteilung derartiger Sachverhalte im Hinblick auf die Schutzwürdigkeit des Geschädigten.[60] Im Bereich der Leistungsverwaltung kann man demnach für die Fälle der Einbeziehung selbständiger Privater in den hoheitlichen Pflichtenkreis, von „Erfüllungsgehilfen" des Hoheitsträgers sprechen.[61] Das Verhalten der Privatunternehmer ist dem Hoheitsträger somit zuzurechnen wenn ansonsten eine Schlechterstellung des Geschädigten droht.

Die öffentlich-rechtliche Bindung der Verkehrsregelungspflichten an die Stadt E. erstreckt sich somit auf die Handlungen der Mitarbeiter der „City lights AG". Sie sind mithin Beamte im haftungsrechtlichen Sinn.

Exkurs

BGH: grds. keine Amtshaftung bei Verkehrssicherungspflichten

Taucht das Phänomen des „feindlichen Grüns" im Rahmen des regulären Betriebes einer Ampelanlage auf, so ergibt sich eine weitere Problematik des Falles daraus, dass die Überwachung einer solchen Anlage als (Straßen-)Verkehrssicherungspflicht des Hoheitsträgers angesehen wird.[62]

---

57 Ossenbühl, S. 23 ff. m.w.N.
58 Windthorst, § 9 Rn. 21 f.
59 BGHZ 121, 161 (167) = **juris**byhemmer.
60 Eine eingehendere Erörterung dazu beim Prüfungspunkt „öffentliches Amt", Rn. 33 ff.
61 Windthorst, § 9 Rn. 22; Staudinger-Wurm, § 839 BGB, Rn. 101.
62 BGH, NJW 1972, 1268; Palandt-Sprau, § 839 BGB, Rn. 144.

§ 1 DER AMTSHAFTUNGSANSPRUCH

Nach der (umstrittenen)[63] Rechtsprechung des BGH[64], soll die Verletzung einer Verkehrssicherungspflicht nur Schadensersatzansprüche nach den allgemeinen zivilrechtlichen Deliktsvorschriften der §§ 823 ff. BGB auslösen. Begründet wird dieses damit, dass die geschaffene Gefahr nicht vom Verhalten des Hoheitsträgers, sondern vom Gegenstand „Straße" durch Zulassung des öffentlichen Verkehrs ausgeht.

Die Verpflichtung der verantwortlichen Körperschaft zur Überwachung könne haftungsrechtlich nicht anders behandelt werden, wenn stattdessen die Verkehrssicherungspflicht einer Privatperson obliegen würde.[65] Nach diesem Ansatz liegt keine Ausübung eines öffentlichen Amtes vor.

aber: landesrechtliche Zuweisung zum öffentlichen Recht möglich

Diese Rechtsprechung verliert jedoch dadurch an Bedeutung, als es dem Landesgesetzgeber unbenommen bleibt, in den entsprechenden Straßengesetzen die Verkehrssicherungspflichten öffentlich-rechtlich auszugestalten. Dies ist durch mehrere Landesstraßengesetze geschehen.[66] Durch diese Gesetze wurde somit für einen wichtigen Bereich der Verkehrssicherungspflichten eine eindeutige Regelung getroffen.

bei allen Verkehrssicherungspflichten widerlegbare Vermutung für privatrechtlichen Aufgabencharakter

Jedoch umfassen die Verkehrssicherungspflichten eines Hoheitsträgers nicht nur den Straßenverkehr, sondern sie gelten allgemein für öffentliche Verkehrsflächen, wie Gebäude, Wasserstraßen und Spielplätze. Für diesen Bereich gilt grundsätzlich die durch den BGH getroffene Zuweisung zum allgemeinen Deliktsrecht.[67] Der Hoheitsträger hat aber seinerseits die Möglichkeit, die ihm obliegenden Verkehrssicherungspflichten in hoheitsrechtlicher Form wahrzunehmen. Eine solche Entscheidung muss allerdings in einem ausdrücklichen, allgemein verlautbarten und somit öffentlich bekannt gemachten Organisationsakt Ausdruck finden.[68] Bis zur Bekanntmachung gilt somit eine Vermutung für den privatrechtlichen Charakter der Handlungen des Hoheitsträgers.

Exkurs Ende

hemmer-Methode: Eine weitere strittige Frage ist, ob Religionsgemeinschaften, die nach Art. 140 GG, Art. 137 V WRV Körperschaften des öffentlichen Rechts sind, über § 839 BGB oder aber über § 823 I BGB handeln. Entscheidend ist auch hier, ob es sich um Beamte handelt, die in Ausübung eines öffentlichen Amtes handeln.[69]

---

63 Ossenbühl, S. 29 ff. m.w.N.
64 BGHZ 60, 54 (55); BGH, NJW 1979, 2043; BGH, BayVBl. 2005, 28 = **jurisbyhemmer**.
65 BGHZ 9, 373 = **jurisbyhemmer**.
66 Vgl. Art. 69 BayStrWG; § 59 LStrG BadWürtt; § 48 II LStrG RhPf; § 9a StrWG NRW u.a.; anders z.B. Berlin (KG, NVwZ 1982, 212); vgl. auch BGH, **Life&Law 2001, 124 ff.** = NVwZ 2000, 1209 f.
67 Ossenbühl, S. 31 ff.
68 BGH, NJW 1967, 1325 (1326) = **jurisbyhemmer**.
69 BGH, JZ 2004, 195 = **jurisbyhemmer**; Renck, NVwZ 2005, 1372.

II. In Ausübung eines öffentlichen Amtes

1. Definition „öffentliches Amt"

funktionelles Begriffsverständnis

Dieses Tatbestandsmerkmal fehlt in § 839 BGB. Durch Art. 34 S. 1 GG wird es aber zur verfassungsrechtlich normierten Tatbestandsvoraussetzung des Amtshaftungsanspruchs. Es ist seinerseits untrennbar mit dem haftungsrechtlichen Beamtenbegriff verbunden und wie dieser nicht organisatorisch-institutionell, sondern funktionell zu verstehen.[70]

öffentliches Amt (+) bei Wahrnehmung von Sonderrechten

Ein öffentliches Amt wird ausgeübt, wenn im öffentlichen Interesse liegende Aufgaben in den Formen des öffentlichen Rechts wahrgenommen werden[71] (z.B. durch VA, Aufstellen eines Bebauungsplans). Der Begriff „öffentliche Aufgaben" ist sehr weit, da nahezu jede Tätigkeit eines Hoheitsträgers zumindest mittelbar einen Gemeinwohlbezug aufweist. Unstreitig handelt es sich jedenfalls dann um eine öffentliche Aufgabe, wenn diese dem Staat durch Gesetz oder Rechtsakt zwingend zugeordnet wurde (z.B. die Landesverteidigung durch Art. 87a/b GG als sog. originäre Staatsaufgabe). Um jedoch eine sachlich nicht gerechtfertigte Ausweitung des Amtshaftungsanspruchs zu vermeiden, wird nach einhelliger Ansicht zumindest die Wahrnehmung rein bürgerlich-rechtlicher (= fiskalischer) Belange durch den Staat nicht vom Begriff „öffentliche Aufgabe" i.S.d. Amtshaftungsrechts erfasst[72], obwohl auch diese Hilfsgeschäfte zumindest mittelbar öffentlichen Interessen dienen[73] (z.B. der Einkauf von Büromaterial durch das Finanzamt).

unwiderlegbare Vermutung im Bereich der Eingriffsverwaltung

Für den gesamten Bereich der Eingriffsverwaltung ergeben sich keine Zuordnungsprobleme, denn insoweit besteht eine unwiderlegbare Vermutung sogar für hoheitliches Handeln.[74]

2. Problemfälle

a) Haftung für Realakte im Rahmen der Eingriffsverwaltung

Problem: Realakte sind rechtlich neutral

Stellt man mit der Rechtsprechung grundsätzlich auf die Rechtsform der Wahrnehmung öffentlicher Aufgaben ab,[75] kommt man bei Realakten zu keinem brauchbaren Ergebnis, da diese rechtlich neutral sind. Eine Autofahrt kann, auch bei einem Polizisten, öffentlichen oder rein privaten, nur fiskalischen Zwecken dienen.

> **Bsp.:** Der Polizeibeamte Oliver P. befindet sich mit seinem Dienstfahrzeug auf dem Weg zur Absicherung einer Unfallstelle. In einem Moment des konzentrierten Beobachtens einer weiblichen Verkehrsteilnehmerin verliert er die Kontrolle über sein Fahrzeug. Er gerät auf die Gegenfahrbahn und kollidiert mit dem Radfahrer Martin G. Dieser wird verletzt; das Fahrrad hat nur noch Schrottwert. G. möchte Amtshaftungsansprüche geltend machen.

Funktionszusammenhang

Begeht ein Hoheitsträger im Rahmen seiner Aufgabenerfüllung eine schädigende, rechtlich neutrale Tathandlung, ist vielmehr auf den äußeren und inneren Funktionszusammenhang zwischen dem Realakt und der hoheitlichen Aufgabe abzustellen.[76]

---

70 Windthorst, § 9 Rn. 23 m.w.N.
71 Windthorst, § 9 Rn. 24.
72 BGHZ 110, 253 (254) = **juris**byhemmer.
73 Windthorst, § 9 Rn. 26.
74 Windthorst, § 9 Rn. 39 f.
75 BGHZ 116, 312 (314); 129, 23 (24) = **juris**byhemmer.
76 Windthorst, § 9 Rn. 44; BGH, NJW 1992, 1227 (1228).

§ 1 DER AMTSHAFTUNGSANSPRUCH

Dienstfahrt im amtshaftungsrechtlichen Sinn

Der Polizeibeamte Oliver P. handelt vorliegend auf der Grundlage einer öffentlich-rechtlichen Ermächtigung[77]. Die Autofahrt an den Unfallort stellt zwar noch nicht die eigentliche Erfüllung einer öffentlich-rechtlichen Aufgabe dar, sie steht aber mit dieser in einem solchen engen äußeren und inneren Zusammenhang, dass sie bereits als Bestandteil der Aufgabenerfüllung anzusehen ist. Die Fahrt des P. wird auch als Dienstfahrt im amtshaftungsrechtlichen Sinn bezeichnet. Eine solche Dienstfahrt ist als Ausübung eines öffentlichen Amtes anzusehen. Der Anwendungsbereich des Amtshaftungsanspruchs ist somit eröffnet.[78]

Exkurs

Exkurs: Teilnahme am allgemeinen Straßenverkehr

Der vorliegende Fall ist unproblematisch zu lösen. Im Bereich der Amtshaftung für Hoheitsträger bei der Teilnahme am allgemeinen Straßenverkehr gibt es jedoch eine Vielzahl von Fallgestaltungen.[79] Besonders umstritten[80] sind dabei die Fälle, in denen Hoheitsträger mit der Teilnahme am Straßenverkehr mit einem Privatfahrzeug sowohl dienstliche, als auch mit einem Dienstfahrzeug private Zwecke verfolgen. Es ist jeweils für jeden Einzelfall zu klären, ob es sich um eine Dienstfahrt im amtshaftungsrechtlichen Sinn gehandelt hat.[81]

37

Zur Verdeutlichung einige kurze Beispiele:

a) Der Polizeibeamte H. bringt sein Dienstfahrzeug zur Hauptuntersuchung zum TÜV.[82]

Es handelt sich um eine Dienstfahrt im amtshaftungsrechtlichen Sinn.

b) H fährt mit seinem Privatfahrzeug während der Dienstzeit zur Besprechung zu seinem Vorgesetzten.

Dabei soll es sich nicht um eine Dienstfahrt und somit auch nicht um die Ausübung eines öffentlichen Amtes handeln, da sich die Autofahrt als konkrete Fortbewegungsart nicht zwingend aus dem Amtsgeschäft ergebe.[83]

c) H fährt mit dem Einsatzfahrzeug zum nächsten Döner-Stand, um Verpflegung einzukaufen.

H verfolgte mit der Fahrt keine hoheitliche Zielsetzung. Es handelt sich nicht um die Ausübung eines öffentlichen Amtes. Die Benutzung erfolgte vielmehr „bei Gelegenheit".[84]

d) Wie soeben. Derartige „Schwarzfahrten" sind den Beamten jedoch per Verwaltungsvorschrift untersagt.

Im Gegensatz zu soeben obliegt dem H gerade die dienstliche Pflicht, derartige „Schwarzfahrten" zu unterlassen (= hoheitliche Zielsetzung!). Da sich bei einem Verstoß gegen die Dienstpflicht gerade eine Gefahrenlage realisieren kann, sei ein innerer Zusammenhang zwischen Aufgabenerfüllung (keine Schwarzfahrten) und Realakt (Schwarzfahrt) gegeben. H handelte in Ausübung eines öffentlichen Amtes.[85]

---

77 Rechtsgrundlage dafür ist § 44 II StVO i.V.m. der VwV-StVO.
78 Siehe dazu auch BGH, NJW 1992, 1227 ff. = **juris**byhemmer; dort wird eine Dienstfahrt selbst mittels eines privaten Pkw beim Vorliegen des o.g. Funktionszusammenhangs als Ausübung eines öffentlichen Amtes angesehen.
79 Aufzählung bei Ossenbühl, S. 34 f.
80 Ossenbühl, S. 34 f. m.w.N.
81 Vgl. hierzu Staudinger-Wurm, § 839 BGB, Rn. 87 ff. m.w.N.
82 Nach BGH, VersR 1958, 688.
83 BGH, VersR 1965, 138.
84 Siehe dazu Ossenbühl, S. 34 f., m.w.N.
85 BGHZ 124, 15 (18) = **juris**byhemmer.

e) *Der Polizeibeamte H verfolgt im Dienstfahrzeug mit eingeschalteter Signalanlage ein Täterfahrzeug.*

H handelt in Ausübung eines öffentlichen Amts. Da er dabei jedoch Sonderrechte nach § 35 I StVO wahrnimmt, handelt es sich bereits nicht um eine Teilnahme am „allgemeinen" Straßenverkehr.[86]

Exkurs Ende

b) Haftung für Realakte im Rahmen der Leistungsverwaltung

Im Rahmen der Leistungsverwaltung ist zunächst danach zu differenzieren, ob diese in öffentlich-rechtlicher oder in zivilrechtlicher Form wahrgenommen wird.

Formenwahlfreiheit der Verwaltung

hemmer-Methode: Sofern keine abschließende öffentlich-rechtliche Regelung vorliegt, hat die öffentliche Hand im Bereich der Leistungsverwaltung ein Wahlrecht, ob sie dem Bürger in den Formen des öffentlichen Rechts oder des Zivilrechts entgegentritt.[87] Zur Abgrenzung dieser Handlungsformen können Sie auf Ihre Kenntnisse aus dem allgemeinen Verwaltungsrecht zurückgreifen. Besonders hilfreich ist dabei die Sonderrechtstheorie/modifizierte Subjektstheorie. Ein öffentlich-rechtliches Handeln liegt demnach vor, wenn der Hoheitsträger auf der Grundlage von Rechtssätzen berechtigt und verpflichtet wird, deren Zuordnungssubjekt ausschließlich ein Träger hoheitlicher Gewalt ist (= Sonderrecht des Staates).[88]

aa) Bei einer Maßnahme der Leistungsverwaltung in öffentlich-rechtlicher Form liegt unzweifelhaft ein Handeln in Ausübung eines öffentlichen Amts vor.

Bsp.: Im Stadtmuseum von E wird die Ausstellung „500 Jahre Handfeuerwaffen - Eine kritische Hommage" eröffnet. Besucher Martin H. beschäftigt sich interessiert mit den Exponaten, als er unvermittelt angeschossen wird. Der Schuss hatte sich gelöst, als Museumsmitarbeiter noch mit letzten Aufräumarbeiten an einer nicht ordnungsgemäß überprüften Muskete zugegen waren. Aufbau, Sicherung und Überwachung der Ausstellung erfolgte durch Angestellte der Stadt. Die Benutzung des Museums ist durch eine gemeindliche Satzung geregelt.

Die Angestellten der Stadt E sind Amtswalter bzw. Beamte im haftungsrechtlichen Sinn. Da die Benutzung in einer Satzung - mithin öffentlich-rechtlich - geregelt ist, erfolgt die schädigende Handlung in Ausübung eines öffentlichen Amtes.

Zur Erinnerung: Probleme können dann auftauchen, wenn die öffentliche Hand mit der Wahrnehmung der Aufgaben selbstständige Privatunternehmer beauftragt hat.[89]

Verwaltungsprivatrecht und Amtshaftung

bb) Probleme ergeben sich jedoch dann, wenn eine Schädigung aufgrund einer Handlung eintritt, die im Zusammenhang mit verwaltungsprivatrechtlichem Handeln des Staates erfolgt.

hemmer- Methode: Von Verwaltungsprivatrecht spricht man, wenn die öffentliche Hand sich zur Erledigung ihr obliegenden öffentlichen Aufgaben den Formen des Privatrechts bedient. Da sie aber dabei gleichwohl öffentliche Gewalt ausübt, ist sie dabei an die Grundrechte und bestimmte Grundsätze des öffentlichen Rechts gebunden.

---

86 Zu möglichen Folgeproblemen siehe ab Rn. 100.
87 Maurer, § 3 Rn. 25; Windthorst, § 9 Rn. 30 m.w.N.
88 Kopp/Schenke, § 40 Rn. 11.
89 Vgl. oben Rn. 24 ff.

Bsp.: Das Museum wird nicht von der Stadt E selbst, sondern von der „Stadtmuseum-GmbH" betrieben. Deren Mitarbeitern oblag die Überwachung der Exponate. Die Stadt E hält eine Beteiligung von 100 Prozent an der Gesellschaft. Der H erwarb eine Eintrittskarte, auf der als Veranstalter die „Stadtmuseum-GmbH" genannt ist.

Formenwahlfreiheit der Verwaltung

Da der öffentlichen Hand im Bereich der Leistungsverwaltung die Wahlfreiheit zusteht, ob sie öffentliche Aufgaben mit den Mitteln des Privatrechts (= Verwaltungsprivatrecht) oder hoheitsrechtlich erfüllt, bedeutet dies, dass der Hoheitsträger durch eine entsprechende Ausgestaltung des Rechtsverhältnisses grundsätzlich auch das Haftungsregime wählen kann.[90] Entscheidet er sich für eine öffentlich-rechtliche Ausgestaltung, greift § 839 BGB i.V.m. Art. 34 GG. Wählt er hingegen zivilrechtliche Handlungsformen, dann soll eine Haftung des Staates nur nach §§ 823, 831 BGB in Betracht kommen.

h.M.: keine Amtshaftung

(1) Nach der wohl h.M. scheidet demnach ein Amtshaftungsanspruch für verwaltungsprivatrechtliches Handeln von vornherein aus.[91] Eine besondere Schutzbedürftigkeit des Bürgers sei, anders als beim obrigkeitlich-hoheitlichen Handeln, nicht ersichtlich. Wird z.B. eine öffentliche Einrichtung rein privatrechtlich betrieben, und erfolgt die Schädigung auch auf dieser „Stufe"[92], käme eine Inanspruchnahme des Hoheitsträgers nur aufgrund privatrechtlicher Vorschriften in Betracht.

hemmer-Methode: Der Nachteil einer Haftung nach §§ 823 I, 831 I BGB für den Bürger ist, dass der Staat sich zum einen für die Handlungen seiner Verrichtungsgehilfen häufig wird exkulpieren können und zum anderen ein Organ- bzw. Organisationsverschulden nach §§ 823 I, (89) 31 BGB regelmäßig nicht nachweisbar ist. Andererseits hat eine Haftung nach §§ 823, 831 BGB für den Bürger den Vorteil, dass es anders als i.R.d. § 839 BGB keine Haftungsprivilegien für den Staat gibt. Im Ergebnis spielt das unterschiedliche Haftungsregime allerdings keine so große Rolle, wie das nun auf den ersten Blick erscheinen mag. In den meisten Fällen konkurrieren mit den deliktischen Ansprüchen solche aus §§ 280, 241 II BGB (pVV), unabhängig davon, ob es sich um eine zivilrechtliche oder um eine öffentlich-rechtliche Wahrnehmung der Aufgaben handelt![93]

a.A.: Amtshaftung (+), wenn der schädigende Realakt im Zusammenhang zur öffentlich-rechtlichen Zielsetzung der Aufgabenerfüllung steht

(2) Die Gegenansicht betont demgegenüber, dass der Charakter als staatliche Aufgabe auch durch die Ausführung in Privatrechtsform nicht verloren geht. Deshalb dürfe ein Amtshaftungsanspruch gerade nicht von vornherein ausgeschlossen werden. Es komme weniger auf die Rechtsform der Handlung an, als darauf, ob die Zielsetzung, in deren Sinn der Amtswalter tätig wurde, notwendig dem hoheitlichen Aufgabenbereich zuzurechnen ist und ob ein enger innerer und äußerer Zusammenhang zwischen Zielsetzung und Realakt besteht.[94]

vermittelnde Ansicht: Einzelfallprüfung unter Wertungsgesichtspunkten

(3) Nach einer vermittelnden Ansicht wird ein genereller Ausschluss einer Amtshaftung im Rahmen des Verwaltungsprivatrechts abgelehnt. Vor allem die Gefahr einer „Flucht ins Privatrecht" des Hoheitsträgers gebiete es, den sekundären Rechtsschutz des Bürgers nicht leer laufen zu lassen.

Vielmehr ist zu unterscheiden: Geht der später Geschädigte „sehenden Auges" eine erkennbar privatrechtliche Bindung mit der öffentlichen Gewalt ein, soll er auch (nur) dem zivilrechtlichen Haftungsregime unterstehen.

---

90 Windthorst, § 9 Rn. 30.
91 BGHZ 60, 54 (56) = **juris**by**hemmer**; MüKo-Papier, § 839 BGB, Rn. 149 f.
92 Zur Problematik der „Zwei-Stufen-Theorie" siehe auch **Hemmer/Wüst, Verwaltungsrecht II, Rn. 6 ff.**
93 Zu den Anspruchskonkurrenzen siehe unten ab Rn. 142.
94 Ossenbühl, S. 27 f., m.w.N.

Stellt sich der Geschädigte privatautonom auf die Stufe der Gleichordnung mit dem verwaltungsprivatrechtlich tätigen Hoheitsträger, ist kein Grund ersichtlich, dem Geschädigten neben den vertraglichen und deliktsrechtlichen Ansprüchen gegen den Schädiger und/oder Vertragspartner zusätzlich einen Amtshaftungsanspruch zuzuerkennen. Dies gilt aber nur dann, wenn der Geschädigte erkennen konnte, dass er privatrechtlich mit dem Hoheitsträger kontrahiert. Des Weiteren muss dem Hoheitsträger insoweit ein Wahlrecht zugestanden haben, die betreffende öffentliche Aufgabe auch in der Form des Privatrechts erfüllen zu dürfen.

kein Haftungsausschluss bei Benutzungszwang

Gibt es jedoch einen z.B. durch Satzung festgelegten Zwang zur Benutzung einer öffentlichen Einrichtung, ausgestaltet durch privatrechtlichen Vertrag, darf eine Haftung aus Amtspflichtverletzung nicht ausgeschlossen sein.[95] Dies ist z.B. dann der Fall, wenn es in einer Gemeinde nur eine bestimmte Einrichtung gibt, die von allen Interessenten mangels einer Ausweichmöglichkeit genutzt werden „muss". Zu denken ist hier insbesondere an die Wasserversorgungsanlagen, die Müllentsorgung oder den städtischen Schlachthof.

43

Im Beispielsfall hat H privatrechtlich mit der „Stadtmuseum–GmbH" kontrahiert. Die Schädigung erfolgte auch auf dieser „Stufe", bedingt durch ein Unterlassen eines Mitarbeiters der privatrechtlichen GmbH. In diesem Fall scheidet eine Amtshaftung der Stadt E nach der h.M. von vornherein aus. Es liegt kein Handeln in Ausübung eines öffentlichen Amtes vor.[96] Stellt man demgegenüber mit der Gegenansicht auf die Zielsetzung der Überwachungstätigkeit und den Zusammenhang zur Benutzung einer öffentlichen Einrichtung ab, erscheint fraglich, ob sich die Stadt durch die Gründung der GmbH der Wahrnehmung ihrer Obhutspflichten entledigen konnte.

Allerdings liegt hier keine durch eine Satzung bedingte, unfreiwillige Inpflichtnahme des H vor. Er kontrahierte vielmehr privatautonom und „sehenden Auges" mit der „Stadtmuseum-GmbH". Auch unter Wertungsgesichtspunkten ist keine andere Lösung notwendig. H wird nicht völlig schutzlos gestellt. Ihm verbleiben möglicherweise vertragliche Ansprüche gem. §§ 280, 241 II BGB (pVV) und die Ansprüche aus §§ 31, 89, 823 ff. BGB. Die Privilegierungen des § 839 BGB zu Gunsten des Hoheitsträgers entfallen, der Stadt könnte jedoch die Exkulpation nach § 831 BGB gelingen.

3. Handeln in Ausübung

Schädigungen „bei Gelegenheit" nicht von der Amtshaftung erfasst

Dieses Tatbestandsmerkmal dient dazu, den Zurechnungszusammenhang zwischen hoheitlicher Aufgabe und Schädigungshandlung herzustellen. Ein solcher fehlt, wenn die Verletzungshandlung „bei Gelegenheit" erfolgt.[97] Der Amtsträger muss vielmehr die schädigende Handlung im engen inneren und äußeren Zusammenhang mit der Ausübung öffentlicher Gewalt begangen haben.[98]

44

hemmer-Methode heißt Lernen in Zusammenhängen. Die hier dargestellte Problematik kennen Sie bereits aus dem Zivilrecht. Für Erfüllungs- und Verrichtungsgehilfen wird nicht gehaftet, wenn diese nur bei Gelegenheit der Pflichterfüllung einen Dritten schädigen![99] Durch die „Mehrfachnutzung" Ihres Wissens sparen Sie Zeit und „Speicherkapazitäten"!

---

95 Vgl. unten Rn. 92 ff.
96 MüKo-Papier, § 839 BGB, Rn. 150.
97 BGH, NJW 1992, 1227 (1228) m.w.N. = **juris**by**hemmer**.
98 Windthorst, § 9 Rn. 51.
99 Vgl. hierzu **Hemmer/Wüst, Schadensersatzrecht I, Rn. 74**.

a) Äußerer Zusammenhang

räumlich-zeitlicher Zusammenhang ausreichend

Für den äußerlichen Zusammenhang genügt bereits die räumlich-zeitliche Einbettung der schädigenden Handlung in den hoheitlichen Funktionskreis.[100] Ein solcher Zusammenhang fehlt gegebenenfalls dann, wenn durch einen sich nicht im Dienst befindenden Hoheitsträger eine Verletzungshandlung begangen wird.

b) Innerer Zusammenhang

einheitlicher, hoheitlich geprägter Lebenssachverhalt

Ein innerer Zusammenhang ist zu bejahen, wenn das Ziel der Tätigkeit dem hoheitlichen Funktionskreis zurechenbar ist, und wenn zwischen dieser Zielsetzung und der schädigenden Handlung ein innerer Zusammenhang besteht,[101] das Ganze somit als einheitlicher Lebenssachverhalt erscheint, der vom hoheitlichen Aufgabencharakter geprägt ist.[102] Dadurch sollen insbesondere Missbrauchsfälle aus dem Bereich der Amtshaftung ausgeschlossen werden.

Bsp. (1): Der Polizeibeamte H befindet sich wieder einmal im Rahmen der Verkehrsüberwachung auf Streifenfahrt. Beim Sondieren der Gegend entdeckt er in einer Seitenstraße Johann D. Wie H aus gut unterrichteten Kreisen weiß, ist D, insbesondere in den Vormittagsstunden, ein gern gesehener Gast bei Frau H. H beschließt, dem Nebenbuhler „eine Lektion zu erteilen" und verpasst ihm einige gezielte Faustschläge in die Magengrube. D erleidet innere Verletzungen und muss zur Behandlung ins Krankenhaus.

Ein innerer Zusammenhang mit der Ausübung eines öffentlichen Amtes ist zu verneinen. Die Verletzungshandlungen gegen Johann D. stehen nicht mit dem hoheitlichen Aufgabencharakter der Verkehrsüberwachung[103] in Zusammenhang.

H handelte rein aus persönlichen Motiven, lediglich „bei Gelegenheit" der Ausübung seiner hoheitlichen Befugnisse im Rahmen der Verkehrsüberwachung.

Bsp. (2): Während einer Dienstfahrt wird der Polizeibeamte H per Funk zu einer Unfallstelle gerufen. Vor Ort erkennt H, dass es sich lediglich um einen Bagatellschaden an einer verkehrsarmen Stelle handelt. Da es jedoch der Bevölkerung - nach seiner Ansicht - am nötigen Respekt vor seiner Arbeit mangelt, möchte er den zuschauenden Passanten einen Einblick in die Vielschichtigkeit seines Berufsbildes bieten. Mit der Dienstwaffe im Anschlag führt er bei der Unfallbeteiligten Lulu P. nicht nur eine Leibesvisitation durch, er verletzt diese auch beim anschließenden Fixieren an der Wagentür.

Hier überschreitet H. bewusst seine Befugnisse, sodass es am erforderlichen inneren Zusammenhang fehlen könnte. Dadurch wird aber der einheitliche Lebenssachverhalt zwischen hoheitlicher Aufgabenerfüllung und Schädigungshandlung gerade nicht unterbrochen. Würde man derartige Fälle aus dem Anwendungsbereich der Amtshaftung ausnehmen, könnte ein entsprechend motivierter vermögensloser Schädiger den Staat als leistungsfähigen Schuldner „entlasten".[104] H handelte somit als Beamter in Ausübung eines ihm anvertrauten öffentlichen Amtes.

---

100 Windthorst, § 9 Rn. 52.
101 BGHZ 69, 128 (132) = **jurisbyhemmer**.
102 BGH, NJW 1992, 1227 (1228) m.w.N. = **jurisbyhemmer**.
103 Zur Vertiefung: Bei der Streifentätigkeit durch uniformierte Beamte handelt es sich um schlicht-hoheitliches Handeln. Als Rechtsgrundlage ist eine Aufgabenzuweisung durch das Landespolizeigesetz notwendig aber auch ausreichend; vgl. Lisken/Denninger, HdBdPR, Kapitel G Rn. 4.
104 Windthorst, § 9 Rn. 53.

> **hemmer-Methode:** Anders formuliert: Es sind auch vorsätzliche Amtspflichtverletzungen denkbar. Nicht immer, wenn der Beamte bewusst seine Befugnisse überschreitet, fehlt der innere Zusammenhang. Andernfalls wäre der Bürger bei dem besonders pflichtwidrig handelnden Beamten schutzloser gestellt, als bei dem nur fahrlässig handelnden Amtswalter.

Bsp. (3): H ist mit Leib und Seele Polizeibeamter. Um auch in seiner Freizeit für Recht und Ordnung sorgen zu können, begibt er sich zu einem Kontrollgang in die Innenstadt. Es gelingt ihm dabei, sich des Kleinganoven Mackie M. zu bemächtigen und diesen zum „Spezialverhör" in seine Privatwohnung zu verbringen. Der Gesundheitszustand des M verschlechterte sich dabei erheblich.

Hier fehlt es sowohl am äußeren als auch am inneren Zusammenhang der Schädigungshandlung mit einer hoheitlichen Aufgabe. Ein Anspruch aus Amtshaftung scheidet aus.[105]

III. Verletzung einer Amtspflicht

Die Prüfung dieses sowohl in § 839 I S. 1 BGB als auch in Art. 34 S. 1 GG wortlautgleich formulierten Tatbestandsmerkmals erfolgt in zwei Schritten. Es ist das Vorliegen einer konkreten Amtspflicht festzustellen und eine Verletzungshandlung muss stattgefunden haben.

1. Amtspflicht

Unterscheidung zwischen speziellen und allgemeinen Amtspflichten

Als Grundlage für das Bestehen von speziellen Amtspflichten kommt jede Rechtsquelle in Betracht (z.B. Unionsrecht, Verfassungsrecht, formelle und materielle Gesetze des Bundes und der Länder, Satzungen, Verwaltungsvorschriften).

Des Weiteren wurden allgemeine Amtspflichten vor allem durch die Rechtsprechung ausgeformt.[106]

Beispiele für allgemeine Amtspflichten

⇨ Pflicht zu rechtmäßigem Handeln, Art. 20 III GG: umfasst die Pflichten zu zuständigkeitsgemäßem und verfahrensgemäßem Handeln, zur Unterlassung unerlaubter Handlungen i.S.d. § 823 I BGB und zur Beachtung des Grundsatzes der Verhältnismäßigkeit

⇨ Amtspflicht zur Erteilung richtiger Auskünfte, Belehrungen, Hinweise und Warnungen

⇨ Amtspflicht zu rascher Sachentscheidung[107]

⇨ Amtspflicht zu fehlerfreier Ermessensausübung

⇨ Amtspflicht zur Beachtung der höchstrichterlichen Rechtsprechung (beachten heißt nicht notwendig befolgen; der Beamte darf sie lediglich nicht völlig ignorieren)

⇨ Amtspflicht zu konsequentem Verhalten (abgeleitet aus dem verfassungsrangigen Prinzips des Vertrauensschutzes)

⇨ Amtspflicht zur Schonung unbeteiligter Dritter

---

105 Der Spruch „Ein Beamter ist immer im Dienst" ist nicht allzu wörtlich zu nehmen, der Staat haftet nicht für Eskapaden seiner Bediensteten in der Freizeit.
106 Ausführlich Ossenbühl, S. 43 ff.; Palandt-Sprau, § 839 BGB, Rn. 31 ff.; MüKo-Papier, § 839 BGB, Rn. 193 ff. m.w.N.
107 Vgl. hierzu BGH, NJW 2007, 830; OLG Dresden, NVwZ 2010, 471 = **juris**byhemmer.

§ 1 DER AMTSHAFTUNGSANSPRUCH

Problem: Verhältnis zu den Rechtspflichten des Staates

Um dieses Tatbestandsmerkmal gibt es einen insbesondere in der Literatur geführten Meinungsstreit, der an der Unterscheidung zwischen den Amtspflichten des Amtswalters im Verhältnis zu seinem Dienstherrn einerseits und den Rechtspflichten des Staates gegenüber dem Bürger andererseits anknüpft. Eine besondere Bedeutung entfaltet dieser Streit in den Fällen des Verstoßes des Amtswalters gegen ihn bindendes Innenrecht. 50

Bsp. (1): Im Kreiswehrersatzamt ist man nervös. Aufgrund der geburtenschwachen Jahrgänge Mitte der achtziger Jahre, wird es zunehmend schwieriger taugliche Wehrpflichtige zu rekrutieren, die für die Verteidigung der Bundesrepublik vor allem am östlichen Hindukusch eingesetzt werden könnten. Aufgrund einer neu erlassenen rechtswidrigen Verwaltungsvorschrift werden verstärkt Rekruten angeworben und die mit der Musterung befassten Amtsärzte dazu verpflichtet, „alles was laufen kann" als tauglich einzustufen. Der schwer von Gicht geplagte Axel F. sieht eine Chance, um endlich seine karge Stelle als Fachanwalt für Familienrecht an den Nagel hängen zu können. Außerdem hat er von den üppigen Auslandszuschlägen für derartige Einsätze gehört. Bei der Musterung wird er vom mitfühlenden Amtsarzt Dr. Schweitzer untersucht und für untauglich erklärt. F ist über diese Nichtberücksichtigung empört und macht eine Rechtsverletzung geltend.[108] 51

Bsp. (2): Um der Bundeswehr vermehrt Rekruten zur Verfügung stellen zu können, weist der Behördenleiter die Amtsärzte im Widerspruch zu den §§ 16 ff. WPflG an, bei der Musterung etwas „großzügiger" über etwaige körperliche Beeinträchtigungen hinwegzusehen. Daraufhin wird der offensichtlich untaugliche Harald S. für diensttauglich befunden. Er wird auch umgehend eingezogen. Nach zwei Wochen bei der Truppe wird dem Widerspruch des S entsprochen; er wird aus dem Dienst entlassen. S macht einen erheblichen Verdienstausfall geltend, den er dadurch erleidet, dass er seine neue Arbeitsstelle erst mit Verspätung antreten konnte. Des Weiteren ist er durch die bisherige Grundausbildung derart geschwächt, dass er einer zweiwöchigen stationären medizinischen Behandlung bedarf. Er möchte auch diese Kosten ersetzt bekommen. 52

Rspr./h.L.: Amtspflichten als Pflichten des Beamten im Innenverhältnis

a) Nach Ansicht von Rechtsprechung und h.L. umfasst der Begriff der Amtspflicht alle persönlichen Verhaltenspflichten des Beamten im haftungsrechtlichen Sinn, die ihm gegenüber seinem Dienstherrn (dem Hoheitsträger) im Innenverhältnis obliegen.[109] Diese Pflichten bestehen nicht direkt dem Bürger gegenüber, da der Beamte selbst per Amtshandlung keine Rechtsbeziehung zwischen dem Bürger und der Person „Amtswalter" herstellen kann.[110] Er kann lediglich den Hoheitsträger - quasi als dessen Vertreter - mit Wirkung für und wider den Bürger berechtigen oder verpflichten. 52a

hemmer-Methode: Dies erinnert an die zivilrechtliche Problematik des Vertreters gem. §§ 164 ff. BGB. Sind die Voraussetzungen einer wirksamen Vertretung erfüllt, wirken alle Handlungen des Vertreters für und gegen den Geschäftsherrn. Verletzt der Vertreter seine Pflichten im Innenverhältnis zum Geschäftsherrn, so ist die Vertretung gleichwohl wirksam. Der Geschäftsherr kann lediglich Ansprüche gegen den Vertreter aus dem der Vollmachterteilung zugrunde liegenden Rechtsgeschäft geltend machen.[111]

Amtspflichten ≠ Rechtspflichten

Abzugrenzen sind die Amtspflichten des Amtswalters demnach von den Rechtspflichten des Staates. Diese öffentlich-rechtlichen Handlungs-, Unterlassungs- und Duldungspflichten beruhen auf Normen des einfachen Rechts oder auch des Verfassungsrechts.[112] Diese treffen nur den Staat unmittelbar im Außenverhältnis zum Bürger.

---

108 Nach Abschaffung der Wehrpflicht sind die beiden Beispiele nicht mehr „aktuell", aber immer noch geeignet, um die Thematik darzustellen.
109 Maurer, § 26 Rn. 16; Ossenbühl, S.42; Windthorst, § 9 Rn. 56; BGHZ 34, 375 (380 f.); 113, 17 (20 f.).
110 Ossenbühl, S. 42.
111 Zum Missbrauch der Vertretungsmacht mit den Besonderheiten bei Kollusion/Evidenz siehe **Hemmer/Wüst, BGB AT I, Rn. 285**.
112 Ossenbühl, S. 42; Windthorst § 9 Rn. 60.

Jedoch bleiben die Rechtspflichten des Staates bei der Beurteilung einer Amtspflichtverletzung nicht ohne Beachtung. Insbesondere das aus Art. 20 III GG resultierende Rechtmäßigkeitserfordernis für jedes staatliche Handeln, soll sich auch auf die für den Hoheitsträger handelnden Personen erstrecken. Jede Rechtspflichtverletzung im Außenverhältnis begründet somit auch eine Amtspflichtverletzung.[113]

Probleme beim Verstoß gegen bindendes Innenrecht

Da jedoch der Umkehrschluss gerade nicht möglich ist, ist diese Beschränkung der Amtspflichten auf das Innenverhältnis und die strikte Trennung von den Rechtspflichten nicht unumstritten.[114] Dogmatische Probleme ergeben sich vor allem im Bereich des Verstoßes gegen bindendes Innenrecht (z.B. Verwaltungsvorschriften, Weisungen). Diese binden den Amtswalter im Verhältnis zum Hoheitsträger als dienstliche Pflichten unmittelbar, den Hoheitsträger im Verhältnis zum Bürger aber lediglich mittelbar.

hemmer-Methode: Als Anknüpfungspunkt eines Amtshaftungsanspruches sind die Verwaltungsvorschriften/Weisungen selbst wegen der fehlenden Drittbezogenheit ungeeignet.

objektive Widerrechtlichkeit als zusätzliche Voraussetzung

Verletzt ein Amtswalter dienstpflichtwidrig ihn bindende gesetzeswidrige Innenrechtssätze, begeht er demnach eine Amtspflichtverletzung. Für den Beispielsfall eins käme man zu dem Ergebnis, dass Dr. Schweitzer aufgrund der Nichtbeachtung der Verwaltungsvorschrift gegen seine entsprechende Amtspflicht verstößt. Ein amtshaftungsbegründendes Verhalten des Dr. Schweitzer läge somit vor, obwohl durch sein Verhalten gerade nicht in Rechte Dritter eingegriffen wurde. Dem Bürger gegenüber war die Erklärung als untauglich ja aufgrund der Gicht gerade rechtmäßig. Um dieses unsinnige Ergebnis zu korrigieren, soll es in diesen Fällen zusätzlich darauf ankommen, ob eine objektive Widerrechtlichkeit vorliegt. Diese ist als gemeinsames Merkmal aller unerlaubten Handlungen Vorraussetzung für die Bejahung einer Amtspflichtverletzung.[115] Vorliegend fehlt eine solche objektive Pflichtwidrigkeit, da das Verhalten des Dr. Schweitzer mit der Rechtsordnung im Einklang steht.

Haftungsverschiebung innerhalb der öffentlichen Hand

Beim Beispielsfall zwei würde der Arzt im Einklang mit der innerdienstlichen Weisung und somit nach h.L. amtspflichtgemäß handeln. Ein Anspruch aus Amtshaftung käme grundsätzlich nicht in Betracht. Zur Vermeidung dieser Rechtsschutzlücke soll eine Haftungsverschiebung innerhalb der öffentlichen Hand dahingehend stattfinden, dass nicht nur isoliert der amtspflichtgemäß aber rechtswidrig handelnde Amtswalter zu betrachten ist.[116] Vielmehr soll eine Zurechnung an den anweisenden Amtswalter stattfinden. Dessen rechtswidrige Anweisung wird als Amtspflichtverletzung somit zum eigentlichen Anknüpfungspunkt für den Amtshaftungsanspruch.

hemmer-Methode: Ein ähnliches Problem kennen Sie vom Ermessen. Handelt eine Behörde aufgrund einer innerdienstlichen Weisung, liegt zwar bei der handelnden Behörde, die aufgrund der Weisung handeln muss, ein Ermessensausfall vor. Der Verwaltungsakt ist aber dennoch rechtmäßig, wenn der Weisung eine fehlerfreie Ermessensausübung vorausging.

---

113 Windthorst, § 9 Rn. 59.
114 MüKo-Papier, § 839 BGB, Rn. 192, 208; Jarass/Pieroth, Art. 34 GG, Rn. 11.
115 Windthorst, § 9 Rn. 90.
116 Windthorst, § 9 Rn. 92.

S ist vom personalen Schutzbereich der Amtspflicht, keine rechtswidrigen innerbehördlichen Weisungen zu erteilen, erfasst; sein durch den Verdienstausfall betroffenes Vermögen fällt in den sachlichen Schutzbereich. Er kann somit einen entstandenen Vermögensschaden ersetzt verlangen.

a.A.: inhaltliche Übereinstimmung von Rechtspflichten und Amtspflichten gem. Art. 20 III GG

b) Nach einer abweichenden Ansicht sollen sich die Amtspflichten auf das Außenverhältnis zwischen dem Staat und Dritten beziehen.[117]

Dieses Ergebnis wird durch die Gleichsetzung der Amtspflichten des Amtswalters mit den Rechtspflichten der Träger öffentlicher Gewalt erreicht. Durch die Bindung der Verwaltung an die Gesetze gem. Art. 20 III GG, ist somit ein amtspflichtwidriges aber rechtmäßiges Verhalten ebenso wenig denkbar wie ein amtspflichtgemäßes aber rechtswidriges Verhalten.

Wortlautargument

Begründet wird die Außenwirkung der Amtspflichten insbesondere mit dem Wortlaut sowohl des § 839 I BGB, als auch des Art. 34 S. 1 GG, die in der Formulierung „einem Dritten gegenüber" die Existenz externer Amtspflichten voraussetzen sollen.[118] Folgt man dieser Ansicht, kommt man bei Bsp. (1) zu dem Ergebnis, dass Dr. Schweitzer vorliegend seine nach Außen wirkende Amtspflicht zu rechtmäßigem Verhalten dem Bürger F. gegenüber erfüllt hat. Auf den Verstoß gegen das bindende Innenrecht kommt es demnach nicht mehr an, da dieses im Widerspruch zu den Rechtspflichten des Staates steht.

Bei Bsp. (2) kann direkt auf die Außenwirkung der rechtswidrigen Weisung des Behördenleiters abgestellt werden. Er verletzt somit eine Amtspflicht, der Außenwirkung zukommt. Eine „Haftungsverschiebung" ist nicht notwendig. Die Verletzung der Rechtspflicht, keine rechtswidrigen innerbehördlichen Weisungen zu erteilen, steht nach dieser Ansicht einer Amtspflichtverletzung gleich. S. fällt ebenso in den Schutzbereich dieser Rechtspflicht/Amtspflicht wie sein durch den Verdienstausfall betroffenes Vermögen. Er kann einen entstandenen Vermögensschaden ersetzt verlangen.

hemmer-Methode: Es handelt sich hierbei um einen Meinungsstreit, der in den Grundzügen bekannt sein sollte. Verzweifeln Sie aber nicht, wenn Ihnen ein derartiger Sachverhalt in der Klausur begegnen sollte. Folgt man der h.L., müssen die Kunstkniffe mit der „objektiven Widerrechtlichkeit" und der „Haftungsverschiebung" bekannt sein, um ein offensichtlich unsinniges bzw. ungerechtes Ergebnis zu vermeiden. Die abweichende Ansicht vermeidet zwar dieses Ergebnis von vornherein, insbesondere das Wortlautargument vermag jedoch nicht ganz zu überzeugen, da damit auf eine Unterscheidung der Tatbestandsmerkmale „drittgerichtet" und „Amtspflicht" verzichtet werden würde.[119] Auch würde das System der mittelbaren Staatshaftung (s.o.) zugunsten einer unmittelbaren Staatshaftung aufgegeben.

2. Rechtswidrigkeit

Im Amtshaftungstatbestand fehlt ein ausdrückliches Rechtswidrigkeitserfordernis. Folgt man der hier dargestellten Prüfungsreihenfolge, haben Sie die Rechtswidrigkeit bereits inzident im Tatbestandsmerkmal „Amtspflichtverletzung" geprüft. Stellen Sie dies in einem Satz fest.

---

117 MüKo-Papier, § 839 BGB, Rn. 192; Jarass/Pieroth, Art. 34 GG, Rn. 11.
118 MüKo-Papier, § 839 BGB, Rn. 192.
119 Näheres dazu siehe ab Rn. 57.

> **hemmer-Methode:** Zur Erinnerung: Geht man von der Annahme externer Amtspflichten und somit von der Gleichsetzung von Amts- und Rechtspflichten aus (s.o.), ergibt sich die Rechtswidrigkeit der Handlung aus der Amtspflichtwidrigkeit. Folgt man jedoch der h.M., ist in den Problemfällen des amtspflichtwidrigen Verstoßes gegen rechtswidriges Innenrecht auf die „objektive Widerrechtlichkeit" abzustellen, oder es erfolgt gegebenenfalls bei innerbehördlichen Vorgängen eine „Haftungsverschiebung innerhalb der öffentlichen Hand". (Vgl. Rn. 55)

IV. Drittbezogenheit der Amtspflicht

Verbindung zwischen Pflichtverletzung und Schaden

Folgt man der o.g. vorherrschenden Ansicht (Rn. 52a), wonach Amtspflichten nur im Innenverhältnis zwischen Amtswalter und Dienstherr bestehen, benötigt man dieses Tatbestandsmerkmal, um die „Außenwirkung" der Amtspflichtverletzung zum entstandenen Schaden herzustellen. Dadurch wird erreicht, dass nicht jeder Schaden, der durch die Verletzung einer Amtspflicht entsteht, einen Amtshaftungsanspruch auslöst. Es findet eine Beschränkung auf die Verletzung solcher Amtspflichten statt, deren Sinn und Zweck darin besteht, ein besonderes Näheverhältnis zwischen Bürger und Staat herzustellen.[120]

Ermittlung des Schutzbereichs der Amtspflicht

Um die Drittbezogenheit einer Amtspflicht bejahen zu können, müssen nach ständiger Rechtsprechung des BGH folgende drei Voraussetzungen kumulativ vorliegen:[121]

Prüfungsschema Drittbezogenheit

> ⇨ **Genereller Drittbezug:** Die Amtspflicht muss generell den Schutz Dritter bezwecken.
>
> ⇨ **Personaler Drittbezug:** Der Geschädigte muss zum geschützten Personenkreis gehören.
>
> ⇨ **Sachlicher Drittbezug:** Das beeinträchtigte Interesse/Rechtsgut des geschädigten Dritten wird im Einzelfall von der Drittrichtung der verletzten Amtspflicht erfasst.

> **hemmer-Methode:** Diese Tatbestandsvoraussetzungen erinnern an die „Schutznormtheorie" des allgemeinen Verwaltungsrechts. Diese spielt bei der Prüfung der Klagebefugnis gem. § 42 II VwGO vor allem bei Drittbeteiligungsfällen eine Rolle.[122]

Diese Anlehnung des „offenen" Tatbestandsmerkmals der Drittgerichtetheit der verletzten Amtspflicht an die ähnliche Problematik des subjektiven öffentlichen Rechts im Rahmen des verwaltungsrechtlichen Primärrechtsschutzes hat zu einer schier unüberschaubaren Einzelfall-Kasuistik durch die Obergerichte geführt.[123] Probleme ergeben sich insbesondere bei der Frage des sachlichen Schutzbereichs der Amtspflicht, bei der Haftung des Staates für normatives Unrecht, beim Drittbezug zwischen Hoheitsträgern und beim Drittbezug innerbehördlicher Vorgänge. Die Vielzahl der umstrittenen Fallgruppen soll an Beispielen verdeutlicht werden.

---

120 Ossenbühl, S. 58.
121 BGH, NVwZ 2001, 1074 f. = **juris**byhemmer.
122 Vgl. Kopp/Schenke, § 42 Rn. 83 ff.; **Hemmer/Wüst, Verwaltungsrecht I, Rn. 117 ff.**
123 Siehe zuletzt zum Umfang der drittgerichteten Amtspflicht des § 21 S. 3 StVZO (Prüfpflichten der Sachverständigen für den Kraftfahrzeugverkehr) BGH, NJW 2004, 3484 f. = **juris**byhemmer.

1. Umfang des sachlichen Schutzbereichs

Schutzzweck der Amtspflicht

Fällt der Dritte in den personalen Schutzbereich der Amtspflicht, ist des Weiteren fraglich, welche konkreten Rechtsgüter vom sachlichen Schutzbereich (= Schutzzweck) der Amtspflicht erfasst sind.

> **Lösung (zum Bsp. Rn. 52):** § 17 IV WPflG hat durch seinen Bezugspunkt Gesundheit „der Wehrpflichtigen" generell drittschützende Wirkung. S gehört als Wehrpflichtiger zum geschützten Personenkreis. Fraglich ist jedoch, welche konkreten Rechtsgüter vom Schutzbereich des Gesetzes erfasst sind.
>
> Dies ist jedenfalls für die körperliche Integrität des S. (= Gesundheit i.S.d. § 17 IV WPflG) zu bejahen; er bekommt die Behandlungskosten ersetzt.
>
> Der Schutzbereich des § 17 IV WPflG geht jedoch nicht so weit, Wehrpflichtige vor allgemeinen Vermögensschäden zu bewahren. Der Verdienstausfall durch das verzögerte Eintreten in das Erwerbsleben wird vom Amtshaftungsanspruch nicht erfasst.[124]

Eingrenzung der sachlichen Drittbezogenheit über den Schutzzweck der Amtspflicht

In diesem Ergebnis spiegelt sich die Relativität der sachlichen Drittbezogenheit der Amtspflicht wieder.[125] Die Rechtsgüter einer Person sind demnach nur so weit in den Schutzbereich einer Amtspflicht einbezogen, wie deren Schutzwirkung reicht.

> **hemmer-Methode: Die Relativität der jeweiligen Rechtsbeziehung ist auch der Grund dafür, warum in der Pflicht zur Erteilung des gemeindlichen Einvernehmens nach § 36 BauGB keine dem Bauherrn gegenüber drittbezogene Amtspflicht besteht. Das Einvernehmen wird der Baubehörde gegenüber und nicht dem Bauherrn gegenüber erteilt. Dies gilt jedenfalls dann, wenn die Baugenehmigungsbehörde nach § 36 II S. 3 BauGB i.V.m. landesrechtlichen Vorschriften das rechtswidrig verweigerte Einvernehmen ersetzen kann.[126]**

Es ist somit für jeden Einzelfall festzustellen, welche sachlichen Belange des Dritten vom Schutzzweck der Amtspflicht erfasst sind und welche nicht.[127]

> **hemmer-Methode: Aus dem „normalen" Deliktsrecht sollte Ihnen das Stichwort „Schutzzweck der Norm" bekannt sein. Bei der Schadenszurechnung im Rahmen der adäquaten Kausalität wird dadurch eine auf wertende Beurteilung gestützte Restriktion der Schadenszurechnung erreicht. Es muss sich beim Schaden also um Nachteile handeln, die aus dem Bereich der Gefahren stammen, derentwegen die verletzte Norm erlassen wurde.[128]**

Unmittelbarkeit und Intensität des Eingriffs unbeachtlich

Drittbetroffenheit genügt

Dieser eher restriktive Ansatzpunkt wird insofern wieder abgemildert, als es für ausreichend erachtet wird, dass zumindest mittelbar in den Rechtskreis des Geschädigten (und somit dessen Rechtsgüter) eingegriffen wird. Es muss nicht in jedem Fall eine Drittgerichtetheit vorliegen, es genügt eine Drittbetroffenheit in subjektiv öffentlichen Rechten.[129] Des Weiteren soll unerheblich sein, ob sich der Eingriff „mehr oder weniger nachteilig auswirkt".[130] Im Endeffekt bedeutet dies, dass es auch auf die Intensität des Eingriffs nicht ankommen soll.

---

124 Vgl. BGHZ 65, 196 (199) = **juris**byhemmer.
125 MüKo-Papier, § 839 BGB, Rn. 235.
126 BGH, Urteil vom 25.10.2012, III ZR 29/12 = **juris**byhemmer - unter Aufgabe von BGH, Life&Law 2003, 437 ff. = DÖV 2003, 295 f.
127 Palandt-Sprau, § 839 BGB, Rn. 44.
128 Palandt-Grüneberg, vor § 249 BGB, Rn. 29.
129 Windthorst, § 9 Rn. 109.
130 Palandt-Sprau, § 839 BGB, Rn. 44.

2. Haftung für normatives/legislatives Unrecht

Grundsatz: keine Drittbezogenheit rechtswidriger Normen

Besonders umstritten ist die „Drittbezogenheit" in Hinblick auf die Haftung des Staates für normatives bzw. legislatives Unrecht. Zu unterscheiden ist dabei zwischen der exekutiven Rechtssetzung durch eine Selbstverwaltungskörperschaft mittels Satzung und der staatlichen Rechtssetzung durch Parlamentsgesetz und Rechtsverordnung.[131]

Normen enthalten generelle und abstrakte Regeln; der Normgeber nimmt beim Erlass ausschließlich Aufgaben gegenüber der Allgemeinheit wahr. Grundsätzlich gilt somit: Beim Erlass rechtswidriger formeller und materieller Normen[132] wird eine Sonderverbindung zwischen Normgeber und Normadressat nicht begründet, es fehlt an der personalen Drittgerichtetheit der verletzten Amts- und Rechtspflicht „Erlass rechtmäßiger Normen".

a) Einzelfall- und Maßnahmegesetze

geringe Klausurrelevanz

Es sind jedoch Konstellationen denkbar, in denen ein Normerlass eine konkrete Drittbezogenheit aufweist, wie zum Beispiel bei Einzelfallgesetzen und Maßnahmegesetzen. Die Relevanz dieser Problematik in der Praxis und der Klausur ist jedoch gering.

hemmer-Methode: Unter Einzelfallgesetz versteht man Normen, die derart an einen konkreten, nicht wiederholbaren Sachverhalt anknüpfen, dass nur der einmalige Eintritt der vorgesehenen Rechtsfolge möglich ist. Die Adressaten der Norm sind somit aufgrund des Normtextes zumindest bestimmbar. Gem. Art. 19 I S. 1 GG ist es dem Gesetzgeber verboten, „aus einer Reihe gleichartiger Sachverhalte willkürlich einen Fall herauszugreifen". Maßnahmegesetze sind ebenfalls an einen bestimmten Sachverhalt gebunden, sie beanspruchen jedoch für eine Vielzahl ähnlich gelagerter Anwendungsfälle Geltung. Ein derartiges Gesetz verstößt grundsätzlich nicht gegen das Einzelfallverbot, wenn aus einem konkreten Anlass gegenwärtig nur ein Fall betroffen ist, in Zukunft weitere Anwendungsfälle aber denkbar sind.[133]

b) Amtshaftung im Rahmen der Bauleitplanung

Haftung für überplante Altlasten

Erheblich wichtiger ist die Frage, inwieweit eine Haftung des Staates für rechtswidrig erlassene Bebauungspläne in Betracht kommt. Dies zeigt allein die sog. Altlasten-Rechtsprechung des BGH.[134]

Bsp.:[135] *Familie Kärntner aus Mistelreuth möchte bauen. Es ergibt sich auch die Möglichkeit, zu dem erstaunlich günstigen Preis von 50,- €/qm ein Grundstück auf der sog. Odelwiese des Ortes von Bauer Ehrlich zu erwerben (Gesamtkaufpreis 200.000,- €). Da es sich um ein Schnäppchen handelt, beschließen die Kärntner, etwas großzügiger zu bauen und eine geplante Einliegerwohnung zu vermieten. Bei dem Baugrund handelt es sich um die ehemalige Mülldeponie des Ortes, die jedoch schon vor mehr als 20 Jahren stillgelegt und mit mehreren Erdschichten verfüllt worden war. Die Errichtung des Wohnhauses ist nach den Festlegungen des geltenden rechtswidrigen Bebauungsplanes zulässig. Dieser war im Anschluss an die Stilllegung der Deponie von der Gemeinde aufgestellt worden. Dabei wurde die Problematik einer möglichen Gesundheitsgefährdung durch die Amtsträger der Gemeinde zwar erkannt, jedoch als „irrelevant" eingestuft.*

---

131 Zur (begrifflichen) Unterscheidung legislatives/normatives Unrecht siehe Rn. 255.
132 Zu diesen Begriffen vertiefend Maurer, § 4 Rn. 10 ff.
133 Jarass/Pieroth, Art. 19 GG, Rn. 2.
134 BGHZ 106, 223; 108, 224; 109, 380; 113, 367; 117, 363; 121, 65 = **jurisbyhemmer**; vgl. hierzu auch Staudinger-Wurm, § 839 BGB, Rn. 549, 555 ff.
135 Nach BGHZ 106, 323 = NJW 1989, 976 ff.

Die Vorgeschichte des Baugrundes ist den Parteien ebenfalls bekannt, etwaige Mängelrechte werden rechtswirksam ausgeschlossen. Kurz nach der Fertigstellung des Hauses tauchen jedoch Zweifel an der Bewohnbarkeit auf. Ein von der Familie in Auftrag gegebenes Gutachten bestätigt die befürchtete Freisetzung giftiger Gase aus dem kontaminierten Erdreich. Die Kärntners können weder selbst in dem Haus weiter wohnen, noch die errichtete Einliegerwohnung vermieten. Sie möchten Amtshaftungsansprüche gegen die Gemeinde dahingehend geltend machen, dass ihnen die Differenz zwischen Kaufpreis und aktuellem Verkehrswert (= noch 5.000,- €) des Grundstücks erstattet wird.

Des Weiteren verlangt die Familie Ersatz für die entgangenen Mieteinnahmen. Amtshaftungsansprüche macht auch die Bäuerliche Genossenschaftsbank Bayern (BäuGB) geltend. Diese hatte sich einen Kredit in Höhe von 100.000,- € an die X durch ein Grundpfandrecht an dem Grundstück absichern lassen.

Abwandlung: Familie Kärntner bewohnt das Haus. Nach einigen Jahren wird das Grundstück für 400.000,- € an den Redlich weiterverkauft. Nach dessen Einzug kommt es zum Austritt der giftigen Dämpfe. Der Redlich erleidet die o.g. Verluste; Ansprüche gegen die Familie Kärntner bestehen nicht. Er möchte aus Amtshaftung gegen die Gemeinde vorgehen.

Drittschutz der Satzung für einen bestimmten individualisierten Personenkreis

Bebauungspläne werden im Rahmen der kommunalen Bauleitplanung gem. § 10 I BauGB als Satzungen und somit als materielle Normen erlassen.

Drittbezogene Amtspflichten sind gegenüber den Planbetroffenen dabei nur insoweit denkbar, als bei der planerischen Abwägung in qualifizierter und zugleich individualisierter Weise auf schutzwürdige Interessen der Betroffenen als Mitglieder eines abgrenzbaren Kreises Rücksicht zu nehmen ist.[136] Amtspflichten bestehen somit dahingehend, dass Individualbelange, die vom Gesetz als abwägungserheblich eingestuft sind, ausreichend berücksichtigt werden müssen.[137]

Den Amtsträgern der Gemeinde obliegt die Verpflichtung, bei der Planaufstellung diejenigen Gefahrenpotentiale zu berücksichtigen, die zum Zeitpunkt der Beschlussfassung bekannt sind oder hätten bekannt sein müssen. Diese Amtspflicht resultiert aus der Planungsdirektive insbesondere des § 1 VI Nr. 7c BauGB, aus dem man entnehmen kann, dass aus der Beschaffenheit des Grund und Bodens keine Gefahren für Leben und Gesundheit der Planbetroffenen ausgehen dürfen.

Ein genereller Drittbezug der Amtspflicht ist zu bejahen. Die Familie Kärntner müsste als Planbetroffene auch in den personalen und sachlichen Schutzbereich fallen. Hierbei ist anerkannt, dass wegen der überragenden Bedeutung der geschützten Rechtsgüter „gesunde Wohn- und Arbeitsverhältnisse" die konkret betroffenen Bewohner und Erwerber von der Drittrichtung der Amtspflicht erfasst sind. Begründet wird dies damit, dass zum Zeitpunkt der Planung alle Grundstückseigentümer als individualisierbare Personengruppe bestimmt sind. Da die Planung objektbezogen ist, bleibt es auch gegenüber möglichen Rechtsnachfolgern bei der Bestimmtheit und Individualisierbarkeit der Betroffenen. Die Familie Kärntner ist somit personell (als Ersteigentümer und Bewohner) und sachlich („gesunde Wohnverhältnisse") vom Schutzbereich der Amtspflicht erfasst. Die Kärntners können somit verlangen, dass grundsätzlich alle finanziellen Aufwendungen ersetzt werden, die ihnen wegen der Unbebaubarkeit und Unbewohnbarkeit des Grundstücks entstanden sind. Dazu gehört auch der Mietausfallschaden.

---

136 Ossenbühl, S. 65.
137 Ossenbühl, S. 108.

kein Drittbezug gegenüber Kreditgeber	Der Kreditgeber BäuGB gehört demgegenüber nicht zum geschützten Personenkreis. Bei der Planaufstellung fehlte es an der besonderen Beziehung zwischen Kreditgeber und Planungsgeber, da der unmittelbare Bezug zum sachlichen Schutzbereich „Gesundheit" nicht besteht.[138]
Drittbezug auch gegenüber Rechtsnachfolgern	Für die Lösung der Abwandlung bedeutet dies, dass der Redlich als Rechtsnachfolger der Familie Kärntner zum Zeitpunkt der Planaufstellung als Mitglied der Personengruppe „(zukünftiger) Eigentümer und Bewohner" ein hinreichend individualisierbarer Normadressat war. Er fällt somit ebenfalls in den Schutzbereich der Amtspflicht.

hemmer-Methode: Anders in BGH, NJW 1990, 1038 ff. Dort klagten die Bewohner von unbelasteten Grundstücken. Beim angrenzenden als Wohngebiet ausgewiesenen Grundstück kam es jedoch zur Unbewohnbarkeit wegen rechtswidrig überplanter Altlasten. Die Eigentümer der Nachbargrundstücke wurden nicht als Dritte i.S.d. § 839 BGB angesehen, da eine Beeinträchtigung der Wohnqualität durch die kontaminierte Umgebung als nicht ausreichend erachtet wurde.

c) Haftung bei unterlassener Rechtssetzung

grds. keine Handlungspflicht des Gesetzgebers	Eine besondere Variante innerhalb der Fallgruppe „Haftung für normatives Unrecht", bildet die Haftung für ein Unterlassen des Normgebers.
	Eine Amtshaftung ist nur denkbar, wenn eine Rechtspflicht zum Erlass eines bestimmten Rechtssetzungsaktes besteht. Eine Handlungspflicht des (förmlichen) Gesetzgebers besteht jedoch im Allgemeinen nicht. Somit scheiden grundsätzlich auch Amtshaftungsansprüche aus.[139]
anders bei Fällen mit europarechtlichem Bezug	Anders ist dies bei Fällen mit europarechtlichem Bezug, da hier der EuGH eine Haftung auch bei legislativem Unrecht fordert.[140]

3. Drittbezug gegenüber Trägern öffentlicher Gewalt

Drittbezug, wenn es einer Bürger/Staat-Konstellation entspricht	Dritter i.S.d. § 839 BGB kann auch eine Person des öffentlichen Rechts sein. Voraussetzung dafür ist, dass der amtspflichtwidrig handelnde Amtswalter der anderen Behörde derart entgegentritt, wie er es im „Normalfall" dem Bürger gegenüber täte.[141]

Bsp.[142]: Die Gemeinde Mistelreuth beabsichtigt den Bau eines gemeindeeigenen Stadions. Zur Finanzierung des Projekts arbeitete sie mit der Over, Rathlos & Co. KG im Rahmen eines kommunalen Investorenvorhabens zusammen. Diese sollte das Stadion auf einem von der Gemeinde an sie veräußerten Grundstück errichten und langfristig an die Gemeinde vermieten. Die dabei abgeschlossenen zwei Verträge (Veräußerung und Vermietung) wurden durch die Kommunalaufsichtsbehörde genehmigt. Das gesamte Leasingmodell wurde jedoch vom zuständigen Landesrechnungshof im Vergleich zu einer Kreditfinanzierung als offensichtlich unwirtschaftlich und somit nicht genehmigungsfähig eingestuft. Die Gemeinde ist nunmehr der Ansicht, die Kommunalaufsichtsbehörde habe durch die rechtswidrige Genehmigung ihr gegenüber eine Amtspflichtverletzung begangen. Sie möchte die Mehrkosten ersetzt verlangen, die ihr durch das vereinbarte Leasingmodell im Vergleich zu einer herkömmlichen Kreditfinanzierung entstanden sind.

---

138 Ossenbühl, S. 67.
139 MüKo-Papier, § 839 BGB, Rn. 261.
140 MüKo-Papier, § 839 BGB, Rn. 261; näheres dazu im Kapitel zum europarechtlichen Amtshaftungsanspruch ab Rn. 150.
141 Siehe nur BGH, NVwZ 2004, 127 = **juris**by**hemmer**.
142 Nach BGH, **Life&Law 2003, 365** = JZ 2003, 958 ff.

§ 1 DER AMTSHAFTUNGSANSPRUCH

Problem: Drittschutz bei begünstigenden Maßnahmen

Fraglich ist vor allem, ob die Aufsichtsbehörde eine Amtspflicht verletzt hat, die ihr der Gemeinde gegenüber obliegt. Eine Besonderheit ist des Weiteren darin zu sehen, dass die Behörde eine von der Gemeinde beantragte Entscheidung erlassen hat.

keine Drittbezogenheit bei einheitlichem Zusammenwirken

Ein Hoheitsträger ist jedenfalls dann nicht Dritter i.S.d. § 839 BGB, wenn er mit der schädigenden Behörde derart zusammenwirkt, dass sie im Rahmen des gesamten Vorgangs als einheitliches Ganzes erscheinen.[143] Vorliegend vertreten die beteiligten Hoheitsträger jedoch einander widerstreitende Interessen. Die Gemeinde tritt der Aufsichtsbehörde nicht anders gegenüber als ein bauwilliger Bürger der Baugenehmigungsbehörde.

> Im Rahmen ihrer aufsichtlichen Tätigkeit obliegt der Behörde insbesondere die Amtspflicht, die zu beaufsichtigende Gemeinde vor Schädigungen zu bewahren. Sie hat daher im Rahmen ihrer Überprüfung zu ermitteln, welche Auswirkungen das angestrebte Projekt zukünftig auf die Haushaltssituation der Gemeinde Mistelreuth haben wird. Die Gemeinde und insbesondere deren Haushaltsmittel sind somit vom personalen und sachlichen Schutzbereich der verletzten Amtspflicht erfasst, vgl. bspw. Art. 108 BayGO.

umfassender Schutzzweck der Amtspflicht erfasst auch „Selbstschädigungen"

Dass es sich bei der erteilten Genehmigung um eine die Gemeinde begünstigende, da von ihr beantragte Entscheidung handelt, kann dahingestellt bleiben. Bei derartigen, die Gemeinde (vermeintlich) begünstigenden Entscheidungen ist es ausdrücklich die Amtspflicht der Aufsichtsbehörde, die Gemeinde vor selbstschädigenden Maßnahmen zu bewahren. Der umfassende Schutzzweck der Amtspflicht umfasst somit sowohl belastende als auch begünstigende Maßnahmen der Aufsichtsbehörde gegenüber der Gemeinde.[144]

4. Drittbezug bei innerbehördlichen Vorgängen

Mitwirkung einer weiteren Behörde im Rahmen des Verwaltungsverfahrens

Anders gelagert, aber ebenfalls problematisch sind auch die Fälle, in denen sich eine dem Bürger gegenüber tätig werdende Behörde bei ihrer Entscheidungsfindung einer anderen Behörde bedient und diese eine Amtspflichtverletzung begeht. Es handelt sich dabei um ein einheitliches Zusammenwirken, wobei fraglich ist, ob die nur intern tätige Behörde auch drittgerichtete Amtspflichten dem Bürger gegenüber verletzen kann.

> *Bsp.:*[145] Der Misslich ist Eigentümer eines Grundstücks in einem gem. § 142 BauGB als Sanierungsgebiet festgesetzten Teil der Gemeinde Mistelreuth. Er möchte dieses Grundstück zum vereinbarten Preis von 450.000,- € an K. veräußern. Dafür bedarf es der Genehmigung der Gemeinde gem. § 145 BauGB. Die Genehmigungsbehörde beauftragt daraufhin den zuständigen Gutachterausschuss (eine Landesbehörde) mit der Wertermittlung für das Grundstück. Dabei erstellt der Ausschuss ein rechtswidriges Gutachten, demzufolge das Grundstück lediglich einen Wert von 150.000,- € aufweise. Auf der Grundlage dieses Gutachtens versagt die Gemeinde dem Misslich die beantragte Genehmigung, da aufgrund des „völlig überhöhten" Kaufpreises eine wesentliche Erschwerung der Sanierung vorliege. Dieser ablehnende Bescheid wird verwaltungsgerichtlich aufgehoben; die Behörde wird zur Erteilung der Genehmigung verpflichtet. Dem Misslich sind durch die Verzögerung der Vertragsabwicklung erhebliche Schäden (Zinsbelastung) entstanden; er macht Ansprüche aus Amtshaftung geltend.

---

143 St. Rspr., siehe nur BGH, **Life&Law 2003, 365**.

144 Bei derartigen „Selbstschädigungen" wird jedoch ein besonderes Augenmerk auf den entsprechenden Mitverschuldensanteil der Gemeinde zu legen sein. Siehe auch Rn. 121.

145 Nach BGH, NVwZ 2001, 1074 ff. = **juris**byhemmer.

Fraglich ist vor allem, wie das Verhalten des Gutachterausschusses zu beurteilen ist. Beim Erstellen des Gutachtens handelt es sich lediglich um einen rein behördeninternen Vorgang. Der BGH vertrat dabei bisher die Auffassung, dass die Behörden auf ein gemeinsames Ziel hin „gleichsinnig" zusammenarbeiten, die verletzte Amtspflicht somit keinen „außenrechtlichen" Bezug gegenüber dem geschädigten Dritten aufweist.[146]

innerbehördlicher Vorgang als „Beauftragung mit Schutzwirkung zugunsten eines Dritten"

Diese Rechtsprechung wurde jedoch zum Teil aufgegeben. Der BGH modifizierte seine Ansichten dahingehend, dass auch bei rein behördeninternen Vorgängen eine Außenwirkung möglich sein soll.[147] Voraussetzung dafür ist, dass sich die entsprechende innerbehördliche Amtshandlung „in qualifizierter und zugleich individualisierter Weise auf schutzwürdige Interessen eines erkennbar abgegrenzten Kreises Dritter auswirkt".

Eine Haftung sei demnach gerade nicht deshalb zu versagen, wenn die Aufklärung des relevanten Sachverhalts arbeitsteilig erfolgen muss, um der herangezogenen Behörde die Möglichkeit zu eröffnen, ihr „überlegenes Fachwissen in die zu treffende Entscheidung einzubringen". Verglichen wird diese Konstellation mit der Haftung eines Sachverständigen in privatrechtlichen Beziehungen.

Dabei ist anerkannt, dass die Beauftragung eines Sachverständigen Schutzwirkung zugunsten des Dritten entfalten kann, gegenüber dem der Auftraggeber von dem Gutachten Gebrauch machen will.[148]

> Vorliegend erstellte der Ausschuss intern ein Sachverständigengutachten für die Genehmigungsbehörde. Da dieses Gutachten die Entscheidungsgrundlage über die Genehmigung darstellt, kommt der Amtspflicht des Ausschusses „Erstellen eines rechtmäßigen Gutachtens" eine „Schutzwirkung" zugunsten des betroffenen Misslich zu. Der Gutachterausschuss hat somit eine drittgerichtete Amtspflicht bezogen auf den Misslich verletzt.

> **hemmer-Methode: Die Genehmigungsbehörde selbst hat ebenfalls eine Amtspflichtverletzung begangen. Jedoch fehlt es ihrerseits am Verschulden, da sie auf das Gutachten der Fachbehörde vertrauen durfte. Möglich erscheint jedoch eine Zurechnung des Verschuldens des Ausschusses über den Rechtsgedanken des § 278 BGB. Dies ist grundsätzlich möglich, scheitert jedoch - wie meist im Deliktsrecht - an der fehlenden Sonderverbindung (Leistungs- oder Obhutsbeziehung) zwischen der Genehmigungsbehörde und dem Misslich, da dafür ein durch Antrag eingeleitetes Verwaltungsverfahren nicht als ausreichend erachtet wird.[149]**

kein Drittschutz beim gesetzlich angeordneten Zusammenwirken

Eine Drittrichtung soll jedoch in Fällen ausscheiden, in denen das arbeitsteilige Zusammenwirken der Behörden aufgrund gesetzlicher Vorgaben erfolgt. Eine Vergleichbarkeit mit einem Privatgutachten sei in diesen Fällen gerade nicht gegeben. Es fehlt demnach beim (gesetzlich angeordneten) gleichsinnigen Zusammenwirken von Behörden an der Drittgerichtetheit der verletzten Amtspflicht.[150]

---

146 BGH, NVwZ 1991, 707 (708) m.w.N. = **juris**by**hemmer**.
147 BGH, NVwZ 2001, 1074 = **juris**by**hemmer**.
148 BGH, NVwZ 2001, 1074 (1075) = **juris**by**hemmer**.
149 BGH, NVwZ 2001, 1074 (1075) = **juris**by**hemmer**; näheres zum Verschulden ab Rn. 74.
150 BGH, NJW 2001, 2799 ff.; BGH, NJW 2003, 1318 (1319); BGH, NVwZ 2004, 127 ff. = **juris**by**hemmer**.

V. Verschulden

1. Begründung und Bedeutung des Verschuldenserfordernisses

Genügt zur Feststellung der Amtspflichtverletzung die objektive Widerrechtlichkeit der begangenen Handlung, muss diese zur Bejahung eines Amtshaftungsanspruchs auch schuldhaft erfolgt sein. Dies folgt zum einen aus dem Wortlaut des § 839 I BGB und dessen systematische Stellung im allgemeinen bürgerlich-rechtlichen Deliktsrecht. Das Verschuldenserfordernis folgt aber zum anderen aus der Konstruktion der Amtshaftung als übergeleiteter (mittelbarer) verschuldensabhängiger Staatshaftung.

2. Inhalt und Bezugspunkt des Verschuldenserfordernisses

subjektive Vorwerfbarkeit der Amtspflichtverletzung

Das Tatbestandsmerkmal „Verschulden" knüpft an die subjektive Vorwerfbarkeit eines bestimmten Fehlverhaltens durch einen bestimmten Amtswalter an. Bezugspunkt des Verschuldens ist allein die Amtspflichtverletzung und nicht der entstandene Schaden.

Aufweichung der subjektiven Vorwerfbarkeit hin zum „pflichttreuen Durchschnittsbeamten"

hemmer-Methode: Das Fehlen des Verschuldenserfordernisses in Art. 34 GG (anders als noch in Art. 131 WRV) nahm der Gesetzgeber zum Anlass, im Staatshaftungsgesetz von 1981 eine verschuldensunabhängige Haftung für durch Pflichtverletzung begangene rechtswidrige Grundrechtseingriffe zu normieren.
Trotz des Scheiterns des Gesetzes blieb diese Intention des Gesetzgebers nicht ohne Folgen. In der neueren Rechtsprechung des BGH lässt sich eine durch zunehmende Objektivierung und Entindividualisierung erreichte Milderung des subjektiven Verschuldenserfordernisses (in den Grenzen des Art. 20 III GG) feststellen.[151] Maßstab ist nunmehr der pflichttreue Durchschnittsbeamte.

a) Schuldfähigkeit

bei Schuldunfähigkeit möglicherweise Billigkeitshaftung

Verschulden setzt grundsätzlich zunächst die Schuldfähigkeit des Amtswalters gem. §§ 827, 828 BGB voraus. Scheitert eine Verantwortlichkeit an der fehlenden Schuldfähigkeit des Amtswalters, tritt für Beamte im statusrechtlichen Sinn gleichwohl gem. § 1 II RBHG eine Staatshaftung ein.

Für alle sonstigen Beamten im haftungsrechtlichen Sinn fehlt eine derartig normierte Billigkeitshaftung. Eine Anwendung dieser Grundsätze dürfte jedoch vor allem im Hinblick auf Art. 3 I GG wohl nicht ausgeschlossen sein.[152]

b) Schuldformen

Unterscheidung Vorsatz/Fahrlässigkeit

Als Schuldformen kommen - ausgehend vom Sorgfaltsmaßstab des § 276 BGB - Vorsatz und Fahrlässigkeit in Betracht. Relevanz besitzt diese Abgrenzung vor allem wegen des Verweisungsprivilegs in § 839 I S. 2 BGB, wegen des Richterspruchprivilegs in § 839 II S. 1 BGB, wegen eines möglichen Rückgriffs aus Art. 34 S. 2 GG, wegen der Obliegenheitsverletzung aus § 839 III BGB als spezieller Ausprägung des Gedankens des Mitverschuldens und wegen der allgemeinen Geltung des § 254 BGB.

---

151 Windthorst, § 9 Rn. 173.
152 Ossenbühl, S. 73; MüKo-Papier, § 839 BGB, Rn. 294 m.w.N.

Vorliegend handelt es sich jedoch um einen Fall, in dem die Anwendung dieser Grundsätze ausscheidet, da das VG sich nicht mit der höchstrichterlichen Rechtsprechung auseinandergesetzt hat. Die Behörde hat demnach - bei Bejahung zumindest eines Organisationsverschuldens - eine schuldhafte Amtspflichtverletzung begangen.

VI. Entstehung eines Schadens[163]

jede Schadensposition wird erfasst

Der Geschädigte muss einen Schaden an einem Rechtsgut erlitten haben. Von § 839 BGB wird jedes Rechtsgut erfasst; einen dem § 823 BGB vergleichbaren Katalog an geschützten Rechtsgütern gibt es nicht. In Betracht kommt somit jeder Vermögens- aber auch Nichtvermögensschaden (immaterieller Schaden). Das Vorliegen eines Vermögensschadens ist mittels der Differenzhypothese festzustellen.

Schadensfeststellung durch die Differenzhypothese

Ein Schaden ist zu bejahen, wenn der jetzige tatsächliche Wert des Vermögens geringer ist als der Wert, den das Vermögen ohne das schädigende Ereignis aufweisen würde, § 249 I BGB.[164]

Eine Einschränkung findet jedoch dahingehend statt, dass das Rechtsgut überhaupt vom sachlichen Schutzbereich der verletzten Amtspflicht erfasst sein muss.

normativer Schaden denkbar

Andererseits ist in Ausnahmefällen denkbar, dass es im Ergebnis der Differenzhypothese an einem Schaden fehlt, jedoch durch eine normative und wirtschaftliche Betrachtungsweise ein Schaden bejaht werden kann.[165]

VII. Haftungsausfüllende Kausalität

1. Begriff

Begeht der Amtswalter eine Amtspflichtverletzung, so hat er dem geschädigten Dritten „den daraus entstehenden Schaden" zu ersetzen. Das Erfordernis der haftungsausfüllenden Kausalität, also des Ursachenzusammenhangs zwischen Rechtsgutverletzung und Schaden, folgt somit bereits aus dem Wortlaut der Norm.

hemmer-Methode: Die haftungsbegründende Kausalität (= Ursachenzusammenhang zwischen dem Verhalten des Schädigers und der Rechtsgutverletzung) ist bei § 823 I BGB wegen der Beschränkung der geschützten Rechtsgüter ein notwendiger Prüfungspunkt. Da im Rahmen des § 839 BGB aber jeder Vermögensschaden ersatzfähig ist, findet dieses Tatbestandsmerkmal keine Anwendung.[166]

2. Prüfungsschema

Äquivalenz (conditio sine qua non)

Es gilt wie im gesamten Schadensrecht das Erfordernis der sozialadäquaten Verursachung. Es erfolgt eine dreistufige Prüfung: dabei ist zunächst festzustellen, ob die Rechtsgutverletzung äquivalent kausal für den entstandenen Schaden war. Dies ist nach der condicio-sine-qua-non-Formel dann der Fall, wenn das schädigende Ereignis nicht hinweggedacht werden kann, ohne dass der Erfolg entfiele.[167]

---

163 Zur Ersatzfähigkeit des Schadens nach Art und Umfang siehe ab Rn. 129.
164 Palandt-Grüneberg, vor § 249 BGB, Rn. 10.
165 Palandt-Grüneberg, vor § 249 BGB, Rn. 10 ff.; **Hemmer/Wüst Schadensersatzrecht III, Rn. 32 f.**; LG Leipzig, **Life&Law 2001, 656 ff.** = NVwZ 2001, 469 ff.
166 Ossenbühl, S. 70.
167 Palandt-Grüneberg, vor § 249 BGB, Rn. 25.

V. Verschulden

1. Begründung und Bedeutung des Verschuldenserfordernisses

Genügt zur Feststellung der Amtspflichtverletzung die objektive Widerrechtlichkeit der begangenen Handlung, muss diese zur Bejahung eines Amtshaftungsanspruchs auch schuldhaft erfolgt sein. Dies folgt zum einen aus dem Wortlaut des § 839 I BGB und dessen systematische Stellung im allgemeinen bürgerlich-rechtlichen Deliktsrecht. Das Verschuldenserfordernis folgt aber zum anderen aus der Konstruktion der Amtshaftung als übergeleiteter (mittelbarer) verschuldensabhängiger Staatshaftung.

2. Inhalt und Bezugspunkt des Verschuldenserfordernisses

subjektive Vorwerfbarkeit der Amtspflichtverletzung

Das Tatbestandsmerkmal „Verschulden" knüpft an die subjektive Vorwerfbarkeit eines bestimmten Fehlverhaltens durch einen bestimmten Amtswalter an. Bezugspunkt des Verschuldens ist allein die Amtspflichtverletzung und nicht der entstandene Schaden.

Aufweichung der subjektiven Vorwerfbarkeit hin zum „pflichttreuen Durchschnittsbeamten"

hemmer-Methode: Das Fehlen des Verschuldenserfordernisses in Art. 34 GG (anders als noch in Art. 131 WRV) nahm der Gesetzgeber zum Anlass, im Staatshaftungsgesetz von 1981 eine verschuldensunabhängige Haftung für durch Pflichtverletzung begangene rechtswidrige Grundrechtseingriffe zu normieren.
Trotz des Scheiterns des Gesetzes blieb diese Intention des Gesetzgebers nicht ohne Folgen. In der neueren Rechtsprechung des BGH lässt sich eine durch zunehmende Objektivierung und Entindividualisierung erreichte Milderung des subjektiven Verschuldenserfordernisses (in den Grenzen des Art. 20 III GG) feststellen.[151] Maßstab ist nunmehr der pflichttreue Durchschnittsbeamte.

a) Schuldfähigkeit

bei Schuldunfähigkeit möglicherweise Billigkeitshaftung

Verschulden setzt grundsätzlich zunächst die Schuldfähigkeit des Amtswalters gem. §§ 827, 828 BGB voraus. Scheitert eine Verantwortlichkeit an der fehlenden Schuldfähigkeit des Amtswalters, tritt für Beamte im statusrechtlichen Sinn gleichwohl gem. § 1 II RBHG eine Staatshaftung ein.

Für alle sonstigen Beamten im haftungsrechtlichen Sinn fehlt eine derartig normierte Billigkeitshaftung. Eine Anwendung dieser Grundsätze dürfte jedoch vor allem im Hinblick auf Art. 3 I GG wohl nicht ausgeschlossen sein.[152]

b) Schuldformen

Unterscheidung Vorsatz/Fahrlässigkeit

Als Schuldformen kommen - ausgehend vom Sorgfaltsmaßstab des § 276 BGB - Vorsatz und Fahrlässigkeit in Betracht. Relevanz besitzt diese Abgrenzung vor allem wegen des Verweisungsprivilegs in § 839 I S. 2 BGB, wegen des Richterspruchprivilegs in § 839 II S. 1 BGB, wegen eines möglichen Rückgriffs aus Art. 34 S. 2 GG, wegen der Obliegenheitsverletzung aus § 839 III BGB als spezieller Ausprägung des Gedankens des Mitverschuldens und wegen der allgemeinen Geltung des § 254 BGB.

---

151 Windthorst, § 9 Rn. 173.
152 Ossenbühl, S. 73; MüKo-Papier, § 839 BGB, Rn. 294 m.w.N.

Bsp. (1):[153] Die in einem öffentlich-rechtlichen Dienstverhältnis stehenden Fluglotsen des Frankfurter Flughafens fordern bessere Arbeitsbedingungen. Um ihren Forderungen Nachdruck zu verleihen kommt es dabei zu einer Reihe von willkürlichen Krankmeldungen. Die Fluglotsen sind sich sicher, dass ihr Verhalten rechtmäßig ist. Infolge dieser „streikähnlichen Aktion" kommt es zu erheblichen Störungen im Reiseverkehr. Ein Reiseveranstalter macht Ansprüche aus Amtshaftung geltend.

Bsp. (2): Das Landratsamt als zuständige Genehmigungsbehörde lehnt nach eingehender Prüfung den Antrag auf Erteilung einer Baugenehmigung ab. Das VG bestätigt diese Entscheidung. Dabei ist sich das VG des Widerspruchs zur höchstrichterlichen Rechtsprechung bewusst, hält aber eine intensivere Auseinandersetzung damit für „entbehrlich". Vor dem VGH kommt es zur Aufhebung des erstinstanzlichen Urteils und zur Verpflichtung der Behörde zur Erteilung der rechtswidrig versagten Genehmigung. Der betroffene Bürger macht Amtshaftungsansprüche wegen der Verzögerung geltend.

aa) Vorsatz

Wissen und Wollen der Pflichtwidrigkeit

Der Amtswalter handelt vorsätzlich, wenn er sich wissentlich und willentlich über seine Amtspflichten hinwegsetzt. Voraussetzung dafür sind demnach die Kenntnis des Beamten von allen die Pflichtwidrigkeit begründenden Tatsachen und das Bewusstsein der Pflichtverletzung, nicht jedoch zwingend auch der Schädigung. Es genügt dabei bedingter Vorsatz (dolus eventualis).

bb) Fahrlässigkeit

Sorgfaltsmaßstab ist der „pflichttreue Durchschnittsbeamte"

Ausgehend vom Sorgfaltsmaßstab des § 276 II BGB handelt der Amtswalter fahrlässig, wenn sein amtspflichtwidriges Verhalten nicht der gebotenen behördlichen Sorgfalt entspricht. Dabei kommt es jedoch nicht auf individuelle Kenntnisse und Fähigkeiten des betreffenden Beamten an, es ist vielmehr auf den „pflichtgetreuen Durchschnittsbeamten" abzustellen.[154]

c) Beweislast

Beweislast bei Geschädigtem

Die Darlegungs- und Beweislast für das Verschulden des Amtswalters liegt bei dem Geschädigten. Die Beweiserleichterung des § 280 I S. 2 BGB kommt im Deliktsrecht gerade nicht zur Anwendung.

d) Problemkonstellationen

Kollegialorgane

aa) Probleme können sich dann ergeben, wenn ein Kollegialorgan (z.B. Gemeinderat, Fachausschuss) eine Amtspflichtverletzung begangen hat. Dem Betroffenen dürfte es nicht möglich sein, genau die verantwortliche Person zu benennen, um seiner prozessualen Darlegungspflicht nachzukommen.

Beweiserleichterung durch Organisationsverschulden

Daher ist ein sog. Organisationsverschulden anerkannt. Das Verschulden wird dabei dem mangelhaft funktionierenden Verwaltungsapparat selbst zugerechnet. Es findet so eine Beweiserleichterung zugunsten des betroffenen Bürgers statt.[155]

---

153 Nach BGHZ 69, 128 ff. = **juris**by**hemmer**; zum Zeitpunkt dieser Entscheidung war die Flugsicherung (noch) ausschließlich öffentlich-rechtlich geregelt.
154 Ossenbühl, S. 76.
155 Windthorst, § 9 Rn. 178 f.

§ 1 DER AMTSHAFTUNGSANSPRUCH

unrichtige Rechtsanwendung durch die Exekutive

bb) Des Weiteren stellt sich die Frage, wie die Fälle der unrichtigen Rechtsanwendung durch die Exekutive bei zweifelhafter Rechtslage zu beurteilen sind, vor allem dann, wenn diese Entscheidungen durch eine erstinstanzliche Gerichtsentscheidung gebilligt worden sind. Ausgehend von der Figur des pflichttreuen Durchschnittsbeamten ist fraglich, welche Anforderungen an die Rechts- und Verwaltungskenntnisse des handelnden Beamten zu stellen sind. Dabei ist anerkannt, dass von einem Beamten keine umfassenderen Rechtskenntnisse verlangt werden können, als sie von einem Kollegialgericht zu erwarten sind.[156]

„Kollegialgerichtsrichtlinie" als Entschuldigungsgrund

Der BGH hat in seinen Entscheidungen einen Entschuldigungsgrund für das Verhalten des Exekutivorgans jedenfalls dann bejaht, wenn „ein mit mehreren Rechtskundigen besetztes Kollegialgericht" das Verhalten des Amtswalters billigt.[157]

Diese „Kollegialgerichtsrichtlinie" soll jedoch nach der Rechtsprechung aber dann keine Anwendung finden, wenn

Ausnahmen

⇨ es sich um eine summarische Prüfung gehandelt hat,[158]

⇨ das Gericht von einem unzutreffenden bzw. nicht erschöpfend gewürdigten Sachverhalt ausgegangen ist,[159]

⇨ die gerichtliche Entscheidung von Verfahrensfehlern geprägt ist,[160]

⇨ die für die Beurteilung des Falles maßgebliche höchstrichterliche Rechtsprechung zwar angeführt wurde, das Gericht ihr ohne Auseinandersetzung damit jedoch nicht gefolgt ist.[161]

Lit.: Ersetzung der „Kollegialgerichtsrichtlinie" durch Prüfung der „objektiven Vertretbarkeit"

hemmer-Methode: Obwohl die Rechtsprechung grundsätzlich an der Anwendung der „Kollegialgerichtsrichtlinie" festhält, sind in der neueren Rechtsprechung zunehmende Tendenzen zur Aufgabe dieses Entschuldigungsgrundes abzulesen. In der Literatur wird gefordert, dass ein Entschuldigungsgrund allein innerhalb der Prüfung der unrichtigen Rechtsanwendung zu suchen ist.
Ein solcher sei immer dann zu bejahen, wenn die Entscheidung des Amtswalters objektiv vertretbar war, ohne dass es auf die nachträgliche Billigung durch ein Kollegialgericht ankommen soll.[162]

Im Beispiel (1) haben die Fluglotsen als Beamte im haftungsrechtlichen Sinn ihre Pflicht zur Sicherung des Flugverkehrs und somit eine drittgerichtete Amtspflicht durch Unterlassung verletzt. Diese Pflichtverletzung könnte auch vorsätzlich begangen worden sein, da es gerade der Zweck der Maßnahmen war, die „funktionelle Abhängigkeit" der privatrechtlichen Unternehmen von der hoheitlichen Tätigkeit als Druckmittel gegenüber dem Arbeitgeber (Bundesrepublik Deutschland) zu nutzen. Da die Fluglotsen jedoch einem Bewertungsirrtum unterlagen und somit das Bewusstsein der Pflichtverletzung fehlt, scheidet Vorsatz aus. Der Vorwurf der Fahrlässigkeit bleibt jedoch bestehen.

Im Beispiel (2) könnte trotz des amtspflichtwidrigen Verhaltens des Landratsamtes ein Anspruch aus Amtshaftung ausscheiden. Das Verhalten der Behörde könnte möglicherweise entschuldigt sein, da ihre Entscheidung erstinstanzlich bestätigt worden war. Ein Entschuldigungsgrund könnte sich somit aus der Anwendung der „Kollegialgerichtsrichtlinie" ergeben.

---

156 Ossenbühl, S. 75.
157 St. Rspr., siehe nur BGHZ 117, 240 (250) m.w.N. = **juris**by**hemmer**.
158 BGHZ 143, 362 = **juris**by**hemmer**.
159 BGH NVwZ-RR 2000, 746 = **juris**by**hemmer**.
160 Ossenbühl, S. 75.
161 BGH, NVwZ 2002, 124 = **juris**by**hemmer**.
162 Windthorst, § 9 Rn. 187.

Vorliegend handelt es sich jedoch um einen Fall, in dem die Anwendung dieser Grundsätze ausscheidet, da das VG sich nicht mit der höchstrichterlichen Rechtsprechung auseinandergesetzt hat. Die Behörde hat demnach - bei Bejahung zumindest eines Organisationsverschuldens - eine schuldhafte Amtspflichtverletzung begangen.

VI. Entstehung eines Schadens[163]

jede Schadensposition wird erfasst

Der Geschädigte muss einen Schaden an einem Rechtsgut erlitten haben. Von § 839 BGB wird jedes Rechtsgut erfasst; einen dem § 823 BGB vergleichbaren Katalog an geschützten Rechtsgütern gibt es nicht. In Betracht kommt somit jeder Vermögens- aber auch Nichtvermögensschaden (immaterieller Schaden). Das Vorliegen eines Vermögensschadens ist mittels der Differenzhypothese festzustellen.

Schadensfeststellung durch die Differenzhypothese

Ein Schaden ist zu bejahen, wenn der jetzige tatsächliche Wert des Vermögens geringer ist als der Wert, den das Vermögen ohne das schädigende Ereignis aufweisen würde, § 249 I BGB.[164]

Eine Einschränkung findet jedoch dahingehend statt, dass das Rechtsgut überhaupt vom sachlichen Schutzbereich der verletzten Amtspflicht erfasst sein muss.

normativer Schaden denkbar

Andererseits ist in Ausnahmefällen denkbar, dass es im Ergebnis der Differenzhypothese an einem Schaden fehlt, jedoch durch eine normative und wirtschaftliche Betrachtungsweise ein Schaden bejaht werden kann.[165]

VII. Haftungsausfüllende Kausalität

1. Begriff

Begeht der Amtswalter eine Amtspflichtverletzung, so hat er dem geschädigten Dritten „den daraus entstehenden Schaden" zu ersetzen. Das Erfordernis der haftungsausfüllenden Kausalität, also des Ursachenzusammenhangs zwischen Rechtsgutverletzung und Schaden, folgt somit bereits aus dem Wortlaut der Norm.

hemmer-Methode: Die haftungsbegründende Kausalität (= Ursachenzusammenhang zwischen dem Verhalten des Schädigers und der Rechtsgutverletzung) ist bei § 823 I BGB wegen der Beschränkung der geschützten Rechtsgüter ein notwendiger Prüfungspunkt. Da im Rahmen des § 839 BGB aber jeder Vermögensschaden ersatzfähig ist, findet dieses Tatbestandsmerkmal keine Anwendung.[166]

2. Prüfungsschema

Äquivalenz (conditio sine qua non)

Es gilt wie im gesamten Schadensrecht das Erfordernis der sozialadäquaten Verursachung. Es erfolgt eine dreistufige Prüfung: dabei ist zunächst festzustellen, ob die Rechtsgutverletzung äquivalent kausal für den entstandenen Schaden war. Dies ist nach der condicio-sine-qua-non-Formel dann der Fall, wenn das schädigende Ereignis nicht hinweggedacht werden kann, ohne dass der Erfolg entfiele.[167]

---

163 Zur Ersatzfähigkeit des Schadens nach Art und Umfang siehe ab Rn. 129.
164 Palandt-Grüneberg, vor § 249 BGB, Rn. 10.
165 Palandt-Grüneberg, vor § 249 BGB, Rn. 10 ff.; **Hemmer/Wüst Schadensersatzrecht III, Rn. 32 f.**; LG Leipzig, **Life&Law 2001, 656 ff.** = NVwZ 2001, 469 ff.
166 Ossenbühl, S. 70.
167 Palandt-Grüneberg, vor § 249 BGB, Rn. 25.

Adäquanz und rechtmäßiges Alternativverhalten	Auf der zweiten Stufe ist die adäquate Kausalität zu prüfen. Die Möglichkeit des Schadenseintritts darf nicht so weit entfernt sein, dass sie nach der Lebenserfahrung vernünftigerweise nicht in Betracht gezogen werden kann. Dies bedeutet, dass an dieser Stelle gänzlich unwahrscheinliche Fallgestaltungen ausgeschieden werden und so eine erste Korrektur der sehr weiten condicio-sine-qua-non-Formel erfolgt.[168]	88
Schutzzweck der Norm	Auf der dritten Stufe ist der Schutzzweck der Norm als wertendes Korrekturkriterium zu prüfen. Eine Schadensersatzpflicht besteht nur, wenn der geltend gemachte Schaden nach Art und Entstehungsweise unter den Schutzzweck der verletzen Norm/Pflicht fällt.	89

Es muss sich also um Schäden handeln, die aus dem Bereich der Gefahren stammen, vor denen die verletzte Norm/Pflicht gerade schützen will.[169]

> *Bsp.:[170] Werner Lautsprech möchte Neurochirurg werden. Leider erweist sich bereits die ärztliche Vorprüfung (Physikum) als schier unüberwindliches Hindernis. Sein jüngster Versuch wurde mit mangelhaft bewertet.*
>
> *Lautsprech fand jedoch heraus, dass ihm in diesem Prüfungstermin (Frühjahr 2001) genau ein Punkt zum „ausreichend" und somit zum Bestehen der Prüfung gefehlt hat. Vor dem Verwaltungsgericht war er nach langem Rechtsstreit (Anfang 2005) insoweit erfolgreich, als die zuständige Behörde rechtskräftig dazu verpflichtet wurde, die fehlerhaft bewertete Prüfungsarbeit mit „ausreichend" und somit als bestanden zu bewerten.*
>
> *Doch das Glück war nur von kurzer Dauer. Nachdem er in der ersten Staatsprüfung mit „ungenügend" bewertet worden war, nahm er Anfang 2009 das Studium der Rechtswissenschaften auf. Er konnte dieses Studium auch 2017 erfolgreich abschließen und trat daraufhin in das Berufsleben ein. Lautsprech ist der Meinung, dass ihm alle durch den Zeitverlust des langen Rechtsstreits bereits entstandenen und zukünftigen Schäden ersetzt werden müssen.*
>
> Dafür müsste Lautsprech durch die fehlerhafte Prüfungsentscheidung einen kausalen Schaden erlitten haben. Er macht einen entsprechenden Verdienstausfallschaden geltend. Fraglich ist, ob dieser vom sachlichen Schutzbereich der behördlichen Amtspflicht erfasst wird. Diese besteht darin, dem Prüfling die Ausübung des angestrebten Berufes zu ermöglichen. Ein möglicher Verdienstausfall ist somit grundsätzlich ersatzfähig. Vorliegend befand sich Lautsprech jedoch in einem frühen Stadium der Ausbildung (Vorprüfung), sodass die Amtspflicht der Prüfungsbehörden lediglich darin bestand, ihm die weitere ordnungsgemäße Fortsetzung des Studiums zu ermöglichen. Eine Verletzung dieser Amtspflicht führt nur dann zu einem ersatzfähigen kausalen Schaden, wenn der Prüfling für die Ausübung des angestrebten Berufs überhaupt hinreichend geeignet und befähigt ist. Dies ist für Lautsprech zu verneinen. Da er an den Anforderungen der Ersten Staatsprüfung scheiterte und darauf das Studienfach wechselte, ist nicht die fehlerhafte Prüfungsentscheidung kausal für den Verdienstausfallschaden, sondern seine fehlende Eignung. Die angestrebte Verdienstmöglichkeit war somit gleichsam „von Anfang an nicht gegeben".

90

---

168 Palandt-Grüneberg, vor § 249 BGB, Rn. 26 ff.
169 Palandt-Grüneberg, vor § 249 BGB, Rn. 29.
170 Nach BGHZ 139, 200 = **juris**byhemmer.

STAATSHAFTUNGSRECHT

Verhalten Dritter

Wenn somit der Geschädigte selbst oder ein unbeteiligter Dritter in ungewöhnlicher oder unsachgemäßer Weise in den Geschehensablauf eingegriffen und eine weitere Ursache gesetzt hat, die den Schaden erst endgültig herbeigeführt hat, fällt der entstandene Schaden grundsätzlich nicht unter den Schutzzweck der verletzen Norm/Pflicht und es fehlt somit an der haftungsausfüllenden Kausalität.[171]

> **hemmer-Methode: Etwas anderes gilt dann, wenn der Geschädigte bzw. der Dritte sich zu seinem Handeln durch die Amtspflichtverletzung des Beamten herausgefordert fühlen durfte.[172]**

strenge Anforderungen bei Ermessensentscheidungen

Bei fehlerhaften Ermessensentscheidungen ist eine besonders strenge Anforderung an die Bejahung der Kausalität zu stellen. Eine Kausalität darf nur dann bejaht werden, wenn feststeht, dass der Schaden nicht oder nicht in dieser Höhe eingetreten wäre, wenn der Amtsträger pflichtgemäß gehandelt hätte.[173]

Die bloße Möglichkeit einer anders lautenden Entscheidung genügt nicht. Die Kausalität ist deshalb in aller Regel bei einer Ermessensreduzierung auf Null zu bejahen, im Übrigen ist sie grundsätzlich zu verneinen. Ein derartig strenger Kausalitätsnachweis wird auch für die Amtspflichtverletzung durch Unterlassen gefordert.[174]

VIII. Haftungsbeschränkungen

Begrenzung anspruchsbegründender Tatbestandsmerkmale

Unter sondergesetzlichen Haftungsbeschränkungen sind für den Einzelfall wirksam vereinbarte Modifikationen bestimmter Tatbestandsmerkmale zu verstehen. Es handelt sich dabei nicht um die Amtshaftung verdrängende Sondervorschriften, die zur generellen Unanwendbarkeit der Amtshaftungsregelungen führen, sondern um Parteivereinbarungen, die - ihre Rechtswirksamkeit vorausgesetzt - Entstehen, Inhalt und Umfang des Amtshaftungsanspruchs betreffen.

1. Gemeindliche Satzungen

Problem der Begrenzung durch Satzung

Da anerkanntermaßen die Beschränkung der vertragsähnlichen Haftung im Rahmen öffentlich-rechtlicher Benutzungsverhältnisse auf Vorsatz und grobe Fahrlässigkeit durch Satzung möglich ist,[175] stellt sich die Frage, ob auch der möglicherweise parallel dazu entstandene Anspruch aus § 839 BGB i.V.m. Art. 34 GG in seiner Entstehung begrenzt werden kann.

> *Bsp.:*[176] *Bauer Füllig möchte sein einziges Schwein schlachten. Da es in seinem Heimatdorf an einer entsprechenden Einrichtung mangelt, begibt er sich mit dem Tier zum städtischen Schlachthof im bayerischen E. Gerade als Füllig mit seinem Schwein das Schlachthaus erreicht hat, fährt der Schlachthofmitarbeiter Ulrich mit seinem Tiertransport ins Schlachthofgelände ein und begrüßt dabei laut hupend seine wartenden Arbeitskollegen.*

---

171 St. Rspr., vgl. BGH, NJW 1998, 138 (140) = **juris**by**hemmer**.
172 Vgl. zu den Herausforderungsfällen **Hemmer/Wüst, Schadensersatzrecht III, Rn. 60 ff.**
173 NVwZ 1989, 1156.
174 MüKo-Papier, § 839 BGB, Rn. 278.
175 BGHZ 61, 7 (13); BayVGH, BayVBl. 1985, 407 = **juris**by**hemmer**.
176 Nach BGHZ 61, 7 ff. = **juris**by**hemmer**.

Das Schwein des Füllig erschrickt dabei derartig, dass es einen Herzschlag erleidet und verendet. Aufgrund des stressbedingten Todes ist das Fleisch der Sau nicht zur weiteren Verarbeitung geeignet. Füllig erleidet einen entsprechenden Vermögensschaden und möchte gegen die Stadt E. als Betreiberin des Schlachthofs vorgehen. Die Stadt lehnt dies mit der Begründung ab, dass die Benutzung des Schlachthofs durch eine Satzung geregelt sei und diese die Haftung für (wie im Fall unstreitig) leicht fahrlässig begangene Schädigungen ausschließt. Der Füllig bezweifelt die Rechtswirksamkeit dieser Haftungsbeschränkung.

Vorbehalt des Gesetzes

Folgt man der herrschenden rechtsdogmatischen Ansicht bzgl. der Bedeutung des Wortes „grundsätzlich" in Art. 34 S. 1 GG, welches lediglich eine Mindestgarantie bzgl. des Instituts „Amtshaftung" vorschreibt, sind derartige Haftungsbeschränkungen zulässig, wenn sie vom einfachen Gesetzesvorbehalt des Art. 34 S. 1 GG gedeckt sind.

Fraglich ist somit, ob auch eine Haftungsbeschränkung durch eine rein materielle Norm (z.B. Satzung) möglich ist, wenn deren Erlass seinerseits von einem formellen Gesetz gedeckt ist.

hemmer-Methode: Das Stichwort „Vorbehalt des Gesetzes" sollte Ihnen aus dem Verfassungsrecht bekannt sein. Der Gesetzesvorbehalt zur Einschränkung des Schutzbereichs eines Grundrechts durch oder auf Grund eines formellen Gesetzes, kann einfacher oder qualifizierter Art sein. „Qualifizierte" Gesetzesvorbehalte lassen dabei eine Beschränkung des Grundrechts nur bei bestimmten Situationen, zu bestimmten Zwecken oder durch bestimmte Mittel zu.[177]

umstritten bei landesgesetzlicher Ermächtigungsgrundlage

Dabei ist vor allem im Rahmen der Benutzung öffentlicher Anstalten der Gemeinden umstritten, ob die allgemeine Satzungsermächtigung in den jeweiligen (Landes-)Gemeindeordnungen[178] eine ausreichende Rechtsgrundlage darstellt.

BayVGH: Haftungsbegrenzende Satzung durch BayGO gedeckt

a) Der BayVGH hat insbesondere Art. 24 I Nr. 1 BayGO als Ermächtigungsgrundlage für eine haftungsbegrenzende Satzung als ausreichend erachtet, da es sich dabei gerade um eine „ausdrückliche Ermächtigung" handeln soll.[179]

a.A.: Beschränkung der Staatshaftung liegt außerhalb der gemeindlichen Regelungshoheit

b) Nach einer anderen (wohl herrschenden) Ansicht soll eine gemeindliche Satzung für einen Haftungsausschluss nicht ausreichend sein, wenn diese Satzung nur von der allgemeinen Satzungsermächtigung der jeweiligen Gemeindeordnung gedeckt ist.

Begründet wird dies damit, dass das Staatshaftungsrecht außerhalb des kommunalen Satzungsrechts liege, es somit einer besonderen gesetzlichen, hinreichend bestimmten Grundlage bedürfe.[180] Insbesondere beim Vorliegen eines Anschluss- und Benutzungszwangs soll es dem Hoheitsträger nicht möglich sein, sich der Haftung auch für leichte Fahrlässigkeit zu entziehen.

c) Eine vermittelnde Ansicht bejaht grundsätzlich die Möglichkeit einer Haftungsbeschränkung durch Satzung. Existiert jedoch lediglich die allgemeine Satzungshoheit der Gemeinde als Rechtsgrundlage, sind - insbesondere - folgende Anforderungen an die Wirksamkeit einer Benutzungsordnung zu stellen:

---

177 Jarass/Pieroth, vor Art. 1 GG, Rn. 40 ff.
178 Vgl. Art. 23 f. BayGO, §§ 4 ff. BWGO; § 7 NRWGO.
179 BayVBl. 1985, 407 (408).
180 BGHZ 61, 7 (14) für die entsprechende Regelung in der GO von NRW = **jurisbyhemmer**; Jarass/Pieroth, Art. 34 GG, Rn. 22 m.w.N.

strenge Anforderungen im Einzelfall unter Wertungsgesichtspunkten

⇨ Die Satzung muss bzgl. des Umfangs des Haftungsausschlusses hinreichend bestimmt sein;

⇨ es darf sich nicht um eine Satzung im Rahmen eines Anschluss- und Benutzungszwangs handeln;

⇨ den Benutzern werden durch die Freizeichnung keine unzumutbaren wirtschaftlichen Lasten aufgebürdet (Übermaßverbot);

⇨ es liegen gewichtige sachliche Gründe für eine Haftungsbeschränkung vor (Risikoverteilung).[181]

hemmer-Methode: Vertretbar ist (vor allem in Bayern) jede dieser Ansichten. Für die letztgenannte Ansicht spricht jedoch, dass jeweils die Besonderheiten des Einzelfalles berücksichtigt werden müssen. Wird dieses Problem im (Klausur-) Fall angesprochen, haben Sie bei der vermittelnden Ansicht die Möglichkeit, alle Informationen in eine eigene argumentative Abwägungsentscheidung einfließen zu lassen. Gelingt Ihnen dies, spielt das Endergebnis nur eine untergeordnete Rolle.

Da die schädigende Handlung im Rahmen eines vertraglich vereinbarten Benutzungsverhältnisses erfolgte, kommt sowohl ein Anspruch des Füllig aus §§ 241 II, 280 I BGB (Pflichtverletzung des verwaltungsrechtlichen Schuldverhältnisses) als auch aus Amtshaftung in Betracht. Selbst wenn man die Wirksamkeit des Haftungsausschlusses für die vertragsähnliche Haftung bejaht, scheitert die Wirksamkeit der Haftungsbegrenzung bzgl. des Amtshaftungsanspruches nach überwiegender Ansicht daran, dass es sich um einen Benutzungszwang handelt. Möglicherweise ist zusätzlich auch eine besondere wirtschaftliche Belastung für den Füllig gegeben, da es sich um sein einziges Schwein handelt.

2. Das Verweisungsprivileg des § 839 I S. 2 BGB

Zur Anwendung des § 839 I S. 2 BGB müssen drei Tatbestandsmerkmale kumulativ vorliegen:

⇨ Eine anderweitige Ersatzmöglichkeit muss tatsächlich bestehen,

⇨ die anderweitige Ersatzmöglichkeit muss durchsetzbar sein und

⇨ der Amtswalter hat fahrlässig i.S.d. § 276 II BGB gehandelt.

a) Entstehung und Bedeutung des Verweisungsprivilegs

Nachdem in der bisherigen Prüfung des Tatbestands des Amtshaftungsanspruches eine überwiegend bürgerfreundliche Auslegung der einzelnen Tatbestandsmerkmale erfolgt ist, scheint der § 839 I S. 2 BGB - jedenfalls nach seinem Wortlaut - im Ergebnis zu einer umfassenden Haftungsbeschränkung zu führen.

ursprünglich zur Entlastung des haftenden Beamten

Diese Funktion lässt sich aus der beim Inkrafttreten des BGB gewollten persönlichen Haftung des Beamten erklären. Diese „Schutzbestimmung" sollte die Entscheidungsfreude des Beamten erhöhen und somit den reibungslosen Ablauf der Verwaltungstätigkeit fördern, da der Beamte nicht in der ständigen Furcht leben sollte, für jedes Versagen im Rahmen seiner Amtstätigkeit mit seinem Privatvermögen haften zu müssen.[182]

---

181 Windthorst, § 10 Rn. 4 f. m.w.N.
182 Ossenbühl, S. 79.

§ 1 DER AMTSHAFTUNGSANSPRUCH

Bedeutungsverlust infolge der Haftungsüberleitung

Nach Begründung der Amtshaftung als mittelbarer Staatsunrechtshaftung durch eine Haftungsüberleitung auf den Staat hat dieses Privileg (auch Subsidiaritätsklausel genannt) mit Inkrafttreten des Grundgesetzes seine ursprüngliche Bedeutung verloren. Im Gegenteil: Da der Art. 34 GG eine derartige Regelung nicht kennt, könnte es sich vielmehr um eine verfassungswidrige Begrenzung der Amtshaftung zulasten des Bürgers handeln.

hemmer-Methode: Seinen ursprünglichen Schutzzweck behalten hat das Verweisungsprivileg jedoch in den (seltenen) Fällen der Eigenhaftung des (statusrechtlichen!) Beamten nach § 839 BGB.

Lit.: Vollständige Aufgabe des Verweisungsprivilegs

Der überwiegende Teil der Literatur fordert deswegen auch, von diesem „anachronistischen Fiskusprivileg" als „Schandfleck" des BGB Abstand zu nehmen.[183]

Bsp. (1):[184] Die Soldaten des 144. Panzerbataillons befinden sich zum Teil in einem verheerenden körperlichen Zustand. Um auch im Verteidigungsfall den schnellen Einstieg durch die engen Luken sicherstellen zu können, ordnet der Kommandeur ein Fußballspiel an. Beim Ausführen eines Freistoßes durch den Gefreiten Massig prallt der Ball so ungünstig von der „Mauer" ab, dass er über den Sportplatz hinaus auf die angrenzende Bundesstraße fliegt und dabei die Windschutzscheibe des vorbeifahrenden Mercedes des Martin Sch. beschädigt. Der Sch. möchte einen Anspruch aus Amtshaftung geltend machen; der haftende Hoheitsträger verweist demgegenüber auf die Leistung der privaten Vollkaskoversicherung des Sch.

Bsp. (2):[185] Während der Verfolgung des Fluchtfahrzeugs des Mackie M. mit Blaulicht und Martinshorn kollidiert das Polizeifahrzeug der Beamten Schnell und Listig mit dem Motorrad des Martin Sch. Dieser wird schwer verletzt. Er fordert vom haftenden Bundesland Schadensersatz. Das Land verweist ihn an Mackie M.

b) Tatsächliches Bestehen einer anderweitigen Ersatzmöglichkeit

grundsätzlich alle Ansprüche gegen Dritte

Als anderweitige Ersatzmöglichkeiten kommen grundsätzlich alle vertraglichen und gesetzlichen Leistungsverpflichtungen in Betracht, die der Geschädigte gegen einen Dritten geltend machen kann.[186]

hemmer-Methode: Dieses Tatbestandsmerkmal ist demnach bei Konstellationen mit mehreren Beteiligten einschlägig. Solche Fallgestaltungen sind bei Klausurerstellern besonders beliebt, erlauben sie doch zusätzliche Differenzierungen in der Bewertung.

keine Anwendung beim mitgliedstaatlichen Vollzug von Gemeinschaftsrecht

Beim Eingreifen des unionsrechtlichen Staatshaftungsanspruchs wegen Verstoßes gegen Unionsrecht ist das Verweisungsprivileg unanwendbar. Da es sich bei diesem Anspruch um eine originäre (unmittelbare) Haftung der Mitgliedsstaaten handelt, fehlt es bereits am Anknüpfungspunkt der Subsidiaritätsklausel.[187]

teleologische Reduktion

Der BGH hat in seiner früheren Rechtsprechung anerkannt, dass der ursprüngliche Schutzzweck des Verweisungsprivilegs nunmehr entfallen ist. Er hielt allerdings im Anschluss an die Entscheidungen des RG an der grundsätzlichen Anwendbarkeit fest.[188]

---

183 Ossenbühl, S. 79 m.w.N.
184 Nach BGHZ 85, 230 = **juris**by**hemmer**.
185 Nach BGHZ 85, 225 = **juris**by**hemmer**.
186 Palandt-Sprau, § 839 BGB, Rn. 58.
187 Windthorst, § 10 Rn. 12; Näheres zu diesem Anspruch ab Rn. 150.
188 St. Rspr., vgl. nur BGHZ 123, 102 (104) m.w.N. = **juris**by**hemmer**.

Dabei kam es jedoch zunehmend zu einer restriktiven Auslegung des Tatbestandsmerkmals „auf andere Weise Ersatz" i.R.d. § 839 I S. 2 BGB. Die Subsidiarität der Amtshaftung ist demnach nur zu bejahen, wenn die anderweitige Ersatzmöglichkeit nach ihrem Sinn und Zweck gerade zur Kompensation des entstandenen Schadens führen soll.

Fallgruppen der Nichtanwendbarkeit der Subsidiaritätsklausel

Ausgehend von dieser teleologischen Reduktion wurden anhand der Rechtsprechung des BGH Fallgruppen entwickelt, in denen die Subsidiaritätsklausel keine Anwendung finden soll, um eine unbillige Entlastung des Staates zu vermeiden.[189]

aa) Lohnfortzahlungsanspruch

Der sozialpolitisch motivierte Lohnfortzahlungsanspruch des Arbeitnehmers gemäß § 3 I EntgFG[190] besteht nicht zu dem Zweck, einen Ausgleich für einen entstandenen Schaden zu schaffen. Das Verweisungsprivileg ist unanwendbar.

bb) Versicherungsrechtliche Ansprüche

private Versicherungen sind grds. Äquivalent eigener Leistung

Ansprüche aus der Sozialversicherung sind ebenso wie der Lohnfortzahlungsanspruch zu beurteilen. Da es sich bei privaten Versicherungsansprüchen um ein Äquivalent eigener Leistung durch den Versicherungsnehmer handelt, die nicht deswegen geleistet worden sind, um den Schädiger „Staat" zu entlasten, scheidet auch in diesen Fällen die Anwendung des Verweisungsprivilegs aus. Anders wurde jedoch bei Ansprüchen aus der Kfz-Haftpflichtversicherung entschieden, da diese dazu bestimmt sei, den verursachten Schaden im Verhältnis zum Schädiger endgültig aufzufangen.[191]

cc) Ansprüche gegen andere Hoheitsträger

Einheit der öffentlichen Verwaltung

Ein solcher Anspruch ist denkbar, wenn mehrere Hoheitsträger gemeinsam eine Amtspflichtverletzung begangen haben.

> *Bsp.:* Die Baugenehmigungsbehörde verweigert rechtswidrig eine Baugenehmigung, weil die Gemeinde zuvor ebenfalls rechtswidrig das Einvernehmen verweigert hat.

Eine Anwendung des Verweisungsprivilegs scheidet aus, da es sonst zu einer wechselseitigen Subsidiarität kommen würde. Es gilt aus der Sicht des Bürgers der Grundsatz der Einheit der öffentlichen Hand.[192] Mithin ist vielmehr von einer gesamtschuldnerischen Haftung der beteiligten Hoheitsträger gem. §§ 840, 426 I BGB auszugehen.[193]

---

189 Palandt-Sprau, § 839 BGB, Rn. 60 f.
190 Entgeltfortzahlungsgesetz, abgedruckt in Schönfelder-Ergänzungsband Nr. 80.
191 BGHZ 91, 48 (54) = **juris**byhemmer, allerdings mit der Konstellation des Staates lediglich als Zweitschädiger neben einer haftpflichtversicherten Privatperson als gemeinsame Unfallverursacher.
192 BGH, NJW 2003, 348 = **juris**byhemmer; Ossenbühl, S. 84 f.
193 BGH, NJW 2003, 348 = **juris**byhemmer; Palandt-Sprau, § 839 BGB, Rn. 56.

dd) Konkurrierende Ansprüche gegen denselben Hoheitsträger

Bestehen aufgrund der Schädigung noch andere Ansprüche gegen denselben Hoheitsträger aufgrund einer anderen gesetzlichen Grundlage (z.B. aus enteignungsgleichem Eingriff, GoA, öffentlich-rechtlicher Verwahrung), ist das Verweisungsprivileg ebenfalls unanwendbar.[194]

ee) Verletzung einer Verkehrssicherungspflicht

Hat der Gesetzgeber die Verkehrssicherungspflicht öffentlich-rechtlich ausgestaltet, so soll dem Hoheitsträger über die Anwendung des Verweisungsprivilegs auch keine nachträgliche Entlastung möglich sein.[195]

ff) Teilnahme am allgemeinen Straßenverkehr

Nimmt der Amtsträger hoheitlich am allgemeinen Straßenverkehr teil, findet also eine Dienstfahrt im amtshaftungsrechtlichen Sinn statt,[196] soll eine nachträgliche unbillige Entlastung wegen des „Grundsatzes der haftungsrechtlichen Gleichbehandlung aller Verkehrsteilnehmer" ebenso ausscheiden.[197] Etwas anderes gilt jedoch dann, wenn der Hoheitsträger die Sonderrechte nach § 35 I StVO in Anspruch nimmt und dabei eine Amtspflichtverletzung begeht. Eine Situation, die eine Gleichbehandlung der Verkehrsteilnehmer rechtfertige, liege dann gerade nicht vor.[198]

hemmer-Methode: Diese Tatbestandsrestriktion erinnert an die Problematik der Vorteilsanrechnung im Rahmen der konkreten Schadensfeststellung. Bringt das schädigende Ereignis dem Geschädigten außerdem einen Vorteil, so ist zu fragen, ob sich dieser Vorteil mindernd auf den Schadensersatzanspruch auswirkt. Es findet dabei vor dem Vermögensvergleich mittels der Differenzmethode eine wertende Betrachtung dahingehend statt, welche Posten in die Vergleichsrechnung eingestellt werden dürfen und welche nicht.[199]

c) Durchsetzbarkeit der anderweitigen Ersatzmöglichkeit

Ersatzmöglichkeit muss tatsächlich bestehen und Wahrnehmung muss zumutbar sein

Ausgehend von der Formulierung „Ersatz zu erlangen vermag", ist auf die tatsächliche Möglichkeit der Realisierung (subjektives Element) eines bestehenden Ersatzanspruchs (objektives Element) gegen einen Dritten abzustellen. Es kommt somit für jeden Einzelfall darauf an, ob eine anderweitige Ersatzmöglichkeit überhaupt rechtswirksam besteht und ob deren Wahrnehmung dem Geschädigten zumutbar ist.

nicht bei unklarer Sach-/Rechtslage

Die Zumutbarkeit ist verneint worden, wenn wegen einer unklaren Sach- und Rechtslage besonders geringe Chancen bestanden, den Anspruch gegen den Dritten in absehbarer Zeit zu realisieren.[200]

---

194 Palandt-Sprau, § 839 BGB, Rn. 55; Windthorst, § 10 Rn. 29.
195 St. Rspr., siehe nur BGHZ 123, 102 m.w.N. = **juris**byhemmer.
196 Vgl. dazu Rn. 36 f.
197 BGHZ 68, 217 = **juris**byhemmer.
198 BGHZ 85, 225 (228 f.) = **juris**byhemmer; durch BGHZ 113, 164 auf § 35 VI S. 1 und durch BGH, NJW 1997, 2109 auf § 35 Va StVO erweitert; vgl. dazu auch Ossenbühl, S. 82.
199 Vertiefend **Hemmer/Wüst, Schadensersatzrecht III, Rn. 200 ff.**
200 Palandt-Sprau, § 839 BGB, Rn. 59; Windthorst, § 10 Rn. 34 m.w.N.

An der Durchsetzbarkeit fehlt es, wenn der Dritte nicht zu ermitteln, oder Vermögenslosigkeit gegeben ist.[201]

Versäumt der Geschädigte allerdings die Wahrnehmung einer ehemals vorhandenen Ersatzmöglichkeit, ist darauf abzustellen, ob dies schuldhaft geschah.[202]

d) Fahrlässiges Handeln des Amtswalters

Der Amtswalter hat fahrlässig i.S.d. § 276 II BGB gehandelt. Dabei kommt leichte und grobe Fahrlässigkeit in Betracht. Bezugspunkt des Verschuldensvorwurfs ist die Amtspflichtverletzung.

> Lösung (1): Die Soldaten spielten im Rahmen ihres Dienstes auf Weisung ihres Vorgesetzten Fußball, sie wurden somit als Amtswalter öffentlich-rechtlich tätig. Sie verletzten dabei fahrlässig ihre Amtspflicht zum Unterlassen unerlaubter Handlungen. Da jedoch Sch. einen Anspruch aus seiner privaten Vollkaskoversicherung geltend machen kann, könnte die Subsidiaritätsklausel eingreifen. Diese Versicherungsleistung hat sich Sch. allerdings durch seine Prämienzahlungen selbst erkauft. Es ist nicht Sinn und Zweck dieser Leistungen, den Staat als Schädiger zu entlasten. § 839 I S. 2 BGB findet somit keine Anwendung.

> Lösung (2): Vorliegend könnten die Polizeibeamten am allgemeinen Straßenverkehr beteiligt gewesen sein. Eine Anwendung des § 839 I S. 2 BGB müsste demnach ausscheiden (s.o.). Da sie jedoch Sonderrechte nach § 35 I StVO in Anspruch nahmen, ist die Einsatzfahrt nicht den allgemeinen Verkehrsregeln unterworfen; die Beamten sind vielmehr von den allgemeinen Pflichten im Straßenverkehr befreit und eine Gleichbehandlung aller Teilnehmer am Straßenverkehr findet in diesen Fällen nicht statt. Sch. stehen lediglich die Ansprüche gegen M. zu. Das Bundesland kann sich auf das Verweisungsprivileg berufen.[203]

hemmer-Methode: Bei der Haftung des M aus § 823 I BGB stellen sich Ihnen die bekannten Probleme der „Verfolgerfälle".[204]

e) Rechtsfolge

Amtshaftungsanspruch entfällt, keine Beamtenhaftung

Bei Bestehen einer durchsetzbaren und zumutbaren anderweitigen Ersatzmöglichkeit entfällt ein übergeleiteter Amtshaftungsanspruch gegen den Staat gem. § 839 I S. 2 BGB i.V.m. Art. 34 S. 1 GG. Es kommt jedoch nicht zu einem Wiederaufleben der Eigenhaftung des Beamten aus § 839 BGB, da die Subsidiaritätsklausel nicht an die Haftungsübernahme durch Art. 34 GG anknüpft, sondern direkt an den Tatbestand des § 839 BGB und diesen insgesamt einschränkt.

3. Das Richterspruchprivileg des § 839 II BGB

a) Bedeutung des Privilegs

Als Schutzgüter i.R.d. § 839 II BGB kommen zum einen die „richterliche Unabhängigkeit" und zum anderen die „Rechtskraft des Urteils in Betracht".

---

201 BGH, NJW 1979, 1600 f. = **juris**by**hemmer**.
202 Palandt-Sprau, § 839 BGB, Rn. 58.
203 Zuletzt durch BGHZ 146, 385 bestätigt.
204 **Hemmer/Wüst, Deliktsrecht I, Rn. 72**.

Dies wird jedoch für die „richterliche Unabhängigkeit" in Zweifel gezogen, da die Notwendigkeit eines über Art. 97 GG hinausgehenden Schutzbedürfnisses gerade im Vergleich zu anderen Amtswaltern nicht ersichtlich ist.

Schutzgut ist die Rechtskraft von Urteilen

Maßgeblich ist allein die Funktion zur Sicherung der Rechtskraft von Urteilen und somit des Rechtsfriedens und der Rechtssicherheit.[205]

Das Privileg soll demnach verhindern, dass ein rechtskräftig abgeschlossener Prozess über die Geltendmachung eines Amtshaftungsanspruchs neu aufgerollt wird. Nach allgemeiner Ansicht wird die Anwendung des Richterspruchprivilegs als mit Art. 34 GG vereinbar angesehen.[206]

Unionsrechtskonformität ist zu beachten

Unangewendet bleiben muss § 839 II BGB aber dennoch in Fällen mit unionsrechtlichem Bezug, da hier das vorrangige Unionsrecht eine Haftung auch in Fällen judikativen Unrechts erfordert.[207]

b) Personaler und sachlicher Anwendungsbereich

weiter Richterbegriff

Als „Richter" i.S.d. § 839 II BGB gelten neben Berufsrichtern auch Beisitzer, Schöffen und ehrenamtliche Richter.[208]

108

weiter Urteilsbegriff

Der sachliche Anwendungsbereich umfasst grundsätzlich alle Urteile in einer Rechtssache. Da es jedoch nicht auf die formale Natur sondern auf den materiellen Inhalt der Entscheidung ankommt, fallen alle richterlichen Entscheidungen darunter, die materiell eine rechtskraftfähige Wirkung aufweisen.[209] Dabei kann es sich auch um Beschlüsse wie z.B. gem. § 91a ZPO handeln, wenn diese eine dem Urteil vergleichende Wirkung hinsichtlich der Beendigung eines Prozessrechtsverhältnisses mit ganz oder teilweiser rechtskraftfähiger Wirkung aufweisen.[210]

109

Lit.: einstweilige Anordnungen/ Verfügungen im Beschlussverfahren keine Urteile i.S.d. § 839 II BGB

Verneint wird allerdings von Stimmen in der Literatur das Vorliegen eines Urteils i.S.d. § 839 II BGB bei Entscheidungen im Arrest- und einstweiligen Verfügungsverfahren gem. §§ 916, 935, 940 ZPO bzw. gem. §§ 80, 80a, 123 VwGO, wenn diese lediglich als Beschluss ergehen.

110

Begründet wird dies damit, dass diesen Anordnungen wegen der Möglichkeit der Einlegung eines Widerspruchs durch den Betroffenen eine instanzbeendende Wirkung fehlt und sie damit nicht die einem Urteil immanente „Endgültigkeit" aufweisen.[211] Ebenso sollen Entscheidungen im Prozesskostenhilfeverfahren nicht vom Anwendungsbereich des § 839 II BGB erfasst werden.[212]

BGH: auch Beschlüsse mit vergleichbarer Befriedungsfunktion

Der BGH hat auch für die durch Beschluss ergangene einstweilige Anordnung gem. § 123 I, IV VwGO entschieden, dass es sich dabei um ein „Urteil" i.S.d. § 839 II BGB handeln soll.

111

---

205   Windthorst, § 10 Rn. 38 f.
206   Maunz/Dürig-Papier, Art. 34 GG, Rn. 262.
207   EuGH, Rs. C-224/01 (Köbler/Österreich), NJW 2003, 3539 ff.; vertiefend Gundel, EWS 2004, 8. Näheres dazu beim unionsrechtlichen Amtshaftungsanspruch ab Rn. 150.
208   Palandt-Sprau, § 839 BGB, Rn. 64.
209   Palandt-Sprau, § 839 BGB, Rn. 65, mit weiteren Beispielen.
210   Windthorst, § 10 Rn. 42 m.w.N.
211   Ossenbühl, S. 102 m.w.N., so auch noch BGHZ 10, 55 (60).
212   A.A. OLG Frankfurt, NJW 2001, 3270 = **juris**by**hemmer**. Dagegen mit überzeugenden Argumenten Tombrink, NJW 2002, 1324 ff.

Er begründet dies zum einen mit der „interimistischen Befriedungsfunktion", die diesen Entscheidungen „in der Rechtswirklichkeit" regelmäßig zukomme und die mit der prozessbeendenden Wirkung eines Urteils vergleichbar sei. Des Weiteren stellt er auf das Verfahren der gerichtlichen Entscheidungsfindung ab, in dem, obwohl es sich „nur" um eine summarische Prüfung handelt, grundsätzlich alle Vorschriften und allgemeinen Rechtsgrundsätze Anwendung finden, die auch für selbständige Urteilsverfahren gelten.[213]

c) Weitere Voraussetzungen

Kausalität zwischen „Richterspruch" und Schaden

Um einen Amtshaftungsanspruch geltend machen zu können, muss die Unrichtigkeit des „Richterspruchs" als Amtspflichtverletzung kausal für den entstandenen Schaden sein. Durch den Wortlaut *bei dem Urteil* sind alle richterlichen Maßnahmen, auch vor dem eigentlichen Urteilsspruch, erfasst, die zur Grundlage für die Sachentscheidung geworden sind (somit auch Verfahrenshandlungen wie Beweisbeschlüsse, Beweiserhebungen etc.).[214]

Haftung nur bei Straftat

Die Pflichtverletzung muss auf der Begehung einer Straftat basieren. Es kommen vor allem die vorsätzliche Rechtsbeugung gem. § 339 StGB und die Bestechlichkeit gem. § 332 II S. 1 StGB in Betracht.

Die Einschränkung des § 839 II S. 2 BGB ist zu beachten.

4. Rechtsmittelversäumung gem. § 839 III BGB

a) Inhalt und Rechtsfolge

§ 839 III BGB beinhaltet einen Tatbestandsausschluss aufgrund einer vorwerfbaren Rechtsmittelversäumung durch den Geschädigten mit der Folge eines vollständigen Anspruchsverlustes.

Vorrang des Primärrechtsschutzes

Das Ziel dieser Obliegenheit besteht darin, den Vorrang des verwaltungsrechtlichen Primärrechtsschutzes[215] sicherzustellen. Es soll dem Geschädigten verwehrt sein, eine rechtswidrige Verletzungshandlung zunächst hinzunehmen und dann über die Figur des Amtshaftungsanspruchs Schadensersatz geltend zu machen. Insbesondere soll ein „Wahlrecht" des Geschädigten zwischen Primärrechtsschutz (= Abwehranspruch) und Sekundärrechtsschutz (= Ersatzanspruch) ausscheiden.[216]

hemmer-Methode: Bei § 839 III BGB kann man somit im Umkehrschluss von einer dezidierten Absage an das Prinzip des „dulde und liquidiere" sprechen. Diese Formel dürfte aus der älteren Rspr. des BVerwG und des BGH im Rahmen der Enteignungsentschädigung bereits bekannt sein. Eine besondere Bedeutung kommt dabei dem „Nassauskiesungsbeschluss" des BVerfG zu, der eine endgültige Absage an diesen Grundsatz auch in diesem Bereich feststellte.[217]

---

213 BGH, NJW 2005, 436 = **juris**byhemmer, bspr. v. Meyer, NJW 2005, 864. Aus der Urteilsbegründung ist zu entnehmen, dass diese Grundsätze für alle im Arrest- bzw. Verfügungsverfahren durch Beschluss ergangenen Entscheidungen Anwendung finden sollen, wenn die geforderten „urteilsvertretenden Erkenntnisse" dem Gericht bereits in diesem Verfahren vorliegen. Anders allerdings BGH, FamRZ 2003, 1541 für eine einstweilige Anordnung nach dem ehemaligen § 70h FGG (mittlerweile geregelt in §§ 331 f. FamFG) = **juris**byhemmer.

214 Ossenbühl, S. 103.

215 BGH, NJW 1991, 1168 (1170) = **juris**byhemmer.

216 BGH, NJW 1991, 1168 (1169). = **juris**byhemmer.

217 Näheres dazu siehe Rn. 198.

Lit.: enge Auslegung, keine Verdrängung des flexibleren § 254 BGB

Die Prüfung einer Obliegenheitsverletzung im Rahmen des § 839 III BGB verdrängt als spezielle Form des Mitverschuldens grundsätzlich die Abwägungsentscheidung des § 254 BGB. Aufgrund der Rechtsfolge bei Bejahung des § 839 III BGB („Alles oder Nichts") wird, um die Vereinbarkeit mit Art. 34 GG zu gewährleisten, eine enge Auslegung dieses Tatbestandsmerkmals gefordert.[218] Im Gegenzug soll der flexiblere § 254 BGB weiterhin Anwendung finden.

BGH: weiter Anwendungsbereich

Eine andere Ansicht vertritt demgegenüber der BGH, der insbesondere das Tatbestandmerkmal „Rechtsmittel" sehr weit auslegt. Er möchte über dieses Tatbestandsmerkmal den grundgesetzlich (Art. 19 IV GG) und verwaltungsprozessual (§ 40 VwGO) normierten Vorrang des Primärrechtsschutzes zum Ausdruck bringen.

Bsp.:[219] *Frau Strobl ist alleinerziehende Mutter von vier Kindern. Da sie sich in finanziellen Schwierigkeiten befindet und bereits seit längerer Zeit außerstande ist, die Miete zu zahlen, erwirkt ihr Vermieter Kleinlich ein Räumungsurteil. Dieses soll am 19.03.2016 vollstreckt werden. Am selbigen Morgen weist die Stadt E. Frau Strobl mit ihren Kindern in die von ihr bewohnte Wohnung ein. Die Ordnungsverfügung ist bis zum 19.09.2016 befristet. Für diese Zeit wird die Miete von der Stadt E übernommen. Da sich Frau Strobl nach Fristablauf weigert die Wohnung zu verlassen, begibt sich Kleinlich unverzüglich zur verantwortlichen Behörde. Dort teilt man ihm mit, der Stadt seien „die Hände gebunden und Kleinlich solle sich selbst um die Sache kümmern. Man könne die Strobl-Sippe ja nicht einfach auf die Straße setzen". Daraufhin erstreitet Kleinlich durch seinen Rechtsanwalt einen privatrechtlichen Räumungstitel, der auch am 19.11.2016 wirksam vollstreckt wird. Kleinlich macht nun die Kosten für die zusätzliche Mietdauer und die Räumung geltend, die ihm „durch die Tatenlosigkeit der Behörden" entstanden sind. Die Stadt steht demgegenüber auf dem Standpunkt, Kleinlich hätte es vorwerfbar versäumt mittels Klage auf Folgenbeseitigung, mit einer Leistungsklage oder auch per einstweiligen Rechtsschutzes verwaltungsgerichtlich gegen die längere Verweildauer von Frau Strobl vorzugehen.*

b) Voraussetzungen einer vorwerfbaren Rechtsmittelversäumung

aa) Rechtsmittel

Begriff: Rechtsmittel

Zunächst muss ein „Rechtsmittel" i.S.d. § 839 III BGB vorliegen. Dafür sollen alle förmlichen und formlosen Rechtsbehelfe in Betracht kommen, die sich unmittelbar gegen die Verletzungshandlung richten und sowohl deren Beseitigung oder Berichtigung, als auch die Abwendung des Schadens zum Ziel haben und auch dafür geeignet sind.[220]

Beispiele für Rechtsmittel:[221]

- das Widerspruchsverfahren (§§ 68 ff. VwGO) als verwaltungsrechtlicher Vorschaltrechtsbehelf
- grds. alle verwaltungsgerichtlichen Klagen
- die Verteidigungsmöglichkeiten des vorläufigen Rechtsschutzes (z.B. nach §§ 80 V, 123 VwGO)
- Dienstaufsichtsbeschwerden
- sonstige formlose Rechtsbehelfe wie Gegendarstellung, Beschwerden, Erinnerungen

---

218 Windthorst, § 10 Rn. 55 f. m.w.N.
219 Nach BGHZ 130, 332 ff. = **juris**byhemmer.
220 BGHZ 28, 104 (106); 123, 1 (7) = **juris**byhemmer.
221 Palandt-Sprau, § 839 BGB, Rn. 69.

STAATSHAFTUNGSRECHT

keine Rechtsmittel i.S.d. § 839 III BGB

Von dieser weiten Auslegung werden in st. Rspr. nur wenige Ausnahmen zugelassen. Die Folgenbeseitigungsklage[222] zur Beseitigung öffentlich-rechtlicher Unrechtslasten wird von vornherein aus dem Anwendungsbereich des § 839 III BGB herausgenommen, da dieser Anspruch sich nicht gegen die Verletzungshandlung, sondern ausschließlich gegen die Verletzungsfolgen richtet. Des Weiteren sind Bauvoranfragen, Vorbescheide und die Verfassungsbeschwerde keine Rechtsmittel i.S.d. § 839 III BGB.

hemmer-Methode: In § 6 StHG von 1981 hatte sich der Gesetzgeber für eine restriktive Handhabung des Begriffs „Rechtsmittel" entschieden. Demnach sollten lediglich alle förmlichen Rechtsbehelfe davon erfasst sein. Eine weitere, einzelfallbezogene Abwägung sollte über § 254 BGB stattfinden.

bb) Vorwerfbarkeit

Maßstab des § 254 BGB

Das Rechtsmittel müsste schuldhaft nicht eingelegt worden sein. Die Vorwerfbarkeit richtet sich nach dem Maßstab des § 254 BGB (= Verschulden gegen sich selbst). Der Verletzte hat dabei eine Prognoseentscheidung hinsichtlich der Notwendigkeit und der Erfolgsaussichten seines hypothetischen Rechtsbehelfs zu treffen.

118

hemmer-Methode: Welche Anforderungen an diese Prognoseentscheidung zu stellen sind, ist umstritten.[223] Der BGH prüfte (bisher) im Rahmen des Amtshaftungsprozesses, wie bei Einlegung eines förmlichen Rechtsbehelfs die Entscheidung des Verwaltungsgerichts nach seiner Ansicht (des BGH) richtigerweise hätte ausfallen müssen. Diese hypothetische Entscheidung wurde dem Verwaltungsgericht „unterstellt". Nunmehr soll es nicht auf die Richtigkeit der Entscheidung ankommen, sondern darauf, wie die Entscheidung des Verwaltungsgerichts möglicherweise ausgefallen wäre.[224] Diese eher an eine Kausalitätsprüfung erinnernde Sicht fand bisher nur bei formlosen Rechtsbehelfen gegen Behördenentscheidungen Anwendung, wurde jedoch nunmehr auch für förmliche Rechtsbehelfe (vor den Gerichten) durchgeführt. Kritische Stimmen in der Lit. befürchten bei dieser Vorgehensweise, dass sich der BGH damit zu einer „Superrevisionsinstanz" der Verwaltungsgerichtsbarkeit aufschwingen könnte.

119

Vertrauen auf amtliche Auskunft

Versäumt der Geschädigte die Einlegung eines Rechtsbehelfs infolge einer Auskunft oder Belehrung durch einen Beamten, ist anerkannt, dass er auf diese Äußerung vertrauen durfte.[225]

Gegebenenfalls muss er aber den Rat eines Rechtskundigen einholen. Dessen Verschulden ist dem Geschädigten über §§ 254 II S. 2, 278 BGB zuzurechnen; die notwendige Sonderverbindung folgt aus der Schadensminderungspflicht des § 839 III BGB.[226]

cc) Kausalität

Zurechnungszusammenhang zwischen Nichteinlegung und Schaden

Die Nichteinlegung muss ursächlich für den Eintritt des Schadens gewesen sein. Es ist mithin danach zu fragen, ob durch die Inanspruchnahme des Primärrechtsschutzes gegen die rechtswidrige Handlung die Entstehung des Schadens abgewendet worden wäre.

120

---

222 Näheres zu diesem Anspruch s. ab Rn. 314.
223 Vertiefend Wißmann, NJW 2003, 3455 ff.
224 BGH, NJW 2003, 1308 ff. = **juris**by**hemmer**.
225 Palandt-Sprau, § 839 BGB, Rn. 71 f. mit weiteren Bsp. und Nachweisen.
226 Windthorst, § 10 Rn. 68 f.

§ 1 DER AMTSHAFTUNGSANSPRUCH

Möglichkeit einer partiellen Schadensminderung genügt

Dabei ist unstreitig, dass es an der Kausalität bereits fehlt, wenn das Rechtsmittel lediglich teilweise zur Abwendung des Schadens geführt hätte.[227] Die Beweispflicht dafür - wie auch für die weiteren Voraussetzungen des § 839 III BGB - liegt beim beklagten Hoheitsträger als Anspruchsgegner.

> Lösung (zu Rn. 116): Der beklagte Hoheitsträger könnte sich erfolgreich auf den Anspruchsausschluss gem. § 839 III BGB berufen, wenn Kleinlich vorwerfbar die Einlegung eines Rechtsmittels versäumt hätte. Als Rechtsmittel scheidet jedenfalls die Klage auf Folgenbeseitigung aus, da sie im Ergebnis nicht unmittelbar auf die rechtswidrige Pflichtverletzung durch Unterlassen gerichtet gewesen wäre, sondern auf die Beseitigung des bestehenden Zustandes.
>
> Kleinlich hätte jedoch eine Untätigkeitsklage[228] dahingehend anstrengen können, dass die Behörde verwaltungsgerichtlich zum Einschreiten verpflichtet worden wäre.
>
> Dies ist jedoch deswegen abzulehnen, da ein derartiger Rechtsstreit in keinem Fall in einem für Kleinlich zumutbaren Zeitraum abgeschlossen worden wäre. Möglicherweise hätte jedoch mit einem Antrag auf Erlass einer einstweiligen Anordnung gem. § 123 VwGO ein zumutbarer Rechtsbehelf zur Verfügung gestanden. Grundsätzlich ist darin ein Rechtsmittel i.S.d. § 839 III BGB zu sehen. Fraglich ist, ob Kleinlich die Nichteinlegung auch vorzuwerfen ist. Bei den Rechtsmitteln des einstweiligen Rechtsschutzes handele es sich um eine „unsichere Verfahrensweise", insbesondere die Zumutbarkeit der zeitlichen Dauer von Durchsetzung und Vollstreckung sei zugunsten des Betroffenen ausreichend zu berücksichtigen. Diese Zumutbarkeit ist für jeden Einzelfall festzustellen, kann aber vorliegend dahingestellt bleiben. Kleinlich hatte den privatrechtlichen Titel im Anschluss an die behördliche Auskunft erstritten. Auf diese Auskunft durfte Kleinlich auch vertrauen; er musste „nicht klüger sein als der Beamte selbst". Eine vorwerfbare Rechtsmittelversäumung ist somit nicht gegeben.

5. Mitverschulden, § 254 BGB

§ 254 BGB als Abwägungsentscheidung

Ist die Ersatzpflicht nicht bereits nach § 839 III BGB ausgeschlossen, ist ein Ausschluss nach dem objektivierten Verschuldensmaßstab des § 254 BGB in Betracht zu ziehen. Es erfolgt dabei eine situationsgerechte Abwägungsentscheidung, die zu einer Anspruchskürzung oder zu einem Anspruchsverlust führen kann. Dies hängt vom jeweiligen Verursachungs- bzw. Verschuldensanteil des Geschädigten ab.

§ 254 BGB nur relevant, wenn kein Rechtsmittel i.S.v. § 839 III BGB

Da die extensive Anwendung des § 839 III BGB durch den BGH nur noch einen geringen Anwendungsbereich für den § 254 BGB lässt, ist dieser vor allem dann zu prüfen, wenn kein Rechtsmittel i.S.d. § 839 III BGB vorliegt.

Dabei kommen insbesondere die Bauvoranfrage und der Vorbescheid in Betracht. Ist die Genehmigungsfrage für den später durch eine rechtswidrige Genehmigung bzw. Auskunft Geschädigten unklar, und wäre deswegen die Einholung eines Vorbescheides geboten und auch zumutbar gewesen, greift der Anspruchsausschluss des § 839 III BGB nicht. Das Versäumnis wäre jedoch gem. § 254 BGB entsprechend anspruchsmindernd zu berücksichtigen. Wird dem Geschädigten jedoch vorsätzlich eine unrichtige Auskunft erteilt, auf die er vertrauen durfte, soll ihm auch ein fahrlässiges Versäumnis nicht vorgeworfen werden können.[229]

---

227 Windthorst, § 10 Rn. 67.

228 Die richtige Klageart bei den „Einweisungsfällen" ist umstritten. Nach a.A. soll eine allgemeine Leistungsklage in Betracht kommen. Siehe auch **Hemmer/Wüst, Polizei- und Sicherheitsrecht/Bayern, Rn. 467 ff., 501, 523**.

229 Palandt-Sprau, § 839 BGB, Rn. 81; als Einwand lässt sich hier allerdings vorbringen, dass davon auszugehen ist, dass in einem solchen Fall auch der Vorbescheid rechtswidrig erteilt worden wäre, sich also auch hier die Frage nach einem Schadensersatzanspruch stellen würde.

Ein Fall des Mitverschuldens bejahte der BGH beispielsweise im Rahmen des Amtshaftungsanspruchs eines Bauherrn, der trotz Kenntnis einer bevorstehenden Nachbaranfechtung von seiner für ihn unerkannt rechtswidrigen Baugenehmigung (= Amtspflichtverletzung) Gebrauch machte.[230]

IX. Verjährung, §§ 195 ff. BGB[231]

1. Frist und Fristbeginn

es gelten die §§ 195, 199 BGB

Für die Verjährung gelten die allgemeinen Vorschriften der §§ 195, 199 BGB. Gemäß § 195 BGB verjähren die Ansprüche nach drei Jahren (Regelverjährung). Die Verjährung beginnt gem. § 199 I Nr. 1 und 2 BGB mit dem Schluss des Jahres, in dem der Anspruch entstanden ist und der Gläubiger von den anspruchsbegründenden Umständen und der Person des Ersatzpflichtigen Kenntnis erlangt hat (oder ohne grobe Fahrlässigkeit hätte erlangen müssen). Dabei genügt die Kenntnis vom Schadenseintritt als solchem, eine genaue Kenntnis des Schadensumfangs ist nicht erforderlich.

Ohne Rücksicht auf diese Kenntnis verjährt der Anspruch gemäß § 199 II BGB bei den betroffenen Rechtsgütern Leben, Körper, Gesundheit und Freiheit spätestens 30 Jahre nach der Amtspflichtverletzung.

Gem. § 199 III BGB verjähren sonstige Amtshaftungsansprüche ohne Rücksicht auf die Kenntnis in zehn Jahren von der Entstehung an, und ohne Rücksicht auf ihre Entstehung in 30 Jahren von dem den Schaden auslösenden Ereignis an.

2. Tatbestand

Es kommt somit auf die Tatbestandsmerkmale Entstehung des Anspruchs und auf die Kenntnis (oder grob fahrlässige Unkenntnis) der Person des Schuldners und der den Anspruch begründenden Umstände an.

Entstehung

Der Anspruch entsteht, wenn alle Tatbestandsmerkmale des § 839 BGB vorliegen.

Kenntnis

Es genügt bereits grob fahrlässige Unkenntnis der Person des Schuldners und der den Anspruch begründenden Umstände. Diese ist jedenfalls dann gegeben, wenn sich der Gläubiger die Kenntnisse leicht hätte verschaffen können.

3. Hemmung der Verjährung

Hemmung bereits durch Verfahren des Primärrechtsschutzes

Zu beachten ist weiterhin, dass die Hemmung der Verjährung gem. § 204 I Nr. 1 BGB nicht nur durch Erhebung der Amtshaftungsklage eintritt, sondern auch in analoger Anwendung durch Einlegung eines Widerspruchs bzw. einer verwaltungsrechtlichen Klage.

---

[230] BGH, NVwZ 2008, 926 = **Life&Law 2008, 691 ff.** = jurisbyhemmer.
[231] Vgl. **Hemmer/Wüst, Deliktsrecht II, Rn. 262**; MüKo-Papier, § 839 BGB, Rn. 356 ff.

§ 1 DER AMTSHAFTUNGSANSPRUCH

D) Rechtsfolge und Durchsetzbarkeit des Anspruchs

I. Anspruchsgegner (Passivlegitimation)

1. Haftungszurechnung

früher: grds. haftet die Anstellungskörperschaft

Nach der früher überwiegend vertretenen „Anstellungstheorie" haftet im Regelfall die Anstellungskörperschaft des Amtswalters. Begründen lässt sich diese Ansicht mit dem Wortlaut des Art. 34 S. 1 GG („in deren Dienst er steht").[232]

124

Diese Ansicht führte jedoch bei entsprechenden Problemkonstellationen zu keinem brauchbaren Ergebnis.

Funktionstheorie

Wird der Beamte demnach zu einer anderen Körperschaft abgeordnet, soll diese auch zum Haftungsträger des abgeordneten Amtswalters werden. Ihr ist das Handeln des Amtswalters zuzurechnen.[233] Es wurde auf den Funktionszusammenhang zwischen Handlung und hoheitlichem Aufgabenbereich abgestellt („Funktionstheorie").

125

BGH: Anvertrauenstheorie

Aus dieser differenzierenden Sichtweise heraus entwickelte sich in der Rechtsprechung des BGH die „Anvertrauenstheorie".

126

Mithin soll es darauf ankommen, welche Körperschaft dem Amtswalter das Amt, bei dessen Ausübung er pflichtwidrig gehandelt hat, übertragen hat.[234] Bedeutsam wird dies vor allem dann, wenn der Amtswalter eine statusrechtliche Doppelstellung aufweist (z.B. der Landrat, da das Landratsamt zugleich als Kreisbehörde und untere staatliche Verwaltungsbehörde - Kreisverwaltungsbehörde - tätig wird). In diesen Fällen ist diejenige Körperschaft (Land oder Landkreis) passivlegitimiert, die dem kreiskommunalen Bediensteten die konkrete Aufgaben übertragen hat.[235] Fehlt es demgegenüber gänzlich an einer öffentlich-rechtlichen Anstellungskörperschaft, wie z.B. beim Beliehenen, haftet ebenfalls die Körperschaft, die dem Amtswalter die hoheitliche Aufgabe durch die Beleihung anvertraut hat.

bei lediglich funktioneller Doppelstellung: Anstellungstheorie

Ist jedoch ein kommunaler Bediensteter nur von einer Körperschaft (z.B. Landkreis) angestellt, jedoch in verschiedenen Aufgabenbereichen (kreiskommunal und staatlich) tätig, bleibt es beim Regelfall der Passivlegitimation der Anstellungskörperschaft.[236] Es handelt sich gerade nicht um eine statusrechtliche, sondern lediglich um eine funktionelle Doppelstellung. Einige Bundesländer haben jedoch spezialgesetzliche Regelungen geschaffen, die eine Gleichbehandlung mit den Beamten in statusrechtlicher Doppelstellung normieren.[237]

127

aber: spezialgesetzliche Ausnahmen

> *Beispiele:*
>
> – *Der von Bayern im Rahmen der Verwaltungshilfe nach Sachsen abgeordnete Beamte X begeht bei der Ausführung seiner dortigen Tätigkeit eine Amtspflichtverletzung. Es haftet der Freistaat Sachsen.*

---

[232] Maurer, § 26 Rn. 41.
[233] BGHZ 53, 217 ff. = **juris**byhemmer.
[234] BGHZ 99, 326 (330) = **juris**byhemmer; Maurer, § 26 Rn. 42.
[235] In diesem Sinne spezialgesetzlich geregelt z.B. durch § 53 II BaWüLKrO, Art. 35 III BayLKrO.
[236] BGHZ 99, 326 (330). = **juris**byhemmer.
[237] Vgl. Art. 37 V i.V.m. 35 III BayLKrO; § 56 II BaWüLKrO; § 55 VI 2 RhPfLKO.

- Landrat L. nimmt Aufgaben der unteren staatlichen Verwaltungsbehörde wahr; dabei begeht er eine Amtspflichtverletzung. Es haftet das Land.

- Der kommunale Bedienstete K. erfüllt bei seiner Tätigkeit im LRA auch staatliche Aufgaben. Dabei kommt es zu einer Amtspflichtverletzung. Es haftet (grundsätzlich[238]) der Landkreis.

2. Haftungssubjekt

keine juristischen Personen des Privatrechts

Umstritten ist, ob als „Körperschaft" i.S.d. Art. 34 GG auch eine juristische Person des Privatrechts in Betracht kommt. Dies würde im Beispielsfall von Rn. 21 bedeuten, dass die DEKRA als Anstellungskörperschaft des Sachverständigen haften würde. Dies wird jedoch in st. Rspr. abgelehnt. Es haftet vielmehr das Land, dass ihm die amtliche Anerkennung als Sachverständiger erteilt hat.[239]

nur Hoheitsträger

Als haftende Körperschaft kommt somit jeder Hoheitsträger in Betracht. Durch diese Eingrenzung wird dem Geschädigten ein leistungsfähiger Schuldner garantiert.

II. Inhalt und Umfang des Anspruchs

1. Art der Ersatzpflicht

Grundsätzliche Anwendung der §§ 249 ff. BGB

Da es sich bei dem Amtshaftungsanspruch gem. § 839 BGB i.V.m Art. 34 S. 1 GG um einen Fall der deliktischen Schadensersatzhaftung handelt, gelten grundsätzlich die §§ 249 ff. BGB.

Modifikation

Während jedoch im „normalen" Schadensersatzrecht gem. § 249 I BGB gilt, dass der entstandene Schaden vorrangig durch Naturalrestitution auszugleichen ist,[240] muss wegen der besonderen Konstruktion der mittelbaren Staatshaftung durch Haftungsüberleitung bei der Art des Schadensersatzes eine Modifikation stattfinden.

Um diese Notwendigkeit zu verdeutlichen soll an dieser Stelle noch einmal kurz der konstruktiven Aufbau des Amtshaftungsanspruchs dargestellt werden:

⇨ Ein Beamter haftet unmittelbar und persönlich (als Privatperson!), wenn die Voraussetzungen des § 839 BGB erfüllt sind.

⇨ Im Zusammenspiel mit Art. 34 S. 1 HS 1 GG wird jedoch zunächst der Tatbestand des § 839 BGB modifiziert (z.B. „jemand");

⇨ hat der Beamte hoheitlich gehandelt, so wird anschließend durch Art. 34 S. 1 HS 2 GG die Haftung vom „Amtswalter" auf den passivlegitimierten Hoheitsträger übergeleitet.

Der Staat haftet mithin lediglich insoweit, wie der Amtswalter als Privatperson haften würde. Art. 34 S. 1 HS 2 GG normiert ausschließlich die Haftungsübernahme (= Schuldnerwechsel), eine Modifikation des Inhalts der Ersatzpflicht findet nicht statt.

---

238 Ausnahmen siehe Rn. 127.
239 BGHZ 122, 85 ff. m.w.N. = **jurisbyhemmer**.
240 Palandt-Grüneberg, § 249 BGB, Rn. 2.

grundsätzlich Geldersatz

Da es dem Beamten als Privatperson aber nicht möglich wäre, im Rahmen der Naturalrestitution öffentlich-rechtlich tätig zu werden, kommt in diesen Fällen nur ein Anspruch auf Geldersatz in Betracht, § 251 I BGB.[241] Innerhalb dieses Ersatzanspruchs bestehen des Weiteren solche Hilfs- und Nebenansprüche, die der Durchsetzung des Ersatzanspruchs dienen (z.B. Auskunftsanspruch).[242] Die Ausschließlichkeit des Geldersatzes gilt jedoch dann nicht, wenn die Naturalrestitution ohne hoheitliches Handeln herbeigeführt werden kann. Ist z.B. durch eine Amtspflichtverletzung eine Sache beschädigt worden, so könnte diese auch amtsunabhängig im Wege der Naturalrestitution repariert werden.[243]

2. Umfang der Ersatzpflicht

a) Allgemeines

Grundsätzlich ist von der Ersatzpflicht der gesamte mittelbare und unmittelbare Vermögensschaden erfasst, der an Rechtsgütern entstanden ist, die in den sachlichen Schutzbereich der drittbezogenen Amtspflicht fallen.

Ermittlung der Schadenshöhe über die Differenzmethode

Der Umfang der Ersatzpflicht ist über die Differenzmethode zu ermitteln. Die Beweiserleichterung gem. § 287 ZPO findet zugunsten des Geschädigten Anwendung.[244] Zu ersetzen ist somit der konkrete Geldbetrag, der zur Herstellung des Zustandes erforderlich ist, der ohne das schädigende Ereignis jetzt, im Zeitpunkt der letzten mündlichen Verhandlung, bestehen würde (Integritätsinteresse). Mithin ist auch der entgangene Gewinn von der Ersatzpflicht erfasst.

hemmer-Methode: Die Ersatzfähigkeit des entgangenen Gewinns ergibt sich bereits aus § 249 BGB. Der irritierend formulierte § 252 S. 1 BGB hat lediglich klarstellende Bedeutung. Es handelt sich bei den §§ 249 ff. BGB nicht um anspruchsbegründende, sondern lediglich um haftungsausfüllende Normen.[245] Eine Ausnahme bildet insoweit der § 253 II BGB.

u.U. Vorteilsausgleichung

Hat das schädigende Ereignis bei dem Betroffenen auch zu einem Vermögensvorteil geführt, so ist dieser auf den Schadensersatzanspruch anzurechnen.

Voraussetzungen dafür sind:[246]

1. Der Vorteil muss (äußerlich) adäquat kausal auf demselben schädigenden Ereignis beruhen,
2. es muss eine (innere) Kongruenz zum schädigenden Ereignis bestehen,
3. der Schuldner darf nicht unbillig entlastet werden und
4. es liegt kein Fall einer Legalzession[247] vor.

---

241 Siehe nur BGHZ 121, 367 (374) = **jurisbyhemmer**.
242 Ossenbühl, S. 111.
243 So MüKo-Papier, § 839 BGB, Rn. 294 m.w.N.
244 BGHZ 139, 200 (209) m.w.N. = **jurisbyhemmer**.
245 Palandt-Grüneberg, § 252 BGB, Rn. 1.
246 Siehe auch **Hemmer/Wüst, Schadensersatzrecht III, Rn. 200 ff.**
247 Z.B. § 116 SGB X, § 86 VVG, § 76 BBG.

b) Schmerzensgeld

133 Ein Anspruch auf Schmerzensgeld setzt einen entstanden immateriellen Schaden (= Nichtvermögensschaden) voraus. Dies könnte insbesondere in den Fällen bedeutsam sein, in denen der Betroffene durch amtliche Äußerungen in seinem allgemeinen Persönlichkeitsrecht verletzt wurde.

§ 253 II BGB als Anspruchsgrundlage

Gemäß § 253 I BGB (keine Anspruchsgrundlage!), kann der Geschädigte in den gesetzlich bestimmten Fällen Entschädigung für erlittenen immateriellen Schaden verlangen. Für den Anspruch aus Amtshaftung existiert eine solche Regelung nicht. Es könnte sich jedoch über § 253 II BGB (selbstständige Anspruchsgrundlage!) ein Schmerzensgeldanspruch ergeben.[248]

> Im obigen Bsp. Rn. 46 erleidet Lulu P. eine Gesundheitsverletzung. Durch die für sie schmerzhafte Art und Weise der Durchführung der Maßnahme könnte sie auch einen Nichtvermögensschaden erlitten haben. Stellt man insbesondere auf die Genugtuungsfunktion des § 253 II BGB ab, ist dieser immaterielle Schaden durch ein Schmerzensgeld auszugleichen.

Problem bei der Verletzung des allg. Persönlichkeitsrechts

134 Die Rechtsprechung gewährt über den Wortlaut des § 253 II BGB hinaus ein Schmerzensgeld auch bei schwerwiegenden Verletzungen des allgemeinen Persönlichkeitsrechts, wenn auf andere Weise eine Wiedergutmachung nicht möglich ist, da hier ein Ausschluss des Schmerzensgeldes mit Art. 2 I, 1 I GG nicht vereinbar wäre.[249]

> Im Bsp. Rn. 46 könnte Lulu P. auch eine Verletzung ihres allgemeinen Persönlichkeitsrechts erlitten haben, als sie angesichts der umstehenden Passanten von dem Polizeibeamten einer Leibesvisitation unterzogen worden war, und anschließend an der Fahrzeugtür fixiert wurde. Ein Schmerzensgeldanspruch kommt grundsätzlich in Betracht.

III. Anspruchsdurchsetzung

1. Rechtsweg und Prüfungskompetenz

ordentliche Gerichtsbarkeit

135 Für die Geltendmachung des Amtshaftungsanspruchs hat der Gesetzgeber in Art. 34 S. 3 GG den ordentlichen Rechtsweg (= Zivilrechtsweg) verfassungsrechtlich normiert. Dies schließt die vorbereitenden Auskunftsansprüche mit ein.[250] Diese Vorgabe findet in § 40 II S. 1 Fall 3 VwGO ihren Ausdruck.

Problem der Rechtswegspaltung

136 Probleme können sich dabei ergeben, wenn der Amtshaftungsanspruch im Rahmen des Sekundärrechtsschutzes mit öffentlich-rechtlichen Ersatzansprüchen zusammentrifft, für die gem. § 40 I VwGO der Verwaltungsrechtsweg gegeben ist. Hierbei kommt insbesondere der Folgenentschädigungsanspruch in Betracht.[251]

> **Bsp.:** Im Zuge von Straßenbaumaßnahmen wird rechtswidrig durch die Bediensteten der Stadt eine auf dem Grundstück des Buddel liegende Mauer abgetragen. Da die seltenen Sandsteine „entsorgt" worden sind, kann Buddel durch einen entsprechenden Folgenbeseitigungsanspruch einen gleichwertigen Wiederaufbau der Mauer nicht erreichen. In diesen (Ausnahme-)Fällen wird der Folgen**beseitigungs**anspruch zum Folgen**entschädigungs**anspruch.

137

---

248 Palandt-Grüneberg, § 253 BGB, Rn. 4 ff.
249 Siehe nur BGHZ 128, 1; OLG Zweibrücken, NJW 1998, 995 (997) = **jurisbyhemmer**; **Hemmer/Wüst, Deliktsrecht II, Rn. 305a ff.**
250 Jarass/Pieroth, Art. 34 GG, Rn. 24.
251 Näheres zu diesem Anspruch siehe ab Rn. 343.

§ 1 DER AMTSHAFTUNGSANSPRUCH

Für diesen ist als öffentlich-rechtliche Streitigkeit gem. § 40 I S. 1 VwGO der Verwaltungsrechtsweg gegeben.[252] Er könnte parallel dazu einen Anspruch aus Amtshaftung vor den ordentlichen Gerichten geltend machen.

Will Buddel beide Ansprüche geltend machen, so würde dies zu einer Aufspaltung des Rechtswegs führen. Diese Spaltung wird auch nicht durch § 173 VwGO i.V.m. § 17 II S. 1 GVG überwunden, da dem der Art. 34 S. 3. GG entgegensteht (so auch § 17 II S. 2 GVG).[253] Derselbe Vorgang würde somit vor beiden Gerichten verhandelt werden. Buddel sollte sich demnach im Vorfeld überlegen, vor welchem Gericht er die besseren Erfolgschancen hat.

Für das VG spricht der Amtsermittlungsgrundsatz und, dass der Folgenentschädigungsanspruch verschuldens**un**abhängig entstehen kann. Andererseits wird eine „billige" Entschädigung regelmäßig hinter einem Schadensersatz zurückbleiben.

Problem der Vorfragenkompetenz

Eine solche Zweispurigkeit könnte jedoch auch beim Zusammentreffen mit dem verwaltungsgerichtlichen Primärrechtsschutz in Frage kommen. Bei diesen Konstellationen ist des Weiteren fraglich, inwieweit das Zivilgericht an eine Entscheidung der Verwaltung bzw. des Verwaltungsgerichts oder durch einen bestandskräftig gewordenen VA gebunden ist.

138

Bsp.: Dem Sülz, der beruflich als Vertreter tätig ist, wird für drei Monate ein Fahrverbot erteilt. Dadurch erleidet er einen erheblichen Verdienstausfall. Da sein Widerspruch erfolglos blieb, klagt er nunmehr vor dem VG gegen das Fahrverbot. Dieses wird als „rechtswidrig" aufgehoben. Um den bisher entstandenen Verdienstausfallschaden geltend zu machen, möchte er vor den ordentlichen Gerichten aus Amtshaftung klagen.

139

keine Bindung an bestandskräftigen VA

Grundsätzlich prüft das Zivilgericht alle verwaltungsrechtlichen Vorfragen uneingeschränkt nach. Insbesondere besteht keine Bindungswirkung an einen (unverschuldet) bestandskräftig gewordenen VA, da es gerade Sinn und Zweck des Sekundärrechtsschutzes ist, entstandene Schäden als Folge rechtswidriger Verwaltungsentscheidungen zu kompensieren.[254] Auch würde § 839 III BGB dann leer laufen. Aus diesem Grund sind Entscheidungen und Rechtsauffassungen der Verwaltung ebenfalls nicht bindend.

hemmer-Methode: Die Ablehnung der Bindungswirkung bestandskräftiger Verwaltungsakte ist keineswegs unumstritten.[255] Kritiker sehen in der durch die h.M. gestützten Praxis der Zivilgerichte einen schwerwiegenden Eingriff in ein grundlegendes rechtsstaatliches Prinzip.

140

Insbesondere werde die durch § 43 II VwVfG und §§ 70, 74 VwGO angestrebte Rechtssicherheit unterlaufen und der Vorrang des Primärrechtsschutzes werde konterkariert. Die h.M. sieht demgegenüber die Möglichkeit der Nachprüfung bestandskräftiger VAe durch die Zivilgerichte gerade durch Art. 34 S. 3 GG als verfassungsrechtlich verankert an. Auch zeige sich in den Regelungen der §§ 48, 49 VwVfG die Relativität der Bestandskraft unanfechtbar gewordener Verwaltungsakte. Des Weiteren diene gerade der § 839 III BGB dazu, den Vorrang des Primärrechtsschutzes durchzusetzen.

---

252 Str., die Gegenansicht nimmt hier einen Anspruch aus enteignungsgleichem Eingriff an, für den nach § 40 II VwGO die ordentlichen Gerichte zuständig wären, vgl. auch Rn. 336 ff.

253 Windthorst, § 11 Rn. 17.

254 H.M., siehe nur MüKo-Papier, § 839 BGB, Rn. 382, m.w.N.

255 Zu diesem Streit vertiefend Beaucamp, DVBl 2004, 352 ff.

Bindung an den Tenor der verwaltungsgerichtlichen Entscheidung

Etwas anderes gilt bei rechtskräftig gewordenen Entscheidungen des VG. Bejaht dieses die Rechtswidrigkeit bzw. Rechtmäßigkeit der Verwaltungshandlung (= Streitgegenstand), so ist das ordentliche Gericht im Rahmen der Rechtskraftwirkung an den *Tenor* dieser Entscheidung gebunden.[256]

nicht i.R.d. vorläufigen Rechtsschutzes

Dies gilt jedoch nicht bei Entscheidungen des VG im Rahmen eines Antrages nach § 80 V S. 1 VwGO, da in diesem summarischen Prüfverfahren nicht über den o.g. Streitgegenstand verhandelt wird.

Des Weiteren kann der Beschluss nach § 80 V S. 1 VwGO gem. § 80 VII S. 1 VwGO jederzeit geändert oder aufgehoben werden. Es fehlt somit an einer mit der Rechtskraft des Urteils vergleichbaren Wirkung.[257]

> Es bleibt im Fall bei den verfassungsrechtlichen Vorgaben und somit bei den zwei Rechtswegen; insbesondere sind die verschiedenen Gerichtsbarkeiten als gleichwertig anzusehen.[258] Die Zivilgerichte haben die Rechtmäßigkeit der Verwaltungshandlung umfassend zu überprüfen (§ 17 II S. 1 GVG, Art. 19 IV GG). Da das VG die Rechtswidrigkeit des Fahrverbotes bereits rechtskräftig bejaht hat, ist diese Entscheidung für den Amtshaftungsprozess bindend. Das Zivilgericht hat die weiteren Anspruchsvoraussetzungen zu prüfen.

2. Zuständigkeit

ausschließliche sachliche Zuständigkeit der LGe

Gemäß § 71 II Nr. 2 GVG sind die Landgerichte ohne Rücksicht auf den Streitwert in erster Instanz ausschließlich sachlich zuständig. Trotz des insoweit eingrenzenden Wortlautes der Norm, findet diese anerkanntermaßen auf den Anspruch auf Amtspflichtverletzung Anwendung.[259]

141

Die örtliche Zuständigkeit richtet sich nach §§ 18, 32 ZPO.

E) Anspruchskonkurrenzen[260]

Bedingt durch die Vielzahl denkbarer staatshaftungsrechtlicher Ansprüche gegen denselben Hoheitsträger, stellt sich abschließend die Frage, inwieweit diese mit dem Amtshaftungsanspruch konkurrieren. Zu unterscheiden ist diese Problematik von der Prüfung der Subsidiaritätsklausel, handelt es sich doch bei diesen konkurrierenden Ansprüchen gerade nicht um anderweitige Ersatzmöglichkeiten i.S.d. § 839 I S. 2 BGB.

142

I. Öffentlich-rechtliche Abwehransprüche

Es kommen die Ansprüche auf Unterlassung und auf Folgenbeseitigung (FBA) in Betracht.

143

Abwehransprüche neben der Amtshaftung

Wegen des unterschiedlichen Anspruchsinhalts stehen diese neben dem Amtshaftungsanspruch. Es handelt sich bei diesen Ansprüchen nicht um Schadensersatz- sondern um Abwehransprüche gegen öffentlich-rechtliche Unrechtslasten. Daran ändert auch die besondere Ausprägung des FBA als Folgen*entschädigungs*anspruch nichts, da es sich dabei nur um eine Modifikation der Rechtsfolge in eng begrenzten Ausnahmefällen handelt.[261]

---

256 Ossenbühl, S. 122; BGHZ 134, 268 (273 f.); 146, 153 = **juris**byhemmer.
257 BGH, NVwZ 2001, 452.
258 BGHZ 9, 129 (134); BVerwGE 75, 362 (365) = **juris**byhemmer.
259 MüKo-Papier, § 839 BGB, Rn. 381.
260 Die angesprochenen Ansprüche werden in den jeweiligen Kapiteln ausführlich dargestellt.
261 Vgl. oben Rn. 137.

II. Ansprüche auf Entschädigung

Bedeutsam ist hierbei der Anspruch aus enteignungsgleichem Eingriff.

Entschädigungsansprüche

Es handelt sich dabei um eine anerkannte unmittelbare Staatshaftung als Ausgleich für ein Sonderopfer. Da dieser verschuldens**un**abhängige Anspruch auf einer anderen dogmatischen Herleitung beruht, besteht er neben dem Amtshaftungsanspruch.[262] Auch kann die Rechtsfolge (Entschädigung) vor allem im Umfang erheblich von der Rechtsfolge des Amtshaftungsanspruchs (Schadensersatz) abweichen.

III. Ansprüche auf Schadensersatz

1. Aus Delikt

§ 839 BGB als deliktsrechtlicher lex specialis

Der § 839 BGB ist lex specialis zu den sonstigen allgemeinen deliktsrechtlichen Vorschriften der §§ 823 ff. BGB.[263]

2. Aus Gefährdungshaftung

Halterhaftung (+)

Diese Ansprüche bestehen neben dem Amtshaftungsanspruch.[264] Sie trifft in den gesetzlich geregelten Fällen den Inhaber/Betreiber einer Anlage oder Sache, unabhängig von der Rechtsform, in der diese betrieben wird. Der Staat kann somit als Halter eines Fahrzeugs gem. § 7 StVG der auch verschuldens**un**abhängigen Gefährdungshaftung unterliegen.[265]

> Für den Fall von Rn. 35 bedeutet dies, dass der Polizeibeamte Oliver H. nicht gem. § 18 StVG haftet, da ein Anspruch aus Amtshaftung besteht. Jedoch haftet das Land daneben aus § 7 StVG als Halter des Fahrzeugs.

§ 18 StVG wird verdrängt

Anders hingegen bei § 18 StVG. Diese verschuldensabhängige Haftung wird von Art. 34 S. 1 GG i.V.m. § 839 BGB verdrängt.

3. Wegen Pflichtverletzung eines öffentlich-rechtlichen Schuldverhältnisses[266]

Vor- und Nachteile der Haftung aus vertraglicher Pflichtverletzung

Ein solcher Anspruch aus §§ 241 II, 280 BGB kann grundsätzlich neben dem Amtshaftungsanspruch bestehen. Der Vorteil dieses Anspruchs liegt insbesondere darin, dass die Zurechnung eines Drittverschuldens unproblematisch über § 278 BGB möglich ist und dass es gem. § 280 I S. 2 BGB zu einer Beweislastumkehr bzgl. des Verschuldens kommt. Des Weiteren fehlen die Privilegierungen zugunsten des Staates. Andererseits kann die vertragliche Haftung wirksam durch eine sondergesetzliche Vereinbarung (Satzung) beschränkt werden. Eine solche Beschränkung ist für den Amtshaftungsanspruch grundsätzlich nicht möglich.

---

262 BGHZ 146, 365 = **juris**byhemmer.
263 BGHZ 60, 54 (62 f.) = **juris**byhemmer.
264 Siehe nur BGHZ 146, 385 (387) = **juris**byhemmer.
265 Weitere gesetzlich geregelte Fälle: §§ 1,2 HPflG, § 33 LuftVG, § 25 AtG, § 833 S. 1 BGB.
266 Vgl. hierzu Rn. 299 ff.

Für den „Schlachthoffall" von Rn. 94 bedeutet dies, dass ein Anspruch des Füllig aus §§ 241 II, 278, 280 I BGB (Pflichtverletzung des verwaltungsrechtlichen Schuldverhältnisses) neben dem Amtshaftungsanspruch in Frage kommen könnte, da die schädigende Handlung im Rahmen eines vertraglich vereinbarten Benutzungsverhältnisses erfolgte. Vorliegend wurde jedoch für diesen (!) Anspruch die Haftung wirksam auf Vorsatz und grobe Fahrlässigkeit begrenzt.

F) Rückgriff auf den Amtswalter

Hat der Amtswalter seine Amtspflicht vorsätzlich oder grob fahrlässig verletzt, so ist er u.U. gem. Art. 34 S. 2 GG regresspflichtig. Dieser verfassungsrechtlich normierte Rückgriffsvorbehalt impliziert keine Rückgriffspflicht der haftenden Körperschaft.[267]

Diese Rahmenvorgabe hat der Gesetzgeber jeweils bezogen auf den Status des Amtswalters einfachgesetzlich ausgestaltet.[268] Sind Privatpersonen hoheitlich tätig, bestimmt sich der Regress nach dem mit dem Hoheitsträger bestehenden verwaltungsrechtlichen Schuldverhältnis. Als Haftungsgrund kommt demnach der Anspruch aus Pflichtverletzung gem. §§ 241 II, 280 I BGB in Betracht.

G) Haftungsmodelle bei privatrechtlicher Betätigung

I. Aus Delikt

Da die Haftungsüberleitung nach Art. 34 S. 1 GG nur bei hoheitlicher Betätigung des Beamten eingreift, haftet er für privatrechtliches Fehlverhalten selbst. Jedoch kann auch in diesem Bereich eine Zurechnung an den Staat nach den allgemeinen deliktsrechtlichen Vorschriften in Frage kommen.

unmittelbare Staatshaftung bei Beamten

Zu unterscheiden ist demnach die Einstandspflicht des Hoheitsträgers kraft Haftungsübernahme (Amtshaftung als mittelbare Staatshaftung), von der unmittelbaren Haftung des Staates für das Fehlverhalten seines Beamten aus §§ 31, 89, 823 BGB beim Vorliegen einer Organstellung. Bei sonstigen Beamten kommt eine Haftung aus § 831 BGB in Betracht.

unmittelbare Staatshaftung bei sonstigen Bediensteten

Bei sonstigen Bediensteten (Arbeiter und Angestellte) als Amtswalter ergibt sich die unmittelbare Staatshaftung ebenfalls aus § 831 BGB. Bei Bediensteten mit Organstellung erfolgt die Zurechnung zum Staat gem. §§ 31, 89 BGB.

Eigenhaftung des Beamten

Des Weiteren kommt eine persönliche Haftung des Beamten gem. § 839 BGB in Betracht.

Eigenhaftung der sonstigen Bediensteten

Die persönliche Haftung der sonstigen Bediensteten ergibt sich aus § 823 BGB.

---

267 Ossenbühl, S. 118 f. Zur restriktiven Handhabung des Art. 34 S. 2 GG vgl. BGH, NJW 2005, 286 ff. = jurisbyhemmer.
268 Z.B. § 75 BBG, § 48 BeamtStG.

II. Nach schuldrechtlichen Haftungsvorschriften

Eine unmittelbare Haftung des Staates für seine Amtswalter aus vertraglicher Haftung ergibt sich bei Beamten mit Organstellung aus §§ 280, 31, 89 BGB, bei sonstigen Amtswaltern aus § 278 BGB.

H) Zusammenfassendes Schema

Die folgende Darstellung soll die möglichen Anspruchsgrundlagen infolge hoheitlicher und privater Handlungen eines Amtswalters verdeutlichen.[269]

Tätigwerden im

	hoheitlichen Bereich durch		privatrechtlichen Bereich durch	
	Beamte	sonstige Bedienstete	Beamte	sonstige Bedienstete
Haftung des Staates	Art. 34 GG, § 839 BGB	Art. 34 GG, § 839 BGB	§§ 823, 31, 89 oder § 831 BGB	§§ 823, 31, 89 oder § 831 BGB
Amtswalter-haftung	(-)	(-)	839 BGB	§ 823 BGB

---

[269] Vgl. Maurer, § 26 Rn. 65.

§ 2 DER UNIONSRECHTLICHE STAATSHAFTUNGSANSPRUCH

A) Allgemeines

I. Begriff

Institut für Haftung der Mitgliedstaaten

Unter dem Begriff „Unionsrechtlicher Staatshaftungsanspruch" ist die Haftung der Mitgliedstaaten[270] für Verstöße gegen primäres und sekundäres Unionsrecht durch mitgliedsstaatliche Stellen zu verstehen.

Grundvoraussetzung: rechtmäßiges Handeln der Union

Als Grundvoraussetzung der unionsrechtlichen Staatshaftung muss die Union ihrerseits rechtmäßig gehandelt haben. Ein Mitgliedstaat verstößt demnach grundsätzlich nicht gegen Unionsrecht, wenn er z.B. eine rechtswidrige Richtlinie nicht in innerstaatliches Recht umsetzt.

hemmer-Methode: Zum primären Unionsrecht gehören der Vertrag über die Europäische Union (EUV) sowie der Vertrag über die Arbeitsweise der Europäischen Union (AEUV) samt ihrer Anhänge und Protokolle (Art. 51 EUV). Sämtliche Änderungen und Ergänzungen der Verträge, so etwa der Vertrag über die Gründung der Europäischen Union („Maastricht-Vertrag"), teilen den Rang des primären Gemeinschaftsrechts, soweit sie Änderungen und Ergänzungen der ursprünglichen Unionsverträge (z.B. des AEUV) enthalten.[271] Mit der Charta der Europäischen Grundrechte (EGRCh) umfasst das geschriebene Primärrecht der Union zudem seit Inkrafttreten des Reformvertrages von Lissabon einen ausdrücklich normierten Grundrechtekatalog, vgl. Art. 6 I HS 2 EUV. Unter sekundärem Unionsrecht versteht man das von den Organen der EU geschaffene Recht. In Art. 288 AEUV werden die gängigen Handlungsformen genannt (Verordnung, Richtlinie, Beschluss, Empfehlung und Stellungnahme).[272]

Unterscheide: Art. 340 II AEUV als Haftung der Union

Diese Haftung der Mitgliedstaaten ist zu trennen von der außervertraglichen (= deliktischen) Haftung der Union nach Art. 268 AEUV i.V.m. Art. 340 II AEUV für Schäden, die durch Bedienstete und Organe der Union rechtswidrig in Ausübung ihrer Amtstätigkeit verursacht worden sind.[273]

hemmer-Methode: Die nun folgenden Ausführungen zu den Punkten „Grundlagen" und „Systematik" des unionsrechtlichen Staatshaftungsanspruchs dienen dem Verständnis des Zusammenspiels von Europarecht und nationalem Recht, um eine (im Aufbau ungewohnte) Klausur bearbeiten zu können. Dabei muss Ihnen nicht jeder dogmatische Streit bekannt sein. Der hier vorgeschlagene Lösungsweg basiert auf der st. Rspr. des BGH und ist somit als Handwerkszeug zur erfolgreichen Bearbeitung einer Klausur geeignet.

II. Grundlagen

Problem: keine geschriebene Anspruchsgrundlage

Für die unionsrechtliche Staatshaftung der Mitgliedsstaaten fehlt eine Anspruchsgrundlage im geschriebenen Unionsrecht.

---

270 Zur exakten Bestimmung des Anspruchsgegners (= Passivlegitimation) siehe ab Rn. 192.
271 Vertiefend dazu **Hemmer/Wüst, Europarecht, Rn. 51 ff**
272 Vertiefend dazu **Hemmer/Wüst, Europarecht, Rn. 66 ff.** m.w.N.
273 Siehe dazu **Hemmer/Wüst, Europarecht, Rn. 659 ff.**

§ 2 DER UNIONSRECHTLICHE STAATSHAFTUNGSANSPRUCH

⇨ Rechtsschutzlücke durch den EuGH geschlossen

Der EuGH erkannte diese Rechtsschutzlücke und hat im Rahmen der richterrechtlichen Rechtsfortbildung - gestützt auf Art. 19 I UA 1 S. 2 EUV - entschieden, dass ein Mitgliedstaat zum Ersatz des Schadens verpflichtet ist, der dem Bürger dadurch entsteht, dass „sein" Mitgliedstaat gegen Unionsrecht verstößt.

Die Wurzeln dieses Anspruchs liegen nach Ansicht des EuGH insbesondere im „Wesen der mit dem Vertrag geschützten Rechtsordnung"[274] ergänzt durch den „Grundsatz der Unionstreue" aus Art. 4 III EUV.

Ausgangsproblematik: Nichtumsetzung von RL

Diese Rechtsfortbildung basierte zunächst auf der Fallgruppe der „Nichtumsetzung einer Richtlinie". In den maßgeblichen Urteilen[275] stellte der EuGH weitergehend fest, dass es ein Grundsatz des Unionsrechts sei, dem Einzelnen den Schaden zu ersetzen, der ihm durch zurechenbare Verstöße gegen das Unionsrecht durch nationale Organe entstanden ist.[276]

EuGH: Haftung für alle Arten von Verstößen

Der EuGH entwickelte den unionsrechtlichen Staatshaftungsanspruch auf dieser Grundlage dahingehend weiter, dass ein solcher Anspruch nunmehr allgemein bei Verstößen der Organe der Mitgliedstaaten (Legislative, Exekutive und Judikative) gegen primäres und sekundäres Unionsrecht in Betracht kommen soll.[277]

aber: unterschiedliche Haftungsmaßstäbe

Der EuGH geht damit von einer grundsätzlichen haftungsrechtlichen Gleichstellung aller mitgliedstaatlichen Organe aus.[278] Die wesentlichen Unterschiede des jeweiligen organschaftlichen Handelns, vor allem für den Bereich der Judikative, sollen jedoch durch die Anforderungen an jeweils besondere Haftungsvoraussetzungen (= Haftungsmaßstab) zum Ausdruck gebracht werden.

**hemmer-Methode: Die Existenz des unionsrechtlichen Staatshaftungsanspruchs ist heute nahezu unumstritten.[279] Die Rechtsgrundlage soll jedoch nach einer Mindermeinung nicht im Unionsrecht, sondern in den innerstaatlichen Rechtsordnungen der Mitgliedstaaten zu finden sein. Eine weitere Ansicht leitet den Anspruch zwar ebenfalls aus dem Unionsrecht her.
Im Gegensatz zum EuGH wird die Rechtsgrundlage jedoch in Art. 4 III EUV i.V.m. Art. 340 II AEUV gesehen.[280] In der Klausur sollten Sie an dieser Stelle nicht zu viel Zeit verlieren, mit der Ansicht des EuGH liegen Sie jedenfalls bei europa- und integrationsfreundlichen Korrektoren richtig.**

III. Systematik

Problem: Wurzelt der Anspruch im Unionsrecht oder im mitgliedstaatlichen Recht?

Für den unionsrechtlichen Staatshaftungsanspruch stellt sich – soweit es um die Haftung des Mitgliedstaates und nicht der EU selbst geht - die Frage, ob es sich dabei um einen unionsrechtlichen Anspruch „sui generis" handelt, oder ob es sich um einen mitgliedstaatlichen Anspruch handelt.

154

---

274 EuGH, Rs. C-5/94 (The Queen/Ministry of Agriculture), Slg. 1996, I-2553; Rs. C-55/96 (The Queen/Secretary of State), Slg. 1997, I-2163; zuletzt EuGH, Rs. C-224/01 (Köbler), NJW 2003, 3539 ff. = **juris**by**hemmer**.

275 Grundlegend EuGH, Verb.Rsn. C-6/90 u.a. (Francovich u.a.), Slg. 1991, 5357 ff. = NJW 1992, 165 ff. = **Hemmer/Wüst, Classics Europarecht, Fall 17**.

276 EuGH, Verb. Rs. C-6/90 und C-9/90 (Francovich), Slg. 1991, I-5357; Rs. C-91/92 (Faccini Dori), Slg. 1994, I-3325, st. Rspr.

277 EuGH, Verb.Rsn. C-46/93 u. C-48/93 (Brasserie du pêcheur/Bundesrepublik u.a.), NJW 1996, 1267 ff. = **Hemmer/Wüst, Classics Europarecht, Fall 18**; zuletzt EuGH, Rs. C-224/01 (Köbler), NJW 2003, 3539 ff.

278 EuGH, Rs. C-224/01 (Köbler), NJW 2003, 3539 ff. mit Anm. Gundel, EWS 2004, 8 ff.

279 Siehe nur Gundel, DVBl. 2001, 95 m.w.N. Die im deutschen rechtswissenschaftlichen Schrifttum teilweise heftig kritisierte Schaffung eines unionsrechtlichen Staatshaftungsanspruchs durch den EuGH ist in keinem anderen Mitgliedstaat auf eine vergleichbare Kritik gestoßen.

280 So Callies/Ruffert-Kahl, ex Art. 10 EG, Rn. 61 m.w.N.

Je nach vertretener Ansicht ergibt sich anschließend die Konstruktion, dass der Anspruch *neben* das weiterhin anzuwendende nationale Recht tritt und durch dieses lediglich konkretisiert wird,[281] oder ob die Existenz des Anspruchs aus dem nationalen Recht selbst herzuleiten und die (Mindest-) Ausgestaltung durch das Unionsrecht lediglich gefordert und geformt worden ist.[282]

BGH: unionsrechtlicher Anspruch sui generis

Während aus den Urteilen des EuGH keine eindeutige Zuordnung hervorgeht,[283] gelangt der BGH in seinen Entscheidungen mittlerweile zu einer modifizierten Anwendung des § 839 BGB i.V.m. Art. 34 GG im Rahmen der Durchsetzung des entstandenen unionsrechtlichen Staatshaftungsanspruchs. Die Prüfung der Entstehung des im Unionsrecht wurzelnden Anspruchs erfolgt demgegenüber ausschließlich mittels der vom EuGH entwickelten Voraussetzungen.

Entstehung: im Unionsrecht
Durchsetzung: im nationalen Recht

hemmer- Methode: Je nach vertretener Ansicht bzgl. der Herleitung dieses Anspruchs stellt sich die Frage nach der systematischen Prüfung eines entsprechenden Klausursachverhalts. Es bleibt jedoch festzuhalten, dass der dogmatische Streit die Lösung einer Klausur nicht eigentlich erschwert, da die Existenz des Anspruchs jedenfalls unstreitig ist. Wie sogleich dargestellt wird, ist in konsequenter Weiterführung der Ansicht des BGH, wonach der unionsrechtliche Staatshaftungsanspruch selbstständig neben dem Amtshaftungsanspruch aus Art. 34 GG i.V.m. § 839 BGB steht, in der Klausur (!) eine „zweimalige" Prüfung des Anspruchs aus Art. 34 GG i.V.m. § 839 BGB durchzuführen. Die Vertreter der abweichenden Ansicht dürften konsequenterweise nur eine Prüfung des deutschen Amtshaftungsanspruchs vornehmen und müssten die Tatbestandsmerkmale sogleich europarechtskonform auslegen, da sie eben bereits von einer Entstehung des Anspruchs im Rahmen des nationalen Rechts ausgehen.

155

Trennung zwischen Entstehung und Durchsetzbarkeit

Im Rahmen einer Anspruchsprüfung sind somit zwei Prüfungskomplexe zu trennen, die Entstehung des Anspruchs und dessen Durchsetzbarkeit. Vorliegend sollen noch einmal die Prämissen des EuGH bzgl. der Entstehung und der Durchsetzbarkeit dargestellt werden:

156

⇨ Der Anspruch selbst lässt sich aus dem Wesen der mit den EUV und AEUV geschaffenen Rechtsordnung (= europäisches Primärrecht) herleiten.

⇨ Die Durchsetzung des Anspruchs erfolgt jedoch im Rahmen des jeweiligen nationalen Staatshaftungsrechts, da es dafür an einer unionsrechtlichen Regelung fehlt (= nationales Recht).

Problem: Verhältnis des Anspruchs v.a. zu Art. 34 GG i.V.m. § 839 BGB

Durch dieses Zusammenspiel von Europarecht auf der einen und nationalem Recht auf der anderen Seite, können bei der Lösung eines Falles ungewohnte Probleme auftauchen. Es stellt sich angesichts dieser Konstruktion vor allem die Frage, wie die Rechtsinstitute des deutschen Staatshaftungsrechts in die Prüfung einfließen. Um eine nachvollziehbare Lösungsmöglichkeit darstellen zu können, soll der vom BGH vertretenen Ansicht bzgl. der Herkunft des Anspruchs gefolgt werden. Im Ergebnis findet demnach - gewissermaßen als Vorprüfung - zunächst die Prüfung der möglicherweise einschlägigen deutschen staatshaftungsrechtlichen Ansprüche statt. Dazu ein kurzes Beispiel:

157

---

281 BGH, NVwZ 2001, 465 (468) = **juris**by**hemmer**.
282 MüKo-Papier, § 839 BGB, Rn. 99b, 102 m.w.N.; Maurer, § 31 Rn. 9; Kluth, DVBl. 2004, 393 ff.
283 Aus Rn. 58 des Urteils Köbler (siehe NJW 2003, 3539 ff.) könnte man im Umkehrschluss folgern, dass der EuGH von einem unionsrechtlichen Anspruch „sui generis" ausgeht.

Durch die Nichtumsetzung einer Richtlinie seitens des deutschen Gesetzgebers erleidet ein deutscher Staatsbürger einen Vermögensschaden. Eine unmittelbare Anwendbarkeit der Richtlinie kommt aber nicht in Betracht.[284]

(Klausur-)Prüfungsaufbau:

Da es sich um einen Rechtsverstoß eines deutschen Amtswalters handelt, hat die Prüfung eines möglichen Ersatzanspruchs mit den bekannten Anspruchsgrundlagen des deutschen Staatshaftungsrechts zu beginnen:

I. Anspruch gemäß Art. 34 GG i.V.m. § 839 BGB[285]

Der Amtshaftungsanspruch scheitert vorliegend jedenfalls daran, dass die Legislative beim Erlass von Gesetzen im Interesse der Allgemeinheit tätig wird. Es fehlt somit bereits an der Verletzung einer drittgerichteten Amtspflicht.

II. Anspruch aus „enteignungsgleichem Eingriff"[286]

Nach st. Rspr. wird ein solcher Anspruch in Fällen „legislativen/normativen Unrechts" abgelehnt, da dies wegen der weitreichenden Folgen für die Staatsfinanzen den Rahmen eines richterrechtlich entwickelten Haftungsinstituts sprenge. Des Weiteren macht der Geschädigte vorliegend einen reinen Vermögensschaden geltend. Es handelt sich somit um eine Rechtsposition, die nicht in den Schutzbereich (= Eigentum i.S.d. Art. 14 GG) des enteignungsgleichen Eingriffs fällt.

III. Unionsrechtlicher Staatshaftungsanspruch

Da ein Anspruch gem. Art. 340 II AEUV als Anspruch gegen die Union ebenfalls ausscheidet, ist zur Ausfüllung einer solchen Rechtsschutzlücke nunmehr der unionsrechtliche Staatshaftungsanspruch heranzuziehen. Die Prüfung erfolgt in zwei Schritten. Zunächst werden (ausschließlich!) anhand der vom EuGH entwickelten Kriterien die Entstehungsvoraussetzungen geprüft. Für die Frage der Durchsetzung des entstandenen Anspruchs wird im Anschluss daran der Sachverhalt unter den europarechtskonform modifizierten deutschen Amtshaftungstatbestand subsumiert.

1. Entstehungsvoraussetzungen

Die Entstehungsvoraussetzungen sind jeweils von der Art des zugrunde liegenden Unionsrechtsverstoßes abhängig.[287]

2. Durchsetzbarkeit des Anspruchs:

Sind die jeweiligen Haftungsvoraussetzungen erfüllt, stellt sich die Frage nach der Durchsetzbarkeit des Anspruchs. Da die Durchsetzung im Rahmen der nationalen Rechtsinstitute zu erfolgen hat kommt es nunmehr abermals zu einer Prüfung des bestehenden Rechtsinstituts „Amtshaftungsanspruch gem. Art. 34 GG i.V.m. § 839 BGB". Diese Prüfung ist allerdings unter besonderer Beachtung des Diskriminierungsverbots und des Effizienzgebots durchzuführen. Die entsprechenden problematischen Tatbestandsmerkmale sind demnach europarechtskonform zu modifizieren.

---

[284] Ist eine Richtlinie ausnahmsweise unmittelbar anwendbar, entfällt u.U. bereits das Vorliegen eines Schadens. Siehe dazu Hemmer/Wüst, Europarecht, Rn. 83 ff.

[285] Zu diesem Anspruch siehe ab Rn. 7.

[286] Zu diesem Anspruch siehe ab Rn. 246.

[287] Ausführlich s. unten Rn. 166 ff.

Im Beispielsfall kommt es deshalb beim Tatbestandsmerkmal „Drittgerichtetheit der Amtspflicht" nicht auf das Fehlen der Drittgerichtetheit an, da diese enge Sichtweise bzgl. dieser Voraussetzung dem Effizienzgebot zuwiderlaufen würde. Ebenso sind alle anderen möglichen anspruchshindernden bzw. anspruchsbeschränkenden Tatbestandsmerkmale unionsrechtskonform auszulegen und anzuwenden.

Im Ergebnis bedeutet dies: Sind die Voraussetzungen der Entstehung des unionsrechtlichen Staatshaftungsanspruchs erfüllt, liegen also die jeweiligen allgemeinen und besonderen Haftungsvoraussetzungen vor, darf die Durchsetzung des entstandenen Anspruchs nicht wieder an nationalen Vorgaben scheitern. Dies ist letztlich ein Ausfluss des Anwendungsvorrangs des Unionsrechts.

hemmer-Methode: Eine nochmalige, nunmehr europarechtskonforme Prüfung des Art. 34 GG i.V.m. § 839 BGB könnte man als überflüssig ablehnen. Da ein Anspruch bereits entstanden ist - und ein gegenteiliges Ergebnis gerade nicht in Betracht kommen darf - bedarf es eigentlich auch keiner weiteren Prüfung der einzelnen Tatbestandsmerkmale. Es könnte nunmehr hinsichtlich der Art und des Umfangs des Schadensersatzes direkt auf die §§ 249 ff. BGB abgestellt werden. Der BGH hat bisher in keinem Fall überhaupt eine solche Prüfung durchführen müssen, da er jeweils bereits die Entstehungsvoraussetzungen des unionsrechtlichen Staatshaftungsanspruchs abgelehnt hat.[288] Folgt man jedoch der Ansicht des BGH bzgl. der Entstehung des Anspruchs, ist die hier vorgeschlagene Prüfungsreihenfolge konsequent.[289] Bei der (nochmaligen) Prüfung des Art. 34 GG i.V.m. § 839 BGB steht Ihnen jedenfalls ein geschriebenes und vertrautes Rechtsinstitut zur Verfügung, welches die Orientierung erleichtert. Haben Sie jedoch bereits das Bestehen eines unionsrechtlichen Staatshaftungsanspruchs bejaht, müssen Sie, im Rahmen der Anspruchsdurchsetzung, bei dieser zweiten Prüfung zu einem für den Geschädigten positiven Ergebnis kommen.
Sollten Sie allerdings bereits bei der Prüfung der deutschen staatshaftungsrechtlichen Ersatzansprüchen zu einem für den Geschädigten positiven Ergebnis kommen, scheidet ein „Rückgriff" auf den unionsrechtlichen Ersatzanspruch grundsätzlich aus.

B) Entstehungsvoraussetzungen des Anspruchs

allgemeine Haftungsvoraussetzungen & besonderer Haftungsmaßstab

Die grundsätzliche Möglichkeit der Haftung der Mitgliedstaaten für Verstöße gegen Unionsrecht ist anerkannt. Über diesen Grundsatz hinaus hat der EuGH in seiner Rechtsprechung Voraussetzungen entwickelt, von denen im Einzelfall das tatsächliche Entstehen eines Haftungsanspruchs abhängt. Er formuliert dabei zunächst allgemeine Haftungsvoraussetzungen, die jedoch je nach Art des Verstoßes zu modifizieren sind (= besonderer Haftungsmaßstab).

159

> **I. Allgemeine Haftungsvoraussetzungen**
>
>   **1. Schutznormverletzung**
>
>   **2. Kausalität**
>
>   **3. Hinreichend qualifizierter Verstoß gegen Unionsrecht**
>
> **II. Besonderer Haftungsmaßstab bei**
>
> ⇨ legislativem Unrecht
>
> ⇨ administrativem Unrecht
>
> ⇨ judikativem Unrecht

---

288 Vgl. bspw. BGH, Urteil vom 18. Oktober 2012 – III ZR 197/11.

289 Vgl. hierzu die Übersicht in **Hemmer/Wüst, Europarecht, Rn. 382c.**

§ 2 DER UNIONSRECHTLICHE STAATSHAFTUNGSANSPRUCH

I. Allgemeine Haftungsvoraussetzungen

allgemeine Haftungsvoraussetzungen als Mindestanforderungen

Die vom EuGH formulierten allgemeinen Haftungsvoraussetzungen gelten für alle Arten von Unionsrechtsverstößen, also für Verstöße des Gesetzgebers, der Verwaltung und der Rechtsprechung (= „legislatives, administratives und judikatives Unrecht").

Sie bilden somit die Mindestanforderungen, unter denen eine mitgliedstaatliche Haftung überhaupt in Betracht kommt.

- ⇨ Die verletzte Unionsrechtsnorm muss bezwecken, dem einzelnen Rechte zu verleihen, die hinreichend bestimmbar sind. (= Gedanke des subjektiven öffentlichen Rechts, Rechtsgedanke des Art. 340 II AEUV)
- ⇨ Es muss ein unmittelbarer Kausalzusammenhang zwischen dem Unionsrechtsverstoß und dem bei dem Einzelnen eingetretenen Schaden bestehen. (= Kausalität)
- ⇨ Das innerstaatlich handelnde Organ muss „hinreichend qualifiziert", das heißt „offenkundig und erheblich" gegen die Unionsrechtsnorm verstoßen haben.

1. Schutznormverletzung

geringe Anforderung an ein „subjektives öffentliches Recht"

Die verletzte Unionsrechtsnorm muss bezwecken, dem Einzelnen Rechte zu verleihen. Dazu soll es nach der Rspr. des EuGH ausreichend sein, dass die verletzte Norm lediglich darauf abzielt, dem Einzelnen Rechte zu verleihen. Sie muss diese individuellen Rechte nicht notwendigerweise selbst begründen.[290] Der EuGH zieht dabei eine Parallele zu Art. 340 II AEUV.

Folgende Anforderungen müssen demnach erfüllt sein:

- ⇨ Es muss ein Tun oder Unterlassen eines mitgliedstaatlichen Organs vorliegen.
- ⇨ Diese Verletzungshandlung seitens des Organs muss dem Staat zurechenbar sein.
- ⇨ Der Verstoß muss rechtswidrig sein. Rechtswidrigkeit liegt immer dann vor, wenn das Verhalten des mitgliedstaatlichen Organs gegen im Einzelfall konkret zu beachtendes (primäres und/oder sekundäres) Unionsrecht verstößt.

Voraussetzungen für eine „Schutznorm"

- ⇨ Die verletzte Unionsrechtsnorm muss dem Einzelnen ein unionsrechtliches subjektives Recht verleihen. Die Norm muss somit einerseits nach ihrem Regelungszweck überhaupt geeignet sein, die Interessen Einzelner zu schützen (objektives Erfordernis). Andererseits muss der Geschädigte auch tatsächlich und individualisiert betroffen sein (subjektives Erfordernis).[291]

hemmer-Methode: Diese Tatbestandsvoraussetzungen erinnern an die „Schutznormtheorie" des allgemeinen Verwaltungsrechts. Diese spielt bei der Prüfung der Klagebefugnis gem. § 42 II VwGO vor allem bei Drittbeteiligungsfällen eine Rolle.[292] Im Fall der Nicht- bzw. Schlechtumsetzung einer Richtlinie kann demnach auf Art. 288 III AEUV i.Vm. Art. 4 III EUV als Schutznorm abgestellt werden.

---

290 Kluth, DVBl. 2004, 393 (397).
291 Detterbeck, § 6 Rn. 31 ff.; Callies/Ruffert-Ruffert, ex Art. 288 EG, Rn. 55.
292 Vgl. Kopp/Schenke, § 42 VwGO, Rn. 83 ff.

> Zwar entfaltet die darin normierte strikte Umsetzungspflicht an sich noch keine drittschützende Wirkung, dieses Erfordernis wird jedoch dann erfüllt, wenn die umzusetzende Richtlinie nach Sinn und Zweck dazu geeignet ist, den Einzelnen zu begünstigen.[293]

2. Kausalität

Adäquanztheorie

Es muss ein unmittelbarer Zurechnungszusammenhang zwischen dem Unionsrechtsverstoß und dem entstandenen Schaden vorliegen. Dieser ist mit Hilfe der Adäquanztheorie festzustellen.[294] Grundsätzlich unterbrechen daher nur außergewöhnliche und unvorhersehbare Umstände den Kausalzusammenhang. Aber selbst solche Umstände unterbrechen die Kausalität nicht, wenn die Bestimmung des Unionsrechts, gegen die verstoßen wurde, dem Mitgliedstaat die Gewährleistung einer absoluten Risikoübernahme auferlegen sollte.[295]

162

3. Hinreichend qualifizierter Unionsrechtsverstoß

Problem: „hinreichend qualifiziert" ist auslegungsbedürftig

Während die Prüfung der Kausalität grds. wenige Probleme bereitet, handelt es sich beim Tatbestandsmerkmal „hinreichend qualifizierter Unionsrechtsverstoß" um eine Formulierung des EuGH, die einer näheren Konkretisierung bedarf.

163

Diese Konkretisierung nahm der EuGH insbesondere im „Bier-Urteil"[296] selbst vor. Zu berücksichtigen sind demnach insbesondere „das Maß an Klarheit und Genauigkeit der verletzten Vorschrift, der Umfang des Ermessensspielraums, den die verletzte Vorschrift den nationalen oder Gemeinschaftsbehörden (heute Unionsbehörden) belässt, die Frage, ob der Verstoß vorsätzlich oder nicht vorsätzlich begangen oder der Schaden vorsätzlich oder nicht vorsätzlich zugefügt wurde, die Entschuldbarkeit oder Unentschuldbarkeit eines etwaigen Rechtsirrtums und der Umstand, dass die Verhaltensweisen eines Gemeinschaftsorgans (heute Unionsorgans) möglicherweise dazu beigetragen haben, dass nationale Maßnahmen oder Praktiken in gemeinschaftsrechtswidriger (heute unionsrechtswidriger) Weise unterlassen, eingeführt oder aufrechterhalten wurden. Jedenfalls ist ein Verstoß offenkundig qualifiziert, wenn er trotz des Erlasses eines Urteils, in dem der zur Last gelegte Verstoß festgestellt wird, oder eines Urteils im Vorabentscheidungsverfahren oder aber einer gefestigten einschlägigen Rechtsprechung des Gerichtshofs, aus denen sich die Pflichtwidrigkeit des fraglichen Verhaltens ergibt, fortbestanden hat."

zu beachtende Gesichtspunkte

Zur Bejahung eines hinreichend qualifizierten, also offenkundigen und schwerwiegenden Verstoßes gegen Unionsrecht sind somit insbesondere folgende Gesichtspunkte zu berücksichtigen:

164

⇨ Das Maß an Klarheit und Genauigkeit der verletzten Vorschrift.

⇨ Der Umfang des Ermessensspielraums der verletzten Vorschrift.

⇨ Wurde der Verstoß vorsätzlich oder nicht vorsätzlich begangen?

---

293 Detterbeck, § 6 Rn. 34. Der EuGH ist somit wesentlich großzügiger bei der Bejahung des Vorliegens einer drittschützenden Norm als die deutsche Rechtsprechung. Vgl. Kopp/Schenke § 42 VwGO, Rn. 154.
294 Ossenbühl, S. 508.
295 EuGH, Rs. C-140/97 (Reichenberger), Slg. 1999, I-3499, Rn. 72 ff.
296 EuGH, Verb.Rsn. C-46/93 u. C-48/93 (Brasserie du pêcheur/Bundesrepublik u.a.), NJW 1996, 1267, 1268, Tz. 56 f. = **Hemmer/Wüst, Classics Europarecht, Fall 18, 35 f.**

§ 2 DER UNIONSRECHTLICHE STAATSHAFTUNGSANSPRUCH

⇨ Wurde der Schaden vorsätzlich oder nicht vorsätzlich zugefügt?

⇨ Liegt ein entschuldbarer oder ein unentschuldbarer Rechtsirrtum vor?

⇨ Liegt eine Mitverursachung seitens eines Unionsorgans vor?

Um das Vorliegen dieser Haftungsvoraussetzungen im Einzelfall bejahen zu können, ist nunmehr ausgehend von der jeweiligen Art des Unionsrechtsverstoßes der besondere Haftungsmaßstab heranzuziehen.

Es ist somit zu ermitteln, welche besonderen Anforderungen im Einzelfall an die jeweiligen allgemeinen Haftungsvoraussetzungen zu stellen sind. Hierbei wird insbesondere das Erfordernis eines hinreichend qualifizierten (= offenkundig und schwerwiegenden) Verstoßes zum Dreh- und Angelpunkt der Prüfung.

II. Besondere Haftungsmaßstäbe

grds. Gleichbehandlung, aber unterschiedlicher Haftungsmaßstab

Der EuGH geht grds. von einer Gleichbehandlung aller mitgliedsstaatlichen Organe in haftungsrechtlicher Hinsicht aus. Ausgehend davon, wendet der EuGH aber im Einzelfall einen unterschiedlichen Haftungsmaßstab bzgl. des Erfordernisses eines „hinreichend qualifizierten Verstoßes" an. Damit wird er den Besonderheiten des jeweiligen mitgliedstaatlichen Organhandelns gerecht.

165

Frage 1: Welches Organ hat gehandelt?

Um nun diese differierenden besonderen Anforderungen an den jeweiligen Haftungsmaßstab feststellen zu können, ist somit zunächst danach zu fragen, welchem innerstaatlichen Organ der Unionsrechtsverstoß zuzurechnen ist.

III. Der Haftungsmaßstab bei den einzelnen Arten von Unionsrechtsverstößen

1. Legislatives Unrecht

Bsp. (1): In einer Richtlinie wird den Mitgliedstaaten aufgegeben, bis zum 31.12.2001 ein nationales Gesetz dahingehend zu erlassen, dass Veranstalter von Pauschalreisen dazu verpflichtet werden einen hinreichenden Versicherungsschutz zu gewährleisten. Dieser soll insbesondere dazu dienen, im Falle der Insolvenz eines Reiseveranstalters den Rücktransport der Reisenden in ihr Heimatland sicherzustellen, bzw. den Reisenden etwaige zusätzliche Reisekosten zu erstatten. Die Umsetzung der Richtlinie unterbleibt jedoch. Der reiselustige deutsche Staatsbürger Dr. Michael H. erblickt bei der morgendlichen Zeitungslektüre das verlockende Angebot des Reiseveranstalters „Schnäppchen-Tours": „Zwei Wochen Tunesien! All inclusive für nur 299,- €!!" und bucht im Februar 2002 eine Flugreise.

166

Nach zwei Tagen Sonnenbaden kommt jedoch das böse Erwachen. Die Hotelleitung bittet Dr. H. und die anderen Reisenden, das Hotel umgehend zu verlassen, da der Reiseveranstalter bis dato noch nicht bezahlt habe, und unter der angegebenen Geschäftsnummer auch niemand mehr zu erreichen sei. Auf dem Flughafen geht der Ärger weiter. Der Kapitän der vom insolventen Reiseveranstalter „SchnäppchenTours" gecharterten Maschine weigert sich, die Touristen zurück nach Deutschland zu fliegen. Er besteht auf unverzüglicher Barzahlung von jeweils 400,- € für den Rückflug, da auch er von „SchnäppchenTours" noch keine Bezahlung erhalten habe. Verärgert bezahlt Dr. H. den Flugpreis. Zurück in Deutschland bemüht er sich ergebnislos um die Rückerstattung der Flugkosten durch den insolventen Reiseveranstalter.

Kurz darauf erfährt er jedoch durch einen befreundeten Juristen von den Versäumnissen der Bundesrepublik bei der Umsetzung der o.g. Richtlinie. Er verklagt daraufhin die Bundesrepublik Deutschland auf 400,- € Schadensersatz.

Begriff

Unter legislativem Unrecht versteht man einen Verstoß des mitgliedstaatlichen Gesetzgebers gegen Unionsrecht. Für diesen Bereich wurde der unionsrechtliche Staatshaftungsanspruch durch den EuGH ursprünglich entwickelt. Insbesondere durch die Forderung eines „hinreichend qualifizierten Unionsrechtsverstoßes" wurde die Haftung der Mitgliedstaaten jedoch auf „offenkundige und erhebliche" Verstöße beschränkt.

hemmer-Methode: Obwohl der EuGH einen engen Anwendungsbereich formuliert hat, geht bereits die grundsätzliche Anerkennung einer Haftung für legislatives Unrecht weit über das deutsche Staatshaftungsrecht hinaus. Eine Haftung des Gesetzgebers für ein rechtswidriges Handeln (= Tun und/oder Unterlassen) des Gesetzgebers kommt im Rahmen des Art. 34 GG i.V.m. § 839 BGB grundsätzlich deswegen nicht in Betracht, weil dieser nicht drittgerichtet tätig wird, sondern ausschließlich Aufgaben der Allgemeinheit wahrnimmt. Daran ändern auch die anerkannten Ausnahmefälle (Einzellfall-/Maßnahmegesetze, Bebauungspläne) nichts.[297] Ein Anspruch aus enteignungsgleichem Eingriff soll nach st. Rspr. des BGH ebenfalls ausscheiden, da dies wegen der weitreichenden Folgen für die Staatsfinanzen den Rahmen eines richterrechtlich entwickelten Haftungsinstituts sprengen würde.[298]

zentrales Problem: „hinreichend qualifizierter Verstoß"

Umfang des Ermessens als Anknüpfungspunkt

Das Hauptproblem bei der Haftung für legislatives Unrecht ist der unbestimmte Rechtsbegriff „hinreichend qualifizierter Unionsrechtsverstoß". Um diesen konkretisieren zu können, hat der EuGH vergleichend auf die Voraussetzungen einer Haftung der Union für legislatives Unrecht gem. Art. 340 II AEUV Bezug genommen. Dabei soll insbesondere das weite Ermessen hinreichend berücksichtigt werden, über das die innerstaatlichen Organe bei der Durchführung der Unionspolitik verfügen.

Hinter diesen eng gefassten Haftungsvoraussetzungen steht der Gedanke vom Schutz des Gestaltungsspielraums des nationalen Gesetzgebers. Ein solcher weiter Ermessensspielraum kann etwa hinsichtlich der Bestimmungen der Grundfreiheiten (Art. 34, 45, 49, 56 AEUV) bestehen.

Hauptanwendungsfall: Richtlinienumsetzung

Anders verhält es sich jedoch im Hauptanwendungsfall der Haftung für legislatives Unrecht, der Haftung im Bereich der Richtlinienumsetzung.

Problem: Grundsätzlich kein Ermessen hinsichtlich Frist und Ziel

In diesen Fällen verfügt der Mitgliedstaat insoweit über kein Ermessen, als er das von der Richtlinie vorgeschriebene Ergebnis innerhalb der Umsetzungsfrist erreichen muss. Hinsichtlich der konkreten Ausgestaltung des von der Richtlinie erfassten Regelungsgegenstandes kann dem Mitgliedstaat jedoch ein Ermessensspielraum eingeräumt sein.

Differenzierung nötig

Um das geforderte Tatbestandsmerkmal „hinreichend qualifizierter Unionsrechtsverstoß" bejahen zu können, ist demnach zu unterscheiden:

---

[297] Vertiefend dazu Rn. 63 f.
[298] BGHZ 102, 388 ff.; BGH, NJW 1989, 101 = **juris**by**hemmer**; vertiefend dazu Rn. 255.

§ 2 DER UNIONSRECHTLICHE STAATSHAFTUNGSANSPRUCH

bei gebundenen Entscheidungen: stets hinreichend qualifizierter Verstoß

aa) Verfügt der Mitgliedstaat angesichts der eindeutigen und bedingungslosen Formulierung einer Unionsrechtsnorm (z.B. die Richtlinie bzgl. ihres Regelungszieles) über keinen Ermessensspielraum oder ist der Ermessensspielraum auf Null reduziert, so ist bei einer Verletzung der Norm durch die mitgliedstaatliche Legislative, etwa durch Nichtanpassung bestehender Normen oder gänzlich unterbliebener Richtlinienumsetzung, der Unionsrechtsverstoß stets als „hinreichend qualifiziert" anzusehen. Ein Eingreifen der mitgliedstaatlich gebotenen Staatshaftung kommt somit bei Vorliegen auch der anderen Haftungsvoraussetzungen in Betracht.

sonst: Beurteilung im Einzelfall anhand der vom EuGH entwickelten Gesichtspunkte

bb) Verfügt der Mitgliedstaat jedoch über einen Ermessensspielraum, so sind die vom EuGH entwickelten Kriterien als Maßstab heranzuziehen, um das Vorliegen der Haftungsvoraussetzungen bejahen zu können.

Ist demnach eine Richtlinie zwar fristgerecht, aber inhaltlich fehlerhaft umgesetzt worden, muss nicht notwendig bereits darin ein „hinreichend qualifizierter Unionsrechtsverstoß zu sehen sein. Nach Ansicht des EuGH soll kein qualifizierter Verstoß vorliegen, wenn die Umsetzung einerseits unrichtig, andererseits inhaltlich vertretbar erfolgte.[299]

hemmer-Methode: Wird eine Richtlinie innerhalb der Umsetzungsfrist überhaupt nicht umgesetzt, liegt immer ein qualifizierter Verstoß vor, da insoweit jedenfalls überhaupt kein Spielraum besteht!

Problem: Gesetzgebungskompetenz bei den Ländern

Ein Problem könnte sich dann ergeben, wenn die Umsetzung einer Richtlinie unterbleibt, die Gesetzgebungskompetenz bzgl. des nationalen Rechts aber den Ländern vorbehalten ist. Fraglich ist, ob ein solches Fehlverhalten auch dem Bund zuzurechnen ist. Nach dem „Grundsatz der Allverantwortlichkeit" sind die Mitgliedstaaten als Ganzes für Unionsrechtsverstöße ihrer staatlichen Untergliederungen verantwortlich.[300] Im Rahmen der Entstehung des Anspruchs ergeben sich somit keine Probleme.[301]

aber: Allverantwortlichkeit des Bundes

169

1. Lösungsteil zu Bsp. (1): → Entstehung des Anspruchs

170

Exkurs:

Die unmittelbare Anwendung der Richtlinie kommt deshalb nicht in Betracht, da diese ihre Wirkung im horizontalen Verhältnis Bürger/Bürger und somit auch zu Lasten der privaten Reiseveranstalter entfalten würde. Dies jedoch wird vom EuGH und der h.M. abgelehnt[302]. Zudem wäre der Anspruch gegen einen privaten Schuldner gerichtet, den es gar nicht gibt, da nicht klärbar ist, welche Versicherung hier einspringen sollte.

I. Anspruch aus Art. 34 GG i.V.m. § 839 BGB

1. Schritt: Prüfung der Entstehungsvoraussetzungen

H. könnte zunächst einen Anspruch aus Amtshaftung gem. Art. 34 GG i.V.m. § 839 BGB gegen die Bundesrepublik geltend machen.

1. Handeln eines Amtswalters in Ausübung eines anvertrauten öffentlichen Amtes

Die Nichtumsetzung durch die Abgeordneten ist als Handlung eines Amtswalters anzusehen.

---

299 EuGH (British Telecommunications), EuZW 1996, 274.
300 Siehe dazu **Hemmer/Wüst, Europarecht, Rn. 580**.
301 Etwas anderes kann sich jedoch bei der Frage der Passivlegitimation ergeben (s. Rn. 192).
302 Vertiefend zu dieser Problematik **Hemmer/Wüst, Europarecht, Rn. 93**.

2. Verletzung einer drittbezogenen Amtspflicht

Problem: Drittbezogenheit der Amtspflicht

Jedoch fehlt es an der Verletzung einer drittgerichteten Amtspflicht, da der gemäß der Richtlinie zu erfolgende Erlass der Rechts- und Verwaltungsvorschriften als Legislativakt anzusehen ist.

Der Gesetzgeber wird jedoch beim Erlass von Normen im Allgemeininteresse tätig. H. wird somit nicht vom subjektiven Schutzbereich der verletzten Amtspflicht „Fristgemäße Umsetzung einer Richtlinie" erfasst. Ein Anspruch aus Art. 34 GG i.V.m. § 839 BGB scheidet somit aus.

II. Haftung aus enteignungsgleichem Eingriff

Ein Anspruch aus enteignungsgleichem Eingriff scheitert ebenfalls. Ein solcher Anspruch wird nach st. Rspr. in Fällen „legislativen/normativen Unrechts" aus dem Grund abgelehnt, da dies wegen der weitreichenden Folgen für die Staatsfinanzen den Rahmen eines richterrechtlich entwickelten Haftungsinstituts sprengen würde. Des Weiteren handelt es sich vorliegend um einen reinen Vermögensschaden. Es handelt sich somit um eine Rechtsposition, die nicht in den Schutzbereich des Art. 14 GG und somit des enteignungsgleichen Eingriffs fällt.

III. Unionsrechtlicher Staatshaftungsanspruch

Es könnte jedoch ein Anspruch des Dr. H. gegen die Bundesrepublik auf Grundlage des unionsrechtlichen Amtshaftungsanspruchs in Betracht kommen. Zunächst müssten die allgemeinen Haftungsvoraussetzungen vorliegen.

1. Schutznormverletzung

H. und seine verletzten Rechtsgüter müssten demnach vom personalen und sachlichen Schutzbereich der verletzten Unionsrechtsnorm, also der Richtlinie zur Garantie eines Versicherungsschutzes, umfasst sein. H. soll als Teilnehmer einer Pauschalreise insbesondere vor Vermögensschäden aufgrund der Insolvenz des Reiseveranstalters geschützt werden. Durch ihre Ausgestaltung mit einer individualbegünstigenden Zielsetzung ist der Schutzbereich der Richtlinie eröffnet.

2. Kausalität

Es besteht die geforderte unmittelbare Kausalität zwischen der Nichtumsetzung und somit dem Fehlen eines Versicherungsschutzes und dem Vermögensschaden des Dr. H.

3. Besonderer Haftungsmaßstab für die Verletzung legislativen Unrechts:

Um eine hinreichende Qualifikation des Verstoßes bejahen zu können, müsste ein offenkundiger und schwerwiegender Verstoß gegen Unionsrecht vorliegen. Dabei ist insbesondere der Umfang des Ermessens zu berücksichtigen, der dem nationalen Gesetzgeber zustand. Im Rahmen der Richtlinienumsetzung verfügte die Bundesrepublik über kein Ermessen bzgl. der Frist und des Zieles der Umsetzung. Da es sich insoweit im Ergebnis um eine gebundene Entscheidung der Bundesrepublik handelte, die vollumfänglich unterblieben ist, ist von einer hinreichenden Qualifikation des Unionsrechtsverstoßes auszugehen.

Die Entstehungsvoraussetzungen des unionsrechtlichen Amtshaftungsanspruchs liegen somit vor.

2. Administratives Unrecht

Bsp. (2): Das Landwirtschaftsministerium der Bundesrepublik hat mit Geltung zum 01.01.2004 eine Verwaltungsrichtlinie erlassen, die es den betreffenden Behörden ausnahmslos untersagt, Genehmigungen für den Export deutschen Bieres nach den Niederlanden zu erteilen. Begründet wird dies mit Art. 36 AEUV, denn dort seien derartige Maßnahmen zum Schutze nationalen Kulturgutes jedenfalls erlaubt.

171

§ 2 DER UNIONSRECHTLICHE STAATSHAFTUNGSANSPRUCH

Die Kommission lehnt die Erhebung eines Vertragsverletzungsverfahrens ab, teilt der Bundesrepublik aber mit, dass ihr Verhalten einen Verstoß gegen Art. 35 AEUV darstelle. Dieses Verhalten sei auch nicht durch Art. 36 AEUV gerechtfertigt. Das Landwirtschaftsministerium weist die betreffenden Behörden jedoch an, die Verwaltungsrichtlinie unverändert anzuwenden.

Die kleine deutsche Brauerei „Edel-Bräu-AG", die sich auf den Export deutschen Bieres in die Niederlande spezialisiert hat, wird von diesem faktischen Ausfuhrverbot besonders hart getroffen. Sie erleidet einen Umsatzeinbruch von nahezu 40 %, da ihre mit Bier beladenen LKW wegen fehlender Ausfuhrgenehmigungen regelmäßig an der deutsch-niederländischen Grenze zurückgeschickt werden. Nachdem der Fall in der Öffentlichkeit für ein nicht unerhebliches Aufsehen gesorgt hat, setzt das Ministerium ab Oktober 2004 die Verwaltungsrichtlinie außer Kraft. Die „Edel-Bräu-AG" möchte nunmehr einen Amtshaftungsanspruch gegen die Bundesrepublik Deutschland geltend machen. Sie besteht vor allem auf einer Kompensation des kompletten Einnahmeverlustes während der Sommermonate. Das Ministerium ist demgegenüber der Ansicht, die „Edel-Bräu-AG" habe es jedenfalls versäumt verwaltungsgerichtlich gegen die Maßnahmen vorzugehen.

Der Schaden sei somit nicht ersatzfähig. Steht der „Edel-Bräu-AG" ein Anspruch zu? Dabei ist von einem qualifizierten Verstoß gegen Art. 35 AEUV auszugehen.

Begriff

Fälle „administrativen Unrechts" liegen dann vor, wenn die mitgliedstaatliche Verwaltung gegen Unionsrecht verstößt, z.B. Verordnungen außer Acht lässt, fehlerhaft anwendet, eine ausnahmsweise bestehende unmittelbare Wirkung einer Richtlinie verkennt oder nationales Recht nicht unionsrechtskonform auslegt und anwendet.

hemmer-Methode: Der Begriff „Administrative" als der durch die Verwaltung gebildete Teil der Exekutive unter Ausschluss der Regierung umfasst in der Bundesrepublik den Bund, die Länder, kommunale Gebietskörperschaften oder sonstige Körperschaften des öffentlichen Rechts. Im Unionsrecht wird, insbesondere durch die enge Anlehnung der Haftungsvoraussetzungen an die Fallgruppe des legislativen Unrechts, eine weitergehende Auslegung des Begriffs „Administrative" vorzunehmen sein. Es dürfte sich im Ergebnis um jeweils die gesamten Exekutiveorgane der Mitgliedstaaten handeln.

Auch in diesen Fällen ist hauptsächlich problematisch, ob und wann ein „hinreichend qualifizierter Unionsrechtsverstoß" vorliegt.

vergleichbar mit der Fallgruppe „legislatives Unrecht"

Der EuGH hat seine Rechtsprechung zur Haftung für „legislatives Unrecht" sinngemäß auf die Haftung für rechtswidriges Verwaltungshandeln übertragen.[303] Der Haftungsmaßstab ist demnach davon abhängig, ob der mitgliedstaatlichen Verwaltung ein Ermessensspielraum zustand. Handelt es sich um eine gebundene Entscheidung, liegt somit stets ein offenkundiger und erheblicher Verstoß gegen Unionsrecht vor. Des Weiteren kommt es auf den Umfang des Ermessens im Einzelfall an.

1. Lösungsteil zu Bsp. (2): → Entstehung des Anspruchs

I. Anspruch aus Art. 34 GG i.V.m. § 839 BGB

1. Schritt: Prüfung der Entstehungsvoraussetzungen

Vorliegend könnte das Ministerium die Amtspflicht „Erlass rechtmäßiger Verwaltungsvorschriften" verletzt haben. Der Erlass von Verwaltungsvorschriften geschieht jedoch nicht im Individualinteresse, da einer solchen Vorschrift als reinem Innenrechtssatz keine Außenwirkung zukommt.

---

[303] EuGH, Rs C-5/94 (Lomas), EuZW 1996, 435 ff.

Somit wird die „Edel-Bräu-AG" nicht vom Schutzbereich der verletzten Amtspflicht erfasst. Ein Anspruch aus Art. 34 GG i.V.m. § 839 BGB scheidet demnach aus.

> **hemmer-Methode:** Erlässt die Verwaltung einen rechtswidrigen VA, wäre die Verletzung einer drittgerichteten Amtspflicht wohl unproblematisch zu bejahen. Es bliebe dann eigentlich bei der Prüfung des Amtshaftungsanspruchs aus Art. 34 GG i.V.m. § 839 BGB. Gleichwohl wird in derartigen Fällen mit europarechtlichem Bezug als Anspruchsgrundlage der unionsrechtliche Haftungsanspruch heranzuziehen sein. Denn es erschiene unverständlich und kaum konsequent, wollte man hinsichtlich der Haftung für legislatives Unrecht auf eine andere Anspruchsgrundlage zurückgreifen als bei der Haftung für administratives Unrecht. Diese Sichtweise lässt sich auch problemlos mit der vom EuGH postulierten haftungsrechtlichen Gleichbehandlung aller mitgliedstaatlichen Organe vereinbaren.

II. Haftung aus enteignungsgleichem Eingriff

Es handelt sich vorliegend um einen reinen Vermögensschaden. Diese Rechtsposition fällt nicht in den Schutzbereich des enteignungsgleichen Eingriffs. Ein Eingriff in den durch Art. 14 GG geschützten „eingerichteten und ausgeübten Gewerbebetrieb"[304] scheidet ebenso aus, da es an der Betriebsbezogenheit des Eingriffs fehlt.

III. Unionsrechtlicher Staatshaftungsanspruch

Es könnte jedoch ein Anspruch der „Edel-Bräu-AG" gegen die Bundesrepublik auf Grundlage des unionsrechtlichen Amtshaftungsanspruchs in Betracht kommen. Zunächst müssten die allgemeinen Haftungsvoraussetzungen vorliegen.

1. Schutznormverletzung

Die „Edel-Bräu-AG" müsste demnach vom Schutzbereich der verletzten Unionsrechtsnorm erfasst werden. Vorliegend könnte das Verbot von Ausfuhrbeschränkungen gem. Art. 35 AEUV einschlägig sein. Die Bundesrepublik Deutschland ist Normadressatin des Art. 35 AEUV. Der Erlass der Vorschrift durch das Ministerium und die Weigerung der zuständigen Behörden Ausfuhrgenehmigungen zu erteilen, sind auch als Maßnahmen gleicher Wirkung[305] anzusehen; der zwischenstaatliche Handel ist betroffen. Vorliegend kann ebenfalls davon ausgegangen werden, dass die „Edel-Bräu-AG" als juristische Person des Privatrechts mit den von ihr produzierten Exportwaren in den Schutzbereich des Art. 35 AEUV einbezogen ist.

2. Kausalität

Es besteht die geforderte unmittelbare Kausalität zwischen dem Erlass der Verwaltungsrichtlinie und dem Vermögensschaden der „Edel-Bräu-AG".

3. Besonderer Haftungsmaßstab bei der Begehung administrativen Unrechts:

Für das Vorliegen dieser Anforderung hat der EuGH seine Rechtsprechung zur Haftung für legislatives Unrecht sinngemäß auf die Haftung für rechtswidriges Verwaltungshandeln übertragen. Dabei ist insbesondere auf den Regelungsspielraum abzustellen, welcher der mitgliedstaatlichen Verwaltung zur Verfügung steht. Vorliegend hat das Ministerium eine Verordnung erlassen, deren Regelungsziel offensichtlich im Widerspruch zu Art. 35 AEUV steht.

---

304 Vertiefend dazu Rn. 202.
305 Zu diesem Begriff siehe **Hemmer/Wüst, Europarecht, Rn. 420**.

Zum Zeitpunkt der Rechtsverletzung bestand keinerlei gesetzgeberische Notwendigkeit für den Erlass und die Anwendung einer derartigen unionsrechtswidrigen Verwaltungsrichtlinie. Der Gestaltungsspielraum der Behörde war somit auf Null reduziert. Somit ist das Vorliegen eines hinreichend qualifizierten Unionsrechtsverstoßes zu bejahen.

Die Entstehungsvoraussetzungen des unionsrechtlichen Amtshaftungsanspruchs liegen somit vor.

3. Judikatives Unrecht

Bsp. (3): Der deutsche Rechtswissenschaftler Fleißig war in den Jahren 1994-2000 als Universitätsprofessor in Brüssel tätig. Seit 2000 lehrt er an der Universität Augsburg. Nach geltendem Hochschulrecht wird Universitätsprofessoren nach fünfzehnjähriger Lehrtätigkeit eine Vergütungszulage gewährt, wobei die Geltendmachung der Zulage bis zum Ende des jeweiligen Jahres zu erfolgen hat. Als die Zulage im Januar 2010 ausbleibt, klagt Prof. Fleißig erfolglos vor den deutschen Verwaltungsgerichten.

Das letztinstanzliche BVerwG begründet seine abschlägige Entscheidung im Dezember 2010 damit, dass Fleißig die geforderte Dienstzeit nicht ausschließlich in Deutschland abgeleistet habe.

Das Gericht ist sich dabei der unionsrechtlichen Relevanz bzgl. der Auslegung des geltenden nationalen Hochschulrechts wohl bewusst, hält aber eine Vorlage an den EuGH für „überflüssig". Prof. Fleißig ist der Meinung, die Nichtbeachtung der in Belgien geleisteten Dienstzeit verstoße gegen die Arbeitnehmerfreizügigkeit des Art. 45 AEUV. Des Weiteren hätte jedenfalls das BVerwG ein Vorabentscheidungsersuchen gem. Art. 267 III AEUV an den EuGH richten müssen, da gerade in jüngster Vergangenheit vergleichbare Sachverhalte von diesem zugunsten der Kläger beurteilt worden seien. Fleißig möchte nunmehr (Januar 2011) die ihm entgangene Zulage als Schadensersatzanspruch gegen die Bundesrepublik geltend machen.

Rechtsprechung des EuGH fehlte zunächst

Da es lange Zeit an einer einschlägigen EuGH-Rechtssprechung fehlte,[306] war eine mögliche Haftung für judikatives Unrecht ein in der Literatur heftig umstrittenes (aber eben rein akademisches) Dauerthema. Die Meinungen reichten dabei von der völligen Ablehnung bis zur weitgehend uneingeschränkten Bejahung einer solchen Haftung.[307]

jetzt: Urteil Köbler

Mit seiner Grundsatzentscheidung in der Sache Köbler[308] hat sich der EuGH nun erstmals ausführlich mit der Haftung der Mitgliedstaaten für judikatives Unrecht auseinandergesetzt.

EuGH: grds. Haftung (+), aber restriktive Handhabung

Danach bejaht der EuGH grundsätzlich die Möglichkeit einer Haftung[309], lässt aber eine eher zurückhaltende Linie bei der Zuerkennung von Haftungsansprüchen wegen der Verletzung von Unionsrecht durch die Gerichte der Mitgliedstaaten erkennen. Dabei respektiert er das starke Bedürfnis der Mitgliedstaaten bzgl. der Gewährleistung des innerstaatlichen Rechtsfriedens sowie einer geordneten Rechtspflege, und beschränkt eine Haftung auf den Ausnahmefall der offenkundigen Verletzung des Unionsrechts durch das erkennende Gericht. Hierbei soll das über die Schadensersatzklage entscheidende nationale Gericht insbesondere die Umstände des Einzelfalls berücksichtigen.[310]

---

306 Zur Vorgeschichte über die Rspr. des EGMR siehe Gundel, EWS 2004, 8 (9 f.).

307 Vertiefend Wegener, EuR 2002, 785 ff.; ders. EuR 2004, 84 ff. m.w.N.

308 EuGH, Rs. C-224/01 (Köbler/Österreich), NJW 2003, 3539 ff. mit Anm. Streinz, JuS 2004, 425 ff.; Brenner/Huber, DVBl. 2004, 863, 866; Epiney, NVwZ, 2004, 1067, 1068; Grune, BayVBl. 2004, 673 ff.; Radermacher, NVwZ 2004, 1415 ff.; Montag/v. Bonin, NJW 2005, 2898, 2899; Frenz, DVBl. 2003, 1516 = JA 2004, 283; Sensburg, NVwZ 2004, 179 ff.; Kremer, NJW 2004, 480 ff; Kluth, DVBl. 2004, 393; Krieger, JuS 2004, 855 ff.

309 Vertiefend Wegener, EuR 2004, 84 (86 ff.) m.w.N.

310 EuGH, Rs. C-224/01 (Köbler), NJW 2003, 3539 ff., Rn. 37 ff.

„hinreichend qualifizierter Verstoß" nur bei „offenkundigem" Verkennen der Rechtslage

Bewertungsmaßstab sind somit zunächst wieder die allgemeinen Haftungsvoraussetzungen. Der EuGH führt ergänzend aus, dass ein Verstoß jedenfalls dann hinreichend qualifiziert ist, wenn die fragliche Entscheidung die einschlägige Rechtssprechung des Gerichtshofes „offenkundig verkennt".[311]

177a

insbesondere bei Nichtbeachtung der Vorlagepflicht

Dies soll insbesondere auch dann zu bejahen sein, wenn das erkennende Gericht seiner prozessualen Vorlagepflicht gem. Art. 267 III AEUV nicht nachkommt. Bei der Verletzung dieser Pflicht handelt es sich jedoch nicht um die ebenfalls erforderliche Verletzung einer drittschützenden Norm, da Art. 267 III AEUV gerade keinen drittschützenden Charakter aufweist.

hemmer-Methode: Der EuGH hat somit, in konsequenter Fortführung seiner bisherigen Rechtssprechung, die grundsätzliche haftungsrechtliche Gleichbehandlung aller Organe bestätigt. Er ist sich jedoch der Besonderheiten einer Haftung für judikatives Unrecht wohl bewusst.[312] Er erkennt die Grenzen einer solchen Haftung insoweit an. Seine Begründung bzgl. des Bestehens eines unionsrechtlichen Staatshaftungsanspruchs für judikatives Unrecht „aus dem Wesen der Verträge" erscheint jedoch nicht sehr tragfähig. In den Rechtsordnungen der Mitgliedstaaten ist eine solche Haftung nur für seltene Ausnahmefälle vorgesehen (siehe § 839 II BGB). Gerade bei der weitergehenden Haftungs*freistellung* für judikatives Unrecht handelt es sich um einen allgemeinen Grundsatz der Rechtsordnung der Mitgliedstaaten. Ob das „Wesen" der Europäischen Verträge darüber hinausgehen kann erscheint fraglich. Indem er des Weiteren auf die völkerrechtliche Grundsätzlichkeit der Allorganhaftung verweist (in Bezugnahme auf die Ausführungen des Generalanwalts Léger), bemüht der EuGH eine Begründung, die ebenfalls nicht zu überzeugen vermag. Es ist mittlerweile anerkannt, dass das Rechtsverhältnis der Europäischen Union zu ihren Mitgliedstaaten gerade nicht als völkerrechtlich definiert anzusehen ist.[313]

178

Zusammenfassung

Der vom EuGH entwickelte Haftungsmaßstab bei judikativem Unrecht lässt sich demnach wie folgt zusammenfassen:

kumulative Haftungsvoraussetzung

Eine Haftung kommt nur dann in Betracht, wenn die Fehlentscheidung des nationalen Gerichts offenkundig unionsrechtswidrig war. Die geforderte Offenkundigkeit liegt jedenfalls dann vor, wenn und soweit die Entscheidung offen im Widerspruch zum ausdrücklich geregelten Unionsrecht oder zur etablierten Rechtsprechung des Gerichtshofs steht und wenn es das nationale Gericht versäumt, seine abweichende Beurteilung dem EuGH zur Vorabentscheidung vorzulegen.[314]

179

1. Lösungsteil zu Bsp. (3): → Entstehung des Anspruchs

180

I. Anspruch aus Art. 34 GG i.V.m. § 839 BGB

1. Schritt: Prüfung der Entstehungsvoraussetzungen

Fleißig könnte zunächst einen Anspruch aus Amtshaftung gem. Art. 34 GG i.V.m. § 839 BGB gegen die Bundesrepublik Deutschland geltend machen.

1. Handeln eines Amtswalters in Ausübung eines anvertrauten öffentlichen Amtes

---

311   EuGH, Rs. C-224/01 (Köbler), NJW 2003, 3539 ff., Rn. 56.
312   EuGH, Rs. C-224/01 (Köbler), NJW 2003, 3539 ff., Rn. 51 ff.
313   EuGH, Rs. C-224/01 (Köbler), NJW 2003, 3539 ff., Rn. 32; vertiefend Wegener, EuR 2004, 84 (86); zum Rechtsverhältnis siehe **Hemmer/Wüst, Europarecht, Rn. 37 ff.**
314   EuGH, Rs. C-224/01 (Köbler), NJW 2003, 3539 ff., Rn. 53 ff.; Wegener, EuR 2004, 84 (91); vgl. auch in BGH, Urteil vom 18. Oktober 2012 – III ZR 197/11 = **juris**by**hemmer**.

Als Verletzungshandlung kommt vorliegend das durch das BVerwG ergangene letztinstanzliche Urteil in Betracht. Die Richter sind dabei als „jemand" i.S.d. Art. 34 GG anzusehen. Sie handelten in Ausübung eines anvertrauten öffentlichen Amtes.[315]

2. Verletzung einer drittbezogenen Amtspflicht

Zwar kann sich K. nicht auf den Art. 267 III AEUV als Schutznorm berufen (s.o.), die objektiv willkürliche Nichtvorlage verletzt Fleißig aber jedenfalls in seinem grundrechtsgleichen Recht aus Art. 101 I S. 2 GG.[316] Er fällt somit in den Schutzbereich dieser Norm.

hemmer-Methode: An diesem Punkt weist der Fall schon eine erste Schwierigkeit auf. Durch die Verletzung des grundrechtsgleichen Rechtes aus Art. 101 I S. 2 GG käme für den Betroffenen somit (zunächst?) der Gang vor das BVerfG als Urteilsverfassungsbeschwerde in Betracht. Würde das Gericht zugunsten des Betroffenen entscheiden[317], müsste es den Rechtsstreit an das Verwaltungsgericht zurückverweisen mit der Maßgabe der Beachtung der Vorlageverpflichtung zum EuGH. Es erscheint fraglich, ob dann überhaupt noch die Notwendigkeit der Geltendmachung eines Haftungsanspruches besteht.
Da es insoweit an einer einschlägigen Rechtsprechung fehlt, wurde der Sachverhalt entsprechend ausgestaltet. Durch die Befristung der Geltendmachung der Zulage ist dem Fleißig jedenfalls ein Schaden entstanden, der auch durch eine verfassungsgerichtlich angeordnete Vorlage zum EuGH nicht wieder korrigiert werden könnte. Um dieses Problem ganz zu vermeiden, kann auch sogleich auf den drittschützenden Art. 45 II AEUV abgestellt werden.[318]
Entscheidet das BVerfG jedoch zuungunsten des Beschwerdeführers, hätte dieser jedenfalls keine Möglichkeit sich an den EuGH zu wenden. Im Ergebnis könnte es nunmehr dazu kommen, dass ein im Rahmen eines Amtshaftungsprozesses über das Bestehen eines unionsrechtlichen Staatshaftungsanspruchs entscheidendes Zivilgericht einen solchen Anspruch bejaht. Dieses Gericht würde somit durch die Anwendung der vom EuGH entwickelten Anspruchsvoraussetzungen als eigentliche „Superrevisionsinstanz" die eine Vorlagepflicht ablehnende Entscheidung des BVerfG (z.B. durch Nichtannahmebeschluss gem. den §§ 93b, 93d BVerfGG; beachte den eingeschränkten Prüfungsumfang des BVerfG bei Urteilsverfassungsbeschwerden (Elfes-Dogmatik!) und insbesondere bei der Verletzung der Vorlagepflicht[319]) „korrigieren".[320] Dieses Szenario wird u.A. von den Kritikern einer Haftung für judikatives Unrecht angeführt.

3. Rechtswidrigkeit, kausal entstandener Schaden, Verschulden

Vom Vorliegen dieser Tatbestandsmerkmale ist auszugehen.

4. Richterspruchprivileg gem. § 839 II BGB[321]

Möglicherweise wird die Haftung jedoch durch die Anwendung des Richterspruchprivilegs ausgeschlossen. Vorliegend fehlt es seitens des Gerichts an einer Straftat i.S.d. § 839 II S. 1 BGB. Das Richterspruchprivileg findet insoweit Anwendung.

Ein Amtshaftungsanspruch gem. Art. 34 GG i.V.m. § 839 BGB scheidet demnach aus.

---

315 Vertiefend dazu siehe ab Rn. 18 ff.
316 Vgl. hierzu **Hemmer/Wüst, Europarecht, Rn. 711 ff.**; siehe auch BVerfG, Beschluss vom 25.02.2010, 1 BvR 230/09 = **Life&Law 2010, 639** = **juris**byhemmer.
317 Zu den strengen Anforderungen („objektiv willkürliche Nichtvorlage") vgl. Hemmer/Wüst, Europarecht, Rn. 713; BVerfG, NVwZ 2007, 937 = **Life&Law 2007, 762**; bestätigend BVerfG, NJW 2010, 1268 = **juris**byhemmer.
318 Zur weitreichenden Drittwirkung des Art. 45 II AEUV auch zwischen Privaten vgl. ausführlich **Hemmer/Wüst, Europarecht, Rn. 395 ff.**; EuGH, Rs. C-325/08 (Olympique Lyon/Bernard), **Life&Law 2010, 840**.
319 BverfGE 82, 159 (195 f.) = **juris**byhemmer.
320 Vertiefend dazu Gundel, EWS 2004, 8 (12 ff.) m.w.N.
321 Vertiefend dazu siehe ab Rn. 107 ff.

II. Haftung aus enteignungsgleichem Eingriff

Es handelt sich vorliegend um einen reinen Vermögensschaden. Diese Rechtsposition fällt nicht in den Schutzbereich (= Eigentum i.S.d. Art. 14 GG) des enteignungsgleichen Eingriffs.

III. Unionsrechtlicher Staatshaftungsanspruch

Es könnte jedoch ein Anspruch des Fleißig gegen die Bundesrepublik auf Grundlage des unionsrechtlichen Amtshaftungsanspruchs in Betracht kommen. Zunächst müssten die allgemeinen Haftungsvoraussetzungen vorliegen.

1. Schutznormverletzung

Prof. Fleißig müsste demnach vom personalen und sachlichen Schutzbereich der verletzten Unionsrechtsnorm erfasst sein. Vorliegend kommt Art. 45 II AEUV in Betracht. Das in Art. 45 II AEUV normierte Gebot der Inländergleichbehandlung kann vorliegend dahingehend ausgelegt werden, dass alle geleisteten Dienstjahre als gleichwertig angesehen werden, unabhängig davon, in welchem Mitgliedstaat diese abgeleistet worden sind.[322]

2. Kausalität

Es besteht die geforderte unmittelbare Kausalität zwischen der Verletzung des Art. 45 II AEUV und dem Vermögensschaden des Fleißig.

3. Besonderer Haftungsmaßstab bei der Begehung judikativen Unrechts:

Um einen qualifizierten Unionsrechtsverstoß bejahen zu können, müsste das mitgliedstaatliche Gericht eine offenkundig unionsrechtswidrige Entscheidung getroffen haben. Vorliegend trifft das BVerwG eine Entscheidung, die objektiv im Widerspruch zur etablierten Rechtssprechung des Gerichts steht. Des Weiteren versäumt es das Gericht, seine abweichende Ansicht dem EuGH zur Vorabentscheidung vorzulegen. Der Verstoß ist als offenkundig und somit als hinreichend qualifiziert anzusehen.

Die Entstehungsvoraussetzungen des unionsrechtlichen Amtshaftungsanspruchs liegen somit vor.

C) Durchsetzung des Anspruchs

I. Grundsatz

Durchsetzung im nationalen Recht

Bezüglich der Durchsetzbarkeit des entstandenen unionsrechtlichen Staatshaftungsanspruchs im innerstaatlichen Bereich, geht der EuGH vom Grundsatz der Anwendbarkeit des mitgliedstaatlichen Staatshaftungsrechts aus.

Beachtung von „Diskriminierungsverbot" und „Effizienzgebot"

Dabei sind allerdings stets das „Effizienzgebot" und das „Diskriminierungsverbot" zu beachten, Art. 4 III EUV, Art. 18 AEUV. Durch diese Anforderungen soll verhindert werden, dass, insbesondere mittels verfahrensrechtlicher Vorgaben innerhalb der Mitgliedstaaten, die unionsrechtlich gebotene Haftung wieder ausgehöhlt wird.[323] Dies bedeutet, dass die Anwendung des mitgliedstaatlichen Staatshaftungsrechts nicht dazu führen darf, die Durchsetzung des Anspruchs als „praktisch unmöglich" zu gestalten oder auch nur übermäßig zu erschweren.

181

---

322 Zur weiten Auslegung des Art. 45 II AEUV vgl. **Hemmer/Wüst, Europarecht, Rn. 462**.
323 Jarass, NJW 1994, 881 (882).

Zuständigkeit der mitgliedstaatlichen Gerichte

Hinsichtlich der Kompetenz der mitgliedstaatlichen Gerichte bzgl. der Entscheidung über die Durchsetzung eines entstandenen Anspruchs führt der EuGH im „Bier-Urteil"[324] aus:

> „Vorliegend kann der Gerichtshof die Beurteilung durch die nationalen Gerichte, die allein für die Feststellung des Sachverhalts der Ausgangsverfahren und die Qualifizierung der betreffenden Verstöße gegen das Unionsrecht zuständig sind, nicht durch eine eigene Beurteilung ersetzen."

auch in diesem Verfahren u.U. Vorlagepflicht

Dies ändert jedoch nichts an der prozessualen Vorlagepflicht der mitgliedstaatlichen Gerichte gem. Art. 267 III AEUV auch in diesem Verfahrensabschnitt, wenn entsprechende Zweifel bei der Beurteilung eines Sachverhalts bestehen.

hemmer-Methode: Sind bereits die Entstehungsvoraussetzungen des unionsrechtlichen Haftungsanspruchs nicht erfüllt, scheidet eine Haftung der Bundesrepublik aus. Auf die Frage einer gegebenenfalls modifizierten Anwendung des deutschen Staatshaftungsrechts kommt es dann nicht mehr an.

Ausgehend von der Erfüllung der Entstehungsvoraussetzungen des unionsrechtlichen Staatshaftungsanspruchs, soll nun an den jeweiligen Arten des Unionsrechtsverstoßes dargestellt werden, wie der Anspruch im Rahmen des deutschen Staatshaftungsrechts durchgesetzt wird. Systematisch hat nunmehr die angesprochene „zweite Prüfung" des Anspruchs aus Art. 34 GG i.V.m. § 839 BGB[325] mit der jeweiligen europarechtskonformen Modifikation der Tatbestandsmerkmale zu erfolgen.

hemmer-Methode: Dabei wurde vom BGH bislang offen gelassen, ob die jeweils gesamten Tatbestandsvoraussetzungen (und somit auch die unproblematischen) nochmals zu prüfen sind.

II. Haftung für legislatives Unrecht

2. Lösungsteil zu Bsp. (1): ⇨ Durchsetzung

2. Schritt: Prüfung der Durchsetzung des entstandenen Anspruchs von Rn. 170

Um den entstandenen Anspruch gegen die Bundesrepublik auch durchsetzen zu können, ist nunmehr abermals eine Prüfung des deutschen Amtshaftungsanspruchs vorzunehmen. Der problematische Prüfungspunkt der „drittgerichteten Amtspflicht" ist jedoch im Hinblick auf das Effizienzgebot europarechtskonform auszulegen, oder er hat generell außer Betracht zu bleiben,[326] um dem betroffenen Dr. H. die Geltendmachung des entstandenen Anspruchs nicht unmöglich zu machen. Dies folgt aus dem Diskriminierungsverbot. Es ist vorliegend demnach davon auszugehen, dass Dr. H. in den Schutzbereich der drittgerichteten Amtspflicht fällt. Dabei ist insbesondere zu beachten, dass die Bundesrepublik zur Umsetzung verpflichtet war. Diese Verpflichtung des Gesetzgebers ist einem individualgerichteten Tätigwerden zumindest stark angenähert.

Problematisch könnte weiterhin sein, ob die Umsetzung der Richtlinie schuldhaft unterblieben ist. Den Abgeordneten kann wohl zumindest Fahrlässigkeit bzgl. der Nichtumsetzung der Richtlinie vorgeworfen werden. Doch kann auch dies unter Berücksichtigung des Effizienzgebotes dahingestellt bleiben.

---

324 EuGH, Verb.Rsn. C-46/93 u. C-48/93 (Brasserie du pêcheur/Bundesrepublik u.a.), NJW 1996, 1267, 1269, Tz.20 = Hemmer/Wüst, Classics Europarecht, Fall 18.

325 Ausführlich zu diesem Anspruch siehe ab Rn. 7 ff.

326 EuGH, Verb.Rsn. C-46/93 u. C-48/93 (Brasserie du pêcheur/Bundesrepublik u.a.), NJW 1996, 1267, 1269, Tz. 20 = **Hemmer/Wüst, Classics Europarecht, Fall 18.**

Der EuGH geht in seiner Rechtsprechung jedenfalls soweit, dass der Schadensersatzanspruch nicht davon abhängig gemacht werden darf, ob den Amtsträger ein Verschulden trifft, das über den hinreichend qualifizierten Gemeinschaftsrechtsverstoß hinausgeht.[327] Im Ergebnis wird somit sogar von einer verschuldensunabhängigen Haftung der Mitgliedstaaten gesprochen.[328]

Sonstige anspruchshindernde bzw. –verkürzende Normen sind nicht einschlägig. Ein Schadensersatzanspruch des Dr. H. gegen die Bundesrepublik ist somit dem Grunde nach entstanden.

III. Haftung für administratives Unrecht

2. Lösungsteil zu Bsp. (2): ⇨ Durchsetzung

2. Schritt: Prüfung der Durchsetzung des entstandenen Anspruchs von Rn. 175

Hinsichtlich der Durchsetzung des Anspruchs gelten die vorstehend für die Haftung für Unionsrechtsverstöße der deutschen Legislative aufgestellten Grundsätze.

Sie hat somit im Rahmen des deutschen Staatshaftungsrechts zu erfolgen. Möglicherweise problematische Tatbestandsmerkmale sind europarechtskonform anzuwenden. Vorliegend könnte der Anspruch der „Edel-Bräu-AG" durch den § 839 III BGB ausgeschlossen sein. § 839 III BGB findet aber nur dann Anwendung, wenn das Ergreifen des Rechtsbehelfs zumutbar und geeignet ist, die Entstehung eines Schadens abzuwenden. Als Rechtsmittel kommt eine verwaltungsgerichtliche Klage der „Edel-Bräu-AG" in Betracht. Fraglich ist jedoch, ob die geschädigte AG durch die Inanspruchnahme eines primärrechtlichen Rechtsbehelfs die Entstehung des Schadens überhaupt hätte vermeiden können. Die „Edel-Bräu-AG" hätte lediglich eine Feststellungsklage dahingehend erheben können, dass die Praxis des Landwirtschaftsministeriums rechtswidrig ist. Die VO selbst wäre dann (lediglich) inzident überprüft worden. Gegebenenfalls hätte das Gericht deren Nichtigkeit wegen des Verstoßes gegen Art. 35 AEUV festgestellt. Durch diese Feststellungsklage hätte die „Edel-Bräu-AG" ihr Rechtsschutzziel, die Kompensation des bereits entstandenen Schadens, jedoch nicht erreichen können. Unter Berücksichtigung des Effizienzgebotes und des Diskriminierungsverbotes scheitert somit die Geltendmachung des (bisher) entstandenen Schadens nicht an § 839 III BGB.

Ein Schadensersatzanspruch der „Edel-Bräu-AG" gegen die Bundesrepublik besteht somit dem Grunde nach.

IV. Haftung für judikatives Unrecht

2. Lösungsteil zu Bsp. (3): ⇨ Durchsetzung

2. Schritt: Prüfung der Durchsetzung des entstandenen Anspruchs von Rn. 180

Um den entstandenen Anspruch gegen die Bundesrepublik auch durchsetzen zu können, ist nunmehr abermals eine Prüfung des deutschen Amtshaftungsanspruchs gem. Art. 34 GG i.V.m. § 839 BGB vorzunehmen. Der problematische Prüfungspunkt des Richterspruchprivilegs gem. § 839 II S. 1 BGB ist somit unter Berücksichtigung des Effizienzgebotes und des Diskriminierungsverbotes europarechtskonform dahingehend zu lesen, dass der Richter „für den daraus entstehenden Schaden nur dann verantwortlich (ist), wenn die Pflichtverletzung in einer Straftat oder in einem offenkundigem Verstoß gegen Unionsrecht besteht." Dies ist vorliegend durch die offensichtliche Verletzung der Vorlageverpflichtung zu bejahen.

Sonstige anspruchshindernde bzw. -verkürzende Normen sind nicht einschlägig. Ein Schadensersatzanspruch des Prof. Fleißig ist somit dem Grunde nach entstanden.

---

327 EuGH, Verb.Rsn. C-46/93 u. C-48/93 (Brasserie du pêcheur/Bundesrepublik u.a.), NJW 1996, 1267, 1269, Tz. 20 = **Hemmer/Wüst, Classics Europarecht, Fall 18.**
328 Vgl. dazu **Hemmer/Wüst, Europarecht, Rn. 380d**; EuGH, Verb.Rsn. C-178/94 u.a. (Dillenkofer u.a.), NJW 1996, 3141 („MP Travel Line").

V. Sonstige mögliche Haftungsbeschränkungen

Es sind nunmehr die weiteren möglichen Haftungsbeschränkungen anzusprechen. Unter Berücksichtigung des Effizienzgebots und des Diskriminierungsverbotes können jedoch einzelne nationale Tatbestandsmerkmale ganz oder teilweise keine Anwendung finden.

1. Das Verweisungsprivileg des § 839 I S. 2 BGB

keine Anwendung

Nach überwiegender Ansicht scheidet die Anwendung des § 839 I S. 2 BGB gänzlich aus, da der unionsrechtliche Staatshaftungsanspruch die Konstruktion einer Haftungsüberleitung nicht aufweist. Es handelt sich vielmehr um eine unmittelbare Haftung der jeweiligen Mitgliedstaaten.[329]

2. Das Richterspruchprivileg des § 839 II BGB

europarechtskonforme Anwendung

Wie im Beispielsfall (3) dargestellt, ist § 839 II BGB bei Bejahung eines unionsrechtlichen Staatshaftungsanspruchs entsprechend europarechtskonform zu modifizieren, was bedeutet, dass das Richterspruchprivileg im Einzelfall ggf. unangewendet bleiben muss.[330]

3. Die Rechtsmittelversäumung gem. § 839 III BGB

uneingeschränkte Anwendung

Diese haftungsbeschränkende Norm findet uneingeschränkte Anwendung. Auch aus den Urteilen des EuGH lässt sich der Grundsatz des Vorrangs des Primärrechtsschutzes entnehmen.[331] Es gelten insoweit die gleichen Anforderungen wie beim Amtshaftungsanspruch gem. Art. 34 GG i.V.m § 839 BGB.[332] Dabei sind v.a. die strengen Anforderungen an die Kriterien Zumutbarkeit, Vorwerfbarkeit und Kausalität zu beachten.[333]

4. Mitverschulden gem. § 254 BGB

uneingeschränkte Anwendung

Diese anspruchsmindernde Norm findet uneingeschränkte Anwendung. Dem steht auch nicht entgegen, dass es sich beim unionsrechtlichen Staatshaftungsanspruch faktisch um eine verschuldensunabhängige Haftung der Mitgliedstaaten handelt.[334]

VI. Art und Umfang des Schadensersatzes

Anwendung der §§ 249 ff. BGB, auch Naturalrestitution möglich

Es gelten die §§ 249 ff. BGB. Ist jedoch der deutsche Amtshaftungsanspruch aufgrund seiner Konstruktion einer Haftungsübernahme grundsätzlich auf Schadensersatz in Geld beschränkt (s.o. Rn. 129 f.), kommt im Rahmen des unionsrechtlichen Staatshaftungsanspruchs auch eine Naturalrestitution in Betracht. Dies wird mit der Vergleichbarkeit bzgl. der Praxis bei der außervertraglichen Haftung gem. Art. 340 II AEUV begründet.[335]

---

329 Detterbeck, § 6 Rn. 65 m.w.N.
330 Vertiefend Gundel, EWS 2004, 8 ff.
331 Dies gilt auch, wenn im Rahmen des Primärrechtsschutzes ein möglicherweise langwieriges Vorabentscheidungsverfahren gem. Art. 267 AEUV zu erwarten ist, EuGH, Rs. C-445/06, (Danske Slagterier), EuZW 2009, 334, 340 = **Life&Law 2010, 267**.
332 BGH, NJW 2004, 1241 = **juris**by**hemmer**; vgl. auch Hemmer/Wüst, Europarecht, Rn. 382g.
333 Siehe dazu ab Rn. 113 ff.
334 Detterbeck, § 6 Rn. 70 m.w.N.
335 Detterbeck, § 6 Rn. 71 f.

VII. Passivlegitimation[336]

grundsätzlich haftet der Mitgliedstaat

Grundsätzlich handelt es sich um eine Haftung der Mitgliedstaaten. Diese können sich nach Ansicht des EuGH zur Rechtfertigung eines Verstoßes auch nicht auf nationale Bestimmungen (z.B. Kompetenzverteilungen) berufen.

Problem: Gesetzgebungskompetenz bei den Ländern

Ein Problem könnte sich in der Bundesrepublik insoweit ergeben, als z.B. die Umsetzung einer Richtlinie durch Gesetz zu erfolgen hat, die Gesetzgebungskompetenz dafür jedoch den Ländern zusteht. Bliebe es bei einer uneingeschränkten Haftung des Bundes (z.B. im Falle einer Nichtumsetzung), so würde dieser für ein Unterlassen haften, obwohl ihm die Vornahme der Handlung selbst rechtlich unmöglich war. Auch im Rahmen der Haftung für administratives Unrecht könnten sich vergleichbare Probleme dann ergeben, wenn der Vollzug des Unionsrechts durch Verwaltungshandeln (analog) Art. 83 GG den Ländern obliegt.

Ansicht des EuGH

Der EuGH hat zur Lösung dieses Problems Stellung genommen und - im konkreten Fall für die bundesstaatlich verfasste Republik Österreich - entschieden, dass „den Erfordernissen des Gemeinschaftsrechts (jetzt Unionsrechts) genüge getan wird, wenn die innerstaatlichen Verfahrensregeln einen wirksamen Schutz der Rechte ermöglichen, die dem Einzelnen auf Grund Gemeinschaftsrechts (jetzt Unionsrechts) zustehen, und die Geltendmachung dieser Rechte nicht gegenüber derjenigen erschwert ist, die dem Einzelnen nach innerstaatlichem Recht zustehen."[337]

Lösung: Auch Geltendmachung des Anspruchs gegen die Länder möglich, wenn Effektivität gewährleistet

Im Ergebnis bedeutet dies, dass die Bundesrepublik Deutschland als ein ebenfalls bundesstaatlich aufgebauter Mitgliedstaat seine unionsrechtlichen Verpflichtungen zur Gewährung eines effektiven Rechtsschutzes auch insoweit erfüllen kann, als der unionsrechtliche Haftungsanspruch gegen die Bundesländer gerichtet werden kann. Somit ist die Haftung allein des Bundeslandes gegeben, wenn die Kompetenz zur Vornahme einer durch das Unionsrecht geforderten Handlung – etwa einer Richtlinienumsetzung in innerstaatliches Recht – beim Land liegt, oder wenn die Verletzung des Unionsrechts allein den Landesorganen zuzurechnen ist.[338]

VIII. Verjährung

Geltung der §§ 195, 199 I BGB

Nach mittlerweile gefestigter Rechtsprechung des EuGH[339] und der überwiegenden Literaturmeinung[340] steht das Effizienzgebot der Anwendung der §§ 195, 199 I BGB nicht entgegen, da hierdurch die Durchsetzung des unionsrechtlichen Haftungsanspruchs weder „praktisch unmöglich" noch „übermäßig erschwert" wird. Eine weitere Ansicht will darüber hinaus jedoch im Einzelfall auf die „Fünfjahresfrist" des Art. 46 SEuGH zurückgreifen, wenn dies im Interesse der einheitlichen Anwendung und Durchsetzung des unionsrechtlichen Haftungsanspruchs erforderlich ist.[341]

ggf. Art. 46 Satzung EuGH

---

336 Vertiefend Gundel, DVBl. 2001, 95 ff.
337 EuGH, Rs. C-302/97 (Konle/Österreich), NVwZ 2000, 303.
338 Gundel, DVBl. 2001, 95 (99)
339 EuGH, Rs. C-261/95 (Palmisani), Slg. 1997, I-4037; EuGH, Rs. C-445/06 (Danske Slagterier), EuZW 2009, 334, 337 **= Life&Law 2010, 267**.
340 Geiger, DVBl. 1993, 465, 474; Streinz, EuZW 1993, 599, 603.; siehe zum Ganzen auch Armbrüster/Kämmerer, NJW 2009. 3601.
341 Ossenbühl, S. 520; Detterbeck, VerwArch 1994 (85), 159, 190 f.; Prieß, NVwZ 1993, 118, 124.

Verjährungshemmung — Anwendbar sind grundsätzlich auch die Verschriften über die Verjährungshemmung. Die Verjährung des unionsrechtlichen Haftungsanspruchs wird jedoch nicht zwingend durch die Einleitung eines Vertragsverletzungsverfahrens durch die Kommission gem. Art. 258 AEUV gehemmt.[342] Denn nach Ansicht des EuGH steht es dem Geschädigten auch vor Entscheidung des Vertragsverletzungsverfahrens durch den EuGH frei, seine Rechte vor den nationalen Gerichten auszuüben. §§ 204 I Nr. 1, 209 BGB sind demnach nicht analog anzuwenden.[343]

IX. Rechtsweg und Gerichtszuständigkeit

Der unionsrechtliche Staatshaftungsanspruch ist vor den Zivilgerichten geltend zu machen. Dabei ist auf den Art. 34 S. 3 GG (gegebenenfalls i.V.m. § 40 II S. 1 VwGO) abzustellen. Sachlich zuständig sind gem. § 71 II Nr. 2 GVG die Landgerichte.

---

[342] EuGH, Rs. C-445/06 (Danske Slagterier), EuZW 2009, 334, 337 = **Life&Law 2010, 267**
[343] Vgl. hierzu auch BGHZ 188, 191 = EuZW 2009, 865, 870 = **Life&Law 2010, 267** = **juris**byhemmer.

§ 3 DIE EIGENTUMSDOGMATIK NACH DER RECHTSPRECHUNG DES BUNDESVERFASSUNGSGERICHTS

Im Folgenden sollen jene Haftungsinstitute behandelt werden, die sich nach h.M. aus dem eingangs beschriebenen Aufopferungsgedanken[344] herleiten. Eine herausragende Rolle spielt dabei die Entschädigung für Eigentumsverletzungen. Die Enteignung als bedeutendster Spezialfall der Aufopferung hat schon früh eine eigene Regelung erfahren. Heute ist für Ansprüche aus Eigentumsverletzungen in erster Linie Art. 14 GG maßgeblich. In Fallgestaltungen, die nicht vom Schutzbereich des Art. 14 GG erfasst werden, nimmt der BGH jedoch weiterhin auf den allgemeinen Aufopferungsgedanken der §§ 74, 75 EinlALR Bezug.

Aus diesem Grund kommt es für das Verständnis der meisten aufopferungsrechtlichen Ansprüche darauf an, die Grundlagen der Eigentumsdogmatik zu beherrschen. Diese hat durch den so genannten Nassauskiesungsbeschluss des BVerfG[345] eine grundlegende Änderung und Neuausrichtung erfahren.

BGH früher: weiter Enteignungsbegriff

Bis zu dieser Entscheidung ging der BGH in st. Rspr. davon aus, dass Inhaltsbestimmungen nach Art. 14 I S. 2 GG stets entschädigungslos hinzunehmen sind. Es kam somit entscheidend darauf an, ob eine entschädigungspflichtige Enteignung i.S.d. Art. 14 III GG vorlag. Das sollte dann der Fall sein, wenn der Eingriff die Grenzen der Sozialpflichtigkeit (Art. 14 II GG) überschritt und somit zu einem Sonderopfer für den Betroffenen führte. Es gab also einen fließenden Übergang zwischen Inhaltsbestimmung und Enteignung. Eine Inhaltsbestimmung konnte, wenn sie sich besonders belastend auswirkte, in eine Enteignung „umschlagen".

früher: rein quantitative Abgrenzung nach der Schwere der Maßnahme

Die Abgrenzung zwischen Enteignung und Inhaltsbestimmung erfolgte allein nach quantitativen Kriterien. Im Falle eines solchen Sonderopfers konnte der Betroffene auch dann eine Entschädigung verlangen, wenn deren Inhalt und Ausmaß nicht wie von Art. 14 III S. 2 GG (der so genannten Junktimklausel[346]) verlangt einfachgesetzlich geregelt war. Des Weiteren machte der BGH keinen Unterschied zwischen einem rechtmäßigen und einem rechtswidrigen („enteignungsgleichen") Eingriff. Auch für atypische Nebenfolgen an sich rechtmäßigen Verwaltungshandelns gewährte er mittels des ebenfalls auf Art. 14 III GG fußenden Anspruchs aus „enteignendem Eingriff" eine Entschädigung ohne einfachgesetzliche Grundlage. Im Ergebnis gewährte der BGH eine unmittelbar aus der grundgesetzlichen Eigentumsgarantie hergeleitete Entschädigung für jedes die Sozialpflichtigkeit überschreitende Sonderopfer.

„dulde und liquidiere"

Diese Rechtsprechung hatte folgende Konsequenzen: Aus der Gleichstellung von rechtmäßigen und rechtswidrigen Eingriffen folgte, dass es dem Betroffenen gleichstand, ob er sich gegen einen rechtswidrigen Eingriff wehrte oder ihn hinnahm und stattdessen eine Entschädigung verlangte. Diese Möglichkeit des „Duldens und Liquidierens" führte dazu, dass sich die Bedeutung von Art. 14 GG weitgehend in einem Wertschutz erschöpfte.

---

344 Vgl. Rn. 5.
345 BVerfGE 58, 300 = Hemmer/Wüst, Classics Öffentliches Recht, E 80 = **jurisbyhemmer**.
346 Von lat. iungere „verknüpfen". Die Junktimklausel fordert eine Verbindung von Enteignung und Entschädigung.

Folge: Bedeutungsverlust des Gesetzgebers

Zum Zweiten hatte das Außerachtlassen der Junktimklausel zur Folge, dass nicht der Gesetzgeber, sondern ein Gericht über die Notwendigkeit und das Ausmaß einer Entschädigung bestimmte. Dies führte dazu, dass der Gesetzgeber so genannte salvatorische Klauseln[347] erließ, die vorschreiben, dass eine Entschädigung zu leisten sei, falls eine Maßnahme enteignend wirke. Es kam also häufig zu vom Gesetzgeber nicht vorhergesehenen und teils gar nicht vorhersehbaren Haftungsfällen und so zu finanziellen Belastungen der Staatskasse.

BGH gewann an Bedeutung

Schließlich sicherte das Prinzip des „dulde und liquidiere" dem BGH eine bedeutende Rolle in der Eigentumsrechtsprechung, denn gemäß der abdrängenden Sonderzuweisung des Art. 14 III S. 4 GG ist die Zivilgerichtsbarkeit für Entschädigungsfragen zuständig, während für den Primärrechtsschutz nach § 40 I S. 1 VwGO die Zuständigkeit der Verwaltungsgerichte gegeben ist. Fasst man aber mit dem BGH die Eigentumsgarantie in erster Linie als Wertgarantie auf, so verliert der Primärrechtsschutz gegenüber der Geltendmachung von Entschädigungsansprüchen an Bedeutung. Da der BGH die Verfassungswidrigkeit der Maßnahme durch das Gewähren einer Entschädigung „heilen" konnte, gab es in diesen Fällen auch keinen Anlass zur Vorlage des Gesetzes an das Bundesverfassungsgericht gemäß Art. 100 I GG. Auch das Bundesverfassungsgericht selbst hatte deshalb zunächst wenig Einfluss auf die Eigentumsdogmatik.

Wende in der Rspr.

Dieser Rechtsprechung hat das Bundesverfassungsgericht Anfang der Achtzigerjahre eine Absage erteilt und ihr ein völlig anderes Konzept gegenübergestellt:

198

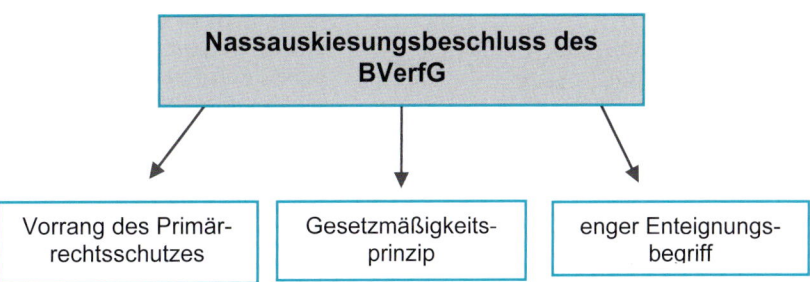

Prinzip der Gesetzmäßigkeit

I. Entschädigungen können grundsätzlich nur noch auf der Grundlage eines Gesetzes gewährt werden. Sieht der Gesetzgeber keine Entschädigung für eine Enteignung vor, ist die Enteignung rechtswidrig, und das Zivilgericht kann keine Entschädigung gewähren. Vielmehr muss es ein Enteignungsgesetz, das es, insbesondere im Hinblick auf die Junktimklausel, für verfassungswidrig hält, dem BVerfG gemäß Art. 100 I GG zur Entscheidung vorlegen. Das BVerfG hat nämlich das Verwerfungsmonopol für verfassungswidrige Gesetze. Das BVerfG stärkt also mit dieser Rechtsprechung nicht nur die Position des Gesetzgebers, sondern auch seine eigene zu Lasten des BGH. Die Bedeutung der Junktimklausel wird aufgewertet: sie hat eine wichtige Schutzfunktion für den Bürger. Eine Enteignung wird für ihn berechenbarer und er kann sich auf die gesetzlich angeordnete Entschädigung verlassen. Auf diesen Schutz könnte zwar der Bürger gegebenenfalls verzichten.

198a

---

347 Von lat. salvare „erretten". Salvatorische Klauseln sollen rechtserhaltend wirken, hier z.B. indem sie die Möglichkeit einer Entschädigung weiterhin offen halten; vgl. auch allgemein zu salvatorischen Klauseln im AGB-Recht Palandt-Grüneberg, vor § 307 BGB, Rn. 13.

Das Prinzip der Gesetzmäßigkeit der Entschädigung besteht aber auch im öffentlichen Interesse, vor allem soll dem Grundsatz der Gewaltenteilung (Art. 20 GG) und der Haushaltshoheit des Gesetzgebers (vgl. Art. 115 GG) Rechnung getragen werden. Es muss bereits vor Erlass eines Enteignungsgesetzes absehbar sein, welche Kosten dadurch auf die öffentliche Hand zukommen.

hemmer-Methode: Die entscheidende Konsequenz für die Klausur ist, dass die Prüfung eines Entschädigungsanspruchs aus Enteignung stets mit der Rechtsgrundlage beginnen muss.

ausgleichspflichtige Inhalts- und Schrankenbestimmungen

II. Im Umkehrschluss bedeutet das aber nicht, dass im Bereich der Inhalts- und Schrankenbestimmungen keine Entschädigungsansprüche möglich sind. In der sog. Pflichtexemparentscheidung[348] hat das BVerfG entschieden, dass der Gesetzgeber die Rechtmäßigkeit eines solchen Gesetzes dadurch sicherstellen kann, dass er für Härtefälle eine Entschädigung vorsieht. Durch die finanzielle Ausgleichsleistung wird die dem Eigentümer auferlegte Belastung auf ein zumutbares Maß reduziert. Auch bei Inhalts- und Schrankenbestimmungen sind also Entschädigungsansprüche möglich, für die aber gleichfalls eine gesetzliche Grundlage erforderlich ist.

Vorrang des Primärrechtsschutzes

III. Schließlich gilt nun der Grundsatz des Vorrangs des Primärrechtsschutzes. Der Betroffene muss sich soweit möglich gegen den Eigentumseingriff zur Wehr setzen, andernfalls verliert er seinen Entschädigungsanspruch. „Dulden und liquidieren" darf und muss er nur bei rechtmäßigen Eigentumseingriffen. Somit wird die Funktion des Art. 14 GG als Bestandsgarantie in den Vordergrund gerückt.

hemmer-Methode: Aus diesem Grundsatz folgt für die Klausurbearbeitung, dass sich die Prüfung eines Entschädigungsanspruchs nicht in der Subsumtion unter die Rechtsgrundlage erschöpft. Eine Entschädigung kann nämlich nur verlangt werden, wenn die Maßnahme rechtmäßig war oder der Primärrechtsschutz aus sonstigen Gründen nicht möglich war. Deshalb ist die staatliche Maßnahme auch nach der neuen Dogmatik im Rahmen der Prüfung des Entschädigungsanspruchs an Art. 14 GG zu messen. Die eben beschriebenen Grundsätze sind mittlerweile von den Instanzgerichten und im Wesentlichen auch der Literatur akzeptiert worden. Sie können und müssen deshalb uneingeschränkt in der Klausur zugrunde gelegt werden.

---

[348] BVerfGE 58, 137 = **juris**by**hemmer**.

§ 4 ENTSCHÄDIGUNGSANSPRUCH AUS ENTEIGNUNG GEMÄß ART. 14 III GG I.V.M. ENTSCHÄDIGUNGSGESETZ

Nach dem bisher Gesagten handelt es sich bei der Enteignungsentschädigung um einen „normalen" einfachgesetzlichen Anspruch. Da die Anspruchsgrundlage aber mit höherrangigem Recht, vor allem also Art. 14 III GG, im Einklang stehen muss, bietet es sich hier in Abweichung vom üblichen Anspruchsaufbau an, zuerst danach zu fragen, ob überhaupt eine Enteignung vorliegt, dann zu prüfen, ob die Enteignung rechtmäßig war um schließlich noch zum Umfang der Entschädigung Stellung zu nehmen.

Prüfung eines Anspruchs auf Enteignungsentschädigung:

I. Anspruchsgrundlage

    Art. 14 III GG i.V.m. einfachgesetzlicher Entschädigungsregelung

II. Vorliegen einer Enteignung

    1. Eigentum

    2. Gezielter hoheitlicher Rechtsakt

    3. Vollständige oder teilweise Entziehung

    4. Zur Erfüllung hoheitlicher Aufgaben

III. Rechtmäßigkeit der Enteignung

    ⇨ wegen des Vorrang des Primärrechtsschutzes

    1. Enteignung durch Gesetz oder aufgrund einer verfassungsgemäßen Rechtsgrundlage

    2. Allgemeinwohlbedürfnis

    3. Verhältnismäßigkeit

    4. Junktimklausel (Art. 14 III S. 2 GG)

    5. Verfahren

IV. Rechtsfolge:

    Entschädigung: Umfang, Mitverschulden, Vorteilsausgleich.

V. Anspruchsgegner

VI. Verjährung

A) Enteignung

Definition

Die Enteignung wird heute definiert als vollständige oder teilweise Entziehung vermögenswerter Rechtspositionen i.S.d. Art. 14 I S. 1 GG durch einen gezielten hoheitlichen Rechtsakt zur Erfüllung hoheitlicher Aufgaben.

I. Eigentum als enteignungsfähige Rechtsposition

Eigentum: jedes vermögenswerte Recht

Der Eigentumsgarantie kommt im Gesamtgefüge der Grundrechte die Aufgabe zu, dem Träger des Grundrechts einen Freiheitsraum im vermögensrechtlichen Bereich zu ermöglichen.[349]

---

[349] BVerfGE 24, 367 (389) = jurisbyhemmer.

Auf diese Weise ermöglicht das Eigentum eine freie Persönlichkeitsentfaltung. Es ist offensichtlich, dass angesichts dieser freiheitssichernden Funktion der Schutzbereich der Eigentumsgarantie über das Privateigentum i.S.d. § 903 BGB hinausreichen muss.

Der Schutzzweck des Art. 14 GG verlangt, dass grundsätzlich jedes vermögenswerte Recht in den Schutzbereich der Vorschrift fällt. Neben dem Eigentum i.S.d. BGB werden deshalb auch beispielsweise schuldrechtliche Forderungen, Anteilsrechte und Immaterialgüterrechte vom verfassungsrechtlichen Eigentumsbegriff erfasst.

normgeprägter Schutzbereich

Aus dem Sinn und Zweck der Verfassungsnorm kann aber nur hergeleitet werden, welche Rechte überhaupt vom Eigentumsbegriff erfasst sind. Die konkrete Ausgestaltung dieser Rechte muss hingegen vom Gesetzgeber vorgenommen werden. Art. 14 GG hat im Gegensatz zu anderen Grundrechten keinen vorgesetzlichen Inhalt, der ausnahmsweise durch Gesetz beschränkt werden kann, sondern der Schutzbereich dieses Grundrechts entsteht überhaupt erst durch einfachgesetzliche Vorschriften. Die Reichweite des Eigentums unterliegt also einem steten, durch die gesetzgeberische Tätigkeit bedingten Wandel, sodass der Schutzbereich immer nur in Bezug auf einen bestimmten Zeitpunkt festgestellt werden kann. Dementsprechend wird auch nur ein konkret vorhandener Bestand an Rechten geschützt, nicht aber Gewinnchancen, Aussichten und Erwartungen.

Die Prüfung, ob eine betroffene Rechtsposition enteignungsfähig ist, muss in zwei Schritten erfolgen. Die erste Frage, ob ein solches Recht überhaupt durch die Eigentumsgarantie geschützt wird, ist durch Auslegung von Art. 14 I S. 1 GG zu beantworten. Die Reichweite des Rechts als Folgefrage hingegen richtet sich nach der einfachen Rechtsordnung.

Bsp.: (1) Ein Gesetz verbietet es Urhebern, anderen an ihren Werken Nutzungsrechte einzuräumen. Ist das Eigentum der Urheber betroffen?

Schritt 1: Das Urheberrecht ist, da ein vermögenswertes Recht, dem Grunde nach vom Eigentumsbegriff umfasst.

Schritt 2: Das UrhG sah bis zum Zeitpunkt des Inkrafttretens des Änderungsgesetzes in § 31 UrhG (Schönfelder Nr. 65) die Möglichkeit der Einräumung von Nutzungsrechten vor.

⇨ Das Eigentumsrecht der Urheber ist betroffen.

(2) Ein Eigentümer will auf seinem Grundstück Kiesabbau bis in den Grundwasserbereich hinein („Nassauskiesung") betreiben. Ist durch eine Versagung der behördlichen Genehmigung das Eigentum des Grundstückseigentümers betroffen?

Schritt 1: Das Grundstückseigentum ist Eigentum i.S.d. Art. 14 GG.

Schritt 2: Nach § 4 II WHG (Sartorius Nr. 845) erstreckt sich das Grundeigentum aber nicht auf das Grundwasser.

⇨ Die Versagung verkürzt keine Rechte des Grundstückseigentümers, soweit § 4 II WHG verfassungsgemäß ist.

§ 4 ENTEIGNUNG

klausurrelevante Probleme

In folgenden Fällen sollte man auf den verfassungsrechtlichen Eigentumsbegriff näher eingehen:

eingerichteter und ausgeübter Gewerbebetrieb

1. Nach überwiegender Meinung[350] schützt Art. 14 GG auch den eingerichteten und ausgeübten Gewerbebetrieb. Gemeint ist damit das Unternehmen als wirtschaftliche Einheit, das durch Zusammenfügung sachlicher und persönlicher Mittel entstanden ist. Entscheidend ist in diesem Zusammenhang die Abgrenzung von Eigentums- und Berufsfreiheit. Als Faustregel gilt: Art. 14 GG schützt das Erworbene, Art. 12 GG hingegen den Erwerb.

Auch über den eingerichteten und ausgeübten Gewerbebetrieb werden daher keine Gewinn- und Erwerbschancen geschützt, sondern nur konkrete Rechtspositionen. Dazu zählt alles, was der Inhaber durch eigenen Kapital- und Arbeitseinsatz erworben hat, nicht jedoch die allgemeinen Rahmenbedingungen.

> **Bsp.:** Art. 14 GG schützt nicht eine vorteilhafte Lage des Betriebs[351], eine bestimmte Produktionsausgestaltung[352] und auch nicht vor dem Widerruf einer Konzession oder Genehmigung.[353] In einer Grundrechtsklausur würde sich aber eine Prüfung von Art. 12 GG anschließen.

Vermögen als solches

2. Unter ähnlichen Gesichtspunkten wird diskutiert, ob das Vermögen als solches den Schutz des Art. 14 GG genießt. Dabei geht es insbesondere um die Auferlegung von Geldleistungspflichten (Steuern u.s.w.) durch den Staat. Das Vermögen ist aber kein konkretes Recht, sondern der Inbegriff aller vermögenswerten Rechte einer Person. Durch Steuern werden keine Nutzungs- oder Ausschließungsbefugnisse an vermögenswerten Rechten verkürzt, der verfassungsrechtliche Eigentumsbegriff ist aber gerade an konkrete Rechtspositionen gebunden. Andererseits muss der steuerpflichtige Bürger zur Erfüllung der ihm auferlegten Geldleistungspflicht zwangsläufig über konkrete Eigentumspositionen verfügen. Ob und wieweit die Eigentumsgarantie vor diesem faktischen Zwang schützt, ist - sogar unter den beiden Senaten des BVerfG - umstritten[354]. Keine Probleme bereiten indessen Geldleistungspflichten, die unmittelbar an einzelne Rechtspositionen anknüpfen, beispielsweise steuerliche Belastungen bei Grundstücksveräußerungen. Hier würde das Grundeigentum beschränkt, indem die Übertragbarkeit dieses Rechts erschwert wird.

hemmer-Methode: Hier ist das Bemühen des BVerfG erkennbar, ein Ausufern des Schutzbereichs zu verhindern. Für ein ähnliches Problem sorgte die Einführung des Euro. Es wurde befürchtet, dass die Währungsumstellung zu verstärkter Inflation und damit zu einem Vermögensverlust führen könnte. Das Gericht konnte in seiner Entscheidung dazu die Frage offen lassen, ob Art. 14 GG auch vor krassem inflationsbedingtem Wertverlust schützt. Jedenfalls lehnt es im Grundsatz die staatliche Verantwortung für den Geldwert ab.[355]

subjektive öffentliche Rechte

3. Da auch viele öffentlich-rechtliche Rechtspositionen eine erhebliche freiheitssichernde Funktion haben, ist es konsequent, auch solche Rechte in den Schutzbereich von Art. 14 GG einzubeziehen.

---

350 Maunz/Dürig-Papier, Art. 14 GG, Rn. 95 ff. m.w.N.; das BVerfG hat diese Frage bis heute immer offen gelassen, BVerfG, NJW 2005, 589 = **Life&Law 2005, 250**.

351 BGHZ 48, 58 = **juris**byhemmer.

352 BVerfG, NJW 1992, 36 = **juris**byhemmer.

353 BVerwGE 62, 224 = **juris**byhemmer.

354 Siehe einerseits BVerfGE 93, 121 (137 f.); andererseits die abweichende Meinung von Böckenförde zu BVerfGE 93, 149, (154 f.), sowie BVerfGE 95, 267 (300) = **juris**byhemmer.

355 BVerfGE 97, 350 (371 f.) = **juris**byhemmer.

Diese öffentlich-rechtlichen Positionen müssen allerdings mit der rechtlichen Stellung eines Eigentümers vergleichbar sein. Das ist grds. der Fall, wenn die Position durch Einsatz der eigenen Arbeitskraft oder eigener wirtschaftlicher Mittel erlangt wurde, z.B. bei sozialversicherungsrechtlichen Ansprüchen. Bloße Gewährungen hingegen wie z.B. das Kindergeld, die Sozialhilfe oder die Wohnungsbauprämie stehen auf einer Ebene mit Gewinnchancen und sind daher nicht vom Eigentumsrecht umfasst.

Baufreiheit

4. Umstritten ist, ob die Baufreiheit, d.h. die Möglichkeit, sein Grundstück beliebig zu bebauen, vom verfassungsrechtlichen Eigentumsbegriff erfasst ist. Teilweise wird argumentiert, die privatrechtliche Eigentumsordnung sei heutzutage so weitgehend durch eine verwaltungsrechtliche Nutzungsordnung (planungs- und bauordnungsrechtliche Regelungen) überlagert, dass das Recht zu bauen nur noch auf einer konstitutiven öffentlich-rechtlichen Zuteilung beruhe.[356] Auch wenn man mit der h.M.[357] von einer verfassungsrechtlich gewährleisteten Baufreiheit ausgeht, handelt es sich natürlich nur um ein „der Idee nach" unbegrenztes Recht. Die verwaltungsrechtliche Nutzungsordnung konkretisiert dann einerseits den Schutzbereich, d.h. es besteht ein Anspruch auf Baugenehmigung nur im Rahmen der gesetzlichen Bedingungen. Andererseits stellt sie aber eben auch einen Eingriff in die Baufreiheit dar, der verfassungsrechtlich zu rechtfertigen ist.

Besitzrecht des Mieters

5. Das Besitzrecht des Mieters an der gemieteten Wohnung dient der Befriedigung elementarer Lebensbedürfnisse und wird durch Schutzrechte gegen jedermann abgesichert. Deshalb wird es als Eigentum im Sinne des Art. 14 I S. 1 GG angesehen.[358] Dem steht nicht die wegen § 540 BGB eingeschränkte Verfügungsbefugnis entgegen, da eine beliebige Übertragbarkeit nicht Voraussetzung für eine Qualifizierung als verfassungsrechtliches Eigentum ist. Allerdings darf nicht übersehen werden, dass auch der Vermieter sich auf Art. 14 GG berufen kann.

> **hemmer-Methode:** Bedeutung hat das Eigentumsrecht des Mieters in erster Linie im Zivil- und Zivilprozessrecht, etwa bei Räumungs- bzw. Räumungsschutzklagen. Soweit der Richter in solchen Verfahren unbestimmte Rechtsbegriffe anzuwenden hat, muss er die Grundrechte beider Parteien berücksichtigen, sog. Ausstrahlungswirkung der Grundrechte oder mittelbare Drittwirkung.[359] Keine Auswirkungen hat das Eigentumsrecht des Mieters im öffentlichen Baurecht. Hier wird der Mieter weiterhin nicht als Nachbar im baurechtlichen Sinn behandelt und ist damit weiterhin nicht klagebefugt im Rahmen einer Drittanfechtung.[360]

wichtigster Gesichtspunkt: eigene Leistung

Im Übrigen kommt es nach der Rechtsprechung des BVerfG[361] in Zweifelsfällen vor allem darauf an, ob ein Recht aufgrund eigener Leistungen entstanden ist. Es ist ein tragender Gedanke der Eigentumsgarantie, dass niemand um die Früchte seiner Arbeit gebracht werden soll.

---

356 Vgl. von Münch/Kunig-Bryde, Art. 14 GG, Rn. 14 m.w.N.
357 Brohm, Öffentliches Baurecht, S. 14 ff.; Maunz/Dürig-Papier, Art. 14 GG, Rn. 57.
358 BVerfGE 89, 1 (6 ff.) = **juris**byhemmer.
359 **Hemmer/Wüst, Staatsrecht I, Rn. 91 ff.**
360 BVerwG DVBl 98, 899 = **Life&Law 1998, 673**; vgl. auch OVG Lüneburg, NVwZ 1996, 918 = **Hemmer/Wüst, Classics Öffentliches Recht, E 51** = **juris**byhemmer.
361 Z.B. BVerfGE 51, 193 (217 f.) = **juris**byhemmer.

Grundrechtsträger

Träger des Grundrechts können alle natürlichen Personen und inländischen juristische Personen des Privatrechts nach Maßgabe von Art. 19 III GG sein.[362]

Juristische Personen des Öffentlichen Rechts hingegen können sich grds. nicht auf Grundrechte und folglich auch nicht auf Art. 14 GG berufen. Begründet wird dies damit, dass die juristische Person des Öffentlichen Rechts nicht gleichzeitig durch die Grundrechte berechtigt und - als Träger von Hoheitsgewalt - verpflichtet sein kann (sog. Konfusionsargument). Das Gleiche gilt nach h.M. auch für kommunale Gebietskörperschaften, wenngleich eine Mindermeinung[363] vertritt, dass Gemeinden der staatlichen Hoheitsgewalt im Hinblick auf ihr Eigentum in ähnlicher Weise wie Private unterworfen seien.

Zusammenfassende Darstellung des Schutzbereiches des Art. 14 GG für die Klausurprüfung:

> Wegen der **Normgeprägtheit** des Schutzbereiches kann dieser nur **probeweise eröffnet** werden. Es sind hierfür Positionen heranzuziehen, die **typischerweise geschützt oder nicht geschützt** werden:
>
> **I. Positiv (typischerweise geschützt)**
>
> ⇨ Sacheigentum
>
> ⇨ private vermögenswerte Forderungen
>
> ⇨ öffentlich-rechtliche Leistungen, wenn sie Äquivalent eigener Leistung sind
>
> **II. Negativ (typischerweise nicht geschützt)**
>
> ⇨ Vermögen als solches
>
> ⇨ bloße Chancen und Erwartungen
>
> ⇨ rechtswidrige Positionen

II. Gezielter hoheitlicher Rechtsakt

Legal- bzw. Administrativenteignung

Die Enteignung kann nur durch einen Rechtsakt erfolgen, nicht hingegen durch ein Unterlassen oder einen Realakt. Nach dem Wortlaut des Art. 14 III S. 2 GG sind Enteignungen entweder „durch Gesetz" als Legalenteignungen oder „auf Grund eines Gesetzes" als Administrativenteignungen möglich. Administrativenteignungen können nicht nur durch Verwaltungsakt, sondern auch durch Rechtsverordnungen oder Satzungen vorgenommen werden.

hoheitlich

Durch die Beschränkung auf hoheitliche Rechtsakte scheiden privatrechtliche Maßnahmen wie etwa die Ausübung eines vertraglichen Kündigungsrechts durch die öffentliche Hand aus.

Finalität

Schließlich muss es sich um eine gezielte Maßnahme handeln, die bewusst und gewollt auf den Entzug vermögenswerter Rechtspositionen gerichtet ist (Finalitätskriterium).[364]

---

362 Beachten Sie, dass Art. 19 III GG ggf. europarechtskonform auszulegen ist und dann auch für „europäische" juristische Personen gilt.
363 Vgl. von Münch/Kunig-Bryde, Art. 14 GG, Rn. 8; Zu Art. 103 I Bayerische Verfassung siehe BayVerfGH, BayVBl. 2001, 339 f. = **juris**by**hemmer**.
364 Von lat. final „auf einen bestimmten Zweck gerichtet".

Ein wichtiges Indiz gegen das Vorliegen einer Enteignung ist insoweit das Fehlen einer Entschädigungsregelung. Will der Gesetzgeber enteignen (finales, zielgerichtetes Handeln), dann sieht er auch eine Entschädigungsregelung vor, da er weiß, dass diese dann zwingend notwendig ist.

III. Vollständige oder teilweise Entziehung

Entzug

Unverzichtbares Merkmal einer entschädigungspflichtigen Enteignung nach Art. 14 III GG in der Abgrenzung zur grundsätzlich entschädigungslos hinzunehmenden Inhalts- und Schrankenbestimmung nach Art. 14 I S. 2 GG ist das Kriterium der vollständigen oder teilweisen Entziehung von Eigentumspositionen und der dadurch bewirkte Rechts- und Vermögensverlust.[365]

Nutzungsbeschränkungen keine Enteignung

Bloße Nutzungs- und Verfügungsbeschränkungen von Eigentümerbefugnissen können daher keine Enteignung sein,[366] selbst wenn sie die Nutzung des Eigentums nahezu oder völlig entwerten.[367]

Güterbeschaffung

Nach der Rechtsprechung des BVerfG muss zu dem Entzugsakt zwingend hinzukommen, dass der hoheitliche Zugriff auf das Eigentumsrecht zugleich eine **Güterbeschaffung** zugunsten der öffentlichen Hand oder des sonst Enteignungsbegünstigten ist.[368]

> **hemmer-Methode: Dieser Punkt war lange Zeit strittig. Es wurden in der Vergangenheit auch Entzugsakte als Enteignung behandelt, die mit einem bloßen Eigentumsverlust verbunden waren, ohne dass ein anderer in den Genuss der Eigentumspositionen gekommen wäre.[369] Anlass für die Klarstellung, dass ohne Güterbeschaffung keine Enteignung vorliegt, war die Verkürzung der Laufzeiten der Atomkraftwerke nach der Fukushima-Kathastrophe. In diesem bloßen Entzug einer Nutzungsmöglichkeit liegt nach dem BVerfG keine Enteignung.[370]**

Das BVerfG ist damit zum klassischen Enteignungsbegriff zurückgekehrt. Eine Enteignung stellt einen hoheitlichen Güterbeschaffungsvorgang dar, der anstatt eines freiwilligen privatrechtlichen Erwerbsgeschäfts das vermögenswerte Recht zwangsweise beschafft (deshalb auch „Zwangskauf" genannt).

Für ein Festhalten am klassischen, eine Güterbeschaffung verlangenden Enteignungsbegriff sprechen vor allem funktionale Gründe des Eigentumsschutzes, insbesondere dass ein praktischer Bedarf für den bloßen Eigentumsentzug, der nicht zugleich mit einem Übergang des Eigentums auf den Staat oder einen Drittbegünstigten verbunden ist, gerade dann besteht, wenn das Eigentumsrecht im weitesten Sinne bemakelt ist oder in sonstiger Weise als Gemeinwohllast wahrgenommen wird, der Staat also kein originäres Interesse an der Beschaffung des betroffenen Gegenstands aus Gründen des Gemeinwohls hat. Es entspricht der grundsätzlichen Sozialpflichtigkeit des Eigentums (Art. 14 II GG), den Eigentumsentzug in solchen Fällen nicht als entschädigungspflichtige Enteignung zu qualifizieren, sondern als Bestimmung von Inhalt und Schranken des Eigentums, die auch beim Entzug von Eigentum nur ausnahmsweise einen Ausgleich erfordert.

---

365 Vgl. BVerfGE 24, 367, 394; 52, 1, 27; 83, 201, 211.
366 Vgl. BVerfGE 52, 1, 26 ff.; 58, 137, 144 f.; 70, 191, 200; 72, 66, 78 f.
367 Vgl. BVerfGE 100, 226, 240; 102, 1, 16.
368 BVerfG, Urteil vom 6.12.2016, 1 BvR 2821/11; 1 BvR 1456/12; 1 BvR 321/12 = **Life&Law 08/2017** = jurisbyhemmer.
369 BVerfGE 83, 201.
370 BVerfG, Urteil vom 6.12.2016, 1 BvR 2821/11; 1 BvR 1456/12; 1 BvR 321/12 = **Life&Law 08/2017** = jurisbyhemmer.

V.a. aber spricht für das Kriterium der Güterbeschaffung, dass damit eine eindeutige Abgrenzung zwischen Enteignung einerseits und Inhalts- und Schrankenbestimmungen andererseits möglich ist und damit Rechtssicherheit gewährleistet ist. Enteignungen sind danach unschwer als solche zu erkennen: Entsprechend ihrer Zielsetzung muss sich ein abspaltbares Recht anstatt beim Betroffenen nun beim Begünstigten befinden.

> *Bsp.: Ein Grundstück wird zum Zwecke des Straßen- oder Schienenbaus enteignet. Hier geht durch den Enteignungsvorgang das Grundstückseigentum auf die öffentliche Hand über. In diesem Fall kann man in der Fallbearbeitung lapidar feststellen, dass es sich um einen Güterbeschaffungsvorgang handelt, und deshalb bereits eine Enteignung im klassischen Sinne vorliegt.*

Fazit

Der Anwendungsbereich der Enteignung ist demnach relativ gering. Enteignungen werden sich in erster Linie im Bereich infrastruktureller Maßnahmen wie Straßen- oder Schienenbau finden.

IV. Zur Erfüllung hoheitlicher Aufgaben

konkrete staatliche Aufgabe

Der hoheitliche Zugriff auf konkrete Eigentumsrechte muss zum Zweck der Durchführung eines konkreten, der Erfüllung öffentlicher Aufgaben dienenden Vorhabens, stattfinden.[371] Auch in diesem Merkmal liegt ein Unterschied zur Inhalts- und Schrankenbestimmung, die tendenziell auf die generelle Verwirklichung des Allgemeinwohls gerichtet ist.[372]

Abgrenzungsbeispiele

> *Bspe.: Kein konkretes allgemeinwohlbezogenes Vorhaben wird beispielsweise durch die polizeiliche Beschlagnahme oder die strafrechtliche Konfiskation durchgeführt.[373] Die Vermeidung weiterer Straftaten oder Gefährdungen ist vielmehr ein allgemein bestehendes staatliches Interesse, sodass etwa § 74 StGB eine Inhalts- und Schrankenbestimmung des Eigentums darstellt. Ebenfalls nicht dem öffentlichen, sondern allein dem privaten Interesse dient die Zwangsversteigerung[374], sowie die Umlegung von Bauland[375].*

hemmer-Methode: Vor allem wegen des Erfordernisses eines konkreten allgemeinwohlbezogenen Vorhabens gilt die Merkregel, dass nur noch klassische Güterbeschaffungsvorgänge Enteignungen sind.

hier nur Zweckrichtung prüfen!

Abzustellen ist an dieser Stelle allein auf die (vermutliche) Intention des Hoheitsträgers. Ob das Vorhaben tatsächlich dem Allgemeinwohl dient, ist allein eine Frage der Rechtmäßigkeit.

B) Rechtmäßigkeit der Enteignung

Wegen des vom BVerfG entwickelten Vorrangs des Primärrechtsschutzes muss sich der Betroffene gegen eine rechtswidrige Enteignung mittels einer verwaltungsgerichtlichen Klage zur Wehr setzen, „dulden und liquidieren" darf er nicht. Voraussetzung des Entschädigungsanspruchs ist demnach die Rechtmäßigkeit der Enteignung. Bei einer rechtswidrigen Enteignung ist eine Entschädigung nur dann denkbar, wenn die Enteignung trotz rechtzeitiger Klage des Betroffenen nicht mehr rückgängig gemacht werden kann.

---

371 BVerfGE 104, 1 (10) = **juris**by**hemmer**.
372 Detterbeck/Windhorst/Sproll, S. 321.
373 BVerfGE 22, 387 (422) = **juris**by**hemmer**.
374 BVerfGE 20, 351 (359). = **juris**by**hemmer**.
375 BVerfGE 104, 1 (10) = **juris**by**hemmer**; vgl. dazu Winkler, JA 2002, 197 ff.

I. Gesetzmäßigkeit

Vorbehalt des Gesetzes

Enteignungen dürfen nach Art. 14 III S. 2 GG nur durch Gesetz als Legalenteignung oder auf Grund eines Gesetzes als Administrativenteignung erfolgen.

hemmer-Methode: Das Erfordernis eines formellen Gesetzes ist in diesem Zusammenhang eine Selbstverständlichkeit, da Enteignungen Akte der Eingriffsverwaltung sind, für die der rechtsstaatliche (Art. 20 III GG) Grundsatz des Vorbehalts des Gesetzes gilt.

1. Administrativenteignungen

allgemeine Rechtmäßigkeitsprüfung

Bei Administrativenteignungen ist folglich entsprechend des herkömmlichen Schemas für die Prüfung belastender Verwaltungsakte bzw. untergesetzlicher Rechtsnormen nicht nur durch Subsumtion zu ermitteln, ob ein einschlägiges formelles Gesetz existiert. Vielmehr ist auch dieses Gesetz wiederum an höherem Recht zu messen, es ist also eine inzidente Überprüfung der formellen und materiellen Rechtmäßigkeit der gesetzlichen Grundlage vorzunehmen.

Verbandskompetenz

Dabei stellt sich zunächst die Frage der Gesetzgebungskompetenz. Die Zuständigkeit in Enteignungssachen ist nicht einheitlich geregelt, sondern der Bund hat nach Art. 74 I Nr. 14 GG die konkurrierende Gesetzgebungskompetenz für Enteignungen auf Sachgebieten, die nach Art. 73 und 74 GG in seinen Zuständigkeitsbereich fallen. Es handelt sich dabei um einen Fall einer ausdrücklich geregelten Annexkompetenz.[376]

In Sachbereichen hingegen, für die nach der Grundsatzregel des Art. 70 I GG eine Landesgesetzgebungskompetenz besteht, oder die etwa nach Art. 105 GG durch den Bund zu regeln sind, können nur die Länder zu Enteignungen ermächtigen.

hemmer-Methode: Aus dieser Zuständigkeitsverteilung kann man auch herleiten, in welchen Gesetzen man Enteignungsnormen suchen muss. Geht es beispielsweise um eine Enteignung zur Verwirklichung eines Bebauungsplanes, wird man in den §§ 85 ff. des BauGB fündig und nicht in einer Landesbauordnung, da gemäß Art. 74 I Nr. 18 GG das Bodenrecht der konkurrierenden Gesetzgebungskompetenz des Bundes unterliegt.

Bestimmtheit

Des Weiteren ist in besonderer Weise darauf zu achten, dass die gesetzliche Grundlage dem Parlamentsvorbehalt genügt. Nach der so genannten Wesentlichkeitsrechtsprechung des BVerfG erschöpft sich der Vorbehalt des Gesetzes nicht in der Forderung nach einer gesetzlichen Grundlage für Grundrechtseingriffe, sondern verlangt weitergehend, dass alle wesentlichen Fragen vom Parlament selbst entschieden werden.[377]

Die gesetzlichen Regelungen müssen umso genauer sein, je schwerwiegender ihre Auswirkungen sind. Wegen ihrer enormen Tragweite sind Enteignungen stets wesentlich in diesem Sinne, sodass ein Enteignungsgesetz regeln muss, unter welchen Voraussetzungen und in welchem Umfang in das Eigentum eingegriffen werden kann.

---

376 Maurer, § 27 Rn. 73.
377 BVerfGE 95, 267 (307) = **juris**by**hemmer**.

Auch müssen die maßgeblichen Gemeinwohlgründe (Art. 14 III S. 1 GG) erläutert werden. Ein gutes Beispiel liefern die §§ 85 ff. BauGB. In § 87 BauGB werden die Voraussetzungen einer Enteignung erläutert, in § 92 BauGB der Umfang, und in § 85 BauGB werden die einschlägigen Gemeinwohlgründe aufgezählt.

Prüfungsschema Administrativenteignung:

I. Ermächtigungsgrundlage

1. Formelle Rechtmäßigkeit, insb.

   ⇨ Zuständigkeit: v.a. Verbandskompetenz nach Art. 70 I GG oder Art. 74 I Nr. 14 GG i.V.m. Art. 73, 74 GG

   ⇨ Verfahren und Form

2. Materielle Rechtmäßigkeit

   ⇨ insb. Bestimmtheit, Wesentlichkeitstheorie

II. Formelle Rechtmäßigkeit der enteignenden Maßnahme

III. Materielle Rechtmäßigkeit der enteignenden Maßnahme

---

2. Legalenteignung

Legalenteignung nur Ausnahmefall

Im Falle der Legalenteignung kann nur die formelle und materielle Rechtmäßigkeit des Enteignungsgesetzes selbst überprüft werden. Hier ist aber in besonderer Weise darauf einzugehen, ob mit der Enteignung durch formelles Gesetz überhaupt eine zulässige Handlungsform gewählt wurde. Nach h.M. soll das Instrument der Legalenteignung nämlich die Ausnahme sein.

Das wird zum einen mit dem verkürzten Rechtsschutz des Bürgers gegen Parlamentsgesetze begründet[378], da § 47 VwGO sich nicht auf Parlamentsgesetze bezieht und somit nur die Verfassungsbeschwerde gemäß Art. 93 I Nr. 4a GG zum Bundesverfassungsgericht statthaft ist (bzw. bei Landesgesetzen auch eine Überprüfung durch das Verfassungsgericht des jeweiligen Landes). Zum anderen wird mit dem Grundsatz der Gewaltenteilung argumentiert: die Enteignung sei eine typische Aufgabe der Verwaltung, die Legalenteignung sei folglich ein eigentlich systemwidriger Fall von „Verwaltung durch Gesetz". Bei einer Enteignung durch formelles Gesetz ist daher das Bedürfnis nach dieser Handlungsform besonders zu begründen. So darf beispielsweise bei einem mit Enteignungen verbundenen Großprojekt von einer behördlichen Planfeststellung nur dann abgesehen werden, wenn nur durch eine umfassende gesetzliche Regelung erhebliche Nachteile für das Gemeinwohl vermieden werden können.[379]

---

378 BVerfGE 24, 367 (401 ff.) = **juris**by**hemmer**.
379 BVerfGE 95, 1 (22) = **juris**by**hemmer**.

II. Allgemeinwohlbedürfnis

Gemeinwohlbegriff

Gemäß Art. 14 III S. 1 GG ist eine Enteignung nur zum Wohle der Allgemeinheit zulässig. Bei dem Gemeinwohl handelt es sich um einen unbestimmten Rechtsbegriff, dem der Gesetzgeber in den Enteignungsgesetzen erst nähere Konturen verleihen muss.[380] Die einfachgesetzliche Konkretisierung muss aber den verfassungsrechtlichen Anforderungen des Art. 14 III S. 1 GG genügen.

218

Diese sind eng auszulegen, im Mittelpunkt steht der Bestandsschutz des Eigentümers, der nur ausnahmsweise durchbrochen werden soll.[381] Auf die freiheitssichernde Funktion seines Eigentums muss der Betroffene nur verzichten, wenn dem ein besonders schwerwiegendes, dringendes Interesse gegenübersteht.[382] Bloße Nützlichkeitserwägungen reichen ebenso wenig aus wie fiskalische Interessen, also die Vermehrung des Staatsvermögens.

Enteignung zugunsten Privater

Aus dem Gemeinwohlbedürfnis folgt im Umkehrschluss aber nicht, dass Begünstigter einer Enteignung kein Privatrechtssubjekt sein dürfte. Das Allgemeinwohl kann durchaus danach verlangen, einem Privaten vermögenswerte Rechte zukommen zu lassen. Offensichtlich ist das dann, wenn der Zweck eines privaten Unternehmens die Erfüllung öffentlicher Aufgaben ist. Da der Staat etwa bei der Daseinsvorsorge frei zwischen beiden Rechtsformen wählen kann, müssen in diesen Bereichen auch bei der Enteignung privatrechtliche und öffentlich-rechtliche Unternehmen gleichbehandelt werden. Schwieriger ist hingegen die Situation, wenn sich der Nutzen für das Allgemeinwohl nicht aus dem Unternehmensgegenstand selbst ergibt, sondern nur mittelbare Folge der Unternehmenstätigkeit ist.

218a

> *Bsp.: Das Unternehmen leistet einen Beitrag zur Bekämpfung von Arbeitslosigkeit, Förderung strukturschwacher Regionen.*

Auch in diesen Fällen behält der Grundsatz, dass die Rechtsform des Begünstigten keine Rolle spielt, seine Gültigkeit. Man muss allerdings berücksichtigen, dass ein „normales" privates Unternehmen in erster Linie bestrebt ist, seine eigenen Interessen, vor allem also den Profit, zu fördern.

Deswegen muss der Gesetzgeber durch eine effektive rechtliche Bindung des Privaten sicherstellen, dass der Gemeinwohlbezug auf Dauer garantiert ist.[383] Das dürfte in der Regel nur durch eine Legalenteignung möglich sein.[384]

III. Verhältnismäßigkeit

Enteignung nur ultima ratio

Die Enteignung muss verhältnismäßig sein, also zur Verwirklichung des gemeinwohlbezogenen (Gemeinwohl als legitimer Zweck) Vorhabens geeignet, erforderlich und angemessen sein. Da die Enteignung einen sehr intensiven Grundrechtseingriff mit sich bringt, ist im Rahmen der Erforderlichkeit besonders sorgfältig zu überprüfen, ob nicht ein milderes, gleich effektives Mittel zur Verfügung steht.

219

---

380   Vgl. das eben schon zitierte Beispiel des § 85 BauGB.
381   Detterbeck/Windthorst/Sproll, S. 332; von Münch/Kunig-Bryde, Art. 14 GG, Rn. 80.
382   BVerfGE 74, 264 (289). Vgl. zuletzt OVG Hamburg, NVwZ 2005, 105; dazu Lenz, NJW 2005, 257 ff. = **juris**by**hemmer**.
383   BVerfGE 74, 264 (285 f.); zu den Anforderungen v.a. im Rahmen einer planerischen Abwägung vgl. OVG Hamburg, NVwZ 2005, 105; dazu Lenz, NJW 2005, 257 ff. = **juris**by**hemmer**.
384   Vgl. dazu Maurer, § 27 Rn. 60.

Kann etwa das benötigte Grundstück auch durch privatrechtlichen Kaufvertrag erworben werden, oder ist statt der Vollenteignung auch eine dingliche Belastung oder ein obligatorischer Vertrag ausreichend, so darf nicht zu der ultima ratio der gänzlichen Enteignung gegriffen werden.

Bsp.:[385] *Die Gemeinde G nutzte seit Jahrzehnten ein Grundstück aufgrund eines Pachtvertrages mit Eigentümer E als Sportgelände. Nachdem Verhandlungen mit E über einen Verkauf des Grundstücks gescheitert waren und E den Pachtzins erhöhen wollte, beantragte G die Enteignung zu ihren Gunsten.*

Fraglich ist, ob diese Enteignung verhältnismäßig wäre. Dazu müsste sie dem Gemeinwohl dienen, geeignet, erforderlich und angemessen sein. Zwar dient die Bereitstellung eines Sportgeländes dem Gemeinwohl und die Enteignung ist auch geeignet, diesen Zweck zu verwirklichen. Hier war eine Enteignung jedoch nicht erforderlich, da G als mildere und gleich effektive Maßnahme an dem Pachtvertrag festhalten oder einen Kaufvertrag abschließen könnte. Dass dies G zu teuer war, ist unerheblich, da nicht aus fiskalischen Gründen oder allgemeinen Zweckmäßigkeitserwägungen heraus enteignet werden darf.

IV. Junktimklausel

Bestimmtheit wegen Warnfunktion

220 Zwar sollte man die Entschädigungsregelung als Anspruchsgrundlage gleich zu Beginn des Prüfungsaufbaus erwähnen, im Rahmen der Rechtmäßigkeitsprüfung der Enteignung kann es jedoch angezeigt sein, näher darauf einzugehen. Es kommt nämlich nicht nur darauf an, dass überhaupt eine Entschädigung vorgesehen ist, sondern die Anspruchsgrundlage muss auch den Anforderungen des Art. 14 III S. 2 GG entsprechen. Dabei gewinnt die Warnfunktion der Junktimklausel[386], die dem Gesetzgeber bewusst machen soll, dass die von ihm beschlossene Maßnahme aus Haushaltsmitteln zu entschädigen sein wird, eine entscheidende Bedeutung. Dieser Aufgabe kann ein Entschädigungsgesetz nur gerecht werden, wenn es so bestimmt formuliert ist, dass die finanziellen Belastungen absehbar und überschaubar sind.

salvatorische Klauseln

220a Unter dem Gesichtspunkt der Bestimmtheit werden vor allem die „salvatorischen Klauseln" (auch „Angst-Klauseln" genannt) diskutiert. Diese Klauseln sehen vorsorglich eine Entschädigung für den Fall vor, dass eine Maßnahme eine Enteignung darstellt. Solche Klauseln stammen noch aus der Zeit, als von der Rechtsprechung ein materieller, quantitativer Enteignungsbegriff vertreten wurde.

Die Frage, ob die Auswirkungen einer Maßnahme die Grenzen der Sozialbindung überschreiten werden, war im Vorhinein nicht ohne Weiteres zu klären. Für den Gesetzgeber stellte sich somit folgendes Problem: Ließ er die Junktimklausel weg, riskierte er die Rechtswidrigkeit der Enteignung, nahm er sie unnötigerweise auf, eine unnötige Entschädigung. Deshalb akzeptierte die Rechtsprechung die eigentlich zu unbestimmten salvatorischen Klauseln. Nachdem sich aber nun im Anschluss an das BVerfG ein formaler, qualitativer Enteignungsbegriff durchgesetzt hat, ist der Enteignungscharakter und somit auch die Entschädigungspflicht absehbar geworden. Den Notbehelf der salvatorischen Klauseln braucht es folglich heute nicht mehr. Nach h.M.[387] sind deshalb auch die zahlreichen noch existenten[388] Klauseln dieser Art wegen Unbestimmtheit verfassungswidrig, sodass ein Anspruch auf Enteignungsentschädigung darauf nicht gestützt werden kann.

---

385 Nach BVerfG, BayVBl. 1999, 178 = **jurisbyhemmer**.
386 Siehe dazu bereits in der Einleitung.
387 Von Münch/Kunig-Bryde, Art. 14 GG, Rn. 90 m.w.N.
388 Z.B. Art. 36 BayNatSchG (abgedruckt in Ziegler/Tremel Nr. 530).

V. Verfahren

Schließlich müssen die einschlägigen Zuständigkeits- und Verfahrensvorschriften eingehalten worden sein. Diese müssen wiederum der Bestandsgarantie des Art. 14 III GG gerecht werden, indem sie die Interessen des Eigentümers in ausreichendem Maße berücksichtigen. Mustergültig ist das in den §§ 104 ff. BauGB umgesetzt.

VI. Sonderfall: Enteignungsrechtliche Vorwirkung

grundsätzlich keine Bindungswirkung vorangehender behördlicher Entscheidungen

Der Entschluss zur Durchführung einer Enteignung kann unter Umständen durch vorangehende Entscheidungen der Verwaltung beeinflusst sein. Dadurch entstehen aber grundsätzlich keine rechtlichen Bindungen, alle Enteignungsvoraussetzungen müssen geprüft werden.

spezialgesetzlich angeordnete Fälle der Vorwirkung

Ausnahmen davon findet man häufig im Planungsrecht. Die Gestaltungs- und Duldungswirkung der Planfeststellung (§ 75 I S. 2, II VwVfG) hat noch nicht zur Folge, dass private Rechte auf den Träger des Vorhabens übertragen werden. Deswegen muss nach Durchführung eines Planfeststellungsverfahrens erforderlichenfalls noch ein gesondertes Enteignungsverfahren betrieben werden um die für das Vorhaben nötigen privaten Rechte in Anspruch nehmen zu können. Häufig sehen spezialgesetzliche Regelungen[389] vor, dass bereits im Planfeststellungsverfahren über die Zulässigkeit einer Enteignung entschieden werden kann, und dass diese Feststellung für das Enteignungsverfahren bindend wirkt. Der betroffene Eigentümer kann sich dann im Enteignungsverfahren nur noch gegen die Höhe der Entschädigung wehren. Will er sich gegen die Enteignung als solche wehren, so muss er rechtzeitig gegen den Planfeststellungsbeschluss vorgehen und in diesem Verfahren die Rechtswidrigkeit des geplanten Eigentumsentzugs rügen.[390]

Bebauungsplan: keine Vorwirkung

Keine Bindungswirkung entfaltet der Bebauungsplan.[391]

> **Bsp.:**[392] E wendet sich gegen die Enteignung seines Grundstücks zum Zweck der Errichtung einer im Bebauungsplan festgesetzten Erschließungsstraße für ein Neubaugebiet. Er behauptet, die Inanspruchnahme seines Grundstücks sei nicht erforderlich, da stattdessen eine andere Straße hätte fortgeführt werden können, ohne private Grundstücke zu enteignen. Die zuständige Behörde entgegnet, dies betreffe die konzeptionellen Grundzüge der Planung, welche im Enteignungsprozess keiner gerichtlichen Kontrolle unterlägen.
>
> Fraglich ist, ob der Bebauungsplan hier insoweit eine Bindungswirkung (enteignungsrechtliche Vorwirkung) entfaltet, sodass die Rechtmäßigkeit der Enteignung nicht mehr vollumfänglich geprüft werden kann. Nach Art. 14 III GG ist eine Enteignung nur zum Wohle der Allgemeinheit zulässig. Es muss außerdem zur Erfüllung einer bestimmten öffentlichen Aufgabe zwingend erforderlich sein, den konkreten Eigentumsbestand in die Hand des Staates zu bringen. Diese Rechtmäßigkeitsvoraussetzungen der Enteignung sind vom Gericht zu prüfen.

---

389 Z.B. § 19 FStrG (abgedruckt in Sartorius Nr. 932), § 44 WaStrG (abgedruckt in Sartorius Nr. 971), § 28 LuftVG, § 22 AEG, sowie allgemein Art. 28 BayEG (abgedruckt in Ziegler/Tremel Nr. 175).
390 Maurer, § 27 Rn. 59.
391 BGH, UPR 2002, 104 = **jurisbyhemmer**; Rinne/Schlick, NJW 2004, 1844 (1845).
392 Nach BVerfG, NVwZ 2003, 726 = **jurisbyhemmer**.

Es ist dabei keine Bindung an das Abwägungsergebnis des Bebauungsplans gegeben, obwohl darin bereits öffentliche und private Belange einbezogen wurden, denn der Bebauungsplan berücksichtigt noch nicht die Frage der zwangsweisen Durchsetzung der Festsetzungen.

Es besteht mithin keine enteignungsrechtliche Vorwirkung. Der Bebauungsplan ist für die enteignungsrechtliche Abwägung nur in seiner städtebaulichen Zielsetzung bindend.

hemmer-Methode: Für die Klausur muss man sich merken, dass eine enteignungsrechtliche Vorwirkung nur bei spezialgesetzlicher Regelung in Betracht kommt. Von Bedeutung ist es ferner, sich klar zu machen, dass ein der Enteignung zugrunde liegender Bebauungsplan diese Wirkung gerade nicht hat.

C) Rechtsfolge: Entschädigung

Wesen der Entschädigung

Bei Vorliegen einer rechtmäßigen Enteignung kann der Enteignete Entschädigung verlangen. Art. 14 III S. 3 GG legt in sehr allgemeiner Form die für die Ausgestaltung der Entschädigung maßgeblichen Kriterien fest, nämlich eine Abwägung der Interessen der Allgemeinheit und der Beteiligten. Aus der Junktimklausel folgt, dass der Entschädigungsumfang dem einschlägigen Enteignungsgesetz zu entnehmen ist, z.B. den §§ 93 ff. BauGB. Keinesfalls dürfen die §§ 249 ff. BGB - und sei es auch nur sinngemäß - herangezogen werden.

Enteignung ↔ Schadensersatz

Es besteht ein grundlegender Unterschied zwischen Schadensersatz und Entschädigung.[393] Die Entschädigung ist gerade nicht darauf gerichtet, sämtliche Folgen des schädigenden Ereignisses ungeschehen zu machen. Insbesondere wird keine Differenzhypothese wie in § 249 I BGB aufgestellt, sondern es ist primär der durch die Enteignung eintretende Rechtsverlust auszugleichen. Der Unterschied zeigt sich vor allem daran deutlich, dass aus Enteignung kein entgangener Gewinn (§ 252 BGB) verlangt werden kann, da die hypothetische weitere Vermögensentwicklung für die Entschädigung außer Betracht bleibt.

grds. Verkehrswert

Trotzdem wird als Bemessungsgrundlage nicht der Wert des Eigentumsrechts zum Zeitpunkt des Entzugs, sondern der Verkehrswert zum Zeitpunkt der gerichtlichen Entscheidung herangezogen (vgl. z.B. §§ 95 I, 194 BauGB). Der Betroffene soll in die Lage versetzt werden, eine Sache gleicher Art und Güte zu erwerben.[394]

Umstritten ist, ob der Gesetzgeber im Einzelfall auch eine unter dem Verkehrswert liegende Entschädigung vorsehen kann.[395] Dafür spricht der Wortlaut des Art. 14 III S. 3 GG, der eine Abwägung vorschreibt, die bei entsprechender Interessenlage eben auch zu Lasten des Enteigneten ausfallen kann. Zumeist wird gleichwohl in vollem Umfang entschädigt.[396] Wie die §§ 99 ff. BauGB zeigen, bedeutet die Festlegung des Verkehrswerts nicht, dass die Entschädigung zwingend in Geld erfolgen muss, was aber der Normalfall ist.

---

393 S.o. Rn. 6.
394 BGHZ 39, 198 (199 f.).
395 Vgl. von Münch/Kunig-Bryde, Art. 14 GG, Rn. 92 ff.
396 Vgl. neben den §§ 95 I, 194 BauGB auch Art. 10 I BayEG für Bayern.

unmittelbare Folgekosten

Neben dem Substanzverlust sind auch Vermögensnachteile zu entschädigen, die dem Betroffenen unmittelbar im Zusammenhang mit der Enteignung entstehen, z.B. Umzugskosten (vgl. §§ 93 II Nr. 2, 96 BauGB). Mittelbare Folgekosten hingegen müssen nicht entschädigt werden.[397]

Vorteilsausgleich/Mitverschulden

Die einzige Übereinstimmung zum Schadensersatzrecht ist, dass sich auch der Entschädigungsumfang entsprechend dem Rechtsgedanken des Vorteilsausgleichs beziehungsweise des Mitverschuldens (§ 254 BGB) reduzieren kann.

D) Verjährung

nach Schuldrechtsreform str.

Die Frage der Verjährung staatshaftungsrechtlicher Ansprüche ist seit der Schuldrechtsreform umstritten. Nach einer Ansicht gilt nun die regelmäßige Verjährungsfrist von drei Jahren (§ 195 BGB), andere hingegen wollen die alte 30-jährige Regelverjährung fortgelten lassen.[398] Als weitere Lösung wird vorgeschlagen, nun das Verjährungsregime des (nichtigen) Staatshaftungsgesetzes zu übernehmen, das sich von § 195 BGB durch andere Verjährungshöchstfristen unterscheidet.[399] Entscheidend ist vor allem die Frage, ob sich durch die jahrzehntelang vorgenommene Analogie zu den Vorschriften des BGB Gewohnheitsrecht herausgebildet hat, das nur ausdrücklich durch den Gesetzgeber geändert werden kann. Außerdem steht in Zweifel, ob die neuen Verjährungsregeln auf das Öffentliche Recht passen, insbesondere ob die extreme Verkürzung der Fristen dem Verhältnismäßigkeitsgrundsatz entspricht.

224

Für Bayern ist aber Art. 71 I AGBGB[400] zu beachten, der an die Schuldrechtsreform angepasst wurde. Ein ausführliches Eingehen auf die Diskussion erübrigt sich dann in der Klausur.

E) Anspruchsgegner

Begünstigter ist Anspruchsgegner

Entschädigungsverpflichteter ist der durch die Enteignung Begünstigte (vgl. z.B. § 94 II S. 1 BauGB). Das kann unter Umständen auch ein Privater sein.[401] Bei Hoheitsträgern kommt es darauf an, wessen Aufgaben mittels der Enteignung wahrgenommen wurden.

225

Entsprechend der in der Bundesrepublik geltenden Verteilung der Verwaltungskompetenzen, vgl. Art. 83 ff. GG, ist also entschädigungspflichtig bei Enteignungen zur Erfüllung rein örtlicher Aufgaben die Gemeinde, bei Enteignungen im überörtlichen Interesse vor allem das Bundesland.

F) Rechtsweg

Wegen der Regelung des Art. 14 III S. 4 GG kommt es für den einzuschlagenden Rechtsweg darauf an, ob im Wege des Primärrechtsschutzes gegen die Enteignung vorgegangen wird, oder ob auf Entschädigung aus Enteignung geklagt wird.

226

---

397 Z.B. Maklergebühren. Die Abgrenzung zwischen mittelbaren und unmittelbaren Folgekosten ist schwierig und wird in der Praxis anhand von bestimmten Fallgruppen vorgenommen. Für die Klausur kann es deshalb nur darauf ankommen, die einfachgesetzliche Anspruchsgrundlage zu finden.
398 Beide Ansichten dargestellt bei Palandt-Ellenberger, § 195 BGB, Rn. 20 m.w.N.
399 Heselhaus, DVBl. 2004, 411.
400 Abgedruckt in Ziegler/Tremel Nr. 130.
401 Siehe oben, Rn. 218.

§ 4 ENTEIGNUNG

Primärrechtsschutz

Soll die Enteignung selbst angegriffen werden, ist in aller Regel gemäß § 40 I S. 1 VwGO der Rechtsweg zu den Verwaltungsgerichten eröffnet. Bei Enteignungen durch Verwaltungsakt ist die Anfechtungsklage gemäß § 42 I Alt. 1 VwGO statthaft, bei Enteignungen durch Satzungen und untergesetzlichen Normen kommt ein Normenkontrollantrag nach § 47 VwGO in Betracht. Bei der äußerst seltenen Legalenteignung durch förmliches Gesetz ist dagegen allein die Verfassungsbeschwerde gemäß Art. 93 I Nr. 4a GG zum Bundesverfassungsgericht statthaft.

Entschädigung

Ist nur die Höhe der Entschädigung streitig, ist nach Art. 14 III S. 4 GG der ordentliche Rechtsweg einschlägig. Die Zivilgerichte entscheiden im Rahmen ihrer Vorfragenkompetenz auch darüber, ob eine rechtmäßige Enteignung vorliegt, denn wegen des Vorrangs des Primärrechtsschutzes kann nur dann eine Entschädigung gefordert werden. An rechtskräftige Entscheidungen der Verwaltungsgerichte über die Rechtmäßigkeit der Enteignung sind sie aber gebunden.

hemmer-Methode: In beiden Fällen ist darüber hinaus die Vorlagepflicht des Art. 100 I GG zu beachten!

§ 5 AUSGLEICHSPFLICHTIGE INHALTSBESTIMMUNG

Während die Junktimklausel für die Enteignung eine Entschädigung zwingend vorsieht, sind Inhalts- und Schrankenbestimmungen grundsätzlich entschädigungslos hinzunehmen. Der Gesetzgeber kann sich jedoch einer Entschädigungsregelung bedienen, um Härtefälle abzufedern und so die Rechtmäßigkeit des gesamten Gesetzes zu wahren.

hemmer-Methode: Darin liegt ein wesentlicher Unterschied zur alten Dogmatik. Dort war die Inhaltsbestimmung gerade dadurch gekennzeichnet, dass sie keine Entschädigung erforderte. Sobald eine Norm unverhältnismäßig wirkte, galt sie ja als entschädigungspflichtige Enteignung. Der enge Enteignungsbegriff führt deshalb dazu, dass viele Gesetze, die früher als Enteignungsregelungen qualifiziert worden wären, jetzt als Inhaltsbestimmungen einzustufen sind. Um deren Verhältnismäßigkeit sicherzustellen, kann eine Entschädigungsregelung erforderlich sein.

1. Fallgruppe: Ausgleich von „Härtefällen"

Bsp. (1):[402] *Ein Gesetz verpflichtet alle Verleger, von jedem publizierten Buch ein Belegstück (Pflichtexemplar) an eine staatliche Bibliothek abzugeben.*

Fraglich ist zuerst, ob es sich um eine Inhalts- und Schrankenbestimmung oder um eine Enteignung handelt. Nach dem bereits Gesagten handelt es sich um eine Inhaltsbestimmung und nicht um eine Enteignung, da eine abstrakt-generelle Neubestimmung der Eigentumsrechte der Verleger vorgenommen wurde. Das gilt unabhängig davon, ob auch bereits existente Bücher erfasst werden (keine „uno-actu-Theorie", s.o.). Art. 14 III S. 2 GG ist deshalb nicht anwendbar.

Die Inhalts- und Schrankenbestimmung könnte aber wegen der pauschalen Gleichbehandlung aller Verleger unverhältnismäßig sein. Dies könnte v.a. in Fällen gelten, in denen Verleger von sehr aufwendigen Büchern mit kleinen Auflagen betroffen sind. Das Gesetz ist deshalb insgesamt nur dann rechtmäßig, wenn ein Ausgleich für solche Härtefälle vorgesehen ist, z.B. eine Entschädigungsregelung.

Des Weiteren kann der Gesetzgeber eine Entschädigungsregelung vorsehen, wenn er auf einem bestimmten Sachgebiet eine Neuregelung der Eigentumsordnung bezweckt. Es handelt es sich dabei um eine Inhaltsbestimmung, auch wenn die Regelung einzelne schon bestehende Rechte verkürzt oder sogar abschafft. Deshalb ist zwar die Junktimklausel nicht anwendbar, es droht aber ein Konflikt mit dem Verhältnismäßigkeitsgrundsatz und dem Vertrauensschutz, der durch Übergangsregelungen entschärft werden muss. Diese Kompensation kann in einer Geldleistung bestehen.

2. Fallgruppe: Übergangsregelungen

Bsp. (2): *Die Bundesregierung will unter dem Stichwort „Atomausstieg" die Nutzung der Kernenergie zur gewerblichen Erzeugung von Elektrizität beenden. Zu diesem Zweck wird das Atomgesetz dahingehend geändert, dass keine neuen Betriebsgenehmigungen mehr erteilt werden und für die vorhandenen Kernenergieanlagen Restlaufzeiten bestimmt werden.*

Möglicherweise liegt ein Eingriff in Art. 14 I GG vor. Die Nichterteilung neuer Genehmigungen ist aber kein Eingriff in das Eigentum, da Gewinnerwartungen und Chancen nicht von Art. 14 GG geschützt sind.[403]

---

[402] BVerfGE 58, 137 - Pflichtexemplar = **juris**by**hemmer**.

[403] In der Klausur wäre hier weiter Art. 12 GG zu prüfen. Die Vereinbarkeit des Atomausstiegs mit der Berufsfreiheit ist umstritten. Ebenso ist im Detail umstritten, ob die Berufswahl oder -ausübung betroffen ist. Vgl. Zum Ganzen Stüer/Loges, NVwZ 2000, 9 (11 f.) m.w.N. Die Frage der nachträglichen Verlängerung von Restlaufzeiten bereitet hingegen große Probleme i.R.d. Gesetzgebungsverfahrens, siehe hierzu **Life&Law 2011, 47 ff**.

Durch die Anordnung von kürzeren Restlaufzeiten ist jedoch das Eigentum der Betreiber der Kernenergieanlagen betroffen, da die bisher unbegrenzten öffentlich-rechtlichen Zulassungen vermögenswerte Rechte i.S.d. Art. 14 GG sind.[404]

Fraglich ist weiter, ob es sich um eine Enteignung oder eine Inhaltsbestimmung handelt. Es handelt sich bei der Reform des Atomgesetzes um eine Inhaltsbestimmung, da keine punktuelle Durchbrechung der Eigentumsordnung stattfindet, sondern der Betrieb von Kernenergieanlagen umfassend neu geregelt wird.[405] Unschädlich ist, dass dabei auch bereits bestehende Rechte beschränkt werden (keine uno-actu-Theorie, s.o.).

Hinsichtlich der bereits bestehenden und genehmigten Kernenergieanlagen ist jedoch unter Vertrauensschutz- und Verhältnismäßigkeitsgesichtspunkten eine kompensatorische Maßnahme erforderlich. Hier wurde eine Übergangsregelung in Gestalt der Restlaufzeiten gewählt, die idealer Weise die wirtschaftliche Belastung abmildert (Amortisation des investierten Kapitals) und es den Betreibern ermöglicht, sich rechtzeitig auf die geänderten Verhältnisse einzustellen.[406]

Grundrechts-/Staatshaftungsklausur

hemmer-Methode: Bei der ausgleichspflichtigen Inhaltsbestimmung hat mithin die Entschädigungsregelung den Zweck, den Verhältnismäßigkeitsgrundsatz (bzw. den Vertrauensschutz) zu wahren. Für den Klausurersteller bietet es sich deshalb an, die ausgleichspflichtige Inhaltsbestimmung in einer Grundrechtsklausur zu „verpacken". Die im Sachverhalt gelieferte Information, dass eine Entschädigungsregelung besteht, ist dann auf der Ebene der Verhältnismäßigkeit zu verarbeiten.[407] In einer Staatshaftungsklausur hingegen wäre ein Anspruch auf Entschädigung zu prüfen. Auch bei dieser Aufgabenstellung kommt man aber zur Prüfung der Rechtmäßigkeit, und damit auch der Verhältnismäßigkeit, da wegen des Vorrangs des Primärrechtsschutzes nur bei einer rechtmäßigen Inhaltsbestimmung Entschädigung verlangt werden kann.

Für die Prüfung des Entschädigungsanspruchs in der Klausur empfiehlt sich folgende Vorgehensweise:

Prüfung eines Anspruchs aus ausgleichspflichtiger Inhaltsbestimmung:

I. **Anspruchsgrundlage**

⇨ einfachgesetzliche Entschädigungsregelung

II. **Verkürzung des Eigentums durch Inhalts- und Schrankenbestimmung**

III. **Rechtmäßigkeit des inhaltsbestimmenden Gesetzes**

⇨ Bei Handeln der Verwaltung: Rechtmäßigkeit des Vollzugsakts der Verwaltung

A) Entschädigungsregelung als Anspruchsgrundlage

formelles Gesetz

Wie die Enteignungsentschädigung bedarf auch die Entschädigung im Anwendungsbereich des Art. 14 I S. 2 GG einer formellgesetzlichen Grundlage. Es ist Sache des Gesetzgebers dafür zu sorgen, dass Gesetze verfassungsgemäß sind.

---

404 Stüer/Loges, NVwZ 2000, 9 (12).
405 Koch, NJW 2000, 1529; a.A. Schmidt-Preuß, NJW 2000, 1524: Es liege eine Enteignung vor.
406 Dazu Koch, NJW 2000, 1529 (1533 ff.).
407 Siehe dazu den Beispielsfall unter Rn. 241.

Er darf nicht darauf vertrauen, dass Judikative oder Exekutive inhaltsbestimmende Gesetze mittels Geldleistungen „reparieren". Es muss zudem das Budgetrecht des Parlaments gewahrt werden.[408]

Umdeutung salvatorischer Klauseln?

Zweifelhaft ist es deshalb auch, ob die bereits erwähnten salvatorischen Klauseln als Anspruchsgrundlage für ausgleichspflichtige Inhaltsbestimmungen genügen. Nach Ansicht von BGH und BVerwG[409], können Klauseln, die eine Entschädigung für den Fall, dass eine Nutzungsbeschränkung „enteignende Wirkung" habe, vorschreiben, dahingehend umgedeutet werden können, dass bei unverhältnismäßiger Belastung ein Ausgleich zu gewähren sei. Dafür spricht, dass die Junktimklausel auf Inhaltsbestimmungen nicht anwendbar ist. Aber auch bei Inhalts- und Schrankenbestimmungen sind das Abwägungsgebot und der Bestimmtheitsgrundsatz zu beachten. Der Gesetzgeber muss sich darüber klar werden, ob eine Eigentumsbeschränkung aus Gründen des öffentlichen Wohls geboten ist und ob sie wegen ihrer Eingriffsschwere durch eine Entschädigungsleistung abgemildert werden soll.[410] Die Beweggründe des Verfassungsgebers für die Einführung der Junktimklausel - Sicherung der Entscheidungskompetenz und der Haushaltshoheit des Parlaments - treffen zudem gleichermaßen auf ausgleichspflichtige Inhaltsbestimmungen zu, sodass es nicht konsequent wäre, hier geringere Ansprüche an das Entschädigungsgesetz zu stellen.[411]

strenger Maßstab des BVerfG

Das BVerfG[412] hat in einer Entscheidung zum Denkmalschutzrecht hohe Ansprüche an die Entschädigungsregelung gestellt, denen eine salvatorische Klausel wohl in aller Regel nicht gerecht wird.[413]

hemmer-Methode: In der Klausur sollte man sich aber nicht bereits an dieser Stelle der Prüfung aus dem Fall „herausschreiben". Die Frage der Tauglichkeit salvatorischer Klauseln als Anspruchsgrundlage sollte hier noch offen gelassen und erst im Rahmen der Prüfung der Rechtmäßigkeit der Inhalts- und Schrankenbestimmung im Sinne des BVerfG entschieden werden.

B) Verkürzung des Eigentums durch Inhaltsbestimmung

Maßgeblich ist der bereits beschriebene grundgesetzliche Eigentumsbegriff.

Abgrenzung zu Enteignung bzw. enteignungsgleichem Eingriff

Erforderlich ist die Unterscheidung der ausgleichspflichtigen Inhaltsbestimmung zu anderen Haftungsinstituten, für die andere Voraussetzungen gelten. Für Enteignungen gilt die Junktimklausel, sodass stets eine Abgrenzung nach den bereits dargestellten Grundsätzen vorzunehmen ist. Wenn es sich andererseits um atypische und unvorhersehbare Fälle handelt, ist das Institut des enteignungsgleichen Eingriffs einschlägig. Einer gesetzlichen Grundlage bedarf es dann nicht.

---

408 BVerfGE 100, 226 (245) = **juris**by**hemmer**.
409 BVerwGE 94, 1 (10 f.); BGHZ 126, 379 (381 ff.) = **juris**by**hemmer**.
410 Papier, DVBl. 2000, 1398 (1406).
411 Stüer/Thorand, NJW 2000, 3737 (3741).
412 BVerfGE 100, 226 = **juris**by**hemmer**.
413 Dazu genaueres unter Rn. 236.

C) Rechtmäßigkeit des inhaltsbestimmenden Gesetzes

Verhältnismäßigkeit und Vertrauensschutz

Wegen des Vorrangs des Primärrechtsschutzes muss das Gesetz mit der Verfassung im Einklang stehen. In besonderem Maße ist darauf zu achten, ob der Verhältnismäßigkeitsgrundsatz gewahrt wurde. Daneben muss bei Übergangsregelungen der Vertrauensschutz ausreichend Berücksichtigung finden.

232

hemmer-Methode: Der Eigentümer muss und darf unverhältnismäßige Eigentumsbelastungen nicht hinnehmen und stattdessen auf eine Entschädigung hoffen bzw. klagen. Er muss vielmehr Rechtsschutz gegen solche Belastungen durch Beanstandung der Eingriffsmaßnahme und deren Beseitigung oder Reduzierung suchen. Die Verfassung eröffnet den Eigentümern kein Recht zur Wahl, eine unverhältnismäßige Inhalts- und Schrankenbestimmung hinzunehmen und stattdessen einen angemessenen Ausgleich zu fordern.[414]

Gebot der gerechten Abwägung

Der Gesetzgeber ist bei der Festlegung von Inhalt und Schranken des Eigentums an die in Art. 14 I S. 1 und II GG vorgegebenen Maßstäbe gebunden. Er muss gleichermaßen der grundgesetzlichen Anerkennung des Privateigentums gerecht werden und die Belange der Allgemeinheit berücksichtigen. Im Rahmen der Prüfung der Verhältnismäßigkeit kommt es deshalb bei einem inhaltsbestimmenden Gesetz darauf an, ob ein Ausgleich zwischen der Privatnützigkeit und der Sozialbindung des Eigentums gefunden wurde, der diesem Abwägungsgebot gerecht wird.

233

abwägungserhebliche Gesichtspunkte

Ein wichtiger abwägungsrelevanter Gesichtspunkt ist deshalb neben der Schwere und Intensität des Eingriffs insbesondere die Eigenart des vermögenswerten Rechts. Besonders „Grund und Boden" zeichnet sich dadurch aus, dass er unvermehrbar und gleichzeitig aber auch unentbehrlich ist. Bei diesem Gut sind deshalb grundsätzlich die Interessen der Allgemeinheit in stärkerem Maß zur Geltung zu bringen. Auch kann bei bestimmten Grundstücken der Gesichtspunkt der „Situationsgebundenheit" eine Rolle spielen, wenn die verbotene Verwendung mit Rücksicht auf die natürliche Situation des Grundstücks von einem einsichtigen Eigentümer gar nicht erst ins Auge gefasst würde.[415]

234

Bsp.: Aus Gründen des Naturschutzes angeordnete Beschränkungen für ein Grundstück, das die Voraussetzungen dafür besitzt, Naturschutzgebiet zu sein.

Das Eigentum an dem Grundstück ist durch seine Lage vorgeprägt, die es als Naturschutzgebiet prädestiniert. Im Interesse der Allgemeinheit sollte ein vernünftiger Eigentümer ohnehin diese situationsbedingten, immanenten Beschränkungen seines Grundstücks bei dessen Nutzung und Benutzung beachten. Die Verbote sind deshalb aufgrund der Sozialbindung des Eigentums hinzunehmen.

Staatszielbestimmungen als Abwägungsfaktor

In diesem Zusammenhang können auch objektive Staatszielbestimmungen bei der Abwägung Berücksichtigung finden.[416]

235

Im obigen Beispiel kann man in die Abwägung einfließen lassen, dass das Grundstück aufgrund der Wertung des Art. 20a GG einer gesteigerten Sozialbindung im Sinne des Art. 14 II GG unterliegt.

---

414 BVerfG, Urteil vom 6.12.2016, 1 BvR 2821/11; 1 BvR 1456/12; 1 BvR 321/12 = **Life&Law 08/2017** = jurisbyhemmer.
415 Vgl. Kischel, JZ 2003, 604 (605).
416 Dazu Sellmann, NVwZ 2003, 1417 (1418 ff.).

Ein anderes Beispiel ist die Festsetzung einer Duldungspflicht der Grundstückseigentümer gegenüber der Errichtung von Telekommunikationslinien auf ihren Grundstücken. Hier kann man ein gesteigertes Niveau der Sozialpflichtigkeit aus Art. 87f I GG ableiten, denn der Verfassungsgeber hat der Telekommunikation damit ein besonderes Gewicht beigemessen, das bei der Abwägung zu berücksichtigen ist.[417]

Andererseits ist die Bedeutung des vermögenswerten Rechts für den Eigentümer erheblich. Bei Gütern, die durch eigene Arbeit und Leistung erworben worden sind, steht grundsätzlich die freiheitssichernde Funktion des Eigentums im Vordergrund.

Je mehr jedoch das Eigentumsobjekt in einem sozialen Bezug und einer sozialen Funktion steht, desto eher dürfen diese Interessen des Eigentümers vernachlässigt werden.

kompensatorische Maßnahmen

Sollten nach Abwägung aller Gesichtspunkte im Einzelfall noch besondere Belastungen verbleiben, die vom Eigentümer so nicht hingenommen werden müssen, kann der Gesetzgeber die Verhältnismäßigkeit des Gesetzes auch dadurch herstellen, dass er für diese Härtefälle kompensatorische Maßnahmen vorsieht.

Kompensatorische Maßnahmen können Übergangsregelungen, Ausnahme- und Befreiungsvorschriften, der Einsatz sonstiger administrativer und technischer Vorkehrungen sowie ein finanzieller Ausgleich sein. Da es sich beim Eigentum um ein vermögenswertes Recht handelt, kann durch einen finanziellen Ausgleich die Schwere der Rechtsverkürzung vermindert werden. Dem Rechtsinhaber verbleibt so wenigstens dieser Vorteil seines Eigentums. Dies kann für die Angemessenheit (Verhältnismäßigkeit i.e.S.) ausschlaggebend sein kann. Neben der Beachtung des Übermaßverbots ist es ebenso notwendig, den Gleichheitssatz zu wahren.[418] Die Verleger hochwertiger Bücher in Beispiel 1 würden im Verhältnis zu den anderen Verlegern willkürlich gleichbehandelt.

hemmer-Methode: An dieser Stelle taucht in Gestalt der „Härtefälle" wieder das für aufopferungsrechtliche Ansprüche charakteristische Merkmal des Sonderopfers auf. Häufig wird kritisiert, dass bei der ausgleichspflichtigen Inhaltsbestimmung im Rahmen der Verhältnismäßigkeitsprüfung wieder Kriterien berücksichtigt werden, die vor dem Nassauskiesungsbeschluss zur Abgrenzung der Enteignung verwendet wurden, vor allem die Schwere und Gleichheitswidrigkeit der Belastung, auch die „Situationsgebundenheit". Dennoch handelt es sich nicht um eine Rückkehr zum alten System, da der Ausgleich nun, anders als früher, gesetzlich geregelt sein muss.[419]

Nach der Rechtsprechung des Bundesverfassungsgerichts ist indes die Gewährung eines finanziellen Ausgleichs nur unter bestimmten strengen Voraussetzungen geeignet, die Verfassungskonformität des Gesetzes herzustellen:

---

417 BVerfG, NJW 2000, 798; BVerfG, NJW 2001, 2960; BVerfG, NJW 2003, 196 = **juris**by**hemmer**.
418 Z.B. BVerfGE 100, 226 (244) = **juris**by**hemmer**; dagegen Kischel, JZ 2003, 604 (612).
419 Vgl. auch Maurer, § 27 Rn. 81.

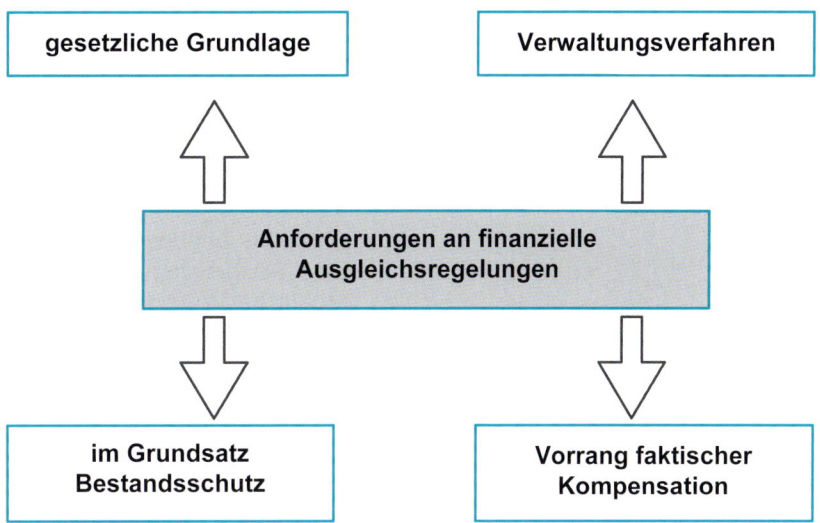

finanzieller Ausgleich nur für den Ausnahmefall

I. Erstens müssen Normen, die Inhalt und Schranken des Eigentums bestimmen, grundsätzlich auch ohne Ausgleichsregelungen die Substanz des Eigentums wahren und dem Gleichheitsgebot entsprechen.[420] Die oben beschriebene Abwägung zwischen dem privaten Interesse am Fortbestand der Eigentumsbefugnisse und andererseits dem Sozialgebot muss für den Normalfall zugunsten des Gesetzes ausfallen. Der finanzielle Ausgleich kann nur über besondere Härtefälle hinweghelfen, in denen aufgrund außergewöhnlicher Umstände ausnahmsweise Eigentümer ohne finanzielle Kompensation in ihren Rechten verletzt wären. Dies leitet sich daraus ab, dass Art. 14 I GG im Gegensatz zu Art. 14 III GG nicht eine Wertgarantie, sondern allein den Bestandsschutz des Eigentums gewährleistet.

Könnte man aber durch finanziellen Ausgleich die Verfassungsmäßigkeit eines jeden Gesetzes herstellen, dann bliebe von diesem Bestandsschutz nicht viel übrig. Faktisch würde es sich nur um eine Wertgarantie handeln.

Vorrang faktischer Kompensationsformen

II. Aus diesem Grund geht das BVerfG auch von einem Vorrang faktischer Kompensationsformen gegenüber einem finanziellen Ausgleich aus.[421] Der Bestandsschutz verlange, dass in erster Linie Vorkehrungen getroffen werden, die tatsächlich eine unverhältnismäßige Belastung des Eigentümers vermeiden und so die Privatnützigkeit des Eigentums so weit wie möglich erhalten.[422]

236b

Ein solcher Weg wurde etwa in Beispiel 2 gewählt, wo man in Gestalt der Restlaufzeiten eine Übergangsregelung vorgesehen hat.

maßgeblicher Zeitpunkt der Entscheidung über die Ausgleichspflicht

III. Schließlich sind hohe Anforderungen an das Verwaltungsverfahren zu stellen. Bei der Aktualisierung der Eigentumsbeschränkung durch eine behördliche Entscheidung muss die Verwaltung nach Ansicht des BVerfG zugleich auch über den möglicherweise erforderlichen Ausgleich - zumindest dem Grunde nach - entscheiden.[423] Grund dafür ist das bereits im Nassauskiesungsbeschluss postulierte Verbot des „Duldens und Liquidierens".

---

420 BVerfGE 100, 226 (244 f.) = **juris**byhemmer.
421 BVerfGE 100, 226 (245 f.); BVerfG, JuS 2003, 1024 = **juris**byhemmer.
422 BVerfG, Urteil vom 6.12.2016, 1 BvR 2821/11; 1 BvR 1456/12; 1 BvR 321/12 = **Life&Law 08/2017** = **juris**byhemmer.
423 BVerfGE 100, 226 (246) = **juris**byhemmer.

Ein Eigentümer, der einen ihn in seinem Grundrecht aus Art. 14 I S. 1 GG beeinträchtigenden Verwaltungsakt für unverhältnismäßig hält, muss den VA auf dem Verwaltungsrechtsweg anfechten. Lässt er dagegen den VA bestandskräftig werden, kann er eine Entschädigung auch als Ausgleich im Rahmen von Art. 14 I S. 2 GG nicht mehr einfordern. Da sich der Betroffene also entscheiden muss, ob er den Eingriffsakt hinnehmen oder anfechten will, muss er bereits bei dessen Erlass wissen, ob ihm ein Ausgleich zusteht. Eine Ausgleichsregelung, die nicht durch ergänzende verfahrensrechtliche Vorschriften dafür sorgt, dass mit einem die Eigentumsbeschränkung aktualisierenden Verwaltungsakt zugleich über den zu gewährenden Ausgleich entschieden wird, ist nicht geeignet, ein Gesetz mit Art. 14 I GG in Einklang zu bringen.

Das letztgenannte Kriterium kommt jedoch nur dann zur Anwendung, wenn der betroffene Eigentümer sich tatsächlich entscheiden muss, ob er die behördliche Maßnahme anficht, weil der Eintritt der Bestandskraft droht oder ob er sie wegen ihrer Rechtmäßigkeit hinnimmt und er infolge dessen durch eine erst spätere Entscheidung über etwaige Ausgleichspflichten in seinen Rechtsschutzmöglichkeiten beeinträchtigt würde.

Bsp.: Der Betroffene lässt einen Verwaltungsakt bestandskräftig werden, weil er ihn für rechtmäßig hält. Nun fordert er bei der zuständigen Behörde einen finanziellen Ausgleich ein, der ihm aber mit der (zutreffenden) Begründung verweigert wird, der Verwaltungsakt sei rechtswidrig gewesen, eine Entschädigung könne wegen des Vorrangs des Primärrechtsschutzes nicht gewährt werden.

Anders verhält es sich beispielsweise, wenn die Eigentumsbeschränkung nicht durch Verwaltungsakt, sondern durch eine Verordnung aktualisiert wird.[424] Denn eine Verordnung wird nicht bestandskräftig, vielmehr kann sich der Eigentümer jederzeit auf ihre Nichtigkeit berufen. Eine Situation, in der der Eigentümer weder gegen die Beschränkung seines Rechts vorgehen, noch einen finanziellen Ausgleich geltend machen kann, ist hier nicht zu befürchten. Die Entschädigung muss deshalb nicht unmittelbar in der Verordnung geregelt werden.

Bsp.: Nach § 76 I Nr. 1 TKG (abgedruckt in Sartorius Nr. 920) müssen Grundeigentümer unter bestimmten Voraussetzungen die Verlegung von Telekommunikationsleitungen auf ihrem Grundstück dulden. Dafür können sie unter Umständen nach § 76 II TKG vom Betreiber der Telekommunikationsleitung einen angemessenen Ausgleich in Geld verlangen.

Bei der behördlichen Festsetzung der Duldung von Telekommunikationslinien muss nicht zugleich über den zu gewährenden Ausgleich entschieden werden. Der Grundstückseigentümer, der nach § 76 I Nr. 1 TKG die Verlegung der Telekommunikationsleitungen dulden muss, weiß, dass ihm ein Ausgleichsanspruch unter den Voraussetzungen des § 76 II TKG zusteht. Ihm ist zudem die Möglichkeit eröffnet, seinen materiell-rechtlichen Ausgleichsanspruch vor den Zivilgerichten geltend zu machen, ohne dass eine entschädigungslos bleibende Duldungspflicht mit einem in Bestandskraft erwachsenden Verwaltungsakt festgesetzt werden könnte. Die Zivilgerichte haben dann im Streitfall über die angemessene Höhe des Ausgleichs zu befinden. Die durch § 76 I TKG statuierte Duldungspflicht ist deshalb auch ohne zusätzliche verfahrensrechtliche Vorschriften als Inhalts- und Schrankenbestimmung des Eigentums an den betroffenen Grundstücken verfassungsgemäß.[425]

---

424 BVerwG, NVwZ 2001, 1035; dazu Hermanns, JA 2002, 26 ff. = **juris**byhemmer.

425 BVerfG, NJW 2003, 196 (197 f.); dort findet sich auch eine ausführliche Prüfung der Verfassungsmäßigkeit und der Abgrenzung zur Enteignung = **juris**byhemmer.

> **hemmer-Methode:** Aus den vom BVerfG aufgestellten Anforderungen an finanzielle Ausgleichsregelungen kann man schließen, dass salvatorische Klauseln heute ihre Funktion in aller Regel nicht mehr erfüllen. Sie verstoßen jedenfalls gegen das letztgenannte Kriterium. Dennoch handelt es sich nicht um eine für alle Bereiche abschließend geklärte Frage, die Tendenzen der Rechtsprechung diesbezüglich sollte man also weiterhin im Auge behalten.

Exkurs: § 74 II S. 3 VwVfG[426] als Beispiel für eine Ausgleichspflichtige Inhalts- und Schrankenbestimmung

Pflicht zur Festsetzung von Schutzmaßnahmen durch die Planfeststellungsbehörde

Planfeststellungsbedürftige Vorhaben weisen häufig negative Nebenwirkungen für Belange Dritter oder der Allgemeinheit auf. § 74 II S. 2 VwVfG sieht vor, dass zur Vermeidung solcher Auswirkungen dem Träger des Vorhabens Schutzmaßnahmen aufzuerlegen sind. Lassen diese Maßnahmen keine Abhilfe erwarten oder sind sie mit dem Zweck des Vorhabens unvereinbar, so tritt an die Stelle der behördlichen Pflicht zur Anordnung von Schutzmaßnahmen eine Pflicht zur Festsetzung einer angemessenen Entschädigung, § 74 II S. 3 VwVfG.

fachplanungsrechtliche Zumutbarkeitsschwelle

Die Schutzmaßnahmen bzw. die Entschädigung sind jedoch nach der Rechtsprechung[427] nur geboten, wenn eine „billigerweise nicht mehr hinzunehmende Beeinträchtigung" zu erwarten ist. Diese so genannte fachplanungsrechtliche Zumutbarkeitsschwelle ist jedoch niedriger als die verfassungsrechtliche, d.h. die Schwelle, von der ab Art. 14 GG eine Eigentumsbeeinträchtigung nicht oder allenfalls gegen einen finanziellen oder sonstigen Ausgleich zulässt.

Inhalts- und Schrankenbestimmung

§ 74 II S. 2 und 3 VwVfG ziehen eine Grenze zwischen der Nutzungsbefugnis des Eigentums an einem Grundstück und der Ausschließungsbefugnis der anliegenden Grundstücke. Es wird abstrakt-generell festgelegt, was von den Eigentümern der anliegenden Grundstücke - entschädigungslos oder gegen finanziellen Ausgleich - zu dulden ist. Somit ist die Vorschrift nach allgemeiner Auffassung[428] als Inhalts- und Schrankenbestimmung zu qualifizieren.

Ausgleichpflicht/Billigkeitsausgleich

Um eine ausgleichspflichtige Inhalts- und Schrankenbestimmung handelt es sich aber genau genommen nur hinsichtlich der Fälle, in denen nicht nur die fachplanungsrechtliche, sondern auch die verfassungsrechtliche Zumutbarkeitsschwelle überschritten ist. Nur dann erfordert der Verhältnismäßigkeitsgrundsatz einen Ausgleich. Soweit die verfassungsrechtliche Zumutbarkeitsschwelle nicht überschritten ist, gewährt § 74 II S. 3 VwVfG einen reinen Billigkeitsausgleich.

Vorgaben der Denkmalschutzentscheidung

§ 74 II S. 3 VwVfG ist mit den Vorgaben der Denkmalschutzentscheidung vereinbar: In § 74 II S. 2 VwVfG wird faktischen Kompensationsformen der Vorrang eingeräumt. Es handelt sich auch nicht um eine salvatorische Klausel, da geregelt ist bzw. durch die Rechtsprechung konkretisiert wurde, wann eine Entschädigung zu gewähren ist, nämlich bei Überschreiten der fachplanungsrechtlichen Zumutbarkeitsschwelle und bei Ungeeignetheit bzw. Unzumutbarkeit von Schutzmaßnahmen. Des Weiteren ist anerkannt, dass über den Anspruch nach § 74 II S. 3 VwVfG im Rahmen des Planfeststellungsbeschlusses zu entscheiden ist. Damit werden auch die Vorgaben des BVerfG zum Verwaltungsverfahren gewahrt.[429]

---

426 In Bayern Art. 74 II S. 3 BayVwVfG.
427 Z.B. BVerwGE 110, 370 (392) = **juris**by**hemmer**.
428 Kopp/Ramsauer, § 74 VwVfG, Rn. 118; Ramsauer/Bieback, NVwZ 2002, 277 (284); Jarass, DÖV 2004, 633 (639).
429 Vgl. dazu Jarass, DÖV 2004, 633 (639).

> **hemmer-Methode:** Die Unterscheidung zwischen fachplanerischer und verfassungsrechtlicher Zumutbarkeitsschwelle ist höchstens für Rechtsreferendare prüfungsrelevant. Hier kam es nur darauf an, zu zeigen, wie die verfassungsrechtlich gebotene Abstufung von (1) vorrangigem Bestandsschutz und (2) nachrangiger Entschädigung gesetzgeberisch umgesetzt werden kann.

Exkurs Ende

D) Höhe der Entschädigung

allgemeine Entschädigungsgrundsätze

Es gelten die schon bei der Enteignung beschriebenen allgemeinen Entschädigungsgrundsätze.[430]

238

E) Verjährung

wie bei Enteignung

Auch hier stellen sich wegen der Schuldrechtsreform die gleichen Fragen wie bei der Enteignung.[431]

239

F) Anspruchsgegner

handelnde Behörde

Bei inhaltsbestimmenden Maßnahmen gibt es in der Regel keinen Begünstigten. Die Klage ist stattdessen gegen denjenigen Verwaltungsträger zu richten, dessen Behörde gehandelt hat.

240

G) Rechtsweg

§ 40 II S. 1 HS 2 VwGO

Die Frage des einschlägigen Rechtswegs war früher für die ausgleichspflichtige Inhalts- und Schrankenbestimmung heftig umstritten, nach Einfügung des § 40 II S. 1 HS 2 VwGO hingegen ist jetzt eindeutig der Verwaltungsrechtsweg eröffnet.

241

H) Abschließendes Fallbeispiel

Abschließender Fall zur Enteignung und ausgleichspflichtigen Inhaltsbestimmung

Abschließend soll folgender Beispielsfall die Prüfung der Enteignung und der ausgleichspflichtigen Inhaltsbestimmung im Rahmen einer Grundrechtsklausur verdeutlichen:[432]

> **Bsp.:** Die High-Tech AG ist Eigentümerin einer Ende des 19. Jahrhunderts errichteten Direktorenvilla. Diese diente bis zum Ende des Zweiten Weltkriegs als Wohnhaus, später wurde sie betrieblich genutzt. Seit geraumer Zeit steht das Gebäude leer, weil die Eigentümerin keine Verwendung mehr dafür hat. Versuche, das Gebäude zu verkaufen, sind fehlgeschlagen. Auf einen Antrag der High-Tech AG hin, den Abbruch der Villa zu genehmigen, stellt die Denkmalschutzbehörde das Anwesen nun förmlich unter Denkmalschutz. Daraufhin lehnt sie durch besonderen Bescheid die Erteilung einer Genehmigung zum Abbruch des Gebäudes auf Grund von § 13 I des einschlägigen Denkmalschutzgesetzes ab. Wird die High-Tech AG durch die Versagung der Genehmigung in ihrem Grundrecht aus Art. 14 GG verletzt?

---

430 Vgl. oben Rn. 223.
431 Vgl. oben Rn. 224.
432 Nach BVerfGE 100, 226 = **juris**by**hemmer**.

Auszug aus dem einschlägigen Denkmalschutzgesetz:

§ 13:

(1) Ein geschütztes Kulturdenkmal darf nur mit Genehmigung zerstört, abgebrochen [...] werden. Die Genehmigung darf nur erteilt werden, wenn andere Erfordernisse des Gemeinwohls die Belange des Denkmalschutzes und der Denkmalpflege überwiegen.

(2) ...

§ 31:

Kann aufgrund einer auf diesem Gesetz beruhenden Maßnahme die bisher rechtmäßig ausgeübte Nutzung eines Gegenstandes nicht mehr fortgesetzt werden und wird hierdurch die wirtschaftliche Nutzbarkeit erheblich beschränkt, so hat das Land eine angemessene Entschädigung zu leisten. Das gleiche gilt, wenn die Maßnahme in sonstiger Weise enteignend wirkt.

I. Schutzbereich des Art. 14 I GG

1. Zunächst müsste der sachliche Schutzbereich des Art. 14 GG eröffnet sein. Dies wäre der Fall, wenn die Maßnahmen der Behörde das grundgesetzlich geschützte Eigentumsrecht der High-Tech AG betreffen.

Jedenfalls vom Schutzbereich erfasst ist die Gesamtheit der vermögenswerten Privatrechte. Die Verweigerung der Abbruchgenehmigung betrifft das Grundeigentum der High-Tech AG, welches als vermögenswertes Recht vom verfassungsrechtlichen Eigentumsbegriff umfasst ist. Zum Eigentum an Grundstücken gehört nach § 903 BGB auch das Recht, darauf errichtete Gebäude abzureißen. Somit ist der sachliche Schutzbereich des Art. 14 GG betroffen.

2. Weiter müsste der persönliche Schutzbereich der Norm eröffnet sein. Die High-Tech AG müsste außerdem zu dem durch die Eigentumsgarantie geschützten Personenkreis gehören. Da sie eine juristische Person des Privatrechts ist, wäre das gemäß Art. 19 III GG dann der Fall, wenn Art. 14 GG wesensmäßig auf juristische Personen des Privatrechts anwendbar ist. Juristische Personen des Privatrechts können in gleicher Weise Inhaber von vermögenswerten Rechten sein wie natürliche Personen. Sie können durch ihre Organe auch über diese Rechte verfügen und befinden sich deshalb in einer der natürlichen Person vergleichbaren Gefährdungslage. Deshalb ist Art. 14 GG nach Art. 19 III GG auch auf juristische Personen des Privatrechts anwendbar, der personale Schutzbereich erfasst mithin auch die High-Tech AG.

II. Eingriff in den Schutzbereich

In den eröffneten Schutzbereich müsste eingegriffen worden sein. Durch die Versagung der Genehmigung wird der High-Tech AG ein vom Schutzbereich der Eigentumsfreiheit erfasstes Verhalten, nämlich das Abreißen des Gebäudes, unmöglich gemacht.

Darin könnte ein Eingriff in Form einer Administrativenteignung liegen, die Versagung könnte aber auch die Inhalts- und Schrankenbestimmung des § 13 des Denkmalschutzgesetzes konkretisieren. Die Abgrenzung zwischen den beiden Eingriffsformen erfolgt nach der Finalität der Maßnahme. Abgegrenzt wird nach der Rechtsprechung des BVerfG allein nach qualitativen Gesichtspunkten und nicht mehr, so wie es die Rechtsprechung lange Zeit tat, nach rein quantitativen Gesichtspunkten. Konkret bedeutet das, dass die Abgrenzung danach vorgenommen wird, ob es sich um eine abstrakt-generelle (dann Inhaltsbestimmung) oder um eine konkret-individuelle Maßnahme (dann Enteignung) handelt. Dieser Maßstab liefert im vorliegenden Fall aber kein eindeutiges Ergebnis, da hier eine abstrakt-generelle Regelung durch eine konkret-individuelle Maßnahme konkretisiert wird. Es bedarf deshalb weiterer Abgrenzungskriterien.

Nach einer Ansicht liegt eine Enteignung vor, wenn eine verselbstständigungsfähige Position entzogen wird. Diese Meinung hat jedoch den Nachteil, dass nicht klar ist, was eine solche Position auszeichnet. Außerdem kann eigentlich jede Befugnis hinsichtlich eines Grundstücks dadurch verselbstständigt werden, dass das Grundstück dinglich belastet wird (vgl. § 1018 Alt. 2 BGB). Das Entziehen einer Dienstbarkeit ist aber unstreitig eine Enteignung.

Nach einer anderen Ansicht ist dann eine Enteignung gegeben, wenn die Maßnahme zu einer besonders schweren Beeinträchtigung führt. Diese Auffassung ist aber als überholt und nicht mit der modernen Eigentumsdogmatik vereinbar anzusehen. Es wird gerade nicht auf materielle Kriterien wie die Schwere des Eingriffs abgestellt und deshalb ist auch kein „Umschlagen" einer Inhaltsbestimmung in eine Enteignung bei besonders schweren Auswirkungen möglich. Für die Einordnung ist es deshalb nicht von Belang, dass die High-Tech AG keinerlei Verwendung mehr für das Gebäude hat. Der Wortlaut des § 31 S. 2 des Denkmalschutzgesetzes ist insofern irreführend, da eine Maßnahme nach heutiger Auffassung nicht wegen ihrer Schwere „enteignend wirken", sondern „nur" gegen das Verhältnismäßigkeitsgebot verstoßen kann.

Vorzugswürdig ist deshalb eine wertende Betrachtung der beiden Kategorien. Während die Inhalts- und Schrankenbestimmung darauf gerichtet ist, die Eigentumsordnung neu zu definieren, ist die Enteignung ein Entzugsakt zugunsten eines konkreten Gemeinwohlprojekts, der die im Übrigen weiter bestehende Eigentumsordnung durchbricht. Im vorliegenden Fall wird aber mit dem Denkmalschutz ein sehr abstraktes Ziel verfolgt.

Außerdem aktualisiert das Denkmalschutzgesetz letztlich nur die aufgrund der historischen Bedeutung der Grundstücke und Gebäude ohnehin bestehende Situationsgebundenheit. Das Eigentum an Grundstücken wird für die Zukunft an die Belange des Denkmalschutzes angepasst, auf eine punktuelle Durchbrechung der Eigentumsordnung weist indessen nichts hin.

Das Denkmalschutzgesetz ist mithin eine Inhalts- und Schrankenbestimmung des Grundstückseigentums i.S.d. Art. 14 I S. 2 GG. Es definiert nicht nur für die Zukunft den Schutzbereich der Eigentumsgarantie, sondern stellt gleichzeitig auch einen Eingriff in bereits bestehende Rechte dar, der sich allerdings erst in der Unterschutzstellung und der Versagung von Genehmigungen auf der Grundlage des Denkmalschutzgesetzes aktualisiert.

hemmer-Methode: Die Unterscheidung zwischen Enteignung und Inhaltsbestimmung sollte bereits auf der Eingriffsebene vorgenommen werden, um dem Korrektor und sich selbst frühzeitig klarzumachen, wohin die Reise geht.

III. Verfassungsrechtliche Rechtfertigung (Schranke)

Als Inhalts- und Schrankenbestimmung müsste das Denkmalschutzgesetz formell und materiell verfassungsgemäß sein. Dagegen bestehen keine Bedenken.

IV. Schranken-Schranken

Fraglich ist hier aber, ob der Grundsatz der Verhältnismäßigkeit gewahrt wurde.

1. Als Gemeinwohlaufgabe von hohem Rang ist der Schutz von Kulturdenkmälern ein legitimer gesetzgeberischer Zweck.

2. Der Genehmigungsvorbehalt des § 13 des Denkmalschutzgesetzes ist auch geeignet und erforderlich zur Erreichung dieses Ziels.

3. Der Eingriff müsste zudem auch angemessen sein. Er müsste in einem angemessenem Verhältnis zu dem Gewicht und der Bedeutung der Eigentumsgarantie stehen. Wegen Art. 14 II GG kommt es dabei darauf an, dass ein angemessener Ausgleich zwischen der durch Art. 14 I S. 1 GG garantierten Privatnützigkeit des Eigentums und dem Sozialgebot gefunden wurde.

Das ist hier im Grundsatz auch der Fall, da dem öffentlichen Interesse an der Erhaltung eines Denkmals nur durch Inpflichtnahme des Eigentümers des Grundstücks und Gebäudes Rechnung getragen werden kann. Durch ihre Lage und Beschaffenheit sind diese Grundstücke deshalb situationsgebunden, sie unterliegen einer gesteigerten Sozialbindung. Angesichts dieser Sozialbindung einerseits und des hohen Rangs des Denkmalschutzes andererseits bestehen für den Normalfall keine Bedenken gegen die Angemessenheit.

Anders könnte es sich jedoch in Fällen wie dem vorliegenden, in denen dem Eigentümer nach der Unterschutzstellung keinerlei sinnvolle Nutzungsmöglichkeit verbleibt, verhalten. Wenn selbst ein dem Denkmalschutz aufgeschlossener Eigentümer von einem Baudenkmal keinen vernünftigen Gebrauch machen und es praktisch auch nicht veräußern kann, wird dessen Privatnützigkeit nahezu vollständig beseitigt. Das Recht ist dann nur noch eine Last für den Betroffenen. § 13 I S. 2 des Denkmalschutzgesetzes ermöglicht es aber den Behörden nicht, im Rahmen ihrer Ermessensentscheidung auf diese privaten Belange Rücksicht zu nehmen, sondern nur auf „andere Belange des Allgemeinwohls". Damit wird zu einseitig auf das Sozialgebot abgestellt, die von Art. 14 I und II GG geforderte Abwägung wird außer Acht gelassen.

Diese Härtefälle könnten jedoch durch die in § 31 S. 2 des Denkmalschutzgesetzes vorgesehenen Ausgleichzahlungen derart kompensiert werden, dass die Verhältnismäßigkeit des Gesetzes gewahrt wäre. Zwar liegt keine Enteignung vor, die so genannte salvatorische Klausel kann jedoch so verstanden werden, dass bei Maßnahmen, die „wie eine Enteignung" wirken, was hier der Fall ist, entschädigt werden soll. Mithin ist es nicht ausgeschlossen, dass durch eine solche Klausel die Verhältnismäßigkeit des Gesetzes gewahrt wird.

Allerdings ist zu bedenken, dass Art. 14 I GG in erster Linie den Bestandsschutz des Eigentums gewährleistet. Deswegen muss die verfassungswidrige Inanspruchnahme des Eigentümers vorrangig real vermieden werden. Neben einer finanziellen Ausgleichsleistung stünde hier als weitere Kompensationsmöglichkeit eine Dispensregelung zur Verfügung. Eine solche von Verfassungs wegen vorzugswürdige Lösung sieht das Denkmalschutzgesetz nicht vor, sodass schon aus diesem Grund die salvatorische Klausel nicht zur Verhältnismäßigkeit des Gesetzes führen kann.

Ein weiterer Aspekt ist, dass der Eigentümer, der wegen des Vorrangs des Primärrechtsschutzes nicht einfach „dulden und liquidieren" darf, sondern gegen ein rechtswidriges Gesetz vorgehen muss, zugleich mit der Aktualisierung der Eigentumsbeschränkung wissen muss, ob und in welchem Umfang er eine Entschädigung erhalten wird. Nur auf dieser Grundlage kann er nämlich entscheiden, ob das Gesetz rechtswidrig ist, und er den Eintritt der Bestandskraft verhindern muss. Das Gesetz müsste also die Einheitlichkeit der Entscheidung über die Genehmigungsversagung und die Entschädigung sicherstellen, was aber nicht der Fall ist. Auch aus diesem Grund ist die Verhältnismäßigkeit des Gesetzes nicht gewahrt.

V. Ergebnis

Damit ist auch der auf das Denkmalschutzgesetz gestützte ablehnende Verwaltungsakt verfassungswidrig. Die High-Tech AG wird durch die Versagung der Genehmigung in ihrem Grundrecht aus Art. 14 GG verletzt.

hemmer-Methode: Bei der ausgleichspflichtigen Inhaltsbestimmung können drei verschiedene Konstellationen vorkommen: (1) Das Gesetz (oder die Verordnung) wäre auch ohne Entschädigungsregelung mit Art. 14 GG vereinbar; (2) das Gesetz ist gerade aufgrund der Entschädigungsregelung mit Art. 14 GG vereinbar; (3) das Gesetz ist trotz der Entschädigungsregelung nicht mit Art. 14 GG vereinbar. Für die Grundrechtsklausur gilt, dass nur die letzte Variante zur Verfassungswidrigkeit des Gesetzes führt. Aber auch wenn ein Anspruch auf Entschädigung zu prüfen ist, folgt lediglich aus Variante drei die Ablehnung dieses Anspruchs. Wie Sie sehen, besteht kein großer Unterschied zwischen den beiden Klausurtypen!

§ 6 ENTEIGNUNGSGLEICHER UND ENTEIGNENDER EINGRIFF

A) Allgemeines

Abgrenzung: rechtmäßiger oder rechtswidriger Eingriff

Der Anspruch aus enteignungsgleichem Eingriff ist auf die Entschädigung rechtswidriger hoheitlicher Eingriffe in das Eigentum gerichtet. Der Anspruch aus enteignendem Eingriff hingegen betrifft vor allem Sachverhalte, in denen das Eigentum durch unvorhergesehene Nebenfolgen eines rechtmäßigen Verwaltungshandelns so stark beeinträchtigt wird, dass eine entschädigungslose Hinnahme dem Eigentümer nicht mehr zumutbar ist.[433]

242

Rspr. früher: Anspruchsgrundlage direkt Art. 14 III GG

Diese Haftungsinstitute wurden vom BGH in den fünfziger bzw. sechziger Jahren entwickelt und unmittelbar aus Art. 14 GG abgeleitet. Hinsichtlich des enteignungsgleichen Eingriffs begründete man dies zunächst mit einem Erst-Recht-Schluss: Wenn schon bei rechtmäßigen Enteignungen nach Art. 14 III GG entschädigt werden muss, dann doch erst recht bei rechtswidrigen Beeinträchtigungen des Eigentums.[434] Der enteignende Eingriff hingegen ließ sich bereits mit dem früher vom BGH vertretenen weiten Enteignungsbegriff begründen, nach welchem Enteignungen alle Eingriffe waren, die in ihren Auswirkungen über die Grenze der Sozialbindung hinausgehen.

Änderung durch BVerfG

Nach dem Nassauskiesungsbeschluss wurde der Fortbestand des Anspruchs aus enteignungsgleichem bzw. enteignendem Eingriff in Zweifel gezogen. Wegen des nun vertretenen engen Enteignungsbegriffs lässt sich der enteignende Eingriff nicht mehr auf Art. 14 III GG stützen. Unbeabsichtigte Nebenfolgen hoheitlichen Handelns widersprechen dem für die Enteignung heute maßgeblichen Finalitätskriterium. Dem enteignungsgleichen Eingriff könnten die Prinzipien des Vorrangs des Primärrechtsschutzes und der Gesetzmäßigkeit der Entschädigung entgegenstehen. Das Geltendmachen eines Anspruchs aus enteignungsgleichem Eingriff könnte ein unzulässiges „Dulden und Liquidieren" sein.

243

Rspr. heute: einfachrechtliche Verankerung (Rechtsgedanke der §§ 74, 75 EinlALR)

Der BGH hat auf diese Kritik reagiert, indem er die beiden Ansprüche nunmehr nicht aus Art. 14 GG, sondern aus dem „Aufopferungsgedanken der §§ 74, 75 EinlALR[435] in seiner richterrechtlich geprägten Ausformung"[436] herleitet. Der wesentliche Unterschied dabei ist, dass es sich jetzt um einfachrechtliche Ansprüche handelt. Dadurch wird ein Widerspruch zu den im Nassauskiesungsbeschluss aufgestellten Grundsätzen vermieden, denn der BGH besteht somit nicht mehr darauf, dass sein Enteignungsbegriff mit dem verfassungsrechtlichen Begriff der Enteignung identisch sei. Wenn man so will, kann man deshalb unterscheiden zwischen einem verfassungsrechtlichen und einem entschädigungsrechtlichen Enteignungsbegriff.

244

hemmer-Methode: Die Einordnung des Anspruchs aus enteignungsgleichem Eingriff als aufopferungsrechtliches Haftungsinstitut ist nicht unbedenklich. Wie schon zu Beginn dieses Skripts erörtert, setzt der Aufopferungsgedanke ein rechtmäßiges staatliches Handeln voraus. Deshalb liegt beim enteignungsgleichen Eingriff eigentlich die Kategorie der Unrechtshaftung näher. Da aber der Anspruch in seiner heutigen Ausprägung jedenfalls gewohnheitsrechtlich verankert sein dürfte (vgl. auch die Erwähnung in § 232 BauGB), empfiehlt es sich in der Klausurbearbeitung keinesfalls, auf diese dogmatischen Fragen näher einzugehen.

---

433 Einen Überblick über die beiden Haftungsinstitute bietet Palandt-Bassenge, vor § 903 BGB, Rn. 13 ff.
434 Vgl. BGHZ 6, 270 (290) = **juris**by**hemmer**.
435 Einleitung zum Allgemeinen Landrecht für Preussische Staaten aus dem Jahr 1794.
436 BGHZ 90, 17 = **juris**by**hemmer**.

kein enteignungsgleicher Eingriff bei Verstoß gegen die Junktimklausel

Die Voraussetzungen eines Anspruchs aus enteignendem und enteignungsgleichem Eingriff sind außerdem an die neue Dogmatik angepasst worden. Vor allem kann nicht bei einer Enteignung, die wegen des Fehlens einer Entschädigungsregelung rechtswidrig ist (Verstoß gegen die Junktimklausel), ein Anspruch aus enteignungsgleichem Eingriff geltend gemacht werden, denn damit würde die Wertung des Art. 14 III S. 2 GG umgangen.

Berücksichtigung des Mitverschuldens über § 254 BGB analog

Was den Vorrang des Primärrechtsschutzes betrifft, so bereitet der enteignende Eingriff keine Probleme. Er bezieht sich auf rechtmäßiges hoheitliches Handeln, das vom Betroffenen zu dulden ist und gegen das folglich auch kein Primärrechtsschutz möglich ist. Beim enteignungsgleichen Eingriff hingegen wird es analog § 254 BGB als Mitverschulden berücksichtigt, wenn versäumt wurde, gegen den Eingriffsakt vorzugehen, obwohl dies möglich und zumutbar war.

Anspruchsvoraussetzungen

Die Ansprüche aus enteignungsgleichem und enteignendem Eingriff haben ähnliche Voraussetzungen, die sich leicht herleiten lassen, wenn man die eben skizzierte Entwicklung im Auge hat. Obwohl sie heute auf eine einfachrechtliche Grundlage gestützt werden, ist nach wie vor ein Eingriff in ein vermögenswertes Recht im Sinne des Art. 14 GG erforderlich. Dieser Eingriff muss einem bestimmten Hoheitsträger zugerechnet werden können (so genannte Unmittelbarkeit). Da beide Ansprüche aus dem allgemeinen Aufopferungsgedanken abgeleitet werden, ist ein für alle aufopferungsrechtlichen Ansprüche charakteristisches Sonderopfer erforderlich. Schließlich ist wegen des Vorrangs des Primärrechtsschutzes § 254 BGB analog zu berücksichtigen. Ein Verschulden des handelnden Hoheitsträgers ist nicht erforderlich, da es sich nicht um Fälle der Verschuldenshaftung handelt. Dadurch unterscheidet sich vor allem der Anspruch aus enteignungsgleichem Eingriff vom Amtshaftungsanspruch. Der enteignungsgleiche Eingriff wurde gerade zu dem Zweck geschaffen, auch rechtswidrig-schuldlose Eigentumseingriffe ausgleichen zu können, und so eine Lücke im Haftungssystem zu schließen.

245

hemmer-Methode: Vergegenwärtigen Sie sich, dass das Mitverschulden nach § 254 BGB kein Verschulden im eigentlichen Sinn ist, denn die Rechtsordnung verbietet nicht die Selbstschädigung! Es handelt sich vielmehr um ein so genanntes „Verschulden gegen sich selbst", d.h. um einen vorwerfbaren Verstoß gegen Obliegenheiten.[437]

Grundschema für Ansprüche aus enteignendem und enteignungsgleichem Eingriff:

I. Allgemeinwohlbezogener, hoheitlicher Eingriff in ein Recht im Sinne des Art. 14 GG

II. Unmittelbarkeit

III. Sonderopfer

IV. § 254 BGB analog

---

437 Vgl. Palandt-Grüneberg, § 254 BGB, Rn. 1.

B) Enteignungsgleicher Eingriff

Für den enteignungsgleichen Eingriff lässt sich dieses Schema wie folgt präzisieren:

246

Voraussetzungen des Anspruchs aus enteignungsgleichem Eingriff:

I. Anwendbarkeit

II. Anspruchsgrundlage

⇨ §§ 74, 75 EinlALR, Gewohnheitsrecht

III. Eingriffsobjekt: Eigentum i.S.d. Art. 14 GG

IV. Hoheitlicher Eingriff

V. Rechtswidrigkeit des Eingriffs

VI. Unmittelbarkeit des Eingriffs

VII. Sonderopfer

VIII. Mitverschulden, § 254 BGB analog

I. Anwendbarkeit

Spezialgesetzlich normierte Entschädigungstatbestände sind gegenüber dem enteignungsgleichen wie auch dem enteignenden Eingriff vorrangig zu berücksichtigen. Besonders klausurrelevant sind die Art. 70 ff. BayPAG[438] für das Polizeirecht und über Art. 11 I BayLStVG auch für das Sicherheitsrecht. Nur wenn sie nicht einschlägig sind, kann zur Prüfung des enteignungsgleichen Eingriffs übergegangen werden.

247

Exkurs: Ersatzansprüche im Polizei- und Sicherheitsrecht (am Beispiel von Art. 70 ff. BayPAG)

---

vorherrschender Gedanke bei polizeilicher Verantwortlichkeit: Effektivität der Gefahrenabwehr

Art. 70 BayPAG knüpft in Abs. 1 und 2 an die polizeiliche Verantwortlichkeit (Art. 7, 8 und 10 BayPAG) an.[439] Diese beurteilt sich auf bei Primärmaßnahmen hauptsächlich nach dem Gebot der Effektivität der Gefahrenabwehr: Erscheint aus der ex-ante-Perspektive des verständigen Polizisten, dass von einer Person oder einer Sache eine Gefahr ausgeht, so darf er tätig werden und Maßnahmen gegen die Person oder den Inhaber der tatsächlichen Gewalt über die Sache, von der eine Gefahr ausgeht, richten. In besonderen Fällen darf die Polizei nach Art. 10 BayPAG sogar Maßnahmen gegen Personen richten, denen die Gefahr in keiner Weise zuzurechnen ist (so genannte Nichtverantwortliche).

Bspe.: für eine Inanspruchnahme eines Nichtverantwortlichen nach Art. 10 PAG:

– *An einer Unfallstelle hält die Polizei einen vorbeifahrenden Autofahrer an und trägt ihm auf, einen Verletzten ins Krankenhaus zu fahren.*

---

[438] Bzw. korrespondierende Vorschriften anderer Bundesländer.

[439] Zur Verantwortlichkeit im Polizeirecht vgl. **Hemmer/Wüst, Polizei- und Sicherheitsrecht Bayern, Rn. 230 ff.**; früher sprach das Gesetz nicht vom „Verantwortlichen", sondern vom „Störer". Da der Gesetzgeber des BayPAG heute jedoch den Begriff des Verantwortlichen gewählt hat, sollte auch in einer Klausur diese Bezeichnung verwendet werden.

– *Um den Konvoi des US-Präsidenten, der auf einem Staatsbesuch in Deutschland weilt, zu sichern, werden sämtliche Inhaber von Ladengeschäften, die auf der Passage vom Flughafen zum Hotel liegen, verpflichtet, ihre Geschäfte für einen Tag zu schließen.*

Art. 70 I PAG: Nichtverantwortlicher
Art. 70 II PAG: Dritter

Auf der Sekundärebene gewährt Art. 70 BayPAG dem Nichtverantwortlichen (I) sowie Dritten, die eher zufällig von der Maßnahme betroffen sind (II), einen Anspruch auf Entschädigung. Der Verantwortliche hingegen hat grundsätzlich keinen Entschädigungsanspruch. Das entspricht einer gerechten Lastenverteilung, obwohl dem Verantwortlichen kein Schuldvorwurf gemacht wird.

Die Gefahr kommt aber aus einem Bereich, der dem Verantwortlichen zuzurechnen ist. Das genügt als Rechtfertigung dafür, dass nicht indirekt der Steuerzahler für den Schaden aufkommen muss.

dem Verantwortlichen bleiben die allgemeinen staatshaftungsrechtlichen Ansprüche

Art. 70 BayPAG gewährt zwar dem Verantwortlichen grundsätzlich keinen Anspruch, er soll aber auch nicht jegliche Ansprüche des Verantwortlichen ausschließen. Ist die polizeiliche Maßnahme rechtswidrig bzw. schuldhaft rechtswidrig, so kann der Verantwortliche einen Anspruch aus enteignungsgleichem Eingriff, einen Aufopferungsanspruch oder einen Amtshaftungsanspruch geltend machen.

hemmer-Methode: Art. 70 PAG ist in erster Linie eine spezialgesetzliche Regelung zum enteignenden Eingriff, da er einen Entschädigungsanspruch gerade für den Fall der rechtmäßigen Handlung gewährt.

Im Folgenden noch eine kurze Übersicht über den Anspruch des Nichtverantwortlichen gemäß Art. 70 I BayPAG:

1. „Maßnahmen nach Art. 10 PAG"

Rechtmäßigkeit nicht erforderlich

Die Polizei muss den Betroffenen als Nichtverantwortlichen in Anspruch genommen haben. Nicht erforderlich ist hingegen die Rechtmäßigkeit der Maßnahme, also das Vorliegen der Notstandsvoraussetzungen.[440] Es ist also nur zu prüfen,

⇨ ob die Polizei gegen den Betroffenen eine Maßnahme gerichtet hat (sonst ist Art. 70 II BayPAG einschlägig)

⇨ und dass der Betroffene nicht Verantwortlicher i.S.d. Art. 7, 8 BayPAG war.

2. Anspruchsberechtigter

auch Anscheinsverantwortlicher?

Umstritten ist, ob neben dem Nichtverantwortlichen auch der Anscheinsverantwortliche einen Anspruch in Analogie zu Art. 70 I BayPAG geltend machen kann.[441] Eine Anscheinsgefahr liegt vor, wenn die vom Polizisten gewissenhaft vorgenommene Prognose ergibt, dass der Eintritt eines Schadens zu befürchten ist, sich aber im Nachhinein herausstellt, dass doch keine Gefahr gegeben war.[442] Da die ex-ante-Perspektive maßgeblich ist, ist die Anscheinsgefahr eine Gefahr und der Anscheinsverantwortliche ein Verantwortlicher im Sinne des BayPAG.

---

440 Schmidbauer/Steiner/Roese, Bayerisches PAG, Art. 70, Rn. 68.
441 Vgl. dazu den Übungsfall in JuS 1998, 49 (insbes. 53 f.).
442 Vgl. zu den Gefahrbegriffen im Polizeirecht **Hemmer/Wüst, Polizei- und Sicherheitsrecht Bayern, Rn. 116 ff.**

Andererseits hat diese Entscheidung im Wege einer Prognose allein den Zweck, eine effektive Gefahrenabwehr zu ermöglichen. Dafür nimmt man gewisse Unsicherheiten in Kauf. Auf der Sekundärebene hingegen besteht kein Zeitdruck mehr. Stellt sich im Nachhinein heraus, dass kein Schaden eintreten konnte, so gibt es keinen Grund, dem Adressaten, der schon die Primärmaßnahme erdulden musste, auch noch seinen Schaden zu belassen. Deswegen gilt auf der Sekundärebene die ex-post-Perspektive. Der Anscheinsverantwortliche kann einen Anspruch analog Art. 70 I BayPAG geltend machen, es sei denn, er hat den Anschein schuldhaft erzeugt.[443]

hemmer-Methode: Das Fazit ist also, dass ein Anspruch aus enteignungsgleichem Eingriff wegen polizeilicher Maßnahmen nur bei Verantwortlichen mit Ausnahme derjenigen Anscheinsverantwortlichen, die den Anschein nicht schuldhaft erzeugt haben, in Betracht kommt.

3. Kausalität und Schaden

Adäquanz/kein allg. Lebensrisiko

Für die Verursachung gilt die Adäquanztheorie des bürgerlichen Rechts. Der Schaden muss von einem gewissen Gewicht sein. Bei Maßnahmen, die sozialadäquat sind oder nur das allgemeine Lebensrisiko konkretisieren, scheidet eine Entschädigung aus.

4. Subsidiarität, Art. 70 I HS 2 BayPAG

Subsidiarität

Der Entschädigungsanspruch besteht nur soweit, als keine anderweitige Ersatzmöglichkeit, z.B. durch Versicherungen, besteht.

5. Maßnahmen zum Schutz des Betroffenen, Art. 70 IV BayPAG

nicht Absicht, sondern Schutzerfolg maßgeblich

Nach Art. 70 IV BayPAG ist der Entschädigungsanspruch ausgeschlossen, wenn die polizeiliche Maßnahme unmittelbar dem Schutz der Person oder des Vermögens des Geschädigten gedient hat. Dabei kommt es nur auf den wirklich erreichten Schutzerfolg an. Dass die Polizei die Absicht hatte, den Betroffenen zu schützen, ist unerheblich und genügt für sich genommen auch nicht, wenn die Maßnahme nicht tatsächlich dem Geschädigten zugute gekommen ist.

> *Bsp.: Kein Entschädigungsanspruch, wenn die Polizei beim Löschen eines Wohnungsbrandes Einrichtungsgegenstände des Wohnungsinhabers beschädigt. Ebenfalls kein Anspruch für den Betriebsinhaber, dessen Ladenlokal aufgrund des Fundes einer Weltkriegsbombe vorübergehend von der Polizei geschlossen wurde.*

anteiliger Haftungsausschluss möglich

Häufig ist das Ziel der polizeilichen Maßnahme nicht allein der Schutz des Betroffenen, sondern zugleich der Schutz eines anderen bzw. der Allgemeinheit. Die Verwendung des Wortes „soweit" in Art. 70 IV BayPAG legt es nahe, in diesen Fällen einen anteiligen Haftungsausschluss vorzunehmen.[444]

6. Entschädigungspflichtiger, Art. 70 VI PAG

Freistaat Bayern

Entschädigungspflichtig ist der Träger der Polizei, nach Art. 1 I BayPAG, Art. 1 II BayPOG also der Freistaat Bayern.

---

443 BGHZ 43, 196 (204); dagegen Schmidbauer/Steiner/Roese, Bayerisches PAG, Art. 70, Rn. 12.
444 Schmidbauer/Steiner/Roese, Bayerisches PAG, Art. 70, Rn. 84 m.w.N. (auch zur Gegenansicht).

7. Rechtsweg

ordentlicher Rechtsweg

Nach Art. 73 I BayPAG ist der ordentliche Rechtsweg einschlägig.

ähnlich bei Art. 70 II PAG

Der Entschädigungsanspruch des Dritten nach Art. 70 II BayPAG entspricht hinsichtlich seiner Voraussetzungen im Wesentlichen dem Anspruch des Nichtverantwortlichen. Beide Anspruchsgrundlagen sind über Art. 11 I BayLStVG auch im allgemeinen Sicherheitsrecht anwendbar.

Exkurs Ende

II. Anspruchsgrundlage

Da es sich beim enteignungsgleichen Eingriff um einen nicht positivrechtlich normierten Anspruch handelt, sollte man zu Beginn der Prüfung kurz die Herleitung aus den §§ 74, 75 EinlALR erklären und auf die gewohnheitsrechtliche Verankerung hinweisen.

248

III. Hoheitlicher Eingriff in eine von Art. 14 GG geschützte Rechtsposition

Eingriffe können Rechtsakte und Realakte sein

Geschützt sind alle vermögenswerte Rechte im Sinne des Art. 14 GG. Eingriffe können sowohl Rechtsakte als auch Realakte sein. Auch Administrativenteignungen kommen in Betracht, sofern ihre Rechtswidrigkeit nicht auf der Rechtswidrigkeit des Enteignungsgesetzes beruht, sondern auf der Rechtswidrigkeit des Vollzugs. Art. 14 III GG ist nämlich nicht zu entnehmen, dass im Fall der Rechtswidrigkeit der Enteignung keinesfalls eine Entschädigung geleistet werden dürfte. Es kann trotz, nicht aber wegen der Rechtswidrigkeit des Entzugs von Eigentumspositionen eine Entschädigungspflicht begründet werden.

249

> **hemmer-Methode:** Lassen Sie sich nicht verwirren, ein Widerspruch zu dem zur Enteignung Gesagten besteht nur auf den ersten Blick! Der Vorrang des Primärrechtsschutzes wird ja auch bei der Prüfung des enteignungsgleichen Eingriffs beachtet, nämlich über § 254 BGB analog. Der Betroffene dringt deshalb mit seinem Entschädigungsbegehren nur dann durch, wenn es ihm nicht möglich oder zumutbar war, sich gegen die Enteignung zu wehren. Beruht die Rechtswidrigkeit auf dem Enteignungsgesetz, ist ein Anspruch aus enteignungsgleichem Eingriff sowieso ausgeschlossen.

Hoheitlichkeit, Werkzeugtheorie

Der Hoheitsträger muss in Ausübung hoheitlicher Befugnisse gehandelt haben. Ein Tätigwerden in privatrechtlicher Form (z.B. fiskalische Tätigkeit/Verwaltungsprivatrecht) ist auch dann nicht ausreichend, wenn dadurch staatliche Ziele verfolgt werden. Handeln statt des Hoheitsträgers selbst von ihm beauftragte Privatrechtssubjekte, so findet in gleicher Weise wie beim Amtshaftungsanspruch die so genannte Werkzeugtheorie Anwendung.

250

> *Fall:*[445] Ein kirchlicher Sektenbeauftragter (S) bezeichnet in dieser Eigenschaft den Selbsterfahrungskurs des Psychotherapeuten P als „pseudoreligiösen Mischmasch mit sektenartigem Charakter". P verliert daraufhin sämtliche Kunden und gerät in die Insolvenz. Besteht ein Anspruch aus enteignungsgleichem Eingriff?

---

445 Nach BGH, NJW 2003, 1308 = **juris**by**hemmer**.

Denkbar wäre ein Eingriff in den eingerichteten und ausgeübten Gewerbebetrieb des P als Eingriff in eine von Art. 14 GG geschützte Rechtsposition.

Problematisch ist jedoch die Hoheitlichkeit des Eingriffs. Nach Art. 137 V WRV i.V.m. Art. 140 GG haben Kirchen den Status von Körperschaften des öffentlichen Rechts. Sie sind jedoch vom Staat unabhängig, Art. 137 I WRV i.V.m. Art. 140 GG. Hoheitliche Befugnisse üben sie nur ganz ausnahmsweise aus, z.B. durch das Erheben der Kirchensteuer, Art. 137 VI WRV i.V.m. Art. 140 GG. Der Sektenbeauftragte handelte somit zwar **öffentlich-rechtlich**, mithin in Ausübung eines „öffentlichen Amtes", sodass ein Amtshaftungsanspruch in Betracht kommt. Er handelt **aber nicht hoheitlich**. Es besteht deshalb kein Anspruch aus enteignungsgleichem Eingriff.

hemmer-Methode: Merke also: Beim Amtshaftungsanspruch ist nur allgemein öffentlich-rechtliches, beim enteignungsgleichen Eingriff hingegen hoheitliches Handeln erforderlich.

Unterlassen

Umstritten ist, ob auch ein Unterlassen der Verwaltung einen Eingriff darstellt. Der BGH lehnt das grundsätzlich ab. Ein Eingriff liege nur dann vor, wenn dem Bürger etwas genommen wird, nicht hingegen, wenn ihm bloß etwas vorenthalten wird. Deshalb sei positives Handeln erforderlich.

Bsp. (1):[446] *Eine Gemeinde unterlässt es, für einen bestimmten Flurbereich einen Bebauungsplan zu erlassen. Dadurch können bestimmte vom Grundstückseigentümer E geplante bauliche Maßnahmen nicht durchgeführt werden.*

Der Schutzbereich der Eigentumsfreiheit richtet sich nach den zum fraglichen Zeitpunkt bestehenden Rechtsvorschriften, da es sich um ein normgeprägtes Grundrecht handelt. Ist nach der bestehenden Rechtsordnung das Bauen nicht erlaubt, so kann die Vorenthaltung der Erweiterung der Möglichkeiten baulicher Grundstücksnutzung kein Eingriff in Art. 14 GG sein.

qualifiziertes Unterlassen

Eine Ausnahme von diesem Grundsatz gilt für das so genannte qualifizierte Unterlassen. Darunter sind Fälle zu verstehen, in denen sich ein Unterlassen ausnahmsweise als ein in den Rechtskreis des Betroffenen eingreifendes Handeln darstellt. Der wichtigste Fall ist die rechtswidrige Versagung einer Kontrollerlaubnis: Häufig verbietet der Gesetzgeber eine bestimmte Betätigung nicht, weil sie generell unterbleiben soll, sondern weil vorweg die Einhaltung der gesetzlichen Vorschriften behördlich überprüft werden soll. Ein solches präventives Verbot mit Erlaubnisvorbehalt soll verhindern, dass durch die Durchführung des Vorhabens vollendete (rechtswidrige) Tatsachen geschaffen werden, die nicht mehr ohne weiteres rückgängig gemacht werden können. Andererseits besteht typischerweise ein grundrechtlich fundierter Anspruch auf Erteilung der Genehmigung bei Vorliegen der gesetzlichen Voraussetzungen. Die Kontrollerlaubnis ist zwar formell ein begünstigender Verwaltungsakt, materiell betrachtet hingegen stellt sie nur den Zustand her, der dem Bürger aus verfassungsrechtlicher Sicht ohnehin zusteht. Das ist auch der Grund, wieso der BGH in der rechtswidrigen Versagung einer Kontrollerlaubnis ein zu einem enteignungsgleichen Eingriff führendes qualifiziertes Unterlassen sieht.[447]

---

446 Nach BGHZ 92, 34 = **juris**by**hemmer**.
447 Z.B. BGHZ 125, 27 (39) = **juris**by**hemmer**.

Präventives Verbot mit Erlaubnisvorbehalt	Repressives Verbot mit Befreiungsvorbehalt
Zweck: Vorherige Überprüfung des Vorhabens auf seine Vereinbarkeit mit materiell-rechtlichen Vorschriften. Liegen keine gesetzlichen Versagungsgründe vor, so muss die Erlaubnis (Kontrollerlaubnis) erteilt werden. Die Erlaubnis ist nur formell ein begünstigender VA.	**Zweck:** Ein Verhalten ist sozial schädlich oder unerwünscht und soll deshalb generell verboten sein. Liegt im konkreten Fall eine besondere Härte vor, kann eine Ausnahmebewilligung (Dispens) ergehen. Die Ausnahmebewilligung ist formell und materiell ein begünstigender VA.

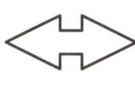

Bsp. (2): Eine Baugenehmigung wird dem Grundstückseigentümer E versagt, obwohl das Bauvorhaben nach dem geltenden Bebauungsplan zulässig wäre.

Die aus Art. 14 GG resultierende Baufreiheit gewährt dem E einen Anspruch auf Erteilung der Baugenehmigung, sofern das Vorhaben rechtlich zulässig ist. Die Baugenehmigung ist somit eine reine Kontrollerlaubnis. Die Behörden sollen das Vorhaben vor Baubeginn auf seine Rechtmäßigkeit überprüfen können. Später stünde man vor der unbefriedigenden Alternative, das Gebäude entweder abzureißen, oder trotz seiner Rechtswidrigkeit stehen zu lassen.

Durch die Versagung wird E nicht nur etwas für ihn Günstiges vorenthalten, sondern es wird ihm etwas genommen, was ihm von Verfassungs wegen zusteht. Die Versagung der Baugenehmigung ist ein qualifiziertes Unterlassen, sodass ein Anspruch aus enteignungsgleichem Eingriff in Betracht kommt.[448]

a.A.: Unterlassen gleich positivem Tun bei Rechtspflicht zum Handeln

Diese Rechtsprechung des BGH wird von einer Literaturmeinung[449] als zu eng kritisiert. Es sei nicht einzusehen, wieso nur in Bsp. 2 ein Anspruch aus enteignungsgleichem Eingriff in Betracht komme, nicht aber bei der unterlassenen Planaufstellung in Bsp. 1.

Auch in diesem Fall werde dem Betroffenen zumindest vorübergehend etwas genommen, nämlich die Möglichkeit zu bauen (Baufreiheit!). Gegen diese Ansicht spricht allerdings, dass die Baufreiheit nur im Rahmen der bauplanerischen Vorgaben besteht, dem Bauherrn also bislang gar nicht zustand.

IV. Rechtswidrigkeit

kein Abstellen auf das „Erfolgsunrecht"

Der enteignende Eingriff unterscheidet sich vom enteignungsgleichen Eingriff nur durch die Rechtswidrigkeit des hoheitlichen Handelns. Dabei kommt es nicht darauf an, ob die Folgen der Maßnahme so gravierend sind, dass eine Entschädigung erforderlich wird, denn das ist auch beim enteignenden Eingriff der Fall. Es kommt vielmehr auf die Rechtswidrigkeit der Maßnahme bzw. des Eingriffs „an sich" an.

Bsp.:[450] Infolge verzögerter U-Bahnbauarbeiten erleidet E, der einen Einzelhandel führt, erhebliche Umsatzeinbußen, da der Zugang zu seinem Ladengeschäft wesentlich eingeschränkt ist.

---

448 Nach ständiger Rechtsprechung des BGH kann eine Verzögerung bei Erteilung einer Baugenehmigung als faktische Bausperre ebenso einen enteignungsgleichen Eingriff darstellen wie eine förmliche, dem geltenden Recht widersprechende Ablehnung, vgl. nur BGH, NJW 2007, 830 (833) = **juris**byhemmer.
449 Maurer, § 27 Rn. 92 m.w.N.
450 BGH, NJW 1965, 1907 („Buschkrugbrücke") = **juris**byhemmer.

Es könnte ein Eingriff in den eingerichteten und ausgeübten Gewerbebetrieb des E vorliegen. Zu diesem Recht gehört auch der Zugang zum öffentlichen Verkehrsraum. Für die Unterscheidung zwischen enteignendem und enteignungsgleichem Eingriff kommt es darauf an, ob es die Behörde pflichtwidrig unterlassen hat, durch sachgemäße Koordinierung der verschiedenen Arbeitsvorgänge und unter zumutbarem Kräfteeinsatz jede überflüssige Verzögerung zu vermeiden. Die Auswirkungen, also die Erheblichkeit der Umsatzeinbußen, sind nur für das Vorliegen eines Sonderopfers und für die Schadenshöhe von Belang.

nur materiell-rechtliche Fehler

Unter Rechtswidrigkeit in diesem Sinne sind nur materiell-rechtliche Fehler zu verstehen, eine bloß formell rechtswidrige Maßnahme löst keine Entschädigungspflicht aus.

legislatives/normatives Unrecht

Der BGH[451] gewährt keine Entschädigung aus enteignungsgleichem Eingriff bei Eigentumsbeeinträchtigungen, die auf verfassungswidrige formelle Gesetze (legislatives Unrecht) zurückgehen. Eine Haftung für legislatives Unrecht würde große Belastungen der Staatsfinanzen nach sich ziehen, die in ihren Auswirkungen die Grenzen dessen, was durch richterliche Rechtsfortbildung gedeckt ist, überschreiten.

255

Außerdem muss der Gesetzgeber selbst entscheiden, ob und wie ein Gesetz durch kompensatorische Regelungen verfassungskonform gestaltet wird. Eine Ausnahme wird man auch hier wieder für legislatives Unrecht in Form der Verletzung von Unionsrecht machen müssen.

Für untergesetzliche Normen (normatives Unrecht) hingegen sieht der BGH diese Gefahr nicht. Eigentumsbeeinträchtigungen, die auf Rechtsverordnungen oder Satzungen beruhen, können also zu einem Entschädigungsanspruch aus enteignungsgleichem Eingriff führen.[452]

Es sind deshalb folgende Fallgestaltungen zu unterscheiden:

⇨ Eine Entschädigung für Eigentumsbeeinträchtigungen durch formelles Gesetz scheidet vollends aus.

⇨ Bei Eingriffen durch untergesetzliche Normen ist zu prüfen, ob die Verfassungswidrigkeit dieser Vorschrift auf der Verfassungswidrigkeit einer ihr zugrunde liegenden formellgesetzlichen Ermächtigungsgrundlage beruht. Dann würde es sich um eine Haftung für legislatives Unrecht handeln, für die nach den obigen Grundsätzen eine Entschädigung nicht in Betracht kommt. Ansonsten ist ein Anspruch aus enteignungsgleichem Eingriff möglich.

⇨ Auch bei Eingriffen durch Verwaltungsakte ist nach dem gleichen Schema vorzugehen. Beruht der Verwaltungsakt auf einer verfassungswidrigen gesetzlichen Ermächtigungsgrundlage, so konkretisiert er legislatives Unrecht und führt daher nicht zu einem Entschädigungsanspruch, wenn nicht zusätzlich ein behördlicher Fehler gegeben ist. Alle anderen Fälle sind unproblematisch.

---

451 Z.B. BGHZ 125, 27 (39) = **juris**by**hemmer**.
452 Vgl. hierzu auch unten Rn. 261.

V. Unmittelbarkeit

haftungsbegrenzende Funktion

Da die hoheitliche Maßnahme nicht zielgerichtet sein muss, wird ein sehr großer Bereich des staatlichen Handelns vom Schutzbereich des enteignenden bzw. enteignungsgleichen Eingriffs erfasst. Ohne ein haftungsbegrenzendes Merkmal würden die beiden Anspruchsgrundlagen eine allgemeine öffentlich-rechtliche Gefährdungshaftung verwirklichen, was aber nicht gewollt ist. Deshalb hat man als wertendes Zurechnungskriterium das Erfordernis der so genannten Unmittelbarkeit eingeführt.

typische Gefahr verwirklicht sich

Unmittelbarkeit meint nicht die zivilrechtliche Adäquanz, sondern die Verwirklichung einer von der Maßnahme ausgehenden Gefahr. Es muss sich eine in der Maßnahme selbst angelegte typische Gefahr realisiert haben.[453] Die Maßnahme und ihre Folge müssen eine natürliche Einheit bilden.

hemmer-Methode: Der Prüfungspunkt der Unmittelbarkeit entspricht damit weitgehend dem der objektiven Zurechenbarkeit im Zivil- und Strafrecht. Es geht hier in erster Linie um den Schutzzweck der Norm.

feindliches Grün

Bsp. (1): Im bereits erwähnten Fall einer fehlerhaften Ampelanlage[454] ist der Verkehrsunfall eine unmittelbare Folge des rechtswidrigen Verwaltungsakts „grüne Ampel", denn wenn an einer Kreuzung sämtliche Ampeln grün anzeigen, kommt es typischerweise zu einem Unfall. Denn alle Autofahrer meinen, sie hätten Vorfahrt und fahren mit unverminderter Geschwindigkeit in die Kreuzung ein.

Sicherstellung von Sachen

Bsp. (2):[455] I.R. strafrechtlicher Ermittlungen wird ein Kfz rechtswidrig als Beweismittel sichergestellt und in einer verschlossenen Halle auf einem Gelände der Polizei untergestellt. Unbekannte Täter brechen in die Halle ein und beschädigen das Auto.

Hier hat sich keine besondere, bereits in der Maßnahme selbst angelegte Gefahr verwirklicht. Die Sicherstellung eines Kfz hat nicht typischerweise zur Folge, dass sich Dritte gewaltsam Zutritt verschaffen und das Fahrzeug vorsätzlich beschädigen.

Dieses Ereignis hätte auch zu jeder anderen Gelegenheit eintreten können. Es hat sich somit nur ein allgemeines Risiko verwirklicht, die Unmittelbarkeit ist zu verneinen.

Einweisungsfälle

Bsp. (3):[456] Der Eigentümer eines Mehrfamilienhauses E kündigt das Mietverhältnis mit Familie F wegen beträchtlicher Mietrückstände und erwirkt einen Räumungstitel. Da kein Ersatzwohnraum gefunden wird, weist die zuständige Behörde F zur Verhinderung der ihr drohenden Obdachlosigkeit wieder in dieselbe Wohnung ein. Kurze Zeit später zieht die Familie aus, ohne E zu benachrichtigen, und hinterlässt die Wohnung in katastrophalem Zustand.

Hier scheint auf den ersten Blick keine Unmittelbarkeit gegeben zu sein, da kein Vermieter davor gefeit ist, dass seine Mieter Schäden in der Wohnung hinterlassen. Nach e.A. liegt deshalb nur die Verwirklichung eines allgemeinen Lebensrisikos vor. Diese Ansicht lässt jedoch außer Acht, dass bei der Wiedereinweisung eines bisherigen Mieters das Verhältnis zwischen Mieter und Vermieter typischerweise angespannt ist.

---

453   Palandt-Bassenge, vor § 903 BGB, Rn. 13.
454   BGH 54, 332; 99, 249 = **juris**by**hemmer**.
455   BGHZ 100, 335 (338 f.) = **juris**by**hemmer**; dazu Detterbeck, JuS 2000, 574 (579).
456   BGHZ 131, 163 = **juris**by**hemmer**.

Es ist davon auszugehen, dass dem Mieter nicht ohne Grund gekündigt wurde, und dass er sich trotz Aufforderung geweigert hat, die Wohnung zu räumen. Dem ohnehin zahlungsunfähigen Mieter wird es herzlich egal sein, ob die Wohnung durch unsachgemäßen Gebrauch Schaden nimmt, häufig wird es ihm gerade darauf ankommen. Deshalb sind die Schäden eine typische Folge der Ordnungsverfügung, die Unmittelbarkeit ist zu bejahen.

VI. Sonderopfer

Rechtswidrigkeit indiziert das Sonderopfer

Da der BGH den enteignungsgleichen Eingriff aus dem Aufopferungsgedanken der §§ 74, 75 EinlALR herleitet, ist weitere Voraussetzung des Anspruchs ein die Grenzen der Sozialbindung überschreitendes Sonderopfer des Betroffenen. Rechtswidriges hoheitliches Handeln überschreitet aber stets die gesetzliche, allgemeine Opfergrenze. Auch der für das Sonderopfer charakteristische Verstoß gegen den Gleichheitssatz ist immer gegeben, da sich der Staat normalerweise rechtmäßig verhält, und deshalb andere Bürger nicht mit derartigen Eingriffen in ihr Eigentum belastet werden. Beim enteignungsgleichen Eingriff hat deshalb das Merkmal des Sonderopfers keine eigenständige Funktion.

hemmer-Methode: Trotzdem sollten Sie in der Klausur das Sonderopfer erwähnen und es durch die Rechtswidrigkeit der Maßnahme begründen. So zeigen Sie dem Korrektor, dass Sie wissen, dass es sich um einen Aufopferungsanspruch handelt.

VII. Rechtsfolge: Entschädigung

Die Höhe der Entschädigung richtet sich nach den allgemeinen Entschädigungsgrundsätzen. Wichtig ist vor allem die Abgrenzung zum Schadensersatz.[457]

VIII. Mitverschulden, § 254 BGB analog

Vorrang des Primärrechtsschutzes

Eine besondere Bedeutung kommt beim Anspruch aus enteignungsgleichem Eingriff der Berücksichtigung des Mitverschuldens über § 254 BGB analog zu. Der BGH wird nämlich auf diesem Weg dem Prinzip des Vorrangs des Primärrechtsschutzes gerecht.

Der von einem rechtswidrigen Eingriff Betroffene hat seit dem Nassauskiesungsbeschluss des BVerfG nicht die freie Wahl, ob er den Eingriff mit dem dafür vorgesehenen Rechtsmittel abwehren oder ihn hinnehmen und stattdessen eine Entschädigung verlangen will. Er muss vielmehr vorrangig rechtliche Schritte zur Schadensabwendung ergreifen. Der BGH sieht darin eine Obliegenheit, deren Verletzung zur Folge hat, dass dem Geschädigten im Regelfall eine Entschädigung für solche Nachteile nicht zusteht, die er durch Anfechtung hätte vermeiden können.[458]

Zumutbarkeit

Die Berücksichtigung des Vorrangs des Primärrechtsschutzes über § 254 BGB analog ermöglicht sachgerechte Lösungen, die auf die Gegebenheiten des Einzelfalls eingehen. Der Betroffene muss nicht in jedem Fall sämtliche theoretisch denkbaren Rechtsschutzmöglichkeiten ergreifen, sondern er verliert seinen Entschädigungsanspruch nur dann, wenn er von den ihm zur Verfügung stehenden Rechtsbehelfen oder Maßnahmen des Primärrechtsschutzes in zumutbarer Weise keinen Gebrauch gemacht hat.

---

457 S. oben Rn. 6.
458 BGHZ 90, 17 (31 f.) = **juris**by**hemmer**.

Dies ist der Fall, wenn[459],

⇨ überhaupt ein geeignetes Rechtsmittel zur Verfügung steht (wegen Art. 19 IV GG ist das in der Regel der Fall),

⇨ die Einlegung eines Rechtsmittels objektiv zumutbar ist und

⇨ die Nichteinlegung dem Betroffenen subjektiv vorgeworfen werden kann.

keine Möglichkeit des primären Rechtsschutzes

Gegenüber hoheitlichen Realakten, die plötzlich eintretende Schädigungen verursachen, besteht überhaupt keine Möglichkeit des Primärrechtsschutzes. Ebenso verhält es sich bei Verzögerungsschäden wegen rechtswidriger Vorenthaltung einer Bau- oder Gewerbeerlaubnis.

Bsp.: Im bereits mehrfach genannten Fall einer fehlerhaften Ampelanlage kann natürlich der rechtswidrige Verwaltungsakt „grüne Ampel" nicht rechtzeitig angefochten werden, da es eben plötzlich und unvermittelt zu einem Unfall gekommen ist.

Prüfungspflicht des Adressaten eines VA

Der Adressat eines mit einer Rechtsbehelfsbelehrung versehenen Verwaltungsakts muss stets genau überprüfen, ob das Vorgehen der Behörde rechtmäßig ist oder nicht. Notfalls hat er den Rechtsrat eines Rechtsanwalts einzuholen. Bei begründeten Zweifeln an der Rechtmäßigkeit des Eingriffs ist es ihm zuzumuten, die einschlägigen verwaltungsrechtlichen Rechtsbehelfe zu ergreifen.

ansonsten: Einzelfallbetrachtung

In den übrigen Fällen ist eine Einzelfallbetrachtung unter Berücksichtigung der konkreten Umstände, beispielsweise des mit dem Rechtsbehelf verbundenen Kostenrisikos, vorzunehmen.

Bsp.:[460] Der Grundstückseigentümer E hat im Wege des Normenkontrollverfahrens einen Bebauungsplan erfolgreich angegriffen und seine Nichtigkeitserklärung erreicht. Damit wollte er gegen die aus ca. 50 Häusern bestehende an sein Grundstück herangeführte Wohnbebauung vorgehen.

Er kann jetzt einen Anspruch aus enteignungsgleichem Eingriff geltend machen, ohne vorher die einzelnen Baugenehmigungen angefochten zu haben. Denn mit dem Bebauungsplan hat E bereits die Grundlage dieser Genehmigungen angefochten.

Angesichts der hohen Zahl von Wohnbauten müsste E ein hohes Kostenrisiko eingehen um gegen sämtliche Baugenehmigungen Abwehrklagen zu erheben. (Selbst wenn man im Recht ist, kann man ja bekanntlich durchaus einmal einen Prozess verlieren!)

IX. Verjährung

Die Frage der Verjährung ist seit der Schuldrechtsreform 2002 für den enteignungsgleichen Eingriff in gleicher Weise umstritten wie bei den anderen staatshaftungsrechtlichen Ansprüchen.[461]

260

---

459 Vgl. Maurer, § 27 Rn. 99.
460 BGHZ 92, 34 (50) = **juris**by**hemmer**.
461 Siehe oben Rn. 224.

X. Anspruchsgegner

Begünstigter: derjenige, dessen Aufgaben wahrgenommen wurden bzw. derjenige, dem die Vorteile zugeflossen sind

Entschädigungspflichtig ist nach h.M. derjenige, der durch den Eingriff unmittelbar begünstigt worden ist. Folglich ist der Hoheitsträger passivlegitimiert, dessen Aufgaben im Zusammenhang mit der rechtswidrigen hoheitlichen Maßnahme wahrgenommen worden sind oder dem die Vorteile des Eingriffs zugeflossen sind.

Bsp.:[462] Grundstückseigentümer E beantragt eine Baugenehmigung beim Landkreis L als der zuständigen Bauaufsichtsbehörde. L versagt die Erteilung dieser Genehmigung zum einen mit der Begründung, die geplante Wohnbebauung entspreche nicht den Festsetzungen des Bebauungsplans. Außerdem sei auch eine Befreiung von den Festsetzungen des Bebauungsplans gemäß § 31 II BauGB nicht möglich, da die zuständige Gemeinde G das nach § 36 I S. 1 BauGB erforderliche Einvernehmen versagt habe. E erreicht im Wege der Normenkontrolle die Feststellung der Nichtigkeit des Bebauungsplans und will nun seinen durch die Verzögerung entstandenen Schaden ersetzt bekommen.

auch Gesamtschuldnerschaft denkbar!

Passivlegitimiert sind L und G als Gesamtschuldner, da mit der Versagung durch L ihre Aufgaben wahrgenommen wurden. Dabei ist unerheblich, dass im Außenverhältnis allein L gehandelt hat. G ist gleichwohl begünstigt, da der Eingriff in ihrem planerischen Interesse erfolgte und sich in der Versagung des Einvernehmens konkretisiert hat.

hemmer-Methode: Die aus dem Aufopferungsgedanken abgeleitete Passivlegitimation des Begünstigten passt eigentlich nicht zu rechtswidrigem staatlichem Handeln. Naheliegender wäre, dass derjenige Hoheitsträger, der sich nicht korrekt verhalten hat, „die Suppe auslöffeln" muss.[463]

XI. Rechtsweg

Aus der Verankerung des enteignungsgleichen Eingriffs im Aufopferungsgedanken folgt, dass gemäß § 40 II S. 1 VwGO („vermögensrechtliche Ansprüche aus Aufopferung für das gemeine Wohl") der Zivilrechtsweg für diese Ansprüche einschlägig ist.

C) Enteignender Eingriff

Für den enteignenden Eingriff kann man folgendes Schema zugrunde legen:

Voraussetzungen des Anspruchs aus enteignendem Eingriff:

I. Vorfrage: Anwendbarkeit

II. Anspruchsgrundlage
⇨ §§ 74, 75 EinlPrALR, Gewohnheitsrecht

III. Eingriff in eine von Art. 14 GG geschützte Rechtsposition
⇨ insb. Rechtmäßigkeit des Eingriffs, d.h. Eingriff ist Nebenfolge rechtmäßigen hoheitlichen Verwaltungshandelns

IV. Unmittelbarkeit

V. Sonderopfer

---

462 BGHZ 134, 316 (321 ff.) = **juris**by**hemmer**.
463 So Maurer, § 27, Rn. 101.

I. Anwendbarkeit

spezialgesetzliche Regelungen

Art. 70 BayPAG

Art. 70 BayPAG[464], der sowohl rechtswidrige als auch rechtmäßige polizeiliche Maßnahmen erfasst, ist wohl die für die Klausurbearbeitung bedeutsamste Spezialvorschrift gegenüber dem enteignenden Eingriff. Für den Fall des Widerrufs eines rechtmäßigen begünstigenden Verwaltungsakts sollte man Art. 49 V BayVwVfG (entspricht § 49 VI VwVfG) im Auge behalten, der ebenfalls dem enteignenden Eingriff vorgeht.

Es existieren ferner diverse andere spezielle Anspruchsgrundlagen (vgl. etwa die §§ 51, 52 BPolG[465], die dem Art. 70 BayPAG ähneln), die aber so exotisch sind, dass ihre Einschlägigkeit nur dann überprüft werden muss, wenn in einer Klausur ausdrücklich auf sie hingewiesen wird.

§ 42 BImSchG

Im in der Praxis wichtigen Bereich der Verkehrsimmissionen sind vor allem § 74 II S. 3 VwVfG, sowie speziell für den Bau oder die wesentliche Änderung öffentlicher Straßen § 42 BImSchG, zu beachten. § 42 BImSchG gewährt nach Abs. 2 S. 1 eine Entschädigung nur für den Bau von Schallschutzmaßnahmen an der vom Straßenlärm betroffenen baulichen Anlage selbst (sog. passiver Schallschutz). Vorschriften, die eine weitergehende Entschädigung gewähren, schließt § 42 BImSchG nach Abs. 2 S. 2 nicht aus.

§ 74 II S. 3 VwVfG

Umstritten ist, ob der enteignende Eingriff neben § 74 II S. 3 VwVfG anwendbar ist. Der Anwendungsbereich dieser Anspruchsgrundlage ist weiter als der des enteignenden Eingriffs, da sie auch dann eine Entschädigung gewährt, wenn die verfassungsrechtliche Zumutbarkeitsschwelle nicht überschritten ist, sondern nur die fachplanungsrechtliche. Das spricht dafür, dass Aufopferungsansprüche daneben keinen eigenen Anwendungsbereich haben und somit nicht bestehen, und zwar auch nicht nach Bestandskraft des Planfeststellungsbeschlusses.[466]

> **hemmer-Methode:** Detailwissen zu den zahlreichen spezialgesetzlichen Regelungen ist natürlich nicht erforderlich. Wichtig ist aber, stets zu prüfen, ob die spezialgesetzlichen Grundlagen eine abschließende Regelung in dem Sinne enthalten, dass weitergehende Ansprüche ausgeschlossen sein sollen.

II. Anspruchsgrundlage

Aufopferung/Gewohnheitsrecht

Hier gilt das zum enteignungsgleichen Eingriff Gesagte. Es sollte kurz auf den Aufopferungsgedanken und die gewohnheitsrechtliche Verankerung des enteignenden Eingriffs hingewiesen werden.

III. Eingriff in eine von Art. 14 GG geschützte Rechtsposition

Handlungs-/Erfolgsunrecht

Der enteignende Eingriff gewährt einen Ausgleich für schädigende Nebenfolgen an sich rechtmäßigen hoheitlichen Verwaltungshandelns. Es ist somit zwischen Handlungs- und Erfolgsunrecht zu unterscheiden, d.h. zwischen der Frage, ob einerseits das Handeln der Verwaltung oder andererseits dessen Folgen rechtmäßig sind. Ein Verwaltungshandeln wird nämlich nicht allein dadurch rechtswidrig, dass es eine Nebenfolge auslöst, die das Eigentum des Betroffenen schädigt. In einem solchen Fall ist nur die Nebenfolge für sich genommen rechtswidrig, wenn sie eine unzumutbare Belastung des Eigentums darstellt. Dies ändert aber nicht zwangsläufig die Rechtmäßigkeit der Eingriffshandlung.[467]

---

[464] Oder entsprechende Vorschriften anderer Bundesländer, vgl. oben Rn. 247.
[465] Abgedruckt in Sartorius Nr. 90.
[466] Detterbeck/Windthorst/Sproll, S. 374.
[467] Vgl. Maurer, § 27, Rn. 110 f.

Zu solchen Konstellationen kommt es typischerweise bei hoheitlichen Realakten.

Bsp. (wie schon oben Rn. 254): Infolge verzögerter U-Bahnbauarbeiten erleidet E, der einen Einzelhandel führt, erhebliche Umsatzeinbußen. Die Verzögerung kam trotz ordnungsgemäßer Planung und Durchführung der Bauarbeiten zustande.

Das Recht des E an seinem eingerichteten und ausgeübten Gewerbebetrieb ist betroffen, denn dazu gehört auch der Kontakt nach außen, „die werbende und anziehende Verbindung mit dem Straßenverkehr". Ein vom Gemeingebrauch der Straße abgeschnittener Gewerbebetrieb hat wirtschaftlich gesehen keinen Wert.

Die Vorteile der Straße kann der Anlieger aber nur im Rahmen des Gemeingebrauchs erwarten, der ständigem Wandel und Wechsel unterworfen ist. Behinderungen durch Ausbesserungs- und Verbesserungsarbeiten muss E deshalb grundsätzlich dulden. Die öffentliche Hand ist jedoch bei dieser Tätigkeit an den Verhältnismäßigkeitsgrundsatz gebunden, sie muss durch sachgemäße Koordinierung der unterschiedlichen Arbeitsvorgänge und unter zumutbarem Kräfteeinsatz jede überflüssige Verzögerung vermeiden. Davon ist hier auszugehen, sodass die Bauarbeiten rechtmäßig und von E zu dulden sind.

Trotz der Rechtmäßigkeit der Bauarbeiten muss die Behörde eine Entschädigung leisten, wenn die Bauarbeiten im Einzelfall zu einer Existenzvernichtung des betroffenen Betriebs führen.[468] Dann wären die Folgen für E unzumutbar, es läge ein Sonderopfer vor.

hemmer-Methode: In einer Examensklausur wäre typischerweise ein privates Bauunternehmen mit den Bauarbeiten betraut, sodass anhand der „Werkzeugtheorie" zu diskutieren wäre, ob die Bauarbeiten der öffentlichen Hand zuzurechnen sind.[469]

keine Duldungspflicht, wenn Folgen absehbar waren und hätten vermieden werden können

Rechtmäßig ist der Eingriff, wenn er der Rechtsordnung entspricht, und der Betroffene deshalb zur Duldung verpflichtet ist. Die Behörde muss schon aufgrund des Verhältnismäßigkeitsgrundsatzes jede unnötige Belastung der Bürger vermeiden. Der Betroffene muss einen Eingriff in sein Eigentum nicht dulden, wenn unzumutbare Folgen absehbar waren und durch zumutbare Vorkehrungen hätten vermieden werden können.

267

geht der enteignende Eingriff in der Figur der ausgleichspflichtigen Inhaltsbestimmung auf?

Manche Stimmen in der Literatur sehen hier einen Widerspruch zur Dogmatik der ausgleichspflichtigen Inhalts- und Schrankenbestimmung. Wenn unzumutbare Folgen für den Gesetzgeber absehbar sind und nicht real vermieden werden können, dann bedürfe es eines gesetzlichen Ausgleichsanspruchs. Wo eine solche Entschädigungsregelung fehlt, dürfe wegen des Grundsatzes der Gesetzmäßigkeit der Entschädigung und des Vorrangs des Primärrechtsschutzes nicht entschädigt werden. Das Verwaltungshandeln sei rechtswidrig. Die Konsequenz dieser Ansicht ist, dass der enteignende Eingriff nur noch auf unvorhersehbare, völlig atypische Nebenfolgen rechtmäßigen Verwaltungshandelns anwendbar bleibt.[470]

Diese Ansicht lässt zum einen im Unklaren, welches Anwendungsfeld dem enteignenden Eingriff dann überhaupt verbleiben soll, denn das Erfordernis der Unmittelbarkeit verlangt ja gerade, dass eine typische Folge des Verwaltungshandelns eingetreten ist. Vor allem aber berücksichtigt sie nicht, dass im für den enteignenden Eingriff bedeutsamsten Bereich des schlichten Verwaltungshandelns nach h.M. der Vorbehalt des Gesetzes nicht gilt.

---

468 Deshalb war im Sachverhalt überhaupt von einer Verzögerung die Rede. Auch umfangreiche Bauarbeiten führen unter normalen Umständen nicht zu einem Sonderopfer, solche Behinderungen gehören zum allgemeinen Risiko des Gewerbetreibenden.
469 Siehe dazu vertiefend ab Rn. 24.
470 Maurer, § 27, Rn. 109.

Es kann folglich in diesem Bereich nicht von der Vorhersehbarkeit des Schadens auf die Pflicht des Gesetzgebers, eine Entschädigungsregelung zu erlassen, geschlossen werden.

Schließlich wäre es auch unbillig, dem Betroffenen die Entscheidung über die Vorhersehbarkeit der eigentumsbeeinträchtigenden Wirkung aufzubürden, denn wegen des Vorrangs des Primärrechtsschutzes muss der Betroffene stets entscheiden, ob die belastende Maßnahme rechtswidrig ist oder nicht, ob er also gegen die Maßnahme selbst vorgehen muss oder ohne weiteres auf Entschädigung klagen kann.

hemmer-Methode: Diese Problematik geht über das, was in Examensklausuren verlangt wird, hinaus. Dennoch ist es wichtig, sich den Zusammenhang zwischen ausgleichspflichtiger Inhaltsbestimmung und dem Anspruch aus enteignendem Eingriff klarzumachen. Dann wird verständlich, warum etwa § 74 II S. 3 VwVfG in diesem Skript einerseits als Beispiel für eine ausgleichspflichtige Inhalts- und Schrankenbestimmung und andererseits als spezialgesetzliche Ausformung des enteignenden Eingriffs Erwähnung gefunden hat.

IV. Unmittelbarkeit

Hier gilt das oben zum enteignungsgleichen Eingriff gesagte entsprechend.

268

V. Sonderopfer

Sonderopfer muss positiv begründet werden

Beim enteignungsgleichen Eingriff führt allein schon die Rechtswidrigkeit des Verwaltungshandelns zu einem Sonderopfer. Beim enteignenden Eingriff hingegen, der rechtmäßiges Handeln voraussetzt, ist stets eine besondere Begründung erforderlich, warum im konkreten Fall ein Sonderopfer gegeben ist.

269

Die Argumentation muss sich auf die Folgen des staatlichen Handelns stützen, denn hinsichtlich der Eingriffshandlung steht an dieser Stelle der Prüfung bereits eine Duldungspflicht des Betroffenen fest.

Schweretheorie, Situationsgebundenheit

Diese Folgen müssen von einer gewissen Schwere sein, die anderen in dieser Form nicht zugemutet wird und deshalb zu einer Ungleichbehandlung führt. Auch hier kann bei Grundstücken das vom BGH entwickelte Kriterium der Situationsgebundenheit eine Rolle spielen. Es kann sich also aus einer situativen Gebundenheit des Grundstücks die Pflicht ergeben, bestimmte Einwirkungen hinzunehmen.

Zumutbarkeit/§ 906 BGB analog

Bei Immissionen ist das Kriterium der Zumutbarkeit von Bedeutung. Was zumutbar ist, richtet sich vor allem nach den einschlägigen Richtwerten, aber auch nach den Umständen des Einzelfalles (z.B. Anhebung der Zumutbarkeitsgrenze, wenn die Grundstücksbenutzung in Kenntnis bereits erfolgender Immissionen aufgenommen wurde[471]). Im Bereich des öffentlichen Nachbarrechts, also in Fallgestaltungen, in denen von einer hoheitlich unterhaltenen Anlage Störungen auf benachbarte Privatgrundstücke ausgehen, orientiert sich die Rechtsprechung an § 906 BGB. Ausschlaggebend für die entsprechende Anwendung der Grundsätze des privaten Nachbarrechts ist die Überlegung, dass es grundsätzlich keinen Unterschied macht, ob Immissionen von Hoheitsträgern oder von Privaten ausgehen.

---

471 Palandt-Bassenge, § 906 BGB, Rn. 38 mit weiteren Beispielen.

Der BGH bezeichnet den Entschädigungsanspruch aus enteignendem Eingriff in diesen Fällen als das öffentlich-rechtliche Gegenstück zum zivilrechtlichen Ausgleichsanspruch unter Nachbarn.[472]

Nach der Systematik des § 906 BGB ist eine Einteilung in drei verschiedene Kategorien möglich:[473]

§ 906 I BGB

⇨ Bei geringfügigen Immissionen liegt nur eine unwesentliche Beeinträchtigung im Sinne des § 906 I BGB vor. Hier besteht immer eine Duldungspflicht des Betroffenen, ohne dass ein Ausgleich verlangt werden kann.

§ 906 II BGB

⇨ Sind die immissionsbedingten Beeinträchtigungen wesentlich, so kommt es nach § 906 II BGB darauf an, ob sie ortsüblich und durch zumutbare Schutzmaßnahmen nicht abwendbar sind. Ist das der Fall, so besteht eine Duldungspflicht nach § 906 II S. 1 BGB. Nach Satz 2 kann aber ein Ausgleich in Geld verlangt werden, wenn die Grenze des Zumutbaren überschritten ist.

ansonsten: rechtswidrig

⇨ Besteht keine Duldungspflicht, insbesondere wenn die Beeinträchtigung nicht ortsüblich ist, so sind die Immissionen rechtswidrig. Dann ist nicht der enteignende, sondern der enteignungsgleiche Eingriff einschlägig, wobei allerdings der Vorrang des Primärrechtsschutzes zu beachten ist.

Ausnahme bei überwiegenden Gemeinwohlbelangen

In Abweichung zu diesen privatrechtlichen Maßstäben kann ausnahmsweise eine Duldungspflicht aus überwiegenden Gemeinwohlbelangen abgeleitet werden. Das ist dann der Fall, wenn ein besonderes öffentliches Interesse am Betrieb einer Anlage, beispielsweise einer Kläranlage oder einer Mülldeponie, besteht.[474]

VI. Rechtsfolge: Entschädigung

270

Das Problem des Vorrangs des Primärrechtsschutzes vor dem Sekundärrechtsschutz stellt sich beim enteignenden Eingriff im Gegensatz zum enteignungsgleichen Eingriff nicht. Rechtswidrig ist hier nur der Erfolg, nicht aber die Eingriffshandlung. Da gegenüber einer rechtmäßigen hoheitlichen Maßnahme eine Duldungspflicht des Betroffenen besteht, hätten Rechtsbehelfe des Primärrechtsschutzes (z.B. eine Abwehrklage) keine Aussicht auf Erfolg. Deshalb kann dem Anspruchsinhaber nicht analog § 254 BGB ein Mitverschulden wegen des Versäumens eines möglichen Rechtsbehelfs angelastet werden.

Schadensminderungspflicht

Davon zu unterscheiden ist die allgemeine Obliegenheit des Geschädigten, der Entstehung bzw. Entwicklung des Schadens nach Möglichkeit entgegenzuwirken. Dabei geht es nicht um die Verhinderung des (rechtmäßigen) hoheitlichen Handelns, sondern des (rechtswidrigen) Erfolgs. Hätte der Betroffene in zumutbarer Weise den Schaden verhindern oder begrenzen können, so kann ein „Verschulden gegen sich selbst" über § 254 BGB analog Berücksichtigung finden.

---

[472] BGHZ 91, 20 (26).
[473] Vgl. Palandt-Bassenge, § 906 BGB, Rn. 13 f.
[474] BGH, NJW 1984, 1876 = **juris**byhemmer.

VII. Verjährung

Zur Verjährung gilt das beim enteignungsgleichen Eingriff Gesagte.[475]

271

VIII. Anspruchsgegner

Passivlegitimiert ist, wie beim enteignungsgleichen Eingriff, der begünstigte Verwaltungsträger.[476]

272

IX. Rechtsweg

Für Aufopferungsansprüche ist gemäß § 40 II S. 1 VwGO der Zivilrechtsweg einschlägig. Da der BGH den enteignenden (wie auch den enteignungsgleichen) Eingriff aus dem Aufopferungsgedanken ableitet, ist dieser Anspruch vor den Zivilgerichten geltend zu machen.

273

X: Abschließender Beispielsfall[477]:

Landwirt L besitzt im Außenbereich in unmittelbarer Nähe eines Sees einen Acker, auf dem er schon seit vielen Jahren Weizen anbaut. Da in der Gegend früher einmal Graugänse heimisch waren, beschließt die zuständige Jagdbehörde rechtmäßigerweise die Aufzucht und schließlich die Freisetzung von Graugänsen am Ufer des Sees. Der zunächst spärliche Tierbestand entwickelt sich in den darauf folgenden Jahren gut, was zur Folge hat, dass die Gänse in zunehmendem Maße die Felder des L abäsen und verkoten. Dadurch fällt wiederholt die Ernte komplett aus, dem L entsteht ein erheblicher wirtschaftlicher Schaden. Mit der Jagdbehörde bespricht L dieses Thema jedoch nicht, stattdessen will er nun seinen Schaden ersetzt haben.

Bestehen Ansprüche gegen den Träger der Jagdbehörde?

Auszug aus dem Bundesjagdgesetz[478]:

§ 26 Fernhalten des Wildes.

Der Jagdausübungsberechtigte sowie der Eigentümer oder Nutzungsberechtigte eines Grundstücks sind berechtigt, zur Verhütung von Wildschäden das Wild von den Grundstücken abzuhalten oder zu verscheuchen. [...]

§ 27 Verhinderung übermäßigen Wildschadens.

(1) Die zuständige Behörde kann anordnen, dass der Jagdausübungsberechtigte unabhängig von den Schonzeiten innerhalb einer bestimmten Frist in bestimmtem Umfange den Wildbestand zu verringern hat, wenn dies mit Rücksicht auf das allgemeine Wohl [...] erforderlich ist.

(2) Kommt der Jagdausübungsberechtigte der Anordnung nicht nach, so kann die zuständige Behörde für dessen Rechnung den Wildbestand vermindern lassen. [...]

Lösung:

1. Das Freisetzen der Graugänse war laut Sachverhalt rechtmäßig. Somit kommt weder ein Anspruch aus Amtshaftung, noch aus enteignungsgleichem Eingriff in Betracht.

---

475 Oben Rn. 260.
476 Oben Rn. 261.
477 Nach BGH, NVwZ 1988, 1066 = **jurisbyhemmer**.
478 Abgedruckt in Sartorius Nr. 890.

2. Ein Anspruch auf Entschädigung wegen Enteignung bedarf einer einfachgesetzlichen Rechtsgrundlage (Art. 14 III S. 2 GG), die hier fehlt. Überdies liegt kein Entzugsakt vor, da nicht zielgerichtet auf Rechtsgüter des L zugegriffen wurde.

3. In Betracht käme aber ein Anspruch aus enteignendem Eingriff. Ein Anspruch aus enteignendem Eingriff setzt einen Eingriff in ein Eigentumsrecht des L als unmittelbare Nebenfolge eines an sich rechtmäßigen Verwaltungshandelns voraus, das zu einem Sonderopfer bei L geführt hat.

Der BGH leitet das Haftungsinstitut des enteignenden Eingriffs aus dem Aufopferungsgedanken (§§ 74, 75 EinlALR) in seiner richterrechtlich geprägten Ausformung her. Aufgrund der jahrzehntelangen Rechtsprechung des BGH ist der Anspruch jedenfalls gewohnheitsrechtlich verankert.

a) Da die Jagdbehörde laut Sachverhalt für die Freisetzung der Graugänse zuständig war, hat sie dadurch ihre eigenen Aufgaben wahrgenommen. Ihr Rechtsträger ist deshalb Begünstigter des Verwaltungshandelns und somit der richtige Anspruchsgegner.

b) L müsste in einem vermögenswerten Recht im Sinne des Art. 14 GG betroffen sein. Dazu gehört auch das Recht am eingerichteten und ausgeübten Gewerbebetrieb. Die betroffenen Felder gehören zur wirtschaftlichen Einheit des landwirtschaftlichen Betriebs des L. Vom Recht am eingerichteten und ausgeübten Gewerbebetrieb wird zwar nur der Bestandsschutz und nicht der Erwerbsschutz umfasst, also nur das Recht auf Fortsetzung des Betriebs im bisherigen Umfang. L nutzt jedoch die Felder bereits seit Jahren landwirtschaftlich. Die Schädigung durch die Vögel hat somit zur Folge, dass L den Weizenanbau nicht im bisherigen Umfang weiternutzen kann. Mithin ist nicht nur eine Erwerbschance, sondern das Erworbene, der schon bestehende Umfang des Betriebs betroffen. L kann einen Eingriff in sein Recht am eingerichteten und ausgeübten Gewerbebetrieb geltend machen.[479]

c) Dieser Eingriff muss in einer Nebenfolge eines an sich rechtmäßigen hoheitlichen Handelns bestehen. Die Freisetzung der Graugänse war laut Sachverhalt rechtmäßig. Ob dies durch Verwaltungsakt beschlossen wurde, ist unerheblich, da der enteignungsgleiche Eingriff nicht nur Realakte, sondern auch rechtsförmliches Verwaltungshandeln erfasst.

d) Die Schäden müssen eine unmittelbare Folge des hoheitlichen Handelns sein. Das scheint hier fraglich, denn im eigentlichen Wortsinn sind die Ernteausfälle nur eine mittelbare Folge des Freisetzens der Graugänse, da sich die Population erst vermehren musste und außerdem ein nicht steuerbares Verhalten der Tiere erforderlich war, um den Schaden herbeizuführen. Mit Unmittelbarkeit ist aber nur eine wertende Zurechnung in dem Sinn gemeint, dass die Auswirkung auf das Eigentum gerade auf der Eigenart des hoheitlichen Handelns beruhen muss. Es müssen sich die in dem Verwaltungshandeln angelegten typischen Gefahren verwirklicht haben. Das Aufzüchten und Freisetzen von seltenen Tieren geschieht gerade in der Hoffnung, die Tiere mögen sich vermehren. Mit dem Ansteigen der Wilddichte korrespondiert aber typischerweise das vermehrte Auftreten tierartspezifischer Wildschäden. Das Freisetzen der Gänse trug also bereits die Neigung zur Gefahr von erhöhten Wildschäden in der unmittelbaren Umgebung des Sees in sich. Die Ernteausfälle sind der Jagdbehörde zuzurechnen.

e) Ferner ist erforderlich, dass L durch die Wildschäden ein Sonderopfer auferlegt worden ist. Die Auswirkungen des behördlichen Handelns müssen von einer solchen Schwere sein, die anderen in dieser Form nicht zugemutet wird und deshalb zu einer Ungleichbehandlung führt. Dabei kommt es auf eine umfassende Beurteilung der Umstände des Einzelfalls an, insbesondere auch auf die Situationsgebundenheit des Grundstücks. Das Maß des Zumutbaren bestimmt sich auch nach der Lage und Beschaffenheit des Grundstücks, sowie seiner Einbettung in die Landschaft und Natur.

---

[479] Vertretbar ist es auch, mit dem Sacheigentum an den Feldern (das auch deren Nutzung zu landwirtschaftlichen Zwecken einschließt) zu argumentieren. Der BGH zieht in dieser Entscheidung die kompliziertere Variante vor, was aber reine Geschmackssache sein dürfte.

Unter diesem Gesichtspunkt ist zu berücksichtigen, dass der Acker im Außenbereich und in unmittelbarer Nähe eines Sees gelegen ist. In einem solchen Umfeld besteht zwangsläufig ein Interessenwiderstreit zwischen dem freilebenden heimischen Wild und dem mit ihm in natürlicher Lebensgemeinschaft befindlichen Grundeigentümer. Dieser Konflikt muss unter Beachtung des Art. 20a GG gelöst werden, der dem Tierschutz Verfassungsrang einräumt. Auch § 26 BJagdG, nach dem der Grundstückseigentümer gehalten ist, sich drohender Wildschäden mit eigenen Kräften und auf eigene Kosten zu erwehren, deutet darauf hin, dass ein gewisses Maß an Wildschäden hingenommen werden muss.

Somit ist die Zumutbarkeitsschwelle für L aufgrund der Lage seines Grundstücks relativ hoch anzusetzen. Andererseits sind die bei L eingetretenen Schäden enorm. Mehrere vollständige Ernteausfälle nacheinander übertreffen bei weitem den Normalfall. Ein ähnlicher Schaden wird den Eigentümern von anderen ähnlich gelegenen Grundstücken nicht zugemutet. Mithin ist ein Sonderopfer zu bejahen.

f) Der Anspruch könnte unter dem Gesichtspunkt des Mitverschuldens (§ 254 BGB analog) eingeschränkt oder ausgeschlossen sein, wenn L durch eine zumutbare Handlung den Schaden hätte abwenden können. Gegen das Verwaltungshandeln selbst, also das Freisetzen der Graugänse, konnte er nichts unternehmen, da es rechtmäßig war, und somit Rechtsbehelfe keinen Erfolg versprachen.

Davon zu unterscheiden ist jedoch das Verhindern des Erfolgs, also des Abäsens und Verkotens der Felder durch die Gänse. Gemäß § 26 BJagdG hätte L Anstrengungen unternehmen können, die Gänse von seinem Grundstück abzuhalten oder zu verscheuchen. Denkbar wäre zum Beispiel gewesen, eine Vogelscheuche aufzustellen, Netze zu spannen oder sog. Grauganszäune aufzustellen. Außerdem hätte L, sobald die Zahl der am See lebenden Graugänse größer war, als die Erhaltung der Art es an diesem Standort erforderte, eine Ausnahmegenehmigung nach § 27 BJagdG beantragen können. Angesichts des Sonderopfers des L ist von einer Reduzierung des Ermessens der zuständigen Behörde auf Null auszugehen. Sie hätte eine Verringerung des Wildbestandes angeordnet und hätte dies nach § 27 II BJagdG auch gegen den Jagdausübungsberechtigten durchsetzen können.

Zieht man all diese Möglichkeiten in Betracht, so ist davon auszugehen, dass das Ausmaß des Schadens jedenfalls die Zumutbarkeitsschwelle nicht überschritten hätte, wäre L seiner Schadensminderungspflicht nachgekommen. Der Anspruch aus enteignendem Eingriff ist deshalb analog § 254 BGB ausgeschlossen.

Zur Klarstellung: Der Anspruch scheitert am Mitverschulden des L, nicht am Fehlen eines Sonderopfers. Das Mitverschulden des L besteht darin, dass es gar nicht erst zu einem Sonderopfer gekommen wäre, wenn er sich korrekt verhalten hätte.

4. Ergebnis: L hat keine Ansprüche auf Schadensersatz oder Entschädigung aus dem erlittenen Wildschaden.

§ 7 DER AUFOPFERUNGSANSPRUCH IM ENGEREN SINN

Anspruch bei Eingriffen in immaterielle Rechtsgüter

Sämtliche bislang behandelten aufopferungsrechtlichen Ansprüche setzen einen Eingriff in das Eigentum voraus. Die eigentumsrechtlichen Entschädigungsansprüche haben eine besondere Ausprägung erfahren und sind auf diese Weise aus dem Anwendungsbereich der allgemeinen Aufopferung ausgegliedert worden. Daneben verbleibt aber weiterhin für Hoheitseingriffe in nichtvermögenswerte Rechtsgüter der Aufopferungsanspruch im engeren Sinn.[480]

Ähnlichkeit zum enteignenden und enteignungsgleichen Eingriff

Da der Aufopferungsanspruch durch die Rechtsprechung tendenziell eng ausgelegt und außerdem durch zahlreiche spezialgesetzliche Regelungen verdrängt wird, kommt er weder in der Praxis noch in der Klausur besonders häufig zum Tragen. Im Übrigen ähnelt er dem enteignenden und enteignungsgleichen Eingriff. Erforderlich ist ein unmittelbarer hoheitlicher Eingriff in eine nichtvermögenswerte Rechtsposition, der beim Betroffenen zu einem Sonderopfer führt.

> **Voraussetzungen des Aufopferungsanspruchs i.e.S.:**
> I. Anwendbarkeit
> II. Anspruchsgrundlage
>   ⇨ §§ 74, 75 EinlPrALR, Gewohnheitsrecht
> III. Hoheitlicher Eingriff in immaterielle Rechte i.S.d. Art. 2 II GG
> IV. Unmittelbarkeit
> V. Sonderopfer
> VI. Subsidiarität

A) Anwendbarkeit

zahlreiche Spezialgesetze

Die meisten klassischen Rechtsprechungsfälle sind mittlerweile spezialgesetzlich geregelt.[481] Für Polizeirechtsklausuren ist wiederum auf die Art. 70 BayPAG, Art. 11 BayLStVG[482] hinzuweisen.

B) Anspruchsgrundlage

§§ 74, 75 EinlALR/Gewohnheitsrecht

Wie beim enteignenden bzw. enteignungsgleichen Eingriff leitet sich der Anspruch aus den §§ 74, 75 EinlALR bzw. gewohnheitsrechtlich ab.

hemmer-Methode: Allerdings reicht hier zur Herleitung ein knapper Satz, da sich am Aufopferungsanspruch i.e.S. durch den Nassauskiesungsbeschluss des BVerfG nichts geändert hat.

---

480 Überblick bei Palandt-Bassenge, vor § 903 BGB, Rn. 48 ff.
481 Z.B. die klassischen „Impfschadensfälle" (BGHZ 9, 83; 31, 187) durch die §§ 51 ff. BSeuchenG a.F., heute geregelt in §§ 60 ff. Infektionsschutzgesetz (IfSG, Sartorius Ergänzungsband Nr. 285).
482 Bzw. entsprechende Vorschriften anderer Bundesländer.

C) Hoheitlicher Eingriff in ein nichtvermögenswertes Rechtsgut

Grundrechte des Art. 2 II GG

Als nichtvermögenswerte Rechtsgüter im Sinne des Aufopferungsanspruchs sind alle von Art. 2 II GG umfassten Rechte anerkannt.

277

Der grundrechtliche Schutzbereich des Art. 2 II GG erstreckt sich auf

- ⇨ das Leben,
- ⇨ die Gesundheit,
- ⇨ die körperliche Unversehrtheit,
- ⇨ die persönliche Freiheit im Sinne von Bewegungsfreiheit.

Im Gegensatz zu Art. 14 GG handelt es sich um kein normgeprägtes Grundrecht. Der Umfang des Schutzbereichs ist vielmehr von Natur aus vorgegeben und deshalb unproblematisch zu ermitteln.

Ausdehnung auf allg. Persönlichkeitsrecht und Berufsfreiheit?

Im Schrifttum wird vielfach eine Ausdehnung des Anspruchs auf andere immaterielle Rechtsgüter wie das allgemeine Persönlichkeitsrecht oder die Berufsfreiheit angeregt.[483] Diese Forderung nach einem lückenlosen Schutz nichtvermögenswerter Rechtsgüter hat sich jedoch bislang nicht durchsetzen können.[484]

277a

hoheitlicher Zwang

Der Eingriff braucht nicht gezielt zu sein, erforderlich ist aber, dass der Betroffene einer hoheitlichen Zwangseinwirkung ausgesetzt ist. An hoheitlichem Zwang fehlt es, wenn sich der Betroffene freiwillig oder selbstverschuldet in eine Gefahrensituation begibt.

278

> **Bsp.:** *Der freiwillige Polizeihelfer verletzt sich bei der Hilfstätigkeit; Der Strafgefangene, der tatsächlich eine Straftat begangen hat, wird im Gefängnis misshandelt.*

psychologisches Abfordern

Eine Rechtspflicht muss indes nicht vorliegen. Der moderne Sozialstaat zeichnet sich dadurch aus, dass er das Verhalten seiner Bürger durch indirekte Mittel steuert. Ein Eingriff kann deshalb beispielsweise auch darin bestehen, dass der Staat für ein bestimmtes Verhalten nachdrücklich in der Öffentlichkeit wirbt, sodass beim Bürger der Effekt eines „psychologischen Abforderns" entsteht.[485]

279

Rechtmäßigkeit unerheblich

Unerheblich ist die Frage der Rechtmäßigkeit des Hoheitshandelns. Eine Unterscheidung zwischen einem „aufopfernden" und einem „aufopferungsgleichen" Eingriff wird nicht gemacht.

Unterlassen

Die Problematik des Unterlassens als Eingriff stellt sich in gleicher Weise wie beim enteignenden bzw. enteignungsgleichen Eingriff.

D) Unmittelbarkeit

Hier gilt dasselbe wie beim enteignenden und enteignungsgleichen Eingriff.[486]

280

---

483 Z.B. Schenke, NJW 1991, 1777 (1780 ff.).
484 Vgl. BVerfG, NVwZ 1998, 271 f. = **juris**by**hemmer**, sowie Palandt-Bassenge, vor § 903 BGB, Rn. 48 m.w.N.
485 Palandt-Bassenge, vor § 903 BGB, Rn. 49.
486 Oben Rn. 256.

E) Sonderopfer

wie enteignender/enteignungsgleicher Eingriff

Auch bezüglich des Sonderopfers sind die Kriterien des enteignenden und enteignungsgleichen Eingriffs auf den Aufopferungsanspruch zu übertragen.[487] Daraus folgt, dass ein Sonderopfer bei rechtswidrigem staatlichen Handeln ohne weiteres bejaht werden kann, da die Folgen rechtswidrigen Verwaltungshandelns nie zumutbar sind. Bei Nebenfolgen an sich rechtmäßiger Eingriffe kommt es auf die Schwere der Auswirkungen sowie die Ungleichheit der Belastung des Betroffenen gegenüber anderen an.

allgemeines Lebensrisiko

Für den Aufopferungsanspruch besonders wichtig ist die Abgrenzung zum so genannten allgemeinen Lebensrisiko.

> *Bsp.:*[488] *Ein Schüler verletzt sich bei einer einfachen Übung im schulischen Turnunterricht schwer.*

Der BGH hat in diesem Fall argumentiert, dass unter Jugendlichen Übungen dieser Art auch außerhalb der Schule, etwa beim Spielen, vorkommen. Deshalb hat sich in der Schädigung nur ein allgemeines Lebensrisiko verwirklicht. Die Folgen sind zwar besonders schwer, hätten aber in gleichem Umfang auch im privaten Bereich eintreten können.

F) Subsidiarität

Anspruch nur bei Fehlen anderer Kompensationsleistungen

Auch wenn der Aufopferungsanspruch nicht durch spezialgesetzliche Anspruchsgrundlagen verdrängt wird, tritt er zurück, soweit dem Betroffenen aus anderen Gründen eine Kompensation zufließt. Erhält der Geschädigte beispielsweise Leistungen aus der Sozialversicherung oder aus einer privaten Unfallversicherung, so kann er einen Anspruch aus Aufopferung nur geltend machen, wenn dadurch die besondere Belastung noch nicht ausgeglichen ist.

G) Rechtsfolge: Entschädigung

wie enteignender/enteignungsgleicher Eingriff

Es gilt das Gleiche wie beim enteignenden und enteignungsgleichen Eingriff.[489] Nach der Rechtsprechung des BGH erfasst die Entschädigung auch Schmerzensgeld.[490]

Nur bei rechtswidrigen Maßnahmen stellt sich das Problem des Vorrangs des Primärrechtsschutzes. Dagegen ist stets die Schadensminderungspflicht analog § 254 BGB zu beachten.

H) Verjährung, Anspruchsgegner und Rechtsweg

Es gilt das zum enteignenden bzw. enteignungsgleichen Eingriff Gesagte entsprechend.

---

487 Vgl. oben Rn. 269.
488 BGHZ 46, 327; heute speziell geregelt durch § 2 I Nr. 8 lit. b SGB VII.
489 Vgl. oben Rn. 270.
490 BGH, Urteil vom 07.09.2017, III ZR 71/17.

Abschließender Beispielsfall

Abschließend zum Aufopferungsanspruch i.e.S. noch folgender Beispielsfall:[491]

In der bayerischen Gemeinde A kommt es nachts zu einem Großbrand. Die Freiwillige Feuerwehr der Gemeinde B nimmt im Wege der Nachbarschaftshilfe an den Löscharbeiten teil.

In der Dunkelheit stolpert der der Gemeinde B angehörige Feuerwehrmann F über einen der zum Abpumpen des Wassers aus dem Kanalsystem verlegten Wasserschläuche und knickt dabei im linken Fußgelenk um. Die hierdurch erlittene Sprunggelenksverletzung führt bei F zu einem Dauerschaden, der ihm eine weitere Ausübung seines bisherigen Berufs unmöglich macht und ihn zu einer Umschulung zwingt. Zwar hat F aus einer von der B abgeschlossenen privaten Unfallversicherung einen einmaligen Geldbetrag erhalten, er hält dies aber nicht für ausreichend.

Hat er einen Anspruch aus Aufopferung gegen B?

Fraglich ist, ob B einen Anspruch aus Aufopferung geltend machen kann.

Der Aufopferungsanspruch i.e.S. hat seinen Ursprung in den §§ 74, 75 EinlALR und ist mittlerweile gewohnheitsrechtlich verankert. Er erfasst unmittelbare hoheitliche Eingriffe in nichtvermögenswerte Rechtspositionen im Sinne des Art. 2 II GG, die beim Betroffenen zu einem Sonderopfer führen.

1. Fraglich ist zunächst, ob B der richtige Antragsgegner ist. Die Passivlegitimation richtet sich beim Aufopferungsanspruch danach, wer durch das Verwaltungshandeln begünstigt ist. Das scheint auf den ersten Blick allein A zu sein, da sich der Brand in ihrem Gemeindegebiet ereignet hat. Durch das Löschen hat A einen konkreten Vorteil erhalten, zumal die Bekämpfung von Bränden in ihrem Gemeindegebiet zu ihren Pflichtaufgaben des eigenen Wirkungskreises zählt, Art. 1 I BayFwG.[492] Der Kreis der Begünstigten ist jedoch weiter. Er erfasst alle Körperschaften, zu deren Aufgaben- und Verantwortungsbereich die Aufgabe gehört, bei deren Wahrnehmung dem Betroffenen das Opfer abverlangt wird. Dazu gehört auch B, denn nach Art. 17 I und II BayFwG war sie der A zur Nachbarschaftshilfe verpflichtet. Da also durch das Löschen des Brandes sowohl Aufgaben der A, als auch der B wahrgenommen wurden, haften beide gesamtschuldnerisch für daraus entstehende Schäden.

2. Betroffen sind die Gesundheit und die körperliche Unversehrtheit des F, d.h. nichtvermögenswerte Rechte, die in den Schutzbereich des Art. 2 II GG fallen.

3. Ferner ist ein hoheitlicher Eingriff erforderlich, d.h. es müsste auf F mittels hoheitlichen Zwangs eingewirkt worden sein. Das ist nicht unproblematisch, denn F ist Mitglied der Freiwilligen Feuerwehr, der er ohne jede Zwangseinwirkung beigetreten ist. Nach seinem freiwilligen Beitritt unterliegt er jedoch staatlichem Zwang. Gemäß Art. 6 I S. 2 BayFwG ist er im Alarmfall verpflichtet, den Dienstanweisungen seines Vorgesetzten Folge zu leisten. Somit ist F nicht aus freien Stücken, sondern durch hoheitlichen Zwang in die Situation geraten, die zu dem Unfall geführt hat. Ein hoheitlicher Eingriff liegt vor.

4. Der Unfall ist auch eine unmittelbare Folge des Eingriffs. Der Löscheinsatz fand in der Nacht statt und erforderte schnelles Handeln. Dass ein Feuerwehrmann in der Eile über einen der großvolumigen Schläuche stolpert, ist eine typische Folge eines solchen Einsatzes, die der B zugerechnet werden kann.

---

491   Nach BGH, NJW-RR 1994, 213 = **juris**by**hemmer**.
492   Abgedruckt in Ziegler/Tremel Nr. 200.

5. Die Folgen des Unfalls müssten bei F zu einem Sonderopfer geführt haben. Das ist dann der Fall, wenn die Belastung von einer solchen Schwere ist, wie sie anderen nicht zugemutet wird. Der durch die Sprunggelenksverletzung hervorgerufene Dauerschaden stellt eine erhebliche Belastung dar, zumal er F zur Aufgabe seines bisherigen Berufs gezwungen hat. Selbst wenn man davon ausgeht, dass durch den freiwilligen Beitritt des F zur Feuerwehr die Zumutbarkeitsschwelle angehoben wurde - F wusste schließlich, dass Feuerwehreinsätze gewisse Gefahren mit sich bringen -, so hält sich jedenfalls ein derartig gravierender Schaden nicht mehr im Rahmen des allgemeinen Risikos eines jeden Feuerwehrmanns. Ein Sonderopfer liegt deshalb vor.

6. Der Aufopferungsanspruch ist jedoch subsidiär zu anderen Formen der Kompensation des Sonderopfers. Hier hat F bereits aus einer von B abgeschlossenen privaten Unfallversicherung einen einmaligen Geldbetrag erhalten. Ein Anspruch des F aus Aufopferung besteht deshalb nur wenn und soweit dieser Geldbetrag nicht ausreicht, die Belastung so abzumildern, dass die Zumutbarkeitsschwelle nicht mehr überschritten ist. Nicht erforderlich ist eine Kompensation des ganzen entstandenen Schadens.

7. Ergebnis: F hat einen Entschädigungsanspruch aus Aufopferung gegen B wenn und soweit das Sonderopfer nicht durch die Leistung aus der privaten Unfallversicherung aufgefangen wird.

§ 8 ÖFFENTLICH-RECHTLICHER ERSTATTUNGSANSPRUCH

A) Allgemeines

eigenständiges Rechtsinstitut zur Rückgängigmachung ungerechtfertigter Vermögensverschiebungen im Öffentlichen Recht

Der öffentlich-rechtliche Erstattungsanspruch hat die Funktion, ungerechtfertigte Vermögensverschiebungen rückgängig zu machen. Es geht um Situationen, in denen beim Anspruchsteller eine Verschlechterung der Vermögenslage eingetreten ist, die zu einer Verbesserung der Vermögenslage des Anspruchsgegners geführt hat. Während sich die Rückgewährung derartiger Vermögensverschiebungen bei fehlendem Rechtsgrund im Zivilrecht nach den §§ 812 ff. BGB bestimmt, kann nach einer Mindermeinung der öffentlich-rechtliche Erstattungsanspruch rechtsdogmatisch durch eine Analogie zu den §§ 812 ff. BGB begründet werden. Die herrschende Meinung hingegen sieht trotz der Ähnlichkeit im öffentlich-rechtlichen Erstattungsanspruch ein eigenständiges öffentlich-rechtliches Rechtsinstitut.[493] Es wird auf den Grundsatz der Gesetzmäßigkeit der Verwaltung (Art. 20 III GG), auf die Grundrechte und auf Gewohnheitsrecht gestützt. Im Ergebnis dürften die verschiedenen Ansätze nicht zu unterschiedlichen Resultaten führen, wenn man bedenkt, dass eine Analogie zu den §§ 812 ff. BGB nur eine sinnentsprechende Anwendung bedeuten kann, die den Besonderheiten des öffentlichen Rechts Rechnung trägt.

284

Es ist der Meinung zu folgen, die den Anspruch auf die Grundrechte stützt, denn hierbei handelt es sich um subjektive Rechte. Eine Verankerung im Grundsatz der Gesetzmäßigkeit der Verwaltung ist deshalb wenig überzeugend, da es sich nur um ein objektives Prinzip handelt. Für eine Analogie zum Zivilrecht fehlt es, wegen der im öffentlichen Recht vorhandenen Rechtsgrundlage, an einer Regelungslücke. Im Ergebnis kann dieser Streit aber offen bleiben, da Existenz und Voraussetzungen des Anspruchs anerkannt und unstreitig sind.

hemmer-Methode: Derselbe Streit stellt sich beim Folgenbeseitigungsanspruch. Er kann entsprechend gelöst werden.

Ziel: Abschöpfen ungerechtfertigter Vorteile

Ein wesentlicher Unterschied zu den bislang behandelten Haftungsinstituten ist, dass der öffentlich-rechtliche Erstattungsanspruch weder auf Schadensersatz, noch auf Entschädigung gerichtet ist. Es geht vielmehr um die Verwirklichung einer ausgleichenden Gerechtigkeit durch das Abschöpfen ungerechtfertigter Vorteile. Deshalb kommt es hier auch weder auf die Zurechnung eines Schadens zu einem bestimmten Verhalten, noch auf ein Verschulden an.[494]

285

drei verschiedene Anspruchskonstellationen

Ein weiterer Unterschied besteht darin, dass der öffentlich-rechtliche Erstattungsanspruch in drei verschiedenen Anspruchskonstellationen vorkommt. Erstattungsforderungen können von einem Verwaltungsträger gegen einen Bürger, von einem Bürger gegen einen Verwaltungsträger und zwischen zwei Verwaltungsträgern geltend gemacht werden.[495]

286

---

493 Vgl. Palandt-Sprau, vor § 812 BGB, Rn. 9.
494 Larenz/Canaris, Schuldrecht BT, Band II/2, S. 127 f.
495 Als vierte, nicht so bedeutsame Konstellation kann man noch Ansprüche von Organen gegen die juristische Person, der sie angehören, nennen.

Drei wichtige Anspruchskonstellationen:

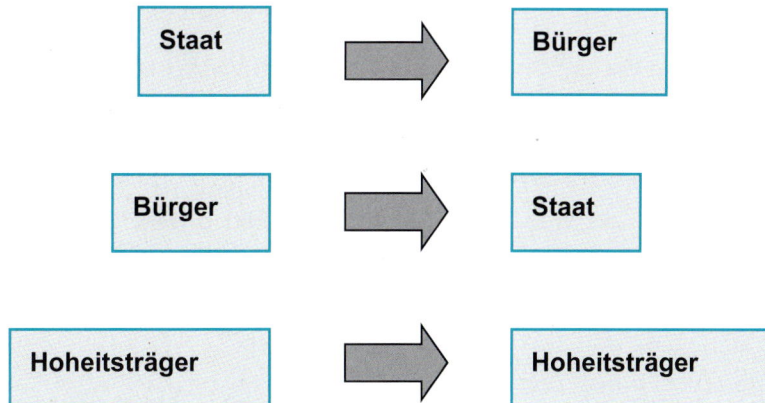

Beispiele:

Rückgängigmachung

(1) von überhöhten Gehaltszahlungen (Staat-Bürger)

(2) von Überzahlungen von Steuern (Bürger-Staat)

(3) eines Zuschusses des Bundes an eine Gemeinde (Hoheitsträger-Hoheitsträger)

B) Anspruchsvoraussetzungen

Prüfungsschema für den öffentlich-rechtlichen Erstattungsanspruch:

I. Anwendbarkeit

II. Anspruchsgrundlage

⇨ Grundrechte, Gewohnheitsrecht.

III. Vermögensverschiebung

IV. Öffentlich-rechtliche Rechtsbeziehung

V. Ohne Rechtsgrund

VI. Erstattungsumfang

⇨ insbesondere: Wegfall der Bereicherung

I. Anwendbarkeit

§ 49a VwVfG: Spezialnorm für die Aufhebung von Verwaltungsakten mit ex-tunc-Wirkung

Spezielle Ansprüche verdrängen den allgemeinen öffentlich-rechtlichen Erstattungsanspruch. Die wichtigste[496] spezielle Anspruchsnorm ist § 49a VwVfG. Sie schreibt eine Erstattung der bereits erbrachten Leistungen für den Fall vor, dass ein Verwaltungsakt mit Wirkung für die Vergangenheit zurückgenommen, widerrufen oder infolge Eintritts einer auflösenden Bedingung unwirksam geworden ist. Es handelt sich dabei um eine gebundene Entscheidung, d.h. es besteht keinerlei Ermessen der Behörde. Ob überhaupt eine Aufhebung des Verwaltungsakts mit ex-tunc-Wirkung möglich ist, erschließt sich aus dem Wortlaut der §§ 48 f. VwVfG.

---

[496] Zu weiteren speziellen Anspruchsnormen Palandt-Sprau, vor § 812 BGB, Rn. 9.

> **Bsp.:** Wird eine zweckgebundene Geld- oder Sachleistung, etwa eine Subvention, zweckwidrig verwendet, so kann der Bewilligungsbescheid gemäß § 49 III Nr. 1 VwVfG „auch mit Wirkung für die Vergangenheit" widerrufen werden.

Anwendbarkeit

§ 49a VwVfG ist aber auch dann anwendbar, wenn sich Rücknahme oder Widerruf nicht nach den §§ 48, 49 VwVfG, sondern nach spezielleren Rechtsnormen richten, sofern darin die Aufhebung des VA für die Vergangenheit vorgesehen und das VwVfG im Übrigen anwendbar ist. Stets vorliegen müssen die in der Vorschrift genannten Unwirksamkeitsgründe Rücknahme, Widerruf oder auflösende Bedingung. Wird der Verwaltungsakt beispielsweise durch Aufhebung im Verwaltungsprozess unwirksam, so gelten der allgemeine Folgenbeseitigungsanspruch und der Erstattungsanspruch.[497]

keine analoge Anwendung auf Ansprüche des Bürgers gegen die Verwaltung

Nach h.M.[498] ist § 49a VwVfG nicht auf Ansprüche des Bürgers gegen die Verwaltung direkt oder analog anwendbar. Das folgt aus den speziellen Regelungen des Abs. 2 über den Wegfall der Bereicherung, die auf Ansprüche gegen den Staat nicht passen. Der Bürger kann sich stattdessen auf den allgemeinen öffentlich-rechtlichen Erstattungsanspruch berufen.

II. Anspruchsgrundlage

Es sollte der obige Streit in gebotener Kürze dargestellt werden und kurz darauf eingegangen werden, dass der Anspruch seine Grundlage in den Grundrechten findet, im Übrigen seine Existenz gewohnheitsrechtlich anerkannt ist.

288

III. Vermögensverschiebung

Vermögensminderung auf der einen Seite entspricht Vermögenszuwachs auf der anderen Seite

Mit der Vermögensminderung des einen Rechtssubjekts muss unmittelbar ein Vermögenszuwachs des anderen verbunden sein. Die Unmittelbarkeit der Vermögensverschiebung spielt im Verwaltungsrecht typischerweise keine Rolle, sodass im Normalfall[499] auf die Prüfung verzichtet werden kann.

289

Zwischen „Leistungs- und Nichtleistungskondiktion" wird nicht unterschieden, es kommt also nicht darauf an, ob eine bewusste und zweckgerichtete Mehrung fremden Vermögens stattgefunden hat. Gegenstand der Vermögendverschiebung können außer Geld auch andere Vermögenswerte wie Sachen oder Forderungen sein.

IV. Öffentlich-rechtliche Rechtsbeziehung

Abgrenzung zu den §§ 812 ff. BGB

Die Vermögensverschiebung muss im Rahmen einer öffentlich-rechtlichen Rechtsbeziehung erfolgt sein. Anhand dieses Merkmals wird die Abgrenzung zu den bürgerlich-rechtlichen Bereicherungsansprüchen vorgenommen, denn die Abwicklung zivilrechtlicher Rechtsbeziehungen richtet sich nach den §§ 812 ff. BGB.

290

e.A.: Abgrenzung nach der Rechtsnatur des Rechtsgrundes

In der Regel kann man das Vorliegen einer öffentlich-rechtlichen Rechtsbeziehung damit begründen, dass der Rechtsgrund öffentlich-rechtlicher Natur ist.

---

[497] Kopp/Ramsauer, § 49a VwVfG, Rn. 3.
[498] Detterbeck/Windthorst/Sproll, S. 443.
[499] Ausnahme wären Drei-Personen-Verhältnisse, die man Ihnen sicher nicht in einem (öffentlich-rechtlichen) Klausurfall zumuten wird.

Allerdings ist beim Erstattungsanspruch die Rechtsgrundlosigkeit der Vermögensverschiebung eine Anspruchsvoraussetzung, man muss also auf den vermeintlichen oder den mittlerweile weggefallenen Rechtsgrund abstellen.

hemmer-Methode: Prüft man den öffentlich-rechtlichen Erstattungsanspruch im Rahmen einer allgemeinen Leistungsklage, nimmt man diese Angrenzung bereits bei der Prüfung der Eröffnung des Verwaltungsrechtswegs (§ 40 I S. 1 VwGO) vor, um zu klären, ob überhaupt eine öffentlich-rechtliche Streitigkeit vorliegt.

Bsp.(1): Eine Vermögensverschiebung wird aufgrund eines nichtigen öffentlich-rechtlichen Vertrags vorgenommen (vermeintlicher Rechtsgrund).

Bsp.(2): Vermögensverschiebung aufgrund eines Verwaltungsakts, der später aufgehoben wurde (mittlerweile weggefallener Rechtsgrund).

Problematisch ist der Fall, dass der Anspruchsteller zwar von einem öffentlich-rechtlichen Rechtsgrund ausging, aber nicht gegenüber dem Bereicherten.

Bsp.: Auf das Konto des ursprünglich Berechtigten B werden auch nach seinem Tod Beihilfen überwiesen, ohne dass die Behörde dazu verpflichtet ist. Die Erben freuen sich.

a.A.: Abgrenzung nach der Maßnahme, auf der die Vermögensverschiebung beruht

Die Behörde ging nicht von einem Rechtsgrund im Verhältnis zu den Erben aus, der als Abgrenzungskriterium herangezogen werden könnte. Nach einer Ansicht[500] kann deshalb kein öffentlich-rechtliches Rechtsverhältnis angenommen werden. Die mittlerweile wohl h.M.[501] stellt hingegen darauf ab, nach welchem Recht sich die Maßnahme, auf der die Vermögensverschiebung beruht, beurteilt. Das entspricht dem Gedanken der sog. actus-contrarius-Theorie: Die Rückgängigmachung einer Maßnahme und ihrer Folgen muss nach demselben Recht beurteilt werden wie die Maßnahme selbst. Vorliegend kann davon ausgegangen werden, dass sich die Gewährung der Beihilfen nach öffentlich-rechtlichen Vorschriften richtet, sodass auch hinsichtlich der Rückabwicklung eine öffentlich-rechtliche Rechtsbeziehung gegeben ist.

hemmer-Methode: Der actus-contrarius-Gedanke trifft natürlich auch auf die unproblematischen Fälle zu. Man kann deshalb auch mit einer Mindermeinung[502] in allen Fällen nach der Rechtsnatur der Maßnahme, auf der die Vermögensverschiebung beruht, abgrenzen, was zum gleichen Ergebnis führt.

öffentlich-rechtlicher Vertrag als Rechtsgrund

Klausurrelevant ist die öffentlich-rechtliche Qualität des öffentlich-rechtlichen Vertrags. Die Rechtsnatur des Vertrags bestimmt sich nach dessen Gegenstand. Der Vertragsgegenstand richtet sich nach den vertraglich vereinbarten Pflichten, wobei es auch möglich ist, dass Teile des Vertrages zivilrechtlich, andere Teile öffentlich-rechtlich zu beurteilen sind. Lassen sich die einzelnen Vertragsteile nicht trennen und lässt sich die maßgebliche Pflicht nur öffentlich-rechtlich erfüllen, ist der Vertrag insgesamt öffentlich-rechtlich.[503]

290a

Problematisch sind die Fälle, in denen Geld gezahlt wurde oder Fälle, in denen die öffentlich-rechtliche Gegenleistung nicht Vertragsinhalt geworden ist, sondern nur die Geschäftsgrundlage des Vertrags bildet (sog. hinkende Austauschverträge). Es entscheidet dann der Schwerpunkt des Vertrags über dessen öffentlich-rechtliche Qualität.

---

500 BVerwGE 84, 274 = **juris**by**hemmer**.
501 Detterbeck/Windthorst/Sproll, S. 428; Schoch, Jura 1994, 82 (87); vgl. auch den spezialgesetzlich geregelten Fall des BSG, NZS 2003, 42 ff.
502 Schoch, Jura 1994, 82 (87).
503 Umfassend hierzu **Hemmer/Wüst, Verwaltungsrecht II, Rn. 241 ff.**

V. Ohne Rechtsgrund

Rechtsgrund fehlt von Anfang an oder ist später weggefallen

Die Vermögensverschiebung darf nicht durch einen bestehenden Rechtsgrund legitimiert sein. Voraussetzung ist deshalb, dass entweder schon zum damaligen Zeitpunkt ein Rechtsgrund gefehlt hat, oder dass dieser später weggefallen ist. Die Beurteilung, ob ein Rechtsgrund vorliegt, hängt davon ab, ob die Vermögensverschiebung aufgrund eines Verwaltungsakts oder eines öffentlich-rechtlichen Vertrags erfolgt ist.

1. Verwaltungsakt

entscheidend ist die Wirksamkeit, nicht die Rechtmäßigkeit des VA

Es besteht ein Rechtsgrund, wenn der Verwaltungsakt wirksam i.S.v. § 43 VwVfG ist. Unerheblich ist hingegen seine Rechtmäßigkeit, es sei denn, die Rechtswidrigkeit führt ausnahmsweise zur Nichtigkeit des Verwaltungsakts gemäß § 44 VwVfG i.V.m. § 43 III VwVfG.

Aufhebung des VA

Bei Vorliegen eines entsprechenden Verwaltungsakts muss der Anspruchsteller zunächst dessen Aufhebung erreichen, um den Erstattungsanspruch durchsetzen zu können. Nach § 113 I S. 2 VwGO kann der Erstattungsanspruch als Annex zur Anfechtungsklage geltend gemacht werden.

Macht die Behörde einen Erstattungsanspruch gegen den Bürger geltend, so ist darin die konkludente Aufhebung des Verwaltungsakts zu sehen. Nach Eintritt der Bestandskraft kann sich die Behörde auf die Unanfechtbarkeit des Verwaltungsakts berufen, eine Aufhebung ist nur noch durch Rücknahme und Widerruf (§§ 48 ff. VwVfG) sowie durch Wiederaufgreifen des Verfahrens (§ 51 VwVfG) möglich.

2. Öffentlich-rechtlicher Vertrag

§ 59 VwVfG

Auch beim öffentlich-rechtlichen Vertrag beseitigt nicht die Rechtswidrigkeit, sondern nur die Nichtigkeit des Vertrags den Rechtsgrund. Es muss einer der in § 59 VwVfG genannten Nichtigkeitsgründe vorliegen.

3. Sonstige mögliche Rechtsgründe

öffentlich-rechtliche GoA

Bildet weder ein öffentlich-rechtlicher Vertrag, noch ein Verwaltungsakt die Grundlage der Vermögensverschiebung, kommt es allein darauf an, ob das materielle Recht in sonstiger Weise die Vermögensverschiebung rechtfertigt. Insbesondere kann sich ein Rechtsgrund aus einer berechtigten öffentlich-rechtlichen GoA ergeben.

> *Bsp.:*[504] *Kaufmann K gehört der Industrie- und Handelskammer (IHK) Nürnberg, einer Körperschaft des öffentlichen Rechts, an. Die IHK erhebt von ihren Kammerzugehörigen jährlich Beiträge auf der Rechtsgrundlage einer in Satzungsform erlassenen Beitragsordnung. In den Jahren 2011 und 2012 hat die IHK in Vollzug ihrer Beitragsordnung aufgrund eines jeweils zu Jahresanfang erlassenen und mit einer ordnungsgemäßen Rechtsbehelfsbelehrung versehenen Bescheides von K Beiträge in Höhe von jährlich 500,- € erhoben. K zahlte, obwohl er die Beitragsordnung für rechtswidrig hielt. Anfang 2014 ist die Beitragssatzung in einem Verfahren nach § 47 VwGO in vollem Umfang für nichtig erklärt worden. Besteht ein öffentlich-rechtlicher Erstattungsanspruch des K?*

---

504   Teil einer bayerischen Examensklausur (1994/I), abgedruckt in JuS 1995, 806.

§ 8 ÖFFENTLICH-RECHTLICHER ERSTATTUNGSANSPRUCH

Der öffentlich-rechtliche Erstattungsanspruch ist ein eigenständiges Rechtsinstitut, das aus den Grundrechten hergeleitet wird und jedenfalls mittlerweile gewohnheitsrechtlich anerkannt ist.

1. Durch die Zahlung des Kammerbeitrags ist eine Vermögensverschiebung zwischen K und der IHK erfolgt.

2. Die Vermögensverschiebung müsste im Rahmen einer öffentlich-rechtlichen Rechtsbeziehung vorgenommen worden sein. Eine solche lässt sich im vorliegenden Fall einerseits damit begründen, dass der Rechtsgrund jeweils ein Verwaltungsakt, nämlich die Beitragsbescheide der Jahre 20011 und 2012, und somit öffentlich-rechtlicher Natur ist. Nach einer anderen Ansicht kommt es hingegen darauf an, dass der vermeintliche Beitragsanspruch der IHK öffentlich-rechtlicher Natur war, da er seine Grundlage in einer öffentlich-rechtlichen Satzung hatte. Nach beiden Ansichten liegt eine öffentlich-rechtliche Rechtsbeziehung vor.

3. Des Weiteren müsste eine rechtsgrundlose Vermögensverschiebung gegeben sein. Da es sich bei den beiden Beitragsbescheiden um Verwaltungsakte im Sinne des § 35 VwVfG handelt, stellen sie grds. einen Rechtsgrund dar.

Fraglich ist aber, ob die Verwaltungsakte nicht gem. § 44 VwVfG nichtig sind, da ihnen nachträglich die Rechtsgrundlage entzogen wurde. Das Fehlen einer Ermächtigungsgrundlage führt jedoch nicht nachträglich gemäß § 44 I VwVfG zur Nichtigkeit der Beitragsbescheide. Dem steht entgegen, dass die Beitragsbescheide bereits vor der gerichtlichen Feststellung der Nichtigkeit der Beitragssatzung bestandskräftig geworden sind. § 47 V VwGO ordnet die sinngemäße Anwendung des § 183 VwGO an. Daraus folgt nicht nur, dass gerichtliche Entscheidungen durch die Rückwirkung der Nichtigkeitsfeststellung nicht berührt werden. Entsprechend dem Sinn und Zweck dieser Verweisung, nämlich die Rechtssicherheit zu wahren, müssen auch bestandskräftig gewordene Verwaltungsakte ungeachtet der Rückwirkung der Nichtigkeitsfeststellung ihre Wirksamkeit behalten.[505]

Die Rechtsgrundlosigkeit könnte sich aber aus dem verwaltungsgerichtlichen Urteil im abstrakten Normenkontrollverfahren nach § 47 VwGO ergeben. Die Unwirksamkeitsfeststellung ist nach § 47 V S. 2 VwGO allgemeinverbindlich und wirkt ex tunc.[506] Somit war die Beitragsordnung von Anfang an nichtig, und damit sind auch die Beitragsbescheide mangels Ermächtigungsgrundlage bereits zum Zeitpunkt des Erlasses rechtswidrig gewesen. Auf die materielle Rechtslage kommt es aber bei Vorliegen eines Verwaltungsakts grundsätzlich nicht an, denn auch ein rechtswidriger Verwaltungsakt ist rechtswirksam.

hemmer-Methode: Enthält der Sachverhalt keine genaueren Hinweise, so darf man nie von der Nichtigkeit eines Verwaltungsakts ausgehen. Die Nichtigkeit ist bei Verwaltungsakten der absolute Ausnahmefall, der anhand konkreter Sachverhaltsangaben begründet werden muss!

Es besteht somit auch weiterhin ein ausreichender Rechtsgrund für die Beitragszahlungen. K hat keinen öffentlich-rechtlichen Erstattungsanspruch gegen die IHK Nürnberg.

C) Erstattungsumfang

I. Rechtsfolge

Rechtsgedanke des § 818 BGB

Hinsichtlich des Anspruchsinhalts können wegen der vergleichbaren Interessenlage die Grundsätze von § 818 I, II BGB herangezogen werden, soweit öffentlich-rechtliche Besonderheiten nicht entgegenstehen.

---

505 Vgl. Kopp/Schenke, § 47 VwGO, Rn. 145.
506 Kopp/Schenke, § 47 VwGO, Rn. 144.

Wie im bürgerlichen Recht ist deshalb in erster Linie das tatsächlich Erlangte, also der Vermögensgegenstand selbst bzw. dessen Surrogat (z.B. eine Versicherungssumme) herauszugeben, ansonsten ist Wertersatz zu leisten.

Auch tatsächlich erlangte Nutzungen wie beispielsweise Zinsen sind herauszugeben. Ein Anspruch auf Ersatz nicht gezogener Zinsen besteht hingegen grundsätzlich nicht. Etwas anderes gilt im Fall des Widerrufs oder der Rücknahme von Verwaltungsakten gemäß § 49a III, IV VwVfG, der eine umfassende Verzinsungspflicht ausdrücklich anordnet.

II. Wegfall der Bereicherung

keine Analogie zu den §§ 818 III, IV, 819, 820 BGB

Für die Frage, ob sich der Anspruchsgegner auf den Wegfall der Bereicherung berufen kann, darf nicht im Wege einer Analogie auf die einschlägigen bürgerlich-rechtlichen Vorschriften (§§ 818 III, IV, 819, 820 BGB) zurückgegriffen werden. Es fehlt hierfür an der vergleichbaren Interessenlage, denn im Zivilrecht werden die Interessen des Anspruchsinhabers und des Anspruchsgegners dem Grunde nach gleich gewichtet. Im Öffentlichen Recht ist die Situation anders, ein Hoheitsträger unterliegt anderen Bindungen als ein Bürger. Er ist an das Prinzip der Gesetzmäßigkeit der Verwaltung (Art. 20 III GG) gebunden, während sich der Bürger auf seine Privatautonomie (Art. 2 I GG) berufen kann.

Man muss deshalb zwischen zwei verschiedenen Anspruchskonstellationen unterscheiden:

1. Ansprüche gegen einen Hoheitsträger

Hoheitsträger kann sich nie auf den Wegfall der Bereicherung berufen

Ein Hoheitsträger kann sich, egal ob der Anspruch von einem Bürger oder von einem anderen Hoheitsträger geltend gemacht wird, nie auf den Wegfall der Bereicherung berufen. Dem steht der Grundsatz der Gesetzmäßigkeit der Verwaltung (Art. 20 III GG) entgegen, der die Rückgängigmachung einer rechtswidrigen Vermögenslage auch dann verlangt, wenn diese für den Staat vorteilhaft ist.

2. Ansprüche gegen den Bürger

Abwägung der gegenläufigen Interessen

Wenn sich ein Bürger auf den Wegfall der Bereicherung berufen will, kommt es auf eine Abwägung der gegenläufigen Interessen an. Auf Seiten des Bürgers ist der Schutz des Vertrauens in den Fortbestand der eingetretenen Vermögenslage zu berücksichtigen, die Verwaltung hingegen hat grds. ein Interesse an der Herbeiführung eines gesetzmäßigen Zustands.

| Bürger: Vertrauensschutz |  | Verwaltung: Art. 20 III GG |

Wertungen der §§ 48 II, 49a II S. 2 VwVfG als Orientierung

Im Rahmen dieser Abwägung kann man sich an den in den §§ 48 II, 49a II S. 2 VwVfG normierten Wertungen orientieren. Insbesondere ist die Berufung auf den Wegfall der Bereicherung schon dann ausgeschlossen, wenn der Begünstigte die Rechtsgrundlosigkeit der Vermögensverschiebung infolge grober Fahrlässigkeit nicht kannte. Das ist eine wichtige Verschärfung im Vergleich zu § 819 I BGB, der nur bei positiver Kenntnis greift.

Ist weder positive Kenntnis, noch grobfahrlässige Unkenntnis gegeben, und liegt auch keiner der in § 48 II S. 3 VwVfG genannten Fälle vor, so ist dem Vertrauen des Bürgers der Vorrang gegenüber den Interessen der Verwaltung einzuräumen.

3. Sonstige Anspruchsgrenzen

§ 814 BGB nicht analog anwendbar

Der öffentlich-rechtliche Erstattungsanspruch ist wegen der andersartigen Interessenlage im Öffentlichen Recht (v.a. wegen Art. 20 III GG) nicht analog § 814 BGB bei staatlichen Leistungen in Kenntnis der Nichtschuld ausgeschlossen.

Prinzip von Treu und Glauben gilt auch im öffentl. Recht

Dagegen ist das Prinzip von Treu und Glauben ein allgemeiner Rechtsgrundsatz, der auch im Öffentlichen Recht gilt. Ein Erstattungsanspruch ist deshalb ausgeschlossen, wenn seine Geltendmachung den Wertvorstellungen aller billig und gerecht Denkenden widerspricht.

Exkurs: Rückforderung unionsrechtswidriger Beihilfen

Ein Sonderfall ist die Rückforderung von Beihilfen, die auf der Grundlage europäischen Unionsrechts geleistet worden sind. Der Vollzug des Unionsrechts richtet sich mangels europarechtlicher Regelungen grundsätzlich nach nationalem Recht. Stellt sich im Nachhinein heraus, dass die Voraussetzungen für die Gewährung der Beihilfen (Art. 107, 108 AEUV) nicht vorgelegen haben, richtet sich deshalb die Rückgängigmachung bei Gewährung aufgrund eines Verwaltungsakts nach § 48 VwVfG. Wurde hingegen ein öffentlich-rechtlicher Vertrag geschlossen, ist der allgemeine öffentlich-rechtliche Erstattungsanspruch einschlägig. Auch der öffentlich-rechtliche Erstattungsanspruch wird durch das Unionsrecht modifiziert, die effektive Durchsetzung des Unionsrechts erfordert eine andere Handhabung seiner tatbestandlichen Voraussetzungen.[507]

kein Berufen auf den Wegfall der Bereicherung

⇨ Zum einen kann sich der Empfänger der Beihilfe grundsätzlich nicht auf den Wegfall der Bereicherung berufen. Die Einwirkung des Unionsrechts führt dazu, dass bei der Interessenabwägung mit dem Vertrauensschutz des Begünstigten dem Prinzip der Rechtmäßigkeit des Verwaltungshandelns ein größeres Gewicht zukommt.

kein Berufen auf Treu und Glauben

⇨ Zum anderen kann sich der Empfänger der Beihilfe nicht auf einen Verstoß gegen Treu und Glauben berufen.

Bsp.:[508] *Die nationale Behörde hat dem Anspruchsgegner G die Beihilfe geradezu aufgedrängt, weil sie eine Betriebsstilllegung und den damit verbundenen Verlust von Arbeitsplätzen verhindern wollte.*

Die Behörde setzt sich mit der Rückforderung in Widerspruch zu ihrem eigenen vorangegangenem Handeln. Das entbindet G indes nicht von der Pflicht, sich der Rechtmäßigkeit der Beihilfe zu vergewissern. In der Sache handelt es sich um ein „Drei-Personen-Verhältnis". Die nationale Behörde soll nicht durch ihr Verhalten erreichen können, dass eine EU-rechtswidrige Beihilfe nicht zurückgezahlt werden muss, was typischerweise in ihrem Interesse läge. G kann sich deshalb nicht auf Treu und Glauben berufen.

Exkurs Ende

---

507 Das Problem wird typischerweise in Zusammenhang mit § 48 VwVfG behandelt. Deshalb soll an dieser Stelle eine knappe Zusammenfassung genügen. Eine ausführlichere Darstellung findet sich bei **Hemmer/Wüst, Europarecht, Rn. 340 ff.** sowie Maurer, § 11, Rn. 38a ff.

508 EuGH, Rs. C-24/95 (Alcan), EuZW 1997, 279 = **Hemmer/Wüst, Classics Europarecht, Fall 14**; BVerwGE 106, 328 (338) = **juris**byhemmer.

D) Verjährung

Es gilt das bereits zur Verjährung des Amtshaftungsanspruchs Gesagte.[509]

E) Durchsetzung des Anspruchs

Es ist zu unterscheiden zwischen Erstattungsansprüchen Privater gegen einen Hoheitsträger und Ansprüchen von Trägern öffentlicher Gewalt.

I. Ansprüche Privater

Anfechtungs- bzw. Verpflichtungsklage, evtl. Antrag analog § 113 I S. 2 VwGO

Macht der Bürger einen öffentlich-rechtlichen Erstattungsanspruch gegen die Behörde geltend, kommt es darauf an, ob Rechtsgrund der Vermögensverschiebung ein Verwaltungsakt ist. Der Verwaltungsakt muss zuerst als Rechtsgrund der Vermögensverschiebung beseitigt werden, um den Weg für den öffentlich-rechtlichen Erstattungsanspruch frei zu machen. Das geschieht bei noch nicht bestandskräftigen Verwaltungsakten im Wege der Anfechtungsklage. Bei bereits unanfechtbar gewordenen Verwaltungsakten bleibt die Möglichkeit einer Verpflichtungsklage gerichtet auf Rücknahme oder Widerruf (§§ 48 f. VwVfG).

Zusammen mit der Anfechtungsklage und im Fall einer Ermessensreduzierung auf Null auch mit der Verpflichtungsklage kann ein Antrag (analog) § 113 I S. 2 VwGO auf gerichtliche Anordnung der Rückgängigmachung der Vermögensverschiebung gestellt werden.

hemmer-Methode: § 113 I S. 2 VwGO stellt keine eigene Rechtsgrundlage dar, sondern erleichtert in prozessökonomischer Weise die Durchsetzung des Erstattungsanspruchs.

Ansonsten kommt es darauf an, ob die Rückgängigmachung der Vermögensverschiebung den Erlass eines Verwaltungsakts erfordert. Wenn ja, dann ist eine Verpflichtungsklage zu erheben.

ansonsten grds. allgemeine Leistungsklage

Ist nur ein tatsächliches Handeln der Behörde nötig, um die ursprüngliche Vermögenslage wiederherzustellen, so ist die allgemeine Leistungsklage statthaft.

II. Ansprüche einer Behörde gegen einen Bürger

VA-Befugnis

Bei der gerichtlichen Geltendmachung von Erstattungsansprüchen durch Träger öffentlicher Gewalt gegenüber Privaten stellt sich häufig das Problem der sog. Verwaltungsakt-Befugnis.

Der Behörde stehen prinzipiell zwei Wege zur Durchsetzung ihrer Ansprüche offen. Sie kann eine allgemeine Leistungsklage erheben oder einen Leistungsbescheid erlassen.

Titelfunktion des VA, Vorbehalt des Gesetzes

Das Vorgehen mittels Verwaltungsakt hat für die Behörde den Vorteil, dass sie sich auf diese Weise selbst einen Vollstreckungstitel verschafft (vgl. § 3 II lit. a VwVG;[510] sog. Titelfunktion des VA). Außerdem obliegt es dann erst einmal dem Adressaten, sich durch Erhebung eines Widerspruchs bzw. einer Klage zur Wehr zu setzen.

---

[509] Vgl. Rn. 224.
[510] Abgedruckt in Sartorius Nr. 112; für Bayern gilt Art.19 I BayVwZVG (abgedruckt in Ziegler/Tremel Nr. 912).

Daraus folgt jedoch auch, dass der Leistungsbescheid eine eigenständige, vom Erstattungsanspruch zu trennende Belastung enthält. Nach dem Grundsatz vom Vorbehalt des Gesetzes bedürfen aber belastende Verwaltungsakte einer formell-gesetzlichen Grundlage.

Verwaltungsakt-Befugnis bedeutet also eine formell-gesetzliche Befugnis der Behörde, ihren Anspruch gerade durch Verwaltungsakt geltend zu machen. § 49a I S. 2 VwVfG erhält ausdrücklich eine solche Ermächtigungsgrundlage speziell für die Durchsetzung des Anspruchs durch Verwaltungsakt. Für die nicht von dieser Vorschrift erfassten Fälle werden unterschiedliche Auffassungen vertreten.

hemmer-Methode: Nochmals sei daran erinnert, dass die so genannte Verwaltungsakt-Befugnis streng vom Bestehen des materiell-rechtlichen Anspruchs zu trennen ist. Es ist nicht so, dass jede Rechtsgrundlage auch zur Geltendmachung der Belastung durch Verwaltungsakt ermächtigt.

Kehrseitentheorie

Das BVerwG ist der Ansicht, dass ein Leistungsbescheid auch ohne gesetzliche Ermächtigung ergehen kann, wenn auch die rückgängig zu machende Vermögensverschiebung aufgrund Verwaltungsakts erfolgt ist.[511] Diese sog. Kehrseitentheorie wird aus der Behauptung abgeleitet, die Rückforderung müsse dem gleichen Recht folgen wie die Leistung.

a.A.: nur allgemeine Leistungsklage zulässig

Hieran kann man kritisieren, dass diese Auffassung dem Prinzip des Vorbehalts des Gesetzes nicht gerecht wird, da, wie eben schon gesehen, aus der Titulierungsfunktion eine eigenständige Belastung folgt. Nach einer Literaturmeinung muss deshalb die Behörde bei Fehlen einer ausdrücklichen formell-gesetzlichen Grundlage eine allgemeine Leistungsklage erheben.

a.A.: entscheidend ist die Befugnis zur Aufhebung des Verwaltungsakts, auf dessen Grundlage die Vermögensverschiebung erfolgt ist

Eine differenzierende Ansicht fragt schließlich danach, ob die Behörde die Befugnis zur Aufhebung des Verwaltungsakts, auf dessen Grundlage die Vermögensverschiebung erfolgt ist, hat. Die eigentliche Belastung des Bürgers bestehe in der Aufhebung des Rechtsgrundes, sodass von dieser Befugnis die VA-Befugnis mit umfasst sein müsse.

öffentlich-rechtlicher Vertrag: VA-Befugnis (-)

Bildet ein öffentlich-rechtlicher Vertrag den Rechtsgrund für die Vermögensverschiebung, darf die Behörde das Geld grds. nicht einfach durch Leistungsbescheid zurückfordern. Sie hat sich vielmehr durch den Vertragsschluss auf mit dem Bürger auf eine Ebene der Gleichordnung begeben und deshalb ihre (hoheitliche) VA-Befugnis verloren. Etwas anderes gilt nur dann, wenn sich die Behörde den Erlass eines Leistungsbescheides bereits im Vertrag vorbehalten hat oder der Bürger durch öffentlich-rechtlichen Vertrag einer Verbindlichkeit aus einem Verwaltungsakt beigetreten ist.[512]

Auswirkungen auf das RSB

Prozessual hat der Streit erhebliche Konsequenzen: erhebt die Behörde Leistungsklage, obwohl sie einen Leistungsbescheid erlassen könnte, ist die Klage wegen fehlendem Rechtsschutzbedürfnis unzulässig. Die Behörde muss vielmehr den einfacheren Weg des Leistungsbescheids wählen.[513]

---

511 BVerwG, Urteil vom 03.03.2011, 3 C 19/10 = **Life&Law 09/2011** = **juris**byhemmer.
512 BVerwG, Urteil vom 03.03.2011, 3 C 19/10 = **Life&Law 09/2011** = **juris**byhemmer.
513 Kopp/Schenke, Vorb. § 40 VwGO, Rn. 50.

F) Konkurrenzen

Der öffentlich-rechtliche Erstattungsanspruch, die öffentlich-rechtliche GoA und der Folgenbeseitigungsanspruch stehen nach h.M. selbstständig nebeneinander.

Die berechtigte GoA stellt jedoch einen Rechtsgrund im Sinne des öffentlich-rechtlichen Erstattungsanspruchs dar.

G) Abschließender Beispielsfall

Der Gewerbetreibende G erhält auf der Grundlage eines öffentlich-rechtlichen Vertrags eine Subvention von der Bayerischen Landesanstalt für Aufbaufinanzierung (LfA Förderbank Bayern)[514], einer rechtsfähigen Anstalt des öffentlichen Rechts.

Dabei wurde das nach Art. 108 AEUV erforderliche Notifizierungsverfahren (Art. 108 III AEUV) nicht durchgeführt, außerdem verstößt die Gewährung der Subvention gegen Art. 107 AEUV. Auf Druck der Kommission weist das bayerische Staatsministerium für Finanzen nun die LfA dazu an, die ausgezahlte Summe von G zurückzufordern. G weigert sich mit der Begründung, das durch die Subvention geförderte Projekt sei ein wirtschaftliches Desaster gewesen. Er sei deshalb entreichert. Hat eine Klage der LfA Förderbank Bayern beim zuständigen Verwaltungsgericht Aussicht auf Erfolg?

Die Klage hätte Aussicht auf Erfolg, wenn sie zulässig und begründet wäre.

I. Eröffnung des Verwaltungsrechtswegs, § 40 I S. 1 VwGO

Fraglich ist alleine, ob eine öffentlich-rechtliche Streitigkeit vorliegt. Streitentscheidende Normen sind die Vorschriften des VwVfG über den öffentlich-rechtlichen Vertrag sowie der gewohnheitsrechtlich anerkannte allgemeine öffentlich-rechtliche Erstattungsanspruch. Einen öffentlich-rechtlichen Vertrag kann ein Privater nur mit einem Träger öffentlicher Gewalt abschließen, es handelt sich mithin um Normen, die im Sinne der Sonderrechtslehre ausschließlich einen Träger öffentlicher Gewalt berechtigen und verpflichten. Die Streitigkeit ist also öffentlich-rechtlicher Natur, mangels Sonderzuweisungen ist der Verwaltungsrechtsweg eröffnet.

hemmer-Methode: Auf die Zwei-Stufen-Theorie oder die Abgrenzung von privat- und öffentlich-rechtlichen Verträgen kommt es hier nicht an, da im Sachverhalt von einem öffentlich-rechtlichen Vertrag die Rede ist.

II. Zulässigkeit[515]

1. Statthafte Klageart

Die statthafte Klageart richtet sich nach dem klägerischen Begehren (vgl. § 88 VwGO). Die LfA begehrt die Rückzahlung eines Geldbetrages von G. Hierfür kommt nur die allgemeine Leistungsklage in Betracht, da G als Privater keine Verwaltungsakte erlassen kann. Diese Klageart ist in der VwGO nicht ausdrücklich geregelt, ihre Existenz wird jedoch in den §§ 43 II, 111, 113 IV VwGO vorausgesetzt. Die allgemeine Leistungsklage ist statthaft.

---

514 Vgl. Art. 1 I S. 2 LfAG (abgedruckt in Ziegler/Tremel Nr. 40).

515 Zur Frage, ob der „dreistufige" oder der „zweistufige Aufbau" vorzugswürdig ist, vgl. Fischer, Jura 2003, 748.

§ 8 ÖFFENTLICH-RECHTLICHER ERSTATTUNGSANSPRUCH

2. Klagebefugnis, § 42 II VwGO analog

Die LfA müsste klagebefugt sein. Ein Anspruch der LfA auf Rückzahlung des Geldbetrags erscheint möglich, da der zwischen ihr und G geschlossene Vertrag wegen des Verstoßes gegen die Art. 107 f. AEUV nichtig sein könnte (Möglichkeitstheorie). Die LfA ist klagebefugt.

3. Rechtsschutzbedürfnis

Der LfA könnte das Rechtsschutzbedürfnis fehlen, wenn ihr ein einfacherer, zumindest ebenso effektiver Weg zur Verfügung steht, um ihren Anspruch gegen G durchzusetzen.

Da die LfA Aufgaben der öffentlichen Verwaltung wahrnimmt, ist sie eine Behörde im Sinne des Art. 1 II BayVwVfG und kann zu diesem Zweck Verwaltungsakte erlassen. Mit einem Leistungsbescheid kann sie sich selbst einen Titel schaffen, aus dem unmittelbar vollstreckt werden könnte (Art. 19 BayVwZVG). Der Erlass eines Verwaltungsakts ist wesentlich weniger aufwendig als das Durchführen eines gerichtlichen Verfahrens, aufgrund der Titelfunktion aber genauso effektiv.

Wegen der belastenden Wirkung der Titelfunktion bedarf es jedoch im Hinblick auf den Vorbehalt des Gesetzes einer besonderen Ermächtigungsgrundlage für die Geltendmachung des Anspruchs durch Leistungsbescheid. An dieser sog. Verwaltungsakt-Befugnis könnte es hier fehlen. Dabei kommt es nicht auf den Meinungsstreit zu der Frage an, welche Voraussetzungen an die VA-Befugnis zu stellen sind. Bei Vorliegen eines öffentlich-rechtlichen Vertrages verbietet sich nach ganz herrschender Meinung der Erlass eines Leistungsbescheides, da sich die Behörde durch den Vertragsschluss auf die Ebene der Gleichordnung mit dem Vertragspartner begeben hat. Auf dieser Ebene hat sie auch bei der Durchsetzung der vertraglichen Ansprüche zu bleiben. Das folgt auch aus einem Rückschluss aus Art. 61 BayVwVfG, der es beiden Parteien ermöglicht, sich der sofortigen Zwangsvollstreckung zu unterwerfen. Die Vorschrift würde teilweise leer laufen, wenn sich die Behörde ohnehin einseitig einen Vollstreckungstitel schaffen könnte. Folglich bleibt der LfA nur die Möglichkeit einer allgemeinen Leistungsklage. Das Rechtsschutzbedürfnis ist gegeben.

4. Beteiligten- und Prozessfähigkeit

G ist gemäß § 61 Nr. 1 Alt. 1 VwGO beteiligtenfähig und nach § 62 I Nr. 1 VwGO prozessfähig. Die LfA ist gemäß § 61 I Nr. 1 Alt. 2 VwGO i.V.m. Art. 1 I S. 2 LfAG beteiligtenfähig. Sie ist nicht prozessfähig, wird aber nach § 62 III VwGO i.V.m. Art. 10 I LfAG durch ihren Vorstand vertreten.

5. Zwischenergebnis

Da laut Sachverhalt auch das zuständige Verwaltungsgericht angerufen wurde, ist die Klage zulässig.

III. Begründetheit

Die Klage ist begründet, wenn ein Anspruch auf Rückerstattung der ausgezahlten Summe besteht. Als Anspruchsgrundlage kommt der allgemeine öffentlich-rechtliche Erstattungsanspruch in Betracht.

Der öffentlich-rechtliche Erstattungsanspruch ist ein eigenständiges Rechtsinstitut, das aus den Grundrechten hergeleitet wird und jedenfalls mittlerweile gewohnheitsrechtlich anerkannt ist. Voraussetzung ist eine rechtsgrundlose öffentlich-rechtliche Vermögensverschiebung.

1. Durch die Auszahlung des Geldbetrags ist bei der LfA eine Vermögensminderung und bei G ein Vermögenszuwachs eingetreten.

2. Diese Vermögensverschiebung ist im Rahmen einer öffentlich-rechtlichen Rechtsbeziehung erfolgt, denn durch die Auszahlung der Subvention sollte eine Verpflichtung aus einem öffentlich-rechtlichen Vertrag erfüllt werden.

3. Als Rechtsgrund kommt nur der zwischen G und der LfA geschlossene öffentlich-rechtliche Vertrag in Betracht. Dieser verstößt jedoch formell wie materiell gegen die Art. 107 f. AUEV. Der Verstoß gegen Art. 108 III AEUV hat nach Art. 58 II BayVwVfG jedenfalls die Unwirksamkeit des Vertrags zur Folge.

Zusätzlich könnte der Vertrag aufgrund des Verstoßes gegen Art. 107 AEUV gemäß Art. 59 I BayVwVfG i.V.m. § 134 BGB nichtig sein. Nicht jeder Gesetzesverstoß führt indes zur Nichtigkeit eines öffentlich-rechtlichen Vertrags, denn ansonsten wäre die enumerative Aufzählung in Art. 59 II BayVwVfG überflüssig. Erforderlich ist ein „qualifizierter Fall der Rechtswidrigkeit", das Gesetz muss den durch den Vertrag intendierten rechtlichen oder wirtschaftlichen Erfolg missbilligen.

Das ist jedoch bei Verstoß gegen zwingende Vorschriften des Europäischen Unionsrechts immer der Fall, da das Prinzip der effektiven Durchsetzung des Unionsrechts die Nichtigkeit unionsrechtswidriger Verträge fordert. Der zwischen der LfA und G geschlossene Vertrag ist deshalb nichtig, die Vermögensverschiebung geschah rechtsgrundlos.

4. G trägt dagegen vor, er sei durch die Subvention nicht mehr bereichert. Auf den Wegfall der Bereicherung kann sich G berufen, wenn eine Abwägung des staatlichen Interesses an der Wiederherstellung rechtmäßiger Zustände mit dem Interesse des G am Schutz seines Vertrauens auf den Fortbestand der für ihn günstigen Vermögenslage zu seinen Gunsten ausfällt. Das Prinzip der effektiven Durchsetzung des EU-Beihilfenrechts erfordert indes eine stärkere Gewichtung der staatlichen Interessen an der Rückforderung des Geldes. G war es als Gewerbetreibendem zuzumuten, sich über das Notifizierungsverfahren zu informieren. G hat sich darum nicht gekümmert, die Abwägung fällt somit zu seinen Lasten aus. Er kann sich nicht auf den Wegfall der Bereicherung berufen.

5. Zwischenergebnis

Die Klage ist begründet.

IV. Ergebnis:

Die Klage hat Aussicht auf Erfolg.

§ 9 VERWALTUNGSRECHTLICHE SCHULDVERHÄLTNISSE

A) Allgemeines

Formenwahlfreiheit der Verwaltung

Der öffentlichen Hand steht es grundsätzlich frei, ob sie in privatrechtlicher oder öffentlich-rechtlicher Form Rechtsbeziehungen zu Bürgern eingehen will (sog. Formenwahlfreiheit der Verwaltung). Deswegen gibt es sowohl öffentlich-rechtliche, als auch privatrechtliche schuldrechtliche bzw. schuldrechtsähnliche Beziehungen mit Verwaltungsträgern. Beispielsweise kann sich ein von einer Behörde abgeschlossener Vertrag nach dem Schuldrecht des BGB oder nach den §§ 54 ff. VwVfG richten. Andere verwaltungsrechtliche Schuldverhältnisse sind hingegen nicht gesetzlich geregelt.

analoge Anwendung der privatrechtlichen Vorschriften

Wegen der Parallelität zu den entsprechenden privatrechtlichen Schuldverhältnissen werden deshalb häufig die bürgerlich-rechtlichen Haftungsregelungen analog angewandt.

Definition verwaltungsrechtliches Schuldverhältnis

Allgemein lässt sich ein verwaltungsrechtliches Schuldverhältnis umschreiben als eine besonders enge öffentlich-rechtliche Rechtsbeziehung zwischen einem Bürger und der Verwaltung bzw. zwischen zwei Verwaltungsträgern. Es ist dadurch gekennzeichnet, dass es die Beteiligten dazu berechtigt, bestimmte Leistungen voneinander zu fordern und dass es diverse Nebenpflichten beinhaltet (vgl. § 241 BGB). Durch Erlass eines Verwaltungsakts etwa wird ein derartiges Verhältnis noch nicht begründet.

Fallgruppen

Eine konkrete Definition ist nur anhand von Fallgruppen möglich. Klausurrelevant sind außer dem öffentlich-rechtlichen Vertrag, der hier außer Betracht bleiben soll, öffentlich-rechtliche Benutzungs- und Leistungsverhältnisse, die öffentlich-rechtliche Verwahrung sowie die öffentlich-rechtliche GoA.

B) Öffentlich-rechtliche Benutzungs- und Leistungsverhältnisse

Nutzung öffentlicher Einrichtungen/Inanspruchnahme von Leistungen

In dieser Fallgruppe geht es um die Nutzung öffentlicher Einrichtungen bzw. die Inanspruchnahme von Leistungen der öffentlichen Hand durch einen Bürger. Typischerweise handelt es sich um das Benutzungsverhältnis kommunaler Einrichtungen.

Zulassungsanspruch immer öffentlich-rechtlich

Die Unterscheidung zwischen öffentlich-rechtlichem und privatrechtlichem Benutzungsverhältnis ist ein klassisches Klausurproblem. Nach der Zwei-Stufen-Theorie ist zwischen der Rechtsnatur des Zulassungsanspruchs und des Benutzungsverhältnisses zu unterscheiden. Der Zulassungsanspruch ist immer öffentlich-rechtlicher Natur, da er sich nach den einschlägigen Vorschriften der jeweiligen Gemeindeordnung (z.B. Art. 21 BayGO) bzw. Art. 3 I GG richtet, nach Normen also, die im Sinne der Sonderrechtstheorie ausschließlich einen Träger öffentlicher Gewalt berechtigen und verpflichten.

bei Benutzungsverhältnis Unterschiede je nach Rechtsform der Einrichtung und konkreter Ausgestaltung

Hinsichtlich des Benutzungsverhältnisses ist zunächst zu unterscheiden, in welcher Rechtsform die Einrichtung betrieben wird. Geschieht dies in Privatrechtsform, etwa als GmbH oder AG, so ist auch nur eine privatrechtliche Ausgestaltung des Benutzungsverhältnisses möglich. Betreibt die Kommune hingegen die Einrichtung in öffentlich-rechtlicher Form, hat sie die Wahl, ob sie das Benutzungsverhältnis öffentlich-rechtlich oder privatrechtlich ausgestaltet.

Für eine öffentlich-rechtliche Ausgestaltung spricht, wenn das Benutzungsverhältnis durch Satzung anstatt durch AGBen geregelt ist und wenn eine Gebühr verlangt wird und nicht ein Entgelt. Unerheblich ist hingegen, ob ein öffentlich-rechtlich angeordneter Anschluss- und Benutzungszwang besteht.

Bsp.: Der glatzköpfige G will sich im öffentlich-rechtlich betriebenen kommunalen Schwimmbad nicht an die durch dessen Satzung angeordnete Bademützenpflicht halten, da er das in seinem Fall für überflüssig hält.

Das Benutzungsverhältnis kann zwar nach der Zwei-Stufen-Theorie auch bei öffentlich-rechtlich betriebenen Einrichtungen privatrechtlich ausgestaltet sein. Die Existenz einer Satzung spricht jedoch eindeutig für ein öffentlich-rechtliches Benutzungsverhältnis.

hemmer-Methode: Beachten Sie, dass die Zwei-Stufen-Theorie nur auf der zweiten Stufe und nur bei öffentlich-rechtlich betriebenen Einrichtungen von Bedeutung ist!

analoge Anwendung der §§ 280 ff. BGB

Da die Interessenlage völlig unabhängig von der Rechtsnatur des Benutzungsverhältnisses ist, können die §§ 280 ff. BGB hier analog angewandt werden.

Bsp.[516]: Die Gemeinde liefert im Rahmen eines öffentlich-rechtlichen Leistungsverhältnisses verunreinigtes Leitungswasser. Aus diesem Grund gehen die Zimmerpflanzen des Abnehmers A ein.

Es besteht ein Schadensersatzanspruch des A aus dem öffentlich-rechtlichen Leistungsverhältnis gemäß § 280 I BGB analog. Die Gemeinde haftet für eventuell beteiligte Hilfspersonen analog § 278 BGB bzw. § 31 BGB. Auch die Verjährung richtet sich nach den analog anzuwendenden §§ 194 ff. BGB.

Haftungsausschluss durch Satzung?

Wegen dieser beträchtlichen Haftungsrisiken ist es für die Gemeinde interessant, die Haftung vertraglich oder durch Satzung auszuschließen. Ein Haftungsausschluss durch Vertrag ist bis zur Grenze des entsprechend anwendbaren § 276 III BGB ohne Weiteres möglich. Wesentlich leichter ist es jedoch für die Gemeinde, einen Haftungsausschluss einseitig mittels einer Satzung durchzusetzen. Die Zulässigkeit einer solchen Satzung wird von der h.M. grds. bejaht. Dies kann jedoch nicht uneingeschränkt gelten. Da die Satzung die gleiche Funktion hat wie im Privatrecht die AGBen, können die §§ 307 ff. BGB analog angewandt werden. Insbesondere ist ein Haftungsausschluss für Vorsatz und grobe Fahrlässigkeit durch Satzung unzulässig (§ 309 Nr. 7b BGB analog). Darüber hinaus muss der Verhältnismäßigkeitsgrundsatz gewahrt sein.

Haftungsausschluss erfasst nicht den Amtshaftungsanspruch!

Von dieser grundsätzlich möglichen Haftungsbeschränkung durch Satzung wird aber nur die schuldrechtliche Haftung erfasst. Nach überwiegender Meinung kann der Amtshaftungsanspruch nicht durch Satzung beschränkt werden.[517]

C) Öffentlich-rechtliche Verwahrung

Definition öffentlich-rechtliche Verwahrung

Eine öffentlich-rechtliche Verwahrung liegt vor, wenn eine Behörde eine bewegliche Sache kraft öffentlichen Rechts in Besitz nimmt und aufbewahrt. Auch der umgekehrte Fall, die Inbesitznahme einer beweglichen Sache des Staates durch einen Privaten kraft öffentlichen Rechts, begründet ein öffentlich-rechtliches Verwahrungsverhältnis.

---

516 Vgl. BGHZ 59, 303 = **juris**by**hemmer**.
517 Dazu schon oben, Rn. 43 und 93 ff.

Nicht jede behördliche Inbesitznahme begründet jedoch ein öffentlich-rechtliches Verwahrungsverhältnis. Erforderlich ist, dass der Berechtigte durch die staatliche Besitzergreifung von seinen eigenen Obhuts- und Sicherungsobliegenheiten ausgeschlossen ist.[518]

Bsp. für öffentlich-rechtliche Verwahrung durch die Behörde: Entgegennahme abgegebener Fundsachen durch die Polizei;[519] Beschlagnahme von Sachen im Strafverfahren.[520]

Bsp. für öffentlich-rechtliche Verwahrung durch einen Privaten: Abschleppen eines Fahrzeugs durch einen Beauftragten der Polizei.[521]

analoge Anwendung der §§ 688 ff. BGB

Auf die öffentlich-rechtlichen Verwahrungsverhältnisse sind die §§ 688 ff. BGB entsprechend anwendbar. Der Staat kann sich jedoch nicht gemäß § 690 BGB analog auf § 277 BGB („diligentia quam in suis") berufen, da aufgrund der Gesetzesbindung der Verwaltung (Art. 20 III GG) diesbezüglich keine vergleichbare Interessenlage gegeben ist. Auch das jederzeitige Rückforderungsrecht kann häufig nicht entsprechend angewendet werden, so z.B. naturgemäß bei der Beschlagnahme im Strafverfahren.

hemmer-Methode: Bei Schadensersatzansprüchen kann die Beweislastumkehr in § 280 I S. 2 BGB von Bedeutung sein. Ist etwa die Herausgabe der Sache aufgrund ungeklärter Umstände durch die Behörde nicht möglich, so muss die Behörde beweisen, dass sie am Verschwinden der Sache schuldlos war. Darin liegt ein wesentlicher Vorteil gegenüber anderen staatshaftungsrechtlichen Ansprüchen.

D) Öffentlich-rechtliche Geschäftsführung ohne Auftrag

Legitimations- und Ausgleichsfunktion der GoA

Die GoA, wie sie in den §§ 677 ff. BGB geregelt ist, erfasst Sachverhalte, in denen jemand (der Geschäftsführer) ein Geschäft für einen anderen (den Geschäftsherrn) besorgt, ohne dazu beauftragt oder sonst dazu berechtigt zu sein. Die §§ 677 ff. BGB haben eine doppelte Funktion[522]: Einerseits wird geregelt, unter welchen Voraussetzungen das Verhalten des Geschäftsführers zulässig ist, ob es sich also um eine berechtigte (§ 683 BGB) oder unberechtigte (§ 678 BGB) GoA handelt. Zum anderen sehen die §§ 677 ff. BGB Ausgleichs- und Ersatzansprüche der Beteiligten vor, die zu einem gerechten Interessenausgleich zwischen Geschäftsführer und Geschäftsherr führen sollen.

Abgrenzung öffentlich-rechtlicher GoA zu zivilrechtlicher GoA

Die Anwendbarkeit des Rechtsinstituts der GoA im öffentlichen Recht ist allgemein anerkannt. Auch bei diesem öffentlich-rechtlichen Schuldverhältnis kann eine Analogie zu den entsprechenden BGB-Vorschriften vorgenommen werden.

Umstritten ist jedoch bereits die Frage, wann eine GoA öffentlich-rechtlicher Natur ist.

---

518 Palandt-Sprau, § 688 BGB, Rn. 12.
519 BGHZ 1, 369 = **juris**byhemmer.
520 BGH, NJW 1990, 1230 = **juris**byhemmer.
521 BGH, Urt. v. 18.02.2014, VI ZR 383/12 = **Life&Law 2014, 397** = **juris**byhemmer.
522 Schoch, Jura 1994, 241 (242).

Hierzu werden im Wesentlichen drei verschiedene Auffassungen vertreten.

Handeln des Geschäftsführers
⇨ Nach einer Ansicht kommt es darauf an, ob der Geschäftsführer öffentlich-rechtlich gehandelt hat.[523]

fiktives Handeln des Geschäftsherrn
⇨ Nach heute h.M. kommt es hingegen darauf an, welche Rechtsnatur das Geschäft gehabt hätte, wenn es vom Geschäftsherrn selbst durchgeführt worden wäre.[524] Dafür spricht, dass nach § 677 BGB die Geschäftsführung „für einen anderen" erfolgt. Das Abstellen auf eine hypothetische Handlung lässt sich jedoch zumindest dann kritisieren, wenn Geschäftsherr eine Behörde ist, denn diese kann die Rechtsform ihres Handelns frei wählen.

Handlungszusammenhang
⇨ Nach einer dritten Auffassung kommt es auf den Handlungszusammenhang an.

Bsp.[525]: *Die pubertierende Schülerin S entscheidet sich kurz vor Beginn der geplanten Klassenfahrt, nun doch lieber zu Hause zu bleiben, da sie sich mit ihren Klassenkameradinnen zerstritten hat. Der Schulträger verlangt nun von den Eltern die Erstattung der durch den Klassenlehrer verauslagten Reisekosten.*

Hier würden die beiden erstgenannten Ansichten zu einer privatrechtlichen GoA kommen, da das Buchen einer Reise keine öffentlich-rechtliche Tätigkeit ist. Mit der letztgenannten Ansicht hingegen kann man auf den öffentlich-rechtlichen Charakter des Schulverhältnisses abstellen und eine öffentlich-rechtliche GoA bejahen.

hemmer-Methode: In der Klausurbearbeitung spielt dieses Problem vor allem beim Rechtsweg eine Rolle. Den eben beschriebenen Fall hat beispielsweise ein VG und nicht ein AG entschieden, weshalb in der Urteilsbegründung ausführlich auf die Frage des Rechtswegs einzugehen war.

mindestens ein Träger öffentlicher Gewalt beteiligt

Auch wenn man der Ansicht folgt, die auf den Handlungszusammenhang abstellt, ist eine öffentlich-rechtliche GoA zwischen zwei Privaten kaum denkbar.[526] An einer öffentlich-rechtlichen GoA ist also immer ein Träger öffentlicher Gewalt beteiligt.

Es verbleiben drei Konstellationen, in denen die öffentlich-rechtliche GoA einschlägig ist:

drei Fallvarianten

Geschäftsführer	GoA für	Geschäftsherr
Privater	⇨	Verwaltungsträger
Verwaltungsträger	⇨	Privater
Verwaltungsträger	⇨	Verwaltungsträger

---

523 Bamberger, JuS 1998, 706 (707).
524 Vgl. Palandt-Sprau, vor § 677 BGB, Rn. 13 ff.
525 Nach VG Gelsenkirchen, NJW 2002, 1818.
526 Diskutieren kann man allein die Konstellation, dass ein Privater für einen anderen öffentlich-rechtliche Verpflichtungen übernimmt: Ein Bürger räumt für seinen Nachbarn Schnee und erfüllt damit die gemeindliche Räum- und Streusatzung. Das Schneeräumen bleibt jedoch unabhängig von einer durch die Räum- und Streusatzung begründeten öffentlich-rechtlichen Verpflichtung nach allgemeiner Meinung eine privatrechtliche Tätigkeit; vgl. nur Bamberger, JuS 1998, 706, 711.

Typischerweise werden vom Geschäftsführer, der der Meinung ist, eine berechtigte GoA durchgeführt zu haben, Aufwendungsersatzansprüche nach den §§ 683, 670 BGB analog geltend gemacht. Bei der Prüfung dieses Anspruchs kann man sich an folgendem Aufbauschema orientieren:

> **Prüfungsschema für Aufwendungsersatzansprüche aus berechtigter öffentlich-rechtlicher GoA:**
>
> **I. Anwendbarkeit der GoA-Vorschriften**
>
> **II. Unterscheidung privatrechtliche/öffentlich-rechtliche GoA; Begründung der Analogie zu den BGB-Vorschriften**
>
> **III. Voraussetzungen der berechtigten GoA, §§ 683 S. 1, 670 BGB analog**
>
>   1. fremdes Geschäft
>   2. Fremdgeschäftsführungswille
>   3. ohne Auftrag
>   4. berechtigte GoA
>   5. Umfang des Aufwendungsersatzanspruchs

306a

öffentlich-rechtliche Besonderheiten

Bei der Prüfung der überwiegend bereits aus dem Zivilrecht bekannten Tatbestandsvoraussetzungen sind die öffentlich-rechtlichen Besonderheiten zu beachten. Dabei ist zu unterscheiden zwischen den drei bereits erwähnten Fallvarianten.

I. Handeln eines Verwaltungsträgers für einen anderen Verwaltungsträger

1. Problemstellung

Problem: Die gesetzliche Kompetenzordnung wird umgangen

Eine GoA kommt in dieser Konstellation nur dann in Betracht, wenn dem Geschäftsführer eine ausdrückliche Kompetenz für dieses Handeln fehlt, denn nur dann erfolgt es ohne Auftrag oder sonstige Berechtigung (vgl. § 677 BGB). Eine berechtigte GoA hätte deshalb eine kompetenzbegründende Funktion mit der Folge, dass die an sich unzuständige Behörde trotzdem tätig werden darf. Dieses Ergebnis steht aber im Widerspruch zu der überaus detaillierten Kompetenzordnung, die das deutsche Rechtssystem vorsieht. Ein Handeln in an sich fremden Kompetenzbereichen ist der Behörde deshalb nur in gesetzlich nicht geregelten Not- und Eilfällen erlaubt.

307

2. Konsequenzen für die Fallbearbeitung

nur öffentliches Interesse maßgeblich

Im Zivilrecht liegt in erster Linie dann eine berechtigte GoA vor, wenn die Übernahme der Geschäftsführung im Interesse oder im mutmaßlichen Interesse des Geschäftsherrn liegt. Nur im Fall des § 679 BGB ist auf das öffentliche Interesse abzustellen. Für Behörden als Geschäftsherren ist diese Abstufung jedoch unsachgemäß. Träger öffentlicher Gewalt haben sich stets allein dem öffentlichen Interesse unterzuordnen. Deshalb kommt es für die Frage der Berechtigung der GoA nur darauf an, ob die Geschäftsführung im öffentlichen Interesse liegt.

308

ausnahmsweise Ermächtigung zum Handeln in fremden Aufgabenkreisen?

Handelt eine Behörde für eine andere, so ist zunächst zu untersuchen, ob die Behörde ausnahmsweise zum Handeln in fremden Aufgabenkreisen ermächtigt ist. Das kann der Fall sein, wenn die Behörde im Wege der Ersatzvornahme (z.B. Art. 113 S. 1 BayGO), der Amtshilfe (Art. 35 GG, §§ 4 ff. VwVfG) oder kraft einer Not- bzw. Eilkompetenz tätig wird. Ansonsten handelt die Behörde „ohne Auftrag".

öff.-rechtl. GoA zwischen Verwaltungsträgern nur, wenn ein gesetzlich nicht geregelter Not- oder Eilfall vorliegt

Das Tätigwerden einer Behörde unter Missachtung der bestehenden Kompetenzordnung liegt in der Regel nicht im öffentlichen Interesse und führt zu einer unberechtigten GoA. § 683 BGB analog ist nur einschlägig, wenn ein gesetzlich nicht geregelter Not- oder Eilfall vorliegt. Dann besteht ein Aufwendungsersatzanspruch gegen die an sich zuständige Behörde.[527]

hemmer-Methode: Die Rechtsprechung wendet teilweise die Figur des „Auch-fremden-Geschäfts" an und kommt so zu einem Aufwendungsersatzanspruch trotz einer ausdrücklichen gesetzlichen Kompetenz des Geschäftsführers. In diesen Fällen handelt der Geschäftsführer jedoch nicht „ohne Auftrag", es fehlt an einer Tatbestandsvoraussetzung der GoA. Im Übrigen fordert das aus Art. 104 I GG abgeleitete sog. Entstehungsprinzip, dass jeder Verwaltungsträger die Kosten trägt, die ihm in Wahrnehmung seiner Aufgaben entstanden sind. Wenn er zuständig ist, bleibt der Geschäftsführer eben auf seinen Kosten sitzen, es sei denn, der Fall ist spezialgesetzlich geregelt.

II. Handeln eines Verwaltungsträgers für einen Privaten

auch-fremdes-Geschäft

Handelt die Behörde aufgrund einer ausdrücklichen gesetzlichen Kompetenz, so fehlt es an dem Merkmal „ohne Auftrag". Die Rechtsprechung wendet dennoch teilweise die im Zivilrecht entwickelte Figur des sog. „Auch-fremden-Geschäfts" auf die öffentlich-rechtliche GoA an. Danach liegt eine GoA auch dann vor, wenn die Behörde aufgrund einer ausdrücklichen Kompetenz handelt, dabei jedoch auch die Interessen eines Bürgers wahren will. Diese Ansicht ist nicht nur wegen des Merkmals „ohne Auftrag" abzulehnen, sondern auch deshalb, weil die Behörde sich nicht dem Willen eines Privaten unterordnet. Die Behörde verfolgt ihren gesetzlichen Auftrag und hat deshalb keinen Fremdgeschäftsführungswillen.

309

abschließende Spezialregelung?

In diesen Fällen kann man eine GoA häufig auch deshalb ablehnen, weil eine abschließende gesetzliche Kostenregelung existiert, die gegenüber der GoA spezieller ist. Dazu folgender

310

Beispielsfall:[528] *Ein Rind des oberpfälzer Bauern B entläuft und macht einen Spaziergang entlang der Autobahn. Der Polizist P erschießt das Tier. Dabei erleidet P ein Knalltrauma. Der Freistaat Bayern macht nun die Heilbehandlungskosten aus GoA geltend.*

Die Polizei wurde in erster Linie zur Gefahrenabwehr tätig. Denkbar wäre, dass sie daneben auch die Interessen des B im Blick hatte, auf den im Falle eines Unfalls enorme Kosten (Tierhalterhaftung!) hätten zukommen können. Eine Haftung aus GoA ist in einem solchen Fall nur über die Figur des sog. „Auch-fremden-Geschäfts" zu begründen, die jedoch sehr umstritten ist.

Auf diese Streitfrage kommt es nicht an, wenn die GoA in diesem Fall durch das bayerische Polizei- und Kostenrecht ausgeschlossen ist.

---

527 OVG Nordrhein-Westfalen, Urteil vom 12.09.2013, 20 A 433/11 = **juris**by**hemmer**.
528 Nach BGH, NZV 2004, 131 = **juris**by**hemmer**.

B war als Eigentümer des Rinds für die Gefahr der öffentlichen Sicherheit Zustandsverantwortlicher gemäß Art. 8 II S. 1 BayPAG. Da die Polizei die Gefahr nicht durch Inanspruchnahme des für die Störung nach Art. 8 BayPAG Verantwortlichen abwehren konnte, durfte sie die erforderlichen Maßnahmen selbst unmittelbar ausführen (Art. 9 I BayPAG). Gemäß Art. 9 II S. 1 BayPAG werden für die unmittelbare Ausführung einer Maßnahme vom Zustandsverantwortlichen Kosten erhoben. Nach der auf der Grundlage des Art. 76 S. 3 BayPAG erlassenen Polizeikostenverordnung werden abweichend von dem im Übrigen (Art. 9 II S. 2 BayPAG) geltenden bayerischen Kostengesetz bestimmte Gebühren für die unmittelbare Ausführung einer Maßnahme erhoben.

Das Kostengesetz erklärt im Übrigen Amtshandlungen, die von der Polizei zur Erfüllung ihrer Aufgaben nach Art. 2 des Polizeiaufgabengesetzes vorgenommen worden sind, von bestimmten einzelnen Ausnahmen abgesehen, für kostenfrei „soweit nichts anderes bestimmt ist" (Art. 3 I Nr. 10 BayKostG).

In diesen ineinander greifenden Bestimmungen liegt eine lückenlose Regelung des Rückgriffs der Polizei auf den Verantwortlichen. Es handelt sich um eine die vorliegende Fallgruppe abschließende Regelung, die in diesem Regelungsbereich den Aufwendungsersatz im Sinne des Ersatzes von Gesundheitsschäden ausschließt.

Der Freistaat Bayern hat keinen Anspruch gegen B aus GoA auf Ersatz der Heilbehandlungskosten.

hemmer-Methode: Die öffentlich-rechtliche GoA ist die typische Anspruchsgrundlage, die man in der Klausur kurz anprüft und ablehnt. So kann man beispielsweise wegen dieser neueren BGH-Entscheidung in jeder Klausur, in der die Rechtmäßigkeit eines Kostenbescheids zu prüfen ist, einige Sätze zur (Nicht-)Anwendbarkeit der GoA verlieren und so Pluspunkte sammeln.

keine Kompetenz: Problem Vorbehalt des Gesetzes

Fehlt für das Handeln der Behörde eine gesetzliche Ermächtigungsgrundlage, gerät es in Konflikt mit dem Vorbehalt des Gesetzes. Die entsprechend anwendbaren §§ 677 ff. BGB bilden keine hinreichend bestimmte Eingriffsermächtigung gegenüber dem Bürger. Im Staat-Bürger-Verhältnis verbleibt deshalb ein Anwendungsbereich für die öffentlich-rechtliche GoA nur außerhalb des Bereichs der Eingriffsverwaltung.

III. Handeln eines Privaten für einen Verwaltungsträger

keine Selbsthilfe durch GoA

Handelt ein Bürger für einen Verwaltungsträger, so nimmt er dessen Kompetenzen wahr. Dem stehen jedoch die staatlichen Kompetenzregelungen entgegen. Auch steht der Behörde ein Ausübungsermessen zu, das ihr nicht genommen werden darf. Will der Bürger die Behörde zu einer Handlung zwingen, muss er gerichtlichen Rechtsschutz in Anspruch nehmen, notfalls vorläufigen Rechtsschutz (§§ 80, 80a, 123 VwGO). Die GoA würde es ermöglichen, das zu umgehen und so zu einer Art Selbsthilfe führen.

nur in Notfällen

Auch in dieser Fallvariante ist deshalb die öffentlich-rechtliche GoA nur in absoluten Notfällen, etwa zur Behebung von Gefahren für Leben, Gesundheit usw., zulässig.

E) Rechtsweg

§ 40 II S. 1 VwGO

Schadensersatzansprüche des Bürgers gegen den Staat aus verwaltungsrechtlichen Schuldverhältnissen sind, mit Ausnahme des öffentlich-rechtlichen Vertrags, im ordentlichen Rechtsweg geltend zu machen.

Das ergibt sich aus § 40 II S. 1 VwGO: die öffentlich-rechtliche Verwahrung ist dort ausdrücklich genannt, die übrigen Schuldverhältnisse sind unter „öffentlich-rechtliche Pflichten" zu subsumieren. Die Unterscheidung zwischen Ansprüchen aus öffentlich-rechtlichem Vertrag und anderen Schuldverhältnissen ist zwar nicht sehr sinnvoll, ergibt sich jedoch aus dem Gesetz.[529]

Für Aufwendungsersatzansprüche mit Ausnahme solcher aus öffentlich-rechtlicher Verwahrung, sowie für Schadensersatzansprüche des Staates gegen den Bürger ist der Verwaltungsrechtsweg nach § 40 I VwGO gegeben.

hemmer-Methode: Das klingt alles sehr verwirrend, ergibt sich jedoch direkt aus dem Wortlaut des § 40 II VwGO. Lesen Sie deshalb die Vorschrift einmal aufmerksam!

F) Konkurrenzen

berechtigte GoA ist Rechtsgrund

Bei einer berechtigten GoA kommt der öffentlich-rechtliche Erstattungsanspruch nicht in Betracht, da das Verhalten einen Rechtsgrund darstellt. Ansprüche aus GoA sind deshalb in der Klausur vor dem öffentlich-rechtlichen Erstattungsanspruch zu prüfen.

Amtshaftungsansprüche daneben anwendbar

Amtshaftungsansprüche stehen selbstständig neben Ansprüchen aus verwaltungsrechtlichen Schuldverhältnissen.

---

529   Str., vgl. Maurer, § 29, Rn. 9.

§ 10 DER ALLGEMEINE FOLGENBESEITIGUNGSANSPRUCH

A) Begriff und Grundlagen

I. Begriff

allgemeiner Folgenbeseitigungsanspruch = Vollzugsfolgenbeseitigungsanspruch & Folgenbeseitigungsanspruch i.e.S. & Folgenentschädigungsanspruch

Der allgemeine Folgenbeseitigungsanspruch (im Folgenden FBA) umfasst zum einen den (prozessualen) **Vollzugsfolgenbeseitigungsanspruch** des § 113 I S. 2 VwGO, den **Folgenbeseitigungsanspruch i.e.S.** und, nach der Rechtsprechung des BVerwG, den **Folgenentschädigungsanspruch**. Er ist der wohl wichtigste Schutzanspruch des Bürgers gegen öffentlich-rechtliche Belastungen. Er steht in einem engen Zusammenhang mit dem öffentlich-rechtlichen Unterlassungsanspruch und ist diesem systematisch - jedenfalls was die zeitliche Reihenfolge einer möglichen Verletzungshandlung betrifft - nachgelagert. Anknüpfungspunkt des FBA ist der aus dem hoheitlichen Handeln entstandene rechtswidrige Zustand. Der öffentlich-rechtliche Unterlassungsanspruch knüpft demgegenüber bereits an den hoheitlichen Eingriff an. Es gilt insoweit der Grundsatz, dass (soweit möglich und zumutbar) gegen den Eingriff selbst durch die Geltendmachung eines Unterlassungsanspruchs vorzugehen ist. Der aus dem rechtswidrigen Eingriff resultierende Zustand, die Unrechtslast, ist demgegenüber mit dem allgemeinen Folgenbeseitigungsanspruch (FBA) abzuwehren.[530]

zusammen mit dem öffentlich-rechtlichen Unterlassungsanspruch Bildung eines einheitlichen grundrechtlichen Schutzanspruchs

Die tatbestandlichen Anforderungen an beide Ansprüche sind ähnlich, so dass diese beiden Ansprüche auch systematisch zu einem **einheitlichen grundrechtlichen Schutzanspruch** zusammengefasst werden können.[531] Der allgemeine Folgenbeseitigungsanspruch hat jedoch umfangreichere Anforderungen. Dies ergibt sich insbesondere aus der angestrebten Rechtsfolge. Kann diese im Rahmen des Unterlassungsanspruchs zumeist durch ein einfaches Nichtweiterhandeln seitens des Hoheitsträgers erreicht werden, reicht demgegenüber der Anwendungsbereich des allgemeinen Folgenbeseitigungsanspruchs bis hin zur Beseitigung der Unrechtslast durch Wiederherstellung des früheren lastenfreien Zustandes (= Restitution). In den Anwendungsbereich des allgemeinen Folgenbeseitigungsanspruchs gehören auch die Ansprüche auf Widerruf ehrverletzender Äußerungen, obwohl bei den zumeist vorliegenden Eingriffen in das allgemeine Persönlichkeitsrecht im Ergebnis eine Restitution i.e.S. nicht erreicht werden dürfte.[532]

Beispiele für Unrechtslasten

hemmer-Methode: Es kommen die unterschiedlichsten den Bürger belastenden rechtswidrigen *Folgen* hoheitlichen Handelns in Betracht. Dies können gespeicherte Daten, aufbewahrte Akten, errichtete öffentliche Gebäude, berufliche Einbußen in Folge staatlicher Warnhinweise, verzögerte Statusentscheidungen (Prüfungszulassungen, Versetzungen etc.) ebenso so sein wie die Zwangseinweisung von Obdachlosen, Beeinträchtigungen durch Geräuschimmissionen (durch Spielplätze, Festwiesen, Feuerwehrsirene, Glockengeläut etc.) oder sonstige Immissionen (Gerüche, Strahlungen, Pollen von gentechnischen Versuchfeldern etc.).[533] Der Übergang vom Störungsbeseitigungsanspruch als Teil des öffentlich-rechtlichen Unterlassungsanspruchs zum FBA ist dabei jedoch meist fließend.

---

530 Siehe zur Systematik das Schema in Rn. 366.
531 Ossenbühl, S. 285 ff.
532 Vertiefend Faber, NVwZ 2003, 159 ff.
533 Dazu ausführlich Ossenbühl, S. 288 f.

Sind die in diesem Skript bisher dargestellten Ansprüche grundsätzlich auf Entschädigung in Geld bzw. auf Kompensation mittels Schadensersatz gerichtet,[534] wird der Folgenbeseitigungsanspruch demgegenüber in Fällen bedeutsam, die entweder nicht in den Anwendungsbereich der bestehenden Ersatzansprüche fallen oder in denen eine finanzielle Entschädigung den Interessen des betroffenen Bürgers nur unzureichend entspricht. Als Beispiel sei hier der Anspruch auf Widerruf ehrverletzender Äußerungen genannt. Ein derartiger Eingriff in das allgemeine Persönlichkeitsrecht durch Hoheitsträger, dürfte durch einen öffentlichen Widerruf effektiver „geheilt" werden als durch die „stillschweigende" Zahlung einer entsprechenden Geldsumme z.B. aufgrund eines (verschuldensabhängigen!) Amtshaftungsanspruchs gem. Art. 34 GG i.V.m. § 839 BGB.

Ausfüllung von Rechtsschutzlücken

Des Weiteren sind durch die bereits dargestellten staatshaftungsrechtlichen Ansprüche auch die Rechtsgüter der Betroffenen nur unzureichend geschützt. So sind die Ansprüche aus Art. 14 GG auf das dort geschützte Eigentum beschränkt; der Aufopferungsanspruch erfasst demgegenüber (lediglich) die Rechtsgüter des Art. 2 II S. 1 GG.[535]

Restitution ↔ Kompensation

Im Ergebnis ist der verschuldensunabhängige allgemeine Folgenbeseitigungsanspruch somit in seiner weitesten Ausprägung darauf gerichtet, im Wege einer Restitution eine öffentlich-rechtliche Unrechtslast durch die Wiederherstellung des ursprünglichen unlastenfreien Zustandes (= status quo ante in natura) zu beseitigen.[536]

316

> **hemmer-Methode:** Hier sei bereits auf eine wichtige Unterscheidung hingewiesen. Aus der dogmatischen Verankerung des Anspruchs als „Haftung für staatliches Unrecht" folgt, dass es nicht auf die Rechtswidrigkeit der staatlichen Maßnahme, sondern auf die Rechtswidrigkeit des daraus entstandenen und durch eine reine Unterlassung nicht mehr zu beseitigenden Zustandes ankommt.[537] Die Maßnahme selbst ist - soweit zumutbar und möglich - im Wege des Primärrechtsschutzes oder mittels des öffentlich-rechtlichen Unterlassungsanspruchs abzuwehren.

II. Rechtsgrundlagen

gewohnheitsrechtlich verfestigtes Rechtsinstitut

Der allgemeine Folgenbeseitigungsanspruch ist heute als ein gewohnheitsrechtlich verfestigtes Institut der Rechtsprechung auch in der Literatur anerkannt.[538] In § 3 (i.V.m. § 1 I) Staatshaftungsgesetz von 1981 war ebenfalls ein allgemeiner Folgenbeseitigungsanspruch normiert. Dessen ungeachtet sind die genauen Anforderungen an Rechtsgrundlage, Entstehung, Inhalt und Umfang vor allem in der Literatur nicht unumstritten.

317

---

534 Eine Ausnahme bildet insoweit die ausgleichspflichtige Inhalts- und Schrankenbestimmung nach Art. 14 I S. 2 GG, in deren Rahmen auch faktische eingriffsentlastende Maßnahmen vorgenommen werden können. Vertiefend siehe ab Rn. 227.
535 Zum Meinungsstreit bzgl. des allgemeinen Persönlichkeitsrechts vgl. Ossenbühl, S. 135, 131 m.w.N.
536 Sproll, § 12, Rn. 5. Zum Ausnahmefall des Folgenentschädigungsanspruchs siehe ab Rn. 343.
537 BGHZ 130, 332 (335) = **juris**by**hemmer**.
538 Sproll, § 12 Rn. 11; BGHZ 130, 332; Ossenbühl, S. 293.

§ 10 DER ALLGEMEINE FOLGENBESEITIGUNGSANSPRUCH

umstrittene Rechtsgrundlage

So soll nach einer älteren Ansicht die Rechtsgrundlage im Prinzip der Rechtmäßigkeit der Verwaltung als Teil des Rechtsstaatsprinzips gem. Art. 20 III GG oder auch im Erfordernis eines effektiven Rechtsschutzes gem. Art. 19 IV GG zu sehen sein.[539] Nach einer anderen Ansicht ist der FBA in den Freiheitsgrundrechten verankert[540] oder soll sich aus einer Analogie zu den §§ 1004, 861, 862, 12 BGB herleiten lassen.[541] Innerhalb dieser Ansichten wird des Weiteren auch danach unterschieden, gegen welche Art der Beeinträchtigung (infolge von Immissionen, ehrverletzenden Äußerungen, etc.) der Anspruch gerichtet ist.[542]

h.M.: aus den Grundrechten & Art. 20 III GG

Nach anderer Ansicht[543] ist die Rechtsgrundlage in den Grundrechten selbst als subjektiven Abwehrrechten gegen den Staat zu finden. Ergänzend soll nach st. Rspr. des BVerwG[544] der verfassungsrechtliche (jedoch „nur" objektiv-rechtliche) Grundsatz der Gesetzmäßigkeit der Verwaltung gem. Art. 20 III GG hinzutreten.

Im Ergebnis ist die dogmatische Herleitung des Folgenbeseitigungsanspruchs zumindest in einer Klausur irrelevant, da Einigkeit über die Existenz dieses Anspruchs und seiner Voraussetzungen besteht.

> **hemmer-Methode:** Wie Ihnen bereits aus dem Verwaltungsprozessrecht bekannt ist, ist in § 113 I S. 2 u. 3 VwGO der sog. Vollzugsfolgenbeseitigungsanspruch normiert.[545] Diese Bezeichnung ist missverständlich, da es sich dabei nicht um eine eigenständige materiell-rechtliche Rechtsgrundlage für einen FBA oder um eine grundsätzliche Anerkennung des allgemeinen Folgenbeseitigungsanspruchs handelt.
> § 113 I S. 2 u. 3 VwGO erleichtert, als rein prozessuale Vorschrift, die Geltendmachung und Durchsetzung eines materiell-rechtlich entstandenen Folgenbeseitigungsanspruchs infolge der Aufhebung eines bereits vollzogenen Verwaltungsaktes. Der Vollzugsfolgenbeseitigungsanspruch ist somit als prozessuale Variante ein Unterfall des allgemeinen Folgenbeseitigungsanspruchs und wird von diesem mit umfasst. Der allgemeine Folgenbeseitigungsanspruch kann somit (zunächst) in zwei Varianten unterteilt werden. Der Vollzugsfolgenbeseitigungsanspruch betrifft die Folgen eines aufgehobenen Verwaltungsaktes, der Folgenbeseitigungsanspruch i.e.S. ist bei sonstigen durch hoheitliches Handeln verursachten Unrechtslasten einschlägig. Als zusätzliche Ausprägung (und somit dritter Unterfall) kann der vom BVerwG entwickelte Folgenentschädigungsanspruch angesehen werden.[546]

B) Tatbestand[547]

Um das Entstehen eines FBA bejahen zu können, ist eine zweistufige Prüfung von Tatbestandsmerkmalen und möglichen Ausschlussgründen vorzunehmen:

---

539 Ossenbühl, S. 294 m.w.N.
540 BVerwG, NJW 1972, 269 = **juris**byhemmer.
541 Bettermann, DÖV 1955, 528.
542 Vertiefend Ossenbühl, S. 296 f. Dieser spricht von einer bemerkenswerten „Lustlosigkeit und Gleichgültigkeit" seitens der Rspr. gegenüber der Frage nach der Rechtsgrundlage.
543 Ossenbühl, S. 299; Sproll, § 12, Rn. 23 f. m.w.N.
544 BVerwGE 69, 366 (370) = **juris**byhemmer.
545 Siehe dazu auch **Hemmer/Wüst, Verwaltungsrecht II, Rn. 211**.
546 Näheres dazu ab Rn. 343.
547 Vgl. BayVGH, NJW 1999, 666 = **juris**byhemmer.

Tatbestand

> **I. Hoheitlicher Eingriff**
>
> **II. (In eine) geschützte Rechtsposition des Bürgers**
>
> **III. Entstehen eines andauernden, rechtswidrigen Zustands**
>
> **IV. Haftungsausfüllende Kausalität**
>
> **V. (Keine) Ausschlussgründe:**
>
> ⇨ Unmöglichkeit der Wiederherstellung
>
> ⇨ Unzumutbarkeit der Wiederherstellung
>
> ⇨ unzulässige Rechtsausübung
>
> ⇨ Mitverantwortlichkeit des Geschädigten

319

Bsp.:[548] Buddel ist Eigentümer eines Grundstücks in der Gemeinde G, das auf zwei Seiten an öffentliche Straßen grenzt. Bei einer Straße handelt es sich um eine Sackgasse. Diese wurde jedoch aufgrund eines am 01.07.2016 in Kraft getretenen Bebauungsplanes von der Gemeinde zu einer Durchgangsstraße ausgebaut. Im Februar 2017 wird der BBauPl. jedoch i.R. eines verwaltungsgerichtlichen Normenkontrollverfahrens für rechtswidrig und nichtig erklärt. Buddel verlangt nun von der Gemeinde, vor allem wegen des starken Durchgangsverkehrs, den ursprünglichen Zustand als Sackgasse wiederherzustellen. Die Gemeinde lehnt mit einem Hinweis auf die entstehenden Kosten ab. Sie trägt des Weiteren vor, dass sie sich vorbehält, die Durchgangsstraße durch eine erneute Planung zu legalisieren.

320

Abwandlung (1):[549] Bei der anderen an das Grundstück des Buddel angrenzenden Straße, handelt es sich um eine ruhige, lediglich von Anwohnern genutzte Einbahnstraße. Während der Durchführung von Ausbesserungsarbeiten infolge von Witterungsschäden nutzt der Buddel die Möglichkeit, sein Grundstück um 0,75 m abzugraben und mit einer nicht isolierten Mauer auf seinem Grund einzufrieden. Bei den Straßenbauarbeiten arbeiten die Gemeindebediensteten jedoch ungenau. Sie verfüllen den Raum zwischen der Straße und der Mauer des Buddel unsachgemäß mit Erdreich. Infolgedessen wird die Mauer durch die entstehende Feuchtigkeit in ihrer Standsicherheit beeinträchtigt. Buddel verlangt nun von der Gemeinde, diese möge die Straße ordnungsgemäß befestigen und die Einfriedungsmauer ausbessern. Die Gemeinde ist der Ansicht, Buddel habe die Situation durch die Abgrabung und Errichtung der nicht isolierten Mauer mit herbeigeführt. Durch dieses ca. 50-prozentige Mitverschulden sei die Gemeinde von einer Haftung befreit.

322

Abwandlung (2): Anwohner und Grundstückseigentümer Trefflich wird ebenfalls durch Straßenbauarbeiten beeinträchtigt. Die Durchgangsstraße soll verbreitert werden. Aufgrund eines Vermessungsfehlers wird eine sich bereits auf dem Grundstück des Trefflich befindende, mit Naturstein eingefasste Blumenrabatte von den Arbeitern abgetragen und „entsorgt". Trefflich verlangt die Wiedererrichtung der Natursteinrabatte. Diese bestand jedoch aus einem selten gewordenen Gestein, welches nur zum Zehnfachen des ursprünglichen Kaufpreises wiederbeschafft werden könnte, da die Originalsteine selbst unauffindbar sind. Die Gemeinde lehnt die Herstellung mit Hinweis auf die Unmöglichkeit und jedenfalls Unzumutbarkeit ab.

hemmer-Methode: Zur Darstellung der klausurmäßigen Prüfung eines FBA wurden prüfungstypische, in der Praxis nicht selten vorkommende Beispiele gewählt. Eine andere wichtige Fallgruppe im Zusammenhang mit dem FBA bildet die Fallgruppe „Widerruf ehrverletzender Äußerungen/staatliche Warnhinweise". Ein solcher Sachverhalt lag einer Examensprüfungsklausur in Bayern im Termin 1996/1 (BayVBl. 1998, 31, 60) zugrunde.

---

548 Nach BVerwGE 94, 100 ff. = **juris**by**hemmer**.
549 Nach BVerwG, NJW 1989, 2484 ff. = **juris**by**hemmer**.

§ 10 DER ALLGEMEINE FOLGENBESEITIGUNGSANSPRUCH

Prozessual wird der FBA bei Vorliegen eines hoheitlichen Realaktes (Äußerung eines Hoheitsträgers etc.) im Rahmen einer allgemeinen Leistungsklage geprüft. Der behauptete Widerrufsanspruch als spezielle Ausformung eines FBA muss dann auf einen Eingriff in die entsprechend betroffenen Grundrechte (z.B. Art. 2 I, 1 I GG oder Art. 12 GG) gestützt werden. Demgegenüber steht zumeist eine (lediglich behauptete oder tatsächlich bestehende) Kompetenz des Hoheitsträgers. Es kommt dann im Ergebnis zu einer typischen Grundrechtsprüfung in der vor allem bedeutsam ist, ob das betroffene Grundrecht des Bürgers im konkreten Einzelfall verhältnismäßig beschränkt werden durfte.[550]

Stellt sich Ihnen dieser Fall jedoch als Verfassungsbeschwerde, dann müssen Sie zwingend direkt auf die Grundrechte und nicht auf den FBA abstellen, da das BVerfG eben nicht das einfache Recht, also auch nicht den FBA, sondern nur Grundrechte prüft.

Exkurs

e.A.: nur Widerruf von Tatsachenbehauptungen

Nach Ansicht einiger Oberverwaltungsgerichte, unterstützt von Stimmen in der Literatur[551], soll jedoch nur der Widerruf von ehrverletzenden Tatsachenbehauptungen in Betracht kommen. Eine Meinungsäußerung könne demgegenüber nicht widerrufen, sondern lediglich entschuldigt werden. Damit liege der Ausschlussgrund der „tatsächlichen Unmöglichkeit der Restitution" vor.[552] Die Gerichte stützen sich hierbei auf die Entscheidungen der ordentlichen Gerichte und insbesondere des BGH im Bereich des Rechtsschutzes gegenüber Medien[553] und auch des Lauterkeitsrechts.[554]

BVerwG: Tatsachenbehauptungen & Meinungsäußerungen widerrufsfähig

Das BVerwG unterscheidet jedoch ausdrücklich nicht zwischen Tatsachenbehauptungen und Meinungsäußerungen, da die Abgrenzung im Einzelfall erhebliche Schwierigkeiten bereiten könne.[555] Dies vor allem dann, wenn in einer Aussage Elemente beider Äußerungsmöglichkeiten vorhanden sind. Des Weiteren ist zu beachten, dass sich Meinungen zumeist auf die Wahrnehmung von Tatsachen stützen. Um den Rechtsschutz des Bürgers somit wegen der Unsicherheiten der Einordnung im Einzelfall nicht leer laufen zu lassen, ist der Ansicht des BVerwG zu folgen. Ein Widerrufsanspruch kommt demnach sowohl gegen unwahre Tatsachenbehauptungen als auch gegen Meinungsäußerungen in Betracht.

Exkurs Ende

I. Hoheitlicher Eingriff

Abgrenzung zu zivilrechtlichen Ansprüchen

Die Feststellung des hoheitlichen Charakters staatlichen Handelns erfolgt im Rahmen einer Klausur bei der Prüfung des Vorliegens einer „öffentlich-rechtlichen Streitigkeit" innerhalb der Frage des Rechtsweges (§ 40 I VwGO).

---

550 Siehe auch die Übungsklausur in JuS 2004, 701 ff.
551 VGH München, NVwZ 1986, 327; VGH Mannheim, NJW 1990, 1808 (1809); Ossenbühl, S. 306.
552 Zu diesem Ausschlusstatbestand unten ab Rn. 338.
553 Vertiefend Fechner, Medienrecht, 4. Auflage, Rn. 242 ff.
554 Geregelt im Gesetz gegen den unlauteren Wettbewerb (UWG), Schönfelder Nr. 73. In diesem Rechtsgebiet werden insbesondere Werbeaussagen über eigene Produkte oder auch über Konkurrenten bzw. Konkurrenzprodukte von den Gerichten auf ihre Lauterkeit (früher: Sittenwidrigkeit) überprüft.
555 BVerwG, DVBl. 1995, 1248 = **juris**byhemmer; NJW 1997, 1996 ff.; vertiefend Faber, NVwZ 2003, 159 m.w.N.

Rechtsakte & Realakte möglich	Als Eingriffe kommen sowohl Rechtsakte als auch Realakte eines Hoheitsträgers in Betracht. Je nach Art der begehrten Handlung (= actus contrarius bzgl. des Eingriffs) ist somit die statthafte Klageart zu wählen: bei einem Realakt die allgemeine Leistungsklage, bei einem VA die Verpflichtungsklage (§ 42 I Alt. 2 VwGO). Dies ist unproblematisch, wenn sich der Hoheitsträger zur Erfüllung im öffentlichen Interesse liegender Aufgaben den Rechtsformen des öffentlichen Rechts wie Verwaltungsakt und Satzung bedient.
Problem: statthafte Klageart?	
Problem: Realakte und Handeln i.R.d. Verwaltungsprivatrechts	Die Einordnung als hoheitliche Maßnahme wird aber dann schwierig, wenn der Hoheitsträger einerseits auf dem Gebiet des Privatrechts tätig wird, oder, wenn es sich andererseits um einen rechtlich neutralen Realakt handelt.

hemmer-Methode: Die Problematik ist somit mit dem Prüfungspunkt „Handeln in Ausübung eines öffentlichen Amtes" i.R.d. Amtshaftungsanspruchs gem. Art. 34 GG, § 839 BGB zu vergleichen.[556] Vermeiden Sie doppeltes Lernen in dem Sie den Überblick bewahren und Zusammenhänge und Ähnlichkeiten durchschauen.

keine „Flucht ins Privatrecht"	Es ist grundsätzlich auf die Sichtweise des geschädigten Bürgers abzustellen. Insbesondere soll eine „Flucht ins Privatrecht" seitens des Hoheitsträgers ausscheiden. Bei Realakten ist des Weiteren auf den äußeren und inneren Funktionszusammenhang mit der hoheitlichen Aufgabe abzustellen. Fehlt der Maßnahme der hoheitliche Charakter, kommen lediglich die privatrechtlichen Anspruchsgrundlagen in Betracht (z.B. § 1004 BGB). Diese sind auf dem ordentlichen Rechtsweg geltend zu machen.
Problem: Unrechtslast durch Unterlassen	In der Literatur ist umstritten, ob auch ein Unterlassen (z.B. Nichtzulassung zum Studium[557]) des Hoheitsträgers als Eingriff in Betracht kommt. In diesem Falle gibt es nach einer Ansicht insoweit nichts, was wiederhergestellt werden könnte. Ein FBA würde im Ergebnis eine Begünstigung gewähren, die nie eingetreten war.[558]
BVerwG: Gleichbehandlung von Tun/Unterlassen	Im Gegensatz vertritt das BVerwG, dass ein hoheitliches Unterlassen dem hoheitlichen Tun gleichgestellt werden soll.[559]
h.L.: Gleichstellung Tun/Unterlassen dann, wenn risikoerhöhendes Vorverhalten	Eine vermittelnde Ansicht lehnt zwar diese weite Sichtweise der Rspr. ab, möchte aber ein hoheitliches Unterlassen dann in den Tatbestand des FBA einbeziehen, wenn es sich um ein Unterlassen handelt, welches materiell einem Eingriff durch aktives Tun gleichsteht. Dies ist z.B. dann der Fall, wenn der Hoheitsträger im Vorfeld Maßnahmen getroffen hat, die zu einer Risikoerhöhung geführt haben, es dann jedoch unterlässt die typischerweise entstehenden Gefahren abzuwehren. Ausscheiden soll eine Gleichstellung jedoch in Fällen nicht erfüllter Leistungsbegehren (z.B. Ablehnung einer Baugenehmigung), wenn diese frühere Verweigerung und somit der bestehende Zustand infolge einer geänderten Rechtslage als rechtswidrig anzusehen ist. In diesen Fällen ist die Möglichkeit der Erhebung einer fachgesetzlichen Untätigkeits- oder Leistungsklage vorrangig.[560]
keine Gleichstellung bei reinen Leistungsbegehren	
→*Vorrang des Primärrechtsschutzes*	
Beispiel zum Unterlassen	**Bsp.:** Der Bund errichtet ein Atommüll-Endlager in der Nähe einer Ortschaft. In der Folge treten radioaktive Strahlungen in die Umgebung aus. Die Anwohner wollen den Bund verpflichten, den kontaminierten Boden ihrer Grundstücke gegen gesundes Erdreich auszutauschen und somit den ursprünglichen Zustand wiederherzustellen. Der Bund lehnt ab.

---

556 Siehe ausführlich ab Rn. 33.
557 BayVGH, DVBl. 1981, 1158 (1159).
558 Maurer, § 30 Rn. 9.
559 BVerwGE 69, 366 = **jurisbyhemmer**.
560 Ossenbühl, S. 310 ff.

Vorliegend hat der Bund durch eine Handlung eine risikoerhöhende Situation geschaffen. Das Unterlassen der Dekontaminierung des Erdreichs korrespondiert vorliegend mit einer Handlungspflicht des Staates und ist damit einem Eingriff gleichzustellen.

II. Geschützte Rechtsposition

Es müssen durch den infolge des hoheitlichen Eingriffs entstandenen Zustand subjektive öffentlich-rechtliche Rechtspositionen des Anspruchstellers verletzt worden sein.

häufig betroffen: Art. 12 und 14 GG

Unproblematisch ist dies für die verfassungsrechtlichen Positionen Eigentum gem. Art. 14 I GG (z.B. Beeinträchtigung des Grundstücks infolge von Straßenbauarbeiten) und Berufsfreiheit gem. Art. 12 GG (z.B. die Berufsausübungsfreiheit bei staatlichen Warnhinweisen bzgl. bestimmter Produkte) zu bejahen.

zunehmend bedeutsam: Art. 2 I und 4 GG

Eine zunehmende (Klausur-)Bedeutung kommt jedoch auch der durch Art. 4 GG geschützten Religionsfreiheit (z.B. staatliche Warnhinweise vor sog. Jugendsekten) und dem allgemeinen Persönlichkeitsrecht gem. Art. 1 I GG i.V.m. Art. 2 I GG (z.B. durch ehrverletzende Äußerungen, Schmähungen) zu.

Erstreckung auf alle subjektiven Rechtspositionen

Die Forderung der Verletzung einer „grundgesetzlich" geschützten Rechtsposition ist jedoch nicht nur auf Rechtsgüter beschränkt, die sich unmittelbar aus der Verfassung selbst ergeben. Nach ganz überwiegender Ansicht erstreckt sich der FBA auch auf alle subjektiven Rechtspositionen, die durch das einfache Recht ausgeprägt sind.[561] Dies ist vor allem dann einschlägig, wenn Inhalt und Schranken von Grundrechtspositionen (wie z.B. beim Eigentum gem. Art. 14 I GG) einfachgesetzlich genau definiert werden (z.B. durch bauplanungsrechtliche Vorschriften).[562]

hemmer-Methode: Diese Ausweitung des Schutzbereichs zugunsten des Anspruchstellers kann im Rahmen der Restitution jedoch in ein „Weniger" münden. Die Wiederherstellung wird genau soweit vorgenommen, bis das Recht des Anspruchstellers nicht mehr beeinträchtigt ist, der Zustand mithin rechtmäßig geworden ist. Dies muss v.a. bei einfachgesetzlich definierten Rechtspositionen nicht die gänzliche Wiederherstellung des ursprünglichen Zustandes umfassen.[563]

Unmittelbarkeitserfordernis als haftungsbegründende Kausalität

Um eine Ausuferung der Haftung zu vermeiden, ist innerhalb des Tatbestandsmerkmals „geschützte Rechtsposition" die Prüfung der haftungsbegründenden Kausalität vorzunehmen. Es sollen demnach nur Beeinträchtigungen vom Tatbestand des FBA erfasst werden, die unmittelbar kausal auf den hoheitlichen Eingriff zurückzuführen sind.[564] Die Unmittelbarkeit fehlt dann, wenn der rechtswidrige Zustand zwar i.R. einer hoheitlichen Tätigkeit (z.B. Wasserschaden durch Arbeiten am städtischen Wasserversorgungsnetz), aber z.B. infolge von Materialfehlern eintritt.[565]

---

561 Ossenbühl, S. 308.
562 BVerwGE 94, 100 (105) = **juris**by**hemmer**.
563 Siehe dazu die Falllösung in Rn. 363.
564 Sproll, § 12, Rn. 37.
565 BGH, NJW 1971, 607 (608) = **juris**by**hemmer**.

III. Andauernder, rechtswidriger Zustand

1. Rechtswidrigkeit

h.M.: Rechtswidrigkeit des Zustandes als TB-Voraussetzung

Bezugspunkt der Rechtswidrigkeit ist nach überwiegender Ansicht der durch den hoheitlichen Eingriff in die geschützte subjektive Rechtsposition entstandene Zustand.

330

a.A.: Rechtswidrigkeit des Eingriffs als (kumulative) Voraussetzung

Die abweichende Ansicht stellt demgegenüber auf den klassischen Fall des Vollzugsfolgenbeseitigungsanspruchs gem. § 113 I S. 2 VwGO ab, bei dem regelmäßig auch der Eingriff durch VA rechtswidrig sei. Davon ausgehend soll das Erfordernis der Rechtswidrigkeit des Eingriffs demnach auch für den aus dem Vollzugsfolgenbeseitigungsanspruch hervorgegangenen allgemeinen FBA gelten.[566] Diese Ansicht ist mit der ganz h.M. abzulehnen.

⇨ *Bezugspunkt ist der rechtswidrige Zustand als Unrechtslast*

Nur wenn der tatsächlich vorliegende beeinträchtigende Zustand rechtswidrig ist, handelt es sich um eine abzuwehrende (und dogmatisch vorausgesetzte) Unrechtslast.[567] Auf die Rechtswidrigkeit des Eingriffs kommt es demnach nicht an, wobei andererseits beim unproblematischen Vorliegen bereits eines rechtswidrigen Eingriffs, die Rechtswidrigkeit des Zustandes regelmäßig indiziert wird.

hemmer-Methode: Als typisches Anwendungsbeispiel des Vollzugsfolgebeseitigungsanspruchs seien die „Einweisungsfälle" genannt. Obdachlose werden dabei aufgrund eines VA in eine Privatwohnung eingewiesen, um einer drohenden Verwahrlosung entgegenzuwirken.[568] Allein mit der Aufhebung des rechtswidrigen VA ist dem betroffenen Wohnungseigentümer jedoch nicht gedient. Er ist vor allem an der Beseitigung der rechtswidrigen Folgen (= Belegung seines Wohnraums ohne Rechtsgrundlage) durch tatsächliche Räumung seiner Wohnung interessiert. Dies wird ihm durch die Geltendmachung des Annexantrages zur Anfechtungsklage gem. § 113 I S. 2 u. 3 VwGO erleichtert, da er keine gesonderte Verpflichtungsklage auf behördliches Einschreiten anstrengen muss. Hinzu kommt, dass die Einweisung, befristet auf drei Monate, durchaus rechtmäßig sein kann. Mit Ablauf der drei Monate entsteht dann aber trotz der Rechtmäßigkeit des ursprünglichen Eingriffs ein rechtswidriger Zustand, den der Betroffene mit einem Folgenbeseitigungsanspruch bekämpfen kann.

331

Das Pendant zur Rechtswidrigkeit des Zustands ist die Frage nach der Duldungspflicht des Bürgers, vgl. § 1004 II BGB.

Insoweit ist zu beachten, dass ein rechtswidriger, aber bestandskräftiger VA ebenso eine Duldungspflicht für einen dadurch geschaffenen Zustand begründen kann wie jede andere gültige Rechtsvorschrift oder ein bestehender öffentlich-rechtlicher Vertrag. Liegt eine derartige Legalisierung vor, so hat der Betroffene den entstandenen Zustand als rechtmäßig zu dulden.[569]

332

---

566 Ossenbühl, S. 312 m.w.N.

567 Sproll, § 12 Rn. 38 m.w.N.

568 Möglich ist auch die Wiedereinweisung in die bisherige Wohnung, wenn die Verwahrlosung durch eine erfolgreiche Kündigung des Mieters droht. Die Ordnungsbehörde kann dann u.U. sogar trotz Vorliegens eines Räumungstitels die Wiedereinweisung anordnen. Da das Polizei- und Sicherheitsrecht sich insoweit gegen Entscheidungen der Zivilgerichte durchsetzt, ist hier aber ein strenger Maßstab angezeigt, vgl. OVG Niedersachsen, **Life&Law 2010, 612 ff.**

569 Praktisch relevant ist dies v.a. im Hinblick auf den Unterfall des Vollzugsfolgenbeseitigungsanspruchs. Eine wichtige spezialgesetzlich geregelte Duldungspflicht ergibt sich z.B. aus § 126 BauGB.

§ 10 DER ALLGEMEINE FOLGENBESEITIGUNGSANSPRUCH

2. Andauern des rechtswidrigen Zustandes

Die Geltendmachung eines Beseitigungsanspruchs setzt bereits begrifflich das Andauern eines Zustandes voraus. Für den FBA bedeutet dies, dass im Zeitpunkt der letzten mündlichen Verhandlung eine rechtswidrige Beeinträchtigung subjektiver Rechtspositionen infolge hoheitlichen Handels vorliegen muss.

nachträgliche Legalisierung möglich

Die Rechtswidrigkeit eines Zustandes könnte jedoch dann entfallen, wenn es zu einer nachträglichen Legalisierung der Maßnahme kommt, z.B. durch den Erlass eines rechtmäßigen Bebauungsplanes oder durch die Umwidmung einer öffentlichen Einrichtung.

Legalisierung muss tatsächlich erfolgen

Eine solche Möglichkeit der ordnungsgemäßen Nachholung einer rechtmäßigen Maßnahme ist allgemein anerkannt, wobei es jedoch auch tatsächlich zu einer Legalisierung kommen muss. Allein die Möglichkeit soll noch nicht ausreichen.[570] Anknüpfungspunkt zur Feststellung einer konkret vorgesehenen Legalisierung ist insoweit die Sachlage zum Zeitpunkt der letzten mündlichen Verhandlung. Kommt es tatsächlich zur Legalisierung der hoheitlichen Maßnahme, so wird auch die Rechtswidrigkeit des Zustandes beseitigt.

IV. Ausschlussgründe

Es können verschiedene Ausschlussgründe gegeben sein, die als rechtsvernichtende Einwendungen vom Anspruchsgegner im Prozess dargetan und bewiesen werden müssen. Als Rechtsfolge wird ein entstandener FBA wieder beseitigt. Der Betroffene ist dann auf die Geltendmachung sonstiger Entschädigungs- bzw. Schadensersatzansprüche beschränkt.

hemmer-Methode: Zur Wiederholung: Der allgemeine Folgenbeseitigungsanspruch gehört zu den sekundärrechtlichen Rechtsbehelfen. Diese (zumeist durch Rechtsfortbildung entwickelten Rechtsbehelfe) bilden „lediglich" eine Ergänzung zu den bekannten primärrechtlichen Rechtsbehelfen des allgemeinen Verwaltungsrechts.

1. Unmöglichkeit der Wiederherstellung

rechtliche und/oder tatsächliche Unmöglichkeit

Eine Herstellung des status quo ante in natura entfällt, wenn dies aus rechtlichen oder tatsächlichen Gründen unmöglich ist. Dieses Erfordernis findet sich bereits beim Vollzugsfolgenbeseitigungsanspruch gem. § 113 I S. 2 u. 3 VwGO. Ein Problem der rechtlichen Unmöglichkeit ergibt sich vor allem dann, wenn die Folgenbeseitigung einerseits zugunsten des betroffenen Anspruchsinhabers, andererseits jedoch auch zuungunsten eines Dritten vorgenommen wird. Fraglich ist vor allem, welche Anforderungen an die Rechtsgrundlage für das Vorgehen gegen Dritte zu stellen ist.

Problem: Drittbeteiligungsfälle

> **Bsp.:** Nachbar N ficht erfolgreich die Baugenehmigung des B an. Diese wird aufgehoben. N verlangt nun aufgrund eines Vollzugsfolgenbeseitigungsanspruchs den Abriss des illegal von B errichteten Gebäudes.

e.A.: FBA als Rechtsgrundlage auch gegen den Dritten

Nach einer Ansicht soll der bestehende FBA als Rechtsgrundlage für das Einschreiten gegen den Dritten ausreichend sein. Dies wird damit begründet, dass dieser lediglich einen rechtswidrigen Besitzstand (z.B. ein illegal errichtetes Gebäude) aber jedenfalls keine schützenswerte Rechtsposition innehabe.

---

[570] Ossenbühl, S. 317, vgl. aber zum Einwand treuwidrigen Verhaltens unten Rn. 341.

Der rechtmäßige Besitzstand des ursprünglich belasteten Inhabers des FBA sei demgegenüber schützenswert.[571]

a.A.: eigene Ermächtigungsgrundlage notwendig

Die Gegenansicht lässt demgegenüber den FBA als Rechtsgrundlage nicht ausreichen. Die Rechtswirkung des FBA sei auf das Verhältnis Hoheitsträger/Belasteter beschränkt.

Somit sei bei Drittbeteiligungsfällen zusätzlich eine eigene Ermächtigungsgrundlage notwendig.[572]

h.M.: eigene Ermächtigungsgrundlage notwendig, aus FBA folgt jedoch eine Folgenbeseitigungspflicht

Eine vermittelnde Ansicht besteht im Hinblick auf die relative Wirkung des FBA ebenfalls auf einer besonderen Rechtsgrundlage, um das Vorgehen gegen den Dritten legitimieren zu können. Ein bestehender FBA erzeuge jedoch für den Hoheitsträger grundsätzlich eine Folgenbeseitigungspflicht. Im Ergebnis soll ein bestehendes Ermessen „erheblich"[573] - im Einzelfall auf Null - reduziert sein.[574] Dieser Ansicht ist - vor allem im Hinblick auf die Flexibilität der Handhabung im Einzelfall - zu folgen. Fehlt es allerdings gänzlich an einer gesetzlichen Ermächtigungsgrundlage, ist die Wiederherstellung rechtlich unmöglich.

337

Nach der vermittelnden h.M. ist somit neben dem FBA als Rechtsgrundlage für den Abriss die entsprechende bauordnungsrechtliche Vorschrift heranzuziehen. Diese ist regelmäßig als Ermessensnorm ausgestaltet (z.B. Art. 76 S. 1 BayBO). Die Behörde hat nun im Hinblick auf den bestehenden FBA einen reduzierten Ermessensspielraum.

tatsächliche Unmöglichkeit i.d.R. unproblematisch

Eine tatsächliche Unmöglichkeit der Wiederherstellung liegt z.B. dann vor, wenn eine durch Polizeibeamte rechtswidrig beschlagnahmte Sache gestohlen wird oder anderweitig untergeht. Die Geltendmachung eines FBA auf Herausgabe scheidet dann aus. Dem Betroffenen verbleiben die sonstigen staatshaftungsrechtlichen Ersatzansprüche.

338

2. Zumutbarkeit der Wiederherstellung

eingeschränkter Anwendungsbereich

Die Wiederherstellung des ursprünglichen Zustandes muss dem Hoheitsträger weiter auch zumutbar sein, vgl. § 275 II BGB.[575] Diese Anforderung ist im Hinblick auf den stets gegebenen Eingriff in Grundrechte eng auszulegen.[576] Das BVerwG lässt in seiner Rechtsprechung erkennen, dass eine Zumutbarkeit lediglich dann entfällt, wenn mit der Folgenbeseitigung „ein unverhältnismäßig hoher Aufwand verbunden ist, der zu dem erreichbaren Erfolg bei allem Respekt für das Verlangen nach rechtmäßigen Zuständen in keinem vernünftigen Verhältnis mehr steht."[577]

339

Problematisch ist hierbei, dass Begriffe wie „zumutbar", „unverhältnismäßig" und „vernünftig" im Rahmen einer einzelfallbezogenen Handhabung auslegungsbedürftig sind. Diese Begriffe dürfen jedenfalls nicht infolge einer Kosten/Nutzen-Abwägung regelmäßig zu einem Anspruchsausschluss führen.

---

571 Ossenbühl, S. 320 m.w.N.
572 Sproll, § 12, Rn. 46 m.w.N.
573 BGHZ 130, 332 (335 f.) = **juris**byhemmer.
574 Sproll, § 12, Rn. 46 m.w.N.; OVG Greifswald, LKV 2004, 188 (189); BVerwG, BauR 2000, 1318 = **juris**byhemmer.
575 VGH München, Urteil vom 05.11.2012, 8 ZB 12.116 = Life&Law 02/2013 = **juris**byhemmer.
576 Sproll, § 12, Rn. 47.
577 BVerwGE 94, 100 (105) = **juris**byhemmer; NVwZ 2004, 1511.

In der Literatur wird angesichts dieser Unsicherheiten gefordert, den in den Fällen des anteiligen Mitverschuldens als Ausnahme anerkannten Folgenentschädigungsanspruch[578] bei Unzumutbarkeit der Restitution ebenfalls zur Anwendung zu bringen.[579] Das BVerwG hat diese Frage bis dato offen gelassen.[580]

hemmer-Methode: Dieser Ausschlussgrund ist ohne Weiteres vergleichbar mit der Ersetzungsbefugnis des Schuldners im Rahmen des Zivilrechts. Dort wird eine Naturalrestitution beispielsweise als unverhältnismäßig angesehen, wenn Kfz-Reparaturkosten den Wert der Sache vor dem schädigenden Ereignis um mehr als 30 % überschreiten. Der Gläubiger kann dann keine Wiederherstellung sondern (nur) den Ersatz des tatsächlichen Verkehrswertes der Sache zum Zeitpunkt der letzten mündlichen Verhandlung verlangen.[581]
Zu den bisher behandelten Ausschlussgründen gilt, dass Ihnen natürlich nicht jeder Meinungsstreit bekannt sein muss. In der Klausur müssen Sie jedoch etwaige anspruchshindernde/-vernichtende Probleme aufspüren. Der Klausurersteller erwartet von Ihnen eine eigene argumentative Auseinandersetzung unter Ausschöpfung aller von ihm im Fall platzierten Sachverhaltsangaben.

Verneint man mit der wohl h.M. den Wandel des FBA im Falle der Unzumutbarkeit oder auch Unmöglichkeit in einen verschuldensunabhängigen Entschädigungsanspruch, so verbleibt dem Geschädigten damit lediglich die verschuldensabhängige Amtshaftung, sofern nicht ausnahmsweise auch die Voraussetzungen des enteignungsgleichen Eingriffs vorliegen.[582]

3. Unzulässige Rechtsausübung

unzulässige Geltendmachung bei konkret bevorstehender Legalisierung

Dieser Ausschlussgrund ist als Ausprägung des Grundsatzes von Treu und Glauben (§ 242 BGB) vor allem in den Fällen einer möglichen Legalisierung einschlägig. Die Geltendmachung eines FBA stellt sich jedoch nur dann als unzulässige Rechtsausübung und Geltendmachung einer rein formalen Rechtsposition durch den Betroffenen dar, wenn „die Legalisierung des als rechtswidrig erkannten und andauernden Zustandes unmittelbar bevorsteht."[583] Die abstrakte Möglichkeit einer späteren Legalisierung soll demgegenüber als Ausschlussgrund nicht ausreichend sein.

hemmer-Methode: Es besteht insoweit ein enger Zusammenhang zum Prüfungspunkt „Fortdauer der Beeinträchtigung", so dass die Entstehung eines FBA in entsprechenden Fällen bereits schon an diesem Tatbestandsmerkmal scheitern dürfte. Die eigenständige Bedeutung dieses Prüfungspunktes ist als eher gering anzusehen.

4. Mitverantwortung des Geschädigten

Anwendung des Rechtsgedankens aus § 254 BGB

Der allgemeine Rechtsgedanke des § 254 BGB findet als möglicher Ausschlussgrund uneingeschränkte Anwendung. Die Ersatzpflicht des Schädigers wird dabei insoweit eingeschränkt, als der Geschädigte bei der Entstehung und/oder Entwicklung des Schadens zurechenbar mitgewirkt hat.

---

578 Dazu später unter Rn. 343.
579 In diese Richtung wohl Ossenbühl, S. 322 f.; BayVGH, **Life&Law 2000, 203** = BayVBl. 1999, 561 (562) = **juris**by**hemmer**.
580 BVerwG, NJW 1989, 2484 (2486). Keine Auseinandersetzung mit dieser Lösungsmöglichkeit auch in BVerwG, NVwZ 2004, 1511 = **juris**by**hemmer**.
581 Palandt-Grüneberg, § 251 BGB, Rn. 6 ff. m.w.N.
582 MüKo-Papier, § 839, Rn. 86; Maurer, § 30, Rn. 17.
583 BVerwGE 94, 100 (111) = **juris**by**hemmer**.

> **hemmer-Methode:** Es handelt sich aber nicht um ein Mitverschulden i.S.d. § 254 BGB, wenn es der Betroffene unterlassen hat, gegen den der „Unrechtslast" zugrunde liegenden rechtswidrigen VA vorzugehen, obwohl ihm das möglich und zumutbar war. In diesen Fällen entfällt bereits die Rechtswidrigkeit des bestehenden Zustandes, da der wirksame VA insoweit eine Duldungspflicht begründet.

Problem: anteiliges Mitverschulden bei unteilbarer Unrechtslast

Problematisch sind jedoch die Fälle, in denen ein anteiliges Mitverschulden des Geschädigten vorliegt, die Beseitigung des Zustandes im Wege der Restitution jedoch unteilbar ist.

Nach älterer Rechtsprechung sollte der gesamte FBA entfallen, wenn eine „ins Gewicht fallende Mitverantwortlichkeit des Betroffenen" gegeben war.[584] Eine teilweise Folgenbeseitigung sollte demnach ausscheiden. Es blieb insoweit bei den verschuldensabhängigen Ersatzansprüchen, in deren Rahmen der Mitverschuldensanteil Berücksichtigung finden sollte.

früher: kompletter Anspruchsverlust

Das BVerwG änderte seine Rechtsprechung später und rückte von diesem Prinzip des „Alles oder Nichts" ab. Ein vollständiger Anspruchsausschluss soll nur dann in Betracht kommen, wenn sich die Geltendmachung als unzulässige Rechtsausübung darstelle. In allen anderen Fällen soll eine differenzierende Betrachtung unter entsprechender Anwendung des § 251 BGB stattfinden.[585]

heute: anteilige Entschädigung, → Folgenentschädigungsanspruch

Der Folgenbeseitigungsanspruch als eigentlicher Restitutionsanspruch soll somit im Ergebnis zwar ausscheiden, an seine Stelle tritt jedoch der auf Kompensation durch Zahlung eines Ausgleichsbetrags gerichtete Folgenentschädigungsanspruch.[586] Dogmatisch soll es sich dabei um keinen eigenständigen Ersatzanspruch, sondern um einen Teil des allgemeinen Folgenbeseitigungsanspruchs handeln.[587]

C) Inhalt des Folgenbeseitigungsanspruchs

I. Tatsächliche Wiederherstellung (status quo ante in natura)

h.M.: identische Wiederherstellung nicht nötig, Gleichwertigkeit ist ausreichend

Ist der Tatbestand erfüllt und sind keine Ausschlussgründe einschlägig, so ist als Rechtsfolge der ursprüngliche, d.h. der vor dem hoheitlichen Eingriff mit der daraus resultierenden Unrechtslast bestehende, Zustand wiederherzustellen. Dabei soll es jedoch nicht darauf ankommen, ob die identische Wiederherstellung möglich ist. Auch mit der Gleichwertigkeit des neuen Zustandes soll den Interessen des Betroffenen hinreichend entsprochen werden können. Dem Hoheitsträger soll es somit verwehrt sein, durch eine zu enge Auslegung des Begriffs „Wiederherstellung" die Durchsetzung des FBA mit dem Hinweis auf eine Unmöglichkeit abzulehnen. Hier zeigt sich die Ähnlichkeit zur Prüfung des Ausschlussgrundes „Möglichkeit der Wiederherstellung".

a.A.: exakte Wiederherstellung

Nach einer anderen Ansicht soll allein die Möglichkeit der exakten Herstellung des ursprünglichen Zustandes, gegebenenfalls unter Verwendung der identischen Baumaterialien(!), maßgeblich sein.[588]

---

584 BVerwG, DÖV 1971, 857 (859) = **juris**byhemmer.

585 Eine vergleichbare Lösung war auch in § 3 III StHG von 1981 vorgesehen. Die Norm lautete: „Haben Umstände, die der Geschädigte zu vertreten hat, den rechtswidrigen Zustand mitverursacht, so kann der Geschädigte die Folgenbeseitigung nur verlangen, wenn er sich an ihren Kosten entsprechend dem Maße seiner Mitverursachung beteiligt."

586 BVerwG, NJW 1989, 2484 ff. In diese Richtung bereits VGH München, NVwZ-RR 1991, 57 (58).

587 Sproll, § 12, Rn. 51 m.w.N.

588 VGH Mannheim, NVwZ-RR 1990, 449; BayVGH, BayVBl.1992, 147.

Diese restriktive Sicht steht jedoch im Widerspruch zur gefestigten Rechtsprechung des BVerwG und ist abzulehnen, da sich die „Uhr niemals zurückdrehen lässt" und die hundertprozentige Herstellung des damaligen Zustands immer ausgeschlossen ist.

keine Naturalrestitution i.S.d. § 249 BGB

Trotz der Ähnlichkeit mit der Naturalrestitution gem. § 249 BGB, kann auf diese Vorschrift weder direkt noch analog abgestellt werden. Zum einen ist das Wahlrecht des § 249 II S. 1 BGB (Geldersatz trotz Möglichkeit der Wiederherstellung) mit den dogmatischen Grundlagen des FBA als Abwehranspruch gegen Unrechtslasten nicht zu vereinbaren.[589]

Zum anderen umfasst § 249 BGB den im Zeitpunkt der letzten mündlichen Verhandlung vorliegenden Schaden und somit auch den entgangenen Gewinn (Beachte die Beweiserleichterung in § 252 BGB). Ein solcher weitergehender Schaden fällt jedoch als bloße mittelbare Folge des tatsächlichen staatlichen Handelns bereits nicht in den Tatbestand des FBA.

II. Haftungsausfüllende Kausalität

Unrechtslast = nur unmittelbare kausale Schadensfolgen

Die Unrechtslast muss sich unmittelbar kausal als Schadensfolge aus dem durch den hoheitlichen Eingriff verursachten rechtswidrigen Zustand ergeben. Dieses (nur schwer zu fassende)[590] Unmittelbarkeitserfordernis soll vor allem zur Vermeidung einer unbegrenzten Ersatzpflicht des Hoheitsträgers Anwendung finden und im Ergebnis die Staatsfinanzen entlasten. Die haftungsausfüllende Kausalität und insbesondere das Unmittelbarkeitserfordernis sind auf Grundlage der Adäquanztheorie für jeden Einzelfall gesondert festzustellen. Zur Verdeutlichung ein kurzes Beispiel:

345

Im Einweisungsfall von Rn. 331 wurden aufgrund der erfolgreichen Geltendmachung eines Vollzugs-FBA die Obdachlosen durch die Behörde aus der Wohnung des Betroffenen „entfernt". Um dieses Ergebnis zu erreichen, musste der Eigentümer jedoch einen langen und kostenaufwendigen Rechtsstreit führen. Er möchte nun auch diese Vermögenseinbußen auf Grundlage des FBA ersetzt verlangen.

Lösung: Vorliegend kann der Wohnungseigentümer auf Grundlage des FBA keinen Ersatz der Prozesskosten im Rahmen einer Wiederherstellung verlangen, da als Folge des hoheitlichen Handelns (= rechtswidrige Einweisung der Personen) und somit als unmittelbare Unrechtslast nur der Aufenthalt der Obdachlosen anzusehen ist.[591]

D) Durchsetzung des Folgenbeseitigungsanspruchs[592]

I. Aktivlegitimation

grds. der Rechtsinhaber, auch jur. Personen des Privatrechts

Grds. ist der Inhaber des durch die Unrechtslast verletzten subjektiven Rechts auch befugt, den Anspruch prozessual geltend zu machen.[593] Dies gilt auch für inländische juristische Personen des Privatrechts unter besonderer Berücksichtigung des Art. 19 III GG.

346

---

589   Sproll, § 12, Rn. 53.
590   Ossenbühl, S. 302, spricht von einem „Verlegenheitsbegriff".
591   Ossenbühl, S. 302 f. m.w.N.
592   Siehe dazu auch **Hemmer/Wüst, Verwaltungsrecht II, Rn. 204 ff.**
593   Siehe dazu VGH München, NVwZ 2004, 629 = **juris**by**hemmer**.

> hemmer-Methode: Handelt es sich um ausländische juristische Personen des Privatrechts, die jedoch in den Anwendungsbereich des AEUV fallen, so wird im Hinblick auf das Diskriminierungsverbot des Art. 18 AEUV ebenfalls die Aktivlegitimation zu bejahen sein.

Problem: juristische Personen des öffentlichen Rechts

e.A.: bereits keine Anspruchsinhaberschaft

Die dogmatische Verankerung des Anspruchs in den Grundrechten bringt jedoch Probleme mit sich, wenn es sich um Rechtsgüter juristischer Personen des öffentlichen Rechts handelt. Da sich diese nach Ansicht des BVerfG grds. nicht auf Grundrechte berufen können, weil es insoweit an einer grundrechtstypischen Gefährdungslage fehle,[594] können juristische Personen des öffentlichen Rechts bereits nicht Inhaber eines Anspruchs auf Folgenbeseitigung sein.

a.A.: Aktivlegitimation (+), wenn Rechtsposition einfachgesetzlich geprägt

Nach einer abweichenden Ansicht ist es demgegenüber juristischen Personen des öffentlichen Rechts möglich, Inhaber eines FBA zu sein. Sie besitzen konsequenterweise dann auch die notwendige Aktivlegitimation, um diesen entstandenen Anspruch vor den Gerichten geltend zu machen. Dies soll vor allem dann gelten, wenn das beeinträchtigte subjektive Recht einfachgesetzlich ausgeprägt ist. Der reine Grundrechtsbezug könne diese Geltendmachung jedenfalls nicht ausschließen.[595]

II. Passivlegitimation

grds. der für die Unrechtslast verantwortliche Hoheitsträger

Problem: fehlende Kompetenz zur Beseitigung

Passivlegitimiert ist im Rahmen des verwaltungsrechtlichen Primärrechtsschutzes grundsätzlich der Rechtsträger der handelnden Behörde (Rechtsträgerprinzip). Würde man im Rahmen der Durchsetzung des FBA ebenfalls auf den handelnden Hoheitsträger abstellen, so würde dies jedoch an die Rechtswidrigkeit des Eingriffs anknüpfen. Darauf kommt es aber vorliegend nach ganz h.M. nicht an. Vielmehr ist (zunächst) darauf abzustellen, welcher Hoheitsträger die entstandene Unrechtslast zu verantworten hat. Problematisch wird es jedoch dann, wenn es der verantwortlichen Behörde wegen einer fehlenden Kompetenz rechtlich unmöglich ist, die Unrechtslast zu beseitigen.

passivlegitimiert ist der Inhaber der Beseitigungskompetenz

Um diesem Problem zu begegnen, soll demnach die Passivlegitimation bei demjenigen Hoheitsträger liegen, dem die rechtliche Kompetenz zur Beseitigung der Unrechtslast zusteht.[596] Da dem betroffenen Bürger jedoch zumeist die genaue Kompetenzverteilung innerhalb der verschiedenen Hoheitsträger unbekannt und schwer festzustellen sein dürfte, sind im Hinblick auf das Gebot effektiven Rechtsschutzes an die genaue Bezeichnung der beklagten Behörde nur geringe Anforderungen zu stellen.

Besonderheiten beim Widerrufsanspruch

Eine Besonderheit soll auch bei der Fallgruppe „Widerruf ehrverletzender Äußerungen" gelten. In diesen Fällen soll die Körperschaft passivlegitimiert sein, für die der Amtswalter nach Außen aufgetreten ist.[597] Fehlt es hingegen an einem Weisungsverhältnis zwischen Amtswalter und Körperschaft (z.B. bei Mitgliedern des Gemeinderates), ist der Amtswalter selbst als passivlegitimiert anzusehen.[598]

> **Exkurs:** Die Frage der Grundrechtsfähigkeit juristischer Personen kann auch bei der für die Unrechtslast verantwortlichen Behörde in der Klausur eine Rolle spielen.

---

594 St. Rspr., siehe nur BVerfGE 61, 82 (105) = **juris**byhemmer. Der BayVerfGH vertritt demgegenüber die Ansicht, dass sich bayerische Gemeinden auf das Eigentumsrecht des Art. 103 I BV berufen können.

595 Sproll, § 12, Rn. 65.

596 Ossenbühl, S. 324 f.

597 BVerwGE 75, 354 (355) = **juris**byhemmer; Hintergrund ist das Rechtsträgerprinzip des § 78 I Nr. 1 VwGO.

598 OVG Rheinland-Pfalz, NJW 1992, 1844 (1845) = **juris**byhemmer.

> Dies ist vor allem bei den Fällen des Widerrufs ehrverletzender Äußerungen der Fall. In der Klausur könnte sich die Behörde auf das Recht zur freien Meinungsäußerung gem. Art. 5 I S. 1 GG berufen. Dieses soll die Schranke z.B. für den Art. 2 I, 1 I GG des Betroffenen darstellen. Es läge insoweit eine Duldungspflicht des Betroffenen vor. Sie müssen sich an dieser Stelle mit der Frage auseinandersetzen, ob sich die eingreifende juristische Person des öffentlichen Rechts überhaupt auf Grundrechte berufen kann. Im Ergebnis ist dies, vor allem mit dem Hinweis auf die Funktion der Grundrechte als Abwehrrechte des Bürgers gegen den Staat, abzulehnen.

III. Rechtsweg

verwaltungsgerichtliche Streitigkeit

Es liegt eine öffentlich-rechtliche Streitigkeit vor, da Streitgegenstand die Verursachung einer Unrechtslast durch Handeln eines Hoheitsträgers ist. Deshalb ist der FBA gem. § 40 I VwGO vor den Verwaltungsgerichten geltend zu machen. Insbesondere ist nicht die abdrängende Sonderzuweisung gem. § 40 II S. 1 VwGO einschlägig, da die Rechtsfolge der dort genannten Ansprüche von denen eines FBA verschieden ist. Sollte der FBA in der besonderen Ausprägung des Folgenentschädigungsanspruchs vorliegen, bleibt es ebenfalls bei der Zuständigkeit der VG.[599]

IV. Klageart

erleichterte Geltendmachung des Vollzugs-FBA

Die Geltendmachung wird für den Vollzugsfolgenbeseitigungsanspruch des § 113 I S. 2 u. 3 VwGO insofern erleichtert, als dieser Leistungsantrag mit dem (Haupt-) Antrag auf Anfechtung des VA unmittelbar verbunden werden kann. Nach erfolgter Aufhebung des VA entscheidet das Gericht zugleich auch über die Beseitigung der Vollzugsfolgen.[600]

sonst: allg. Leistungsklage oder Verpflichtungsklage

Die selbstständige Geltendmachung des FBA erfolgt im Rahmen einer allgemeinen Leistungsklage, wenn die Beseitigung durch schlichthoheitliches Handeln möglich ist, oder einer Verpflichtungsklage, falls der Erlass eines VA nötig ist.

V. Verjährung

str.: analog §§ 195, 199 BGB

Die Frage der Verjährung ist für staatshaftungsrechtliche Ansprüche - mit Ausnahme des Anspruchs aus Amtshaftung - seit der Schuldrechtsmodernisierung umstritten. Nach einer Ansicht gilt nun die regelmäßige Verjährungsfrist von drei Jahren gem. § 195 BGB, andere hingegen befürworten analog § 199 IV BGB eine zehnjährige Verjährungsfrist oder wollen die alte dreißigjährige Regelverjährung als verfestigtes Gewohnheitsrecht fortgelten lassen.[601]

---

599 Liegen demgegenüber (auch) die Tatbestandsvoraussetzungen eines Anspruchs aus enteignungsgleichem Eingriff vor, so muss sich der Anspruchsteller vor Klageerhebung entscheiden, welchem Anspruch er die größten Erfolgsaussichten beimisst, da dieser Anspruch vor den ordentlichen Gerichten geltend gemacht werden muss, § 40 II S. 1 Alt. 1 VwGO.

600 Zum Vollzugsfolgenbeseitigungsanspruch siehe auch Kopp/Schenke, § 113 VwGO, Rn. 80 ff.

601 Vgl. Palandt-Ellenberger, § 195 BGB, Rn. 20 m.w.N.; vertiefend Kellner, NVwZ 2002, 395 ff. Beachten Sie unbedingt möglicherweise bestehende landesgesetzliche Spezialregelungen in den jeweiligen AGBGB. In Art. 71 BayAGBGB wird für Ersatzansprüche, die auf die Zahlung eines Geldbetrages (einschlägig beim Folgenentschädigungsanspruch) gerichtet sind, ein Erlöschen nach drei Jahren angeordnet.

E) Verhältnis und Abgrenzung zu anderen Ansprüchen

I. Der sozialrechtliche Herstellungsanspruch[602]

besonderer Anspruch auf Folgenbeseitigung im Sozialrecht

Der vom Bundessozialgericht entwickelte sozialrechtliche Herstellungsanspruch ist wie der allgemeine Folgenbeseitigungsanspruch auf die Beseitigung öffentlich-rechtlicher Unrechtslasten gerichtet. Als typisches Fallbeispiel sei die Verletzung von Beratungspflichten durch die Sozialbehörde genannt, als deren Folge es der Betroffene unterlassen hat, Dispositionen (z.B. Antrag auf Zahlung einer Rente, Subvention, Wohngeld etc.) zu treffen.

vergleichbare Anforderungen wie an den allgemeinen FBA

Die Unrechtslast besteht darin, dass dem Bürger durch das Versäumnis der Behörde eine ihm eigentlich zustehende Leistung verweigert worden ist, etwa weil die entsprechende Antragsfrist nunmehr abgelaufen ist. Ist diese Folge dem behördlichen Tun oder Unterlassen unmittelbar und kausal zuzurechnen, kann der Betroffene verlangen, dass durch die Vornahme einer Rechtshandlung seitens der Behörde der Zustand hergestellt wird, „der bestehen würde, wenn der Sozialleistungsträger die ihm aus dem Sozialleistungsverhältnis erwachsenden Nebenpflichten ordnungsgemäß wahrgenommen hätte".[603]

Anknüpfungspunkt: Verletzung des Sozialrechtsverhältnisses zwischen Bürger und Behörde mit entstehender Unrechtslast

Die Existenz dieses Anspruchs ist anerkannt, wobei die dogmatische Verankerung höchst umstritten ist.[604] Praktisch relevant ist der Anspruch in Fallgruppen, die im Sozialrecht verankert sind, in denen somit ein Sozialrechtsverhältnis zwischen Bürger und Sozialbehörde mit entsprechenden Haupt- und vor allem Nebenpflichten besteht. Eine Ausdehnung auf Fälle im Rahmen der allgemeinen Verwaltungsgerichtsbarkeit wird diskutiert, vom BVerwG jedoch abgelehnt.[605]

> **hemmer-Methode:** Es erscheint fraglich, ob man in einer Klausur ein derartiges Spezialproblem behandelt haben möchte. Im Ergebnis ist der sozialrechtliche Herstellungsanspruch als besondere Ausprägung des allgemeinen Folgenbeseitigungsanspruchs anzusehen. Als Arbeitsanleitung bleibt somit festzuhalten: Sollte ein Klausurfall im Sozialrecht verankert sein, so prüfen Sie den allgemeinen FBA, da die tatbestandlichen Voraussetzungen insoweit gleich sind. Zusätzlich muss jedoch zwischen Bürger und Behörde eine sozialrechtliche Sonderbeziehung (z.B. Sozialversicherungsverhältnis) bestehen, aus der sich die verletzte Nebenpflicht zur Aufklärung/Auskunftserteilung ergibt. Wenn Sie dann noch auf die besondere Fallgruppe „sozialrechtlicher Herstellungsanspruch" hinweisen, sollte der Korrektor zufrieden sein.

II. Der öffentlich-rechtliche Erstattungsanspruch[606]

e.A.: Unterfall des FBA

Das Verhältnis zum öffentlich-rechtlichen Erstattungsanspruch ist umstritten. Nach einer Ansicht soll es sich dabei um einen Unterfall des allgemeinen FBA handeln, der im Ergebnis eben auf Wiederherstellung des ursprünglichen Zustandes durch die Rückzahlung rechtsgrundlos erlangten Geldes gerichtet sei.[607]

---

602 Vertiefend dazu von Koch, NZS 1998, 167 ff.
603 BSGE 65, 21 (26) = **juris**by**hemmer**.
604 Vertiefend Maurer, § 30, Rn. 22.
605 Maurer, § 30, Rn. 23 f.
606 Zu diesem Anspruch siehe ab Rn. 284.
607 Morlok, DV 1992, 371 ff.

§ 10 DER ALLGEMEINE FOLGENBESEITIGUNGSANSPRUCH

h.M.: eigenständiges Rechtsinstitut

→ *Idealkonkurrenz zum FBA*

Diese Sichtweise wird jedoch von der ganz h.M. abgelehnt. Es handelt sich demnach um zwei eigenständige Rechtsinstitute mit unterschiedlichen dogmatischen Grundlagen und tatbestandlichen Anforderungen. Die Ansprüche stehen demnach in Idealkonkurrenz zueinander.[608]

III. Der Amtshaftungsanspruch[609]

neben FBA anwendbar

Vor allem wegen des unterschiedlichen Anspruchsinhalts steht dieser verschuldensabhängige Anspruch neben dem Anspruch auf Folgenbeseitigung.

359

Es handelt sich beim Amtshaftungsanspruch um einen Schadensersatz- und nicht um einen Abwehranspruch gegen öffentlich-rechtliche Unrechtslasten.

IV. Anspruch aus Aufopferung und Enteignung[610]

Haftung für rechtmäßige Eingriffe

Mit diesen Ansprüchen weist der FBA bereits insoweit keine Berührungspunkte auf, als es sich dabei um Ersatzansprüche wegen rechtmäßiger hoheitlicher Eingriffe handelt, die einen FBA begründende Unrechtslast jedoch immer rechtswidrig ist.

360

V. Enteignungsgleicher Eingriff[611]

gleicher Anknüpfungspunkt, grds. aber andere Rechtsfolge

Dieser Ansprüche betrifft ausschließlich die Folgen rechtswidrigen hoheitlichen Handelns. Im Gegensatz zum FBA ist er jedoch als Rechtsfolge nicht auf Restitution, sondern auf Entschädigung durch Geldersatz (= Kompensation) gerichtet. Insoweit sind die Ansprüche unproblematisch nebeneinander anwendbar.

361

mögliche Konkurrenz bei Vorliegen des Folgenentschädigungsanspruchs

In der besonderen Fallgruppe des Folgenentschädigungsanspruchs, ist jedoch durch die dann identische Rechtsfolge eine Konkurrenzsituation zwischen den Ansprüchen denkbar. Diese wird v.a. bei unteilbaren Eingriffen in das Eigentum relevant.[612]

→ *Wahlrecht des Betroffenen*

Da zum dann möglicherweise ebenfalls einschlägigen Anspruch aus enteignungsgleichem Eingriff jedoch kein Subsidiaritätsverhältnis besteht, kann im Ergebnis der Betroffene einen Sachverhalt sowohl vor den ordentlichen Gerichten unter dem Gesichtspunkt des enteignungsgleichen Eingriffs als auch vor den Verwaltungsgerichten auf der Grundlage des FBA geltend machen. Ihm steht insofern ein Wahlrecht zu.[613]

VI. Privatrechtliche Ansprüche auf Folgenbeseitigung

Folgenbeseitigung in Wege der verschuldensabhängigen Naturalrestitution

Fehlt es bei der Prüfung eines FBA bereits am tatbestandlichen Erfordernis eines hoheitlichen Eingriffs, etwa weil der Hoheitsträger (verwaltungs-)privatrechtlich gehandelt hat - und konnte der Bürger dies auch erkennen - so verbleiben die zivilrechtlichen Anspruchsgrundlagen auf Folgenbeseitigung.

362

---

608 Sproll, § 26, Rn. 7 ff.
609 Zu diesem Anspruch siehe ab Rn. 7.
610 Zu diesen Ansprüchen siehe ab Rn. 247 bzw. 199.
611 Siehe dazu ab Rn. 242.
612 Vgl. oben Rn. 343.
613 Vertiefend Ossenbühl, S. 333 f.

Anknüpfungspunkt ist jedoch auch hier nicht der Eingriff,[614] sondern der dadurch entstandene Zustand, wobei es sich dabei zumeist um Schäden handeln dürfte. Die Wiederherstellung des ursprünglichen Zustandes kann demnach durch die Anwendung des § 249 BGB i.V.m. einer anspruchsbegründenden Norm (z.B. §§ 280, 823 BGB) im Wege der Naturalrestitution erreicht werden. Zu beachten ist jedoch, dass es sich dabei um eine verschuldensabhängige Haftung handelt. Für die Geltendmachung der jeweiligen Ansprüche ist der ordentliche Rechtsweg eröffnet.

Lösungen:

A) Ausgangsfall:[615]

A möchte einen Folgenbeseitigungsanspruch dahingehend geltend machen, den ursprünglichen Zustand der Straße als Sackgasse wiederherzustellen. Im Ergebnis ist der Anspruch somit auf den Rückbau (als actus contrarius zum Ausbau) der Straße zur Sackgasse gerichtet. Diesen Anspruch hat er mit einer allgemeinen Leistungsklage gegen die Gemeinde geltend zu machen, da diese als Trägerin der Straßenbaulast[616] die Kompetenz zur Vornahme besitzt.

I. Tatbestand des FBA

1. Der Ausbau der Sackgasse zur Durchgangsstraße ist als Realakt anzusehen. Dieser steht jedoch in einem engen Zusammenhang zur Erfüllung der gemeindlichen Aufgaben im Zusammenhang mit der bestehenden Straßenbaulast. Die Maßnahme ist somit als hoheitlicher Eingriff anzusehen.

2. Als Rechtsposition des A ist dessen Eigentum i.S.d. Art. 14 GG durch die Nutzung der Durchgangsstraße und die daraus resultierenden Lärmimmissionen betroffen.

Die Beeinträchtigungen müsste A nur hinnehmen, wenn diese aufgrund einer ausreichende Rechtsgrundlage als Inhalts- und Schrankenbestimmung seines Eigentums angesehen werden könnten. Infolge seiner Rechtswidrigkeit und Nichtigkeit scheidet der Bebauungsplan jedoch als Rechtsgrundlage aus.

Der aufgrund der Ausbauarbeiten kausal und unmittelbar entstandene und noch bestehende Zustand ist als rechtswidrig und somit als Unrechtslast anzusehen.

II. Ausschlussgründe

Der Entstehung des FBA dürften keine Ausschlussgründe entgegenstehen.

1. Die Wiederherstellung scheitert jedenfalls nicht an tatsächlicher oder rechtlicher Unmöglichkeit.

2. Es liegt auch kein Fall der Unzumutbarkeit oder einer unzulässigen Rechtsausübung vor. Zwar weist die Behörde auf eine beabsichtigte Legalisierung hin. Die abstrakte Möglichkeit allein ist jedoch nicht ausreichend. Im Sachverhalt sind keine Angaben dahingehend ersichtlich, dass eine Legalisierung zumindest unmittelbar bevorsteht. Eine Mitverantwortlichkeit des A liegt nicht vor. Ein FBA ist somit entstanden.

---

[614] Bzgl. der Abwehr des Eingriffs siehe ab Rn. 367 für den hoheitlichen Bereich und **Hemmer/Wüst, Deliktsrecht II, Rn. 414 ff.** für den privatrechtlichen Bereich.

[615] Vgl. BVerwGE 94, 100 ff. = **juris**by**hemmer**.

[616] Siehe z.B. Art. 9 I S. 1 BayStrWG i.V.m. Art. 47 I BayStrWG. Zur Erleichterung der Darstellung eines Falles mit einem FBA, der so auch in einer Pflichtfachklausur gestellt werden könnte, wurde auf die Problematik Widmung/Umwidmung der Ausfallstraße verzichtet. Bei einer erfolgten Widmung würde es sich um eine Allgemeinverfügung gem. Art. 35 S. 2 Alt. 2 BayVwVfG handeln. A müsste in diesem Fall Verpflichtungsklage auf Umwidmung der Durchgangsstraße zur Sackgasse stellen.

III. Inhalt des Anspruchs

Fraglich ist jedoch in welchem Umfang eine Wiederherstellung der ursprünglichen Zustände in Betracht kommt. Dabei wird die Pflicht zur Beseitigung durch Art und Umfang der Beeinträchtigung begrenzt.

Vorliegend ist dabei weniger von der Existenz der rechtswidrig errichteten Durchgangsstraße, sondern von den entstandenen Lärmimmissionen als eigentlicher Unrechtslast auszugehen. Ein rechtmäßiger Zustand kann aber bereits dann hergestellt werden, wenn die verantwortliche Behörde Lärmschutzmaßnahmen trifft, um die Beeinträchtigungen auf das Maß vor Inbetriebnahme der Durchgangsstraße zu senken.

Ein Rückbau der Straße zur Sackgasse würde demgegenüber über das Beseitigen der reinen Unrechtslast hinausgehen. (Dieses Ergebnis zeigt, dass es auf die genaue Trennung zwischen Eingriff und Unrechtslast ankommt!)

Ergebnis:

Ein FBA des A ist somit entstanden. Der Inhalt bleibt jedoch hinter dem ursprünglichen Klagebegehren zurück.

B) Abwandlung (1):[617]

364

A verlangt die sachgemäße Befestigung der Straße und Ausbesserung der Einfriedungsmauer. Die Vornahme dieser Arbeiten könnte er möglicherweise aufgrund eines bestehenden FBA geltend machen.

Der Tatbestand des FBA liegt insoweit vor. Möglicherweise könnte jedoch als Ausschlussgrund die Mitverantwortlichkeit des A für den schadhaften Zustand i.H.v. 50 % in Betracht kommen. Problematisch ist hierbei, dass die Herstellung des Zustandes selbst unteilbar ist (es erscheint unzweckmäßig, dass die Gemeindebediensteten die Arbeiten nach der Hälfte einstellen sollten). Nach einer älteren Ansicht soll in diesen Fällen eine Wiederherstellung ganz ausscheiden. Diese Ansicht ist jedoch abzulehnen. Um die Mitverantwortlichkeit des Geschädigten somit angemessen berücksichtigen zu können, wird der FBA in Fällen anteiligen Mitverschuldens bei Vorliegen eines unteilbaren Zustandes unter entsprechender Anwendung des § 251 I BGB zum Folgenentschädigungsanspruch.

Ergebnis: Es besteht somit ein Folgenentschädigungsanspruch des A gegen die verantwortliche Behörde. Er kann demnach die Arbeiten selbst ausführen und 50 % der Sanierungskosten vom Hoheitsträger verlangen. Führt die Gemeinde jedoch die Arbeiten durch, so kann sie von A eine anteilige Kostenbeteiligung verlangen.

Daneben ist hier seitens des A die Geltendmachung eines Anspruchs aus enteignungsgleichem Eingriff vor dem LG denkbar. Ebenso könnte das Bestehen eines Amtshaftungsanspruchs gem. Art 34 GG, § 839 BGB in Betracht kommen. Dabei findet dann ebenfalls eine rechtliche Würdigung des Mitverschuldens statt.

C) Abwandlung (2):

365

B könnte einen FBA mit dem Inhalt der Wiederherstellung der Natursteinrabatte geltend machen. Der Tatbestand des FBA ist unproblematisch gegeben. Möglicherweise ist jedoch in Folge der „Entsorgung" der Originalsteine der Ausschlussgrund der (tatsächlichen) Unmöglichkeit der Wiederherstellung gegeben.

Es ist jedoch anerkannt, dass nicht der identische sondern (lediglich) ein gleichwertiger Zustand hergestellt werden muss. Gelingt es dem Hoheitsträger somit zumutbar, vergleichbare Natursteine zu beschaffen, so kann er sich nicht auf den Ausschlussgrund der Unmöglichkeit berufen. Aufgrund des hohen Preises der Steine, könnte die Beschaffung und Wiederherstellung jedoch gerade unzumutbar sein.

---

617 Vgl. BVerwG, NJW 1989, 2484 ff. = **juris**byhemmer.

Im Ergebnis würde dies aber zu einer reinen Kosten/Nutzen-Rechnung führen, die insbesondere die Inhaber besonders wertvoller Eigentumspositionen benachteiligen würde. In Anlehnung an die Fallgruppe des anteiligen Mitverschuldens bei einem unteilbaren Zustand, ist demnach ebenfalls ein entsprechender Folgenentschädigungsanspruch zu gewähren.

Ergebnis: B kann einen allgemeinen Folgenbeseitigungsanspruch in der Form des Folgenentschädigungsanspruchs gegen den Hoheitsträger geltend machen. (Des Weiteren sind Ansprüche aus Amtshaftung und aus enteignungsgleichem Eingriff denkbar).

F) Zusammenfassung

Zusammenfassend soll das folgende Schema die Systematik dieses einheitlichen grundrechtlichen Abwehranspruchs verdeutlichen. Dabei zeigt sich jedoch, dass beide Ansprüche - 'auf Unterlassung und Folgenbeseitigung i.w.S. - auf unterschiedlichen Ebenen einer hoheitlichen Beeinträchtigung eine Rolle spielen. Es ist vor allem festzuhalten, dass der Unterlassungsanspruch weniger dem Sekundärrechtsschutz zuzurechnen, sondern bei Realakten als primärer Rechtsbehelf anzusehen ist. Der FBA hingegen konkurriert nach dem Scheitern oder bei Unzumutbarkeit/Unmöglichkeit von Primärrechtsschutz bzw. Unterlassungsanspruch als „echter" sekundärrechtlicher Rechtsbehelf mit den sonstigen staatshaftungsrechtlichen Ansprüchen gegen staatliches Unrecht.

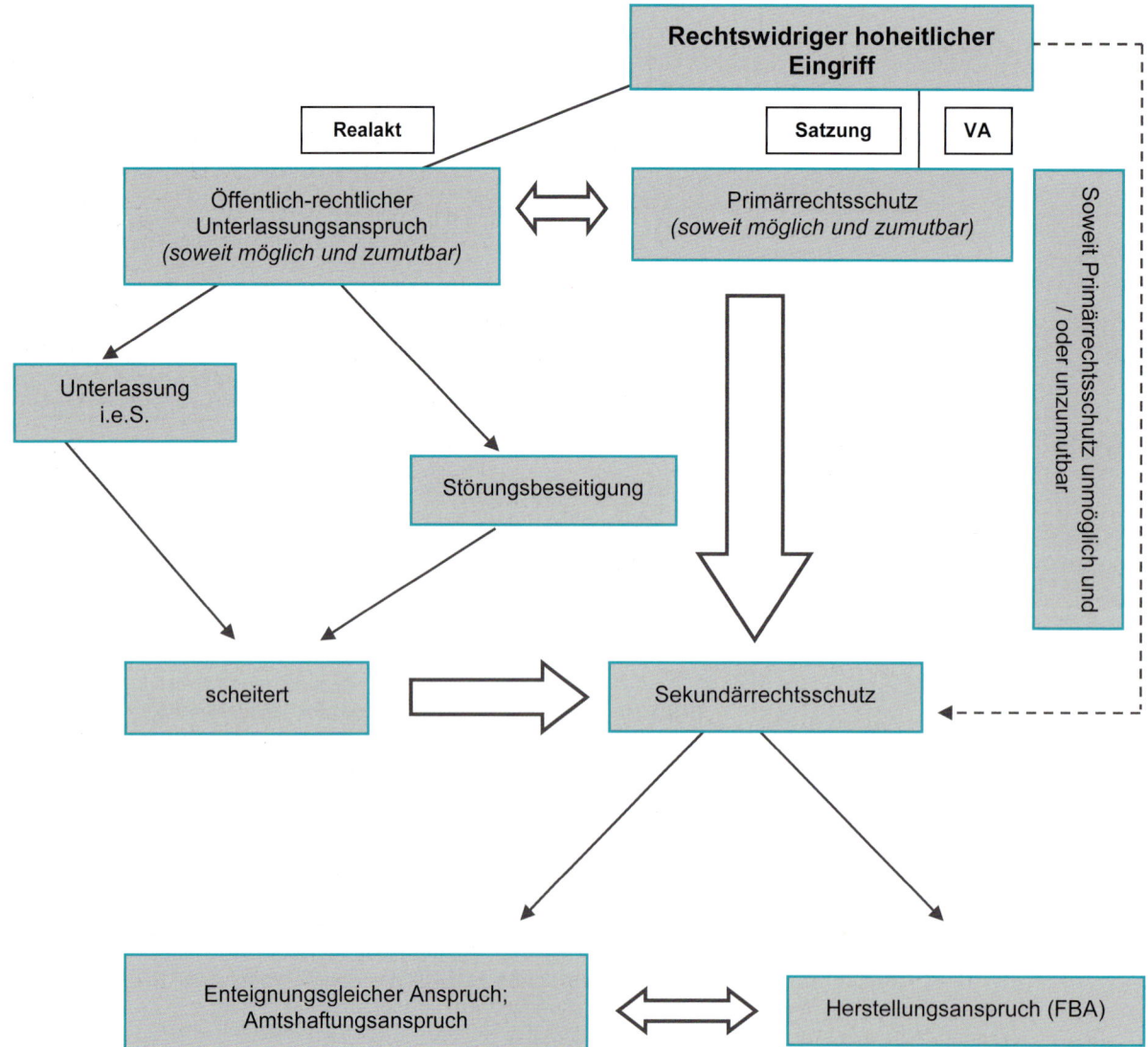

§ 11 DER ÖFFENTLICH-RECHTLICHE UNTERLASSUNGSANSPRUCH

A) Begriff und Rechtsgrundlagen

I. Begriff

Schutzrichtung des Anspruchs

Zusammen mit dem allgemeinen Folgenbeseitigungsanspruch bildet der öffentlich-rechtliche Unterlassungsanspruch (im Folgenden Unterlassungsanspruch i.w.S.) einen einheitlichen Schutzanspruch gegen hoheitliche Eingriffe in grundrechtlich geschützte Rechtspositionen des Bürgers. Im Ergebnis soll durch die Geltendmachung beider Anspruchsarten der ursprüngliche „ungestörte" Zustand (status quo) wiederhergestellt - bzw. gesichert - und erhalten werden. 367

Abgrenzungen zum FBA

Eingriff ↔ Folgen

Unterlassungsanspruch i.w.S. = Unterlassungsanspruch i.e.S. & Störungsbeseitigungsanspruch

Der Unterlassungsanspruch i.w.S. in seiner Ausprägung als Störungsbeseitigungsanspruch, ist trotz der ähnlichen Benennung verschieden vom allgemeinen Folgenbeseitigungsanspruch, da durch ihn die Beseitigung des bereits geschehenen Eingriffs und nicht der daraus entstandenen Folgen angestrebt wird. Während der allgemeine Folgenbeseitigungsanspruch demnach an den Zustand, der infolge eines hoheitlichen Eingriffs entstanden ist (Unrechtslast), anknüpft, ist der Unterlassungsanspruch i.w.S. als Abwehranspruch gegen den noch bevorstehenden (dann Unterlassungsanspruch i.e.S.) oder bereits erfolgten (dann Störungsbeseitigungsanspruch) Eingriff und somit gegen die Störungsquelle selbst gerichtet.[618] 368

Beispiele für Eingriffe

Als denkbare hoheitliche Eingriffe kommen öffentlich-rechtliche Immissionen (z.B. Geräusche, Gerüche, Strahlungen etc., auch als Immissionsabwehranspruch bezeichnet) ebenso in Betracht wie Äußerungen von Hoheitsträgern[619] (etwa im Zusammenhang mit Warnungen vor bestimmtem Lebensmitteln), Baumaßnahmen der öffentlichen Hand oder die Herausgabe von Unterlagen durch eine Behörde an Dritte.[620] 369

hemmer-Methode: Durch den zeitlichen Anknüpfungspunkt des Unterlassungsanspruchs (Entstehung u.U. bereits dann, wenn ein hoheitlicher Eingriff droht) wird in einer Klausur die Geltendmachung des Anspruchs im Rahmen einer Klausur zum vorläufigen Rechtsschutz eine große Rolle spielen.[621] Die (drohenden oder bereits bestehenden) Eingriffe werden zumeist in der Form eines Realaktes vorliegen, sodass § 123 VwGO einschlägig ist. Soweit es um den drohenden Erlass eines Verwaltungsakts geht, ist dem Bürger allerdings in der Regel zumutbar, den Erlass abzuwarten, da er dann die Möglichkeit von Widerspruch und Anfechtungsklage mit aufschiebender Wirkung hat, § 80 I VwGO. 370

II. Rechtsgrundlagen

gewohnheitsrechtlich anerkanntes Rechtsinstitut

Beim öffentlich-rechtlichen Unterlassungsanspruch handelt es sich um ein gewohnheitsrechtlich verfestigtes Rechtsinstitut, wobei die dogmatische Herleitung nicht unumstritten ist. 371

---

618 Sproll, § 13, Rn. 3 ff. Siehe dazu das Schema bei Rn. 366.

619 Beachte: Hier geht es um die Abwehr der (drohenden) Äußerung selbst. Der Anspruch auf Widerruf ist eine Form des FBA. Zur Behandlung siehe Rn. 323.

620 BVerwG, NJW 2002, 1815 ff. = **juris**by**hemmer** (Herausgabe von Stasi-Unterlagen im Fall Helmut Kohl).

621 Siehe dazu Rn. 392 ff.; vgl. auch **Life&Law 2010, 479 ff.** hinsichtlich der Abwehr von Lärmimmissionen, ausgehend von einem gemeindlichen Fußball-/Basketball-Multifunktionsfeld.

Herleitung aus den Grundrechten und Art. 20 III GG

Dabei wird zum Teil auf einen § 1004 BGB zugrunde liegenden allgemeinen Rechtsgedanken abgestellt, der auch im öffentlichen Recht gelten soll, während nach einer anderen Ansicht die Grundrechte i.V.m. dem Rechtsstaatsprinzip des Art. 20 III GG als Basis des öffentlich-rechtlichen Unterlassungsanspruchs herangezogen werden. Letztere Ansicht findet sich auch in den Urteilen des BVerwG; ihr ist in der Klausur zu folgen.[622]

hemmer-Methode: Eine Besonderheit ist für den Unterfall des Immissionsabwehranspruchs zu beachten. Ursprünglich entnahm das BVerwG die Rechtsgrundlage aus § 22 BImSchG.[623] Dies wurde jedoch im Schrifttum scharf kritisiert und auch das BVerwG rückte in einer späteren Entscheidung von dieser dogmatischen Herleitung ab, da diese Norm Rechte und Pflichten nur im Innenverhältnis Genehmigungsbehörde/Anlagenbetreiber zu begründen vermag.[624] Es bleibt somit bei der Herleitung aus den Grundrechten ergänzt durch Art. 20 III GG.

B) Tatbestand[625]

Um das Entstehen eines Unterlassungsanspruchs i.w.S. bejahen zu können, müssen folgende Anspruchsvoraussetzungen vorliegen:

Tatbestand

> I. Hoheitliche Maßnahme
> II. Eingriff in geschützte Rechtsposition des Bürgers.
> III. Beeinträchtigung droht oder dauert noch an
> IV. Keine Duldungspflicht des Betroffenen (= Rechtswidrigkeit)

grds. keine Ausschlussgründe,

aber: ggf. Einschränkungen durch Abwägung im Einzelfall

Im Gegensatz zum allgemeinen Folgenbeseitigungsanspruch sind vorliegend keine Ausschlussgründe (z.B. Möglichkeit der Herstellung, Zumutbarkeit) zu prüfen. Dies wird damit begründet, dass die Beeinträchtigung zumeist bereits durch ein schlichtes Unterlassen des Hoheitsträgers beseitigt werden kann. Dies sei dem Hoheitsträger grds. immer möglich und zumutbar. Es ist jedoch anerkannt, dass im Einzelfall und als Ergebnis einer umfassenden Interessenabwägung die Ausschlussgründe des FBA entsprechende Anwendung finden *können*. Dies gilt vor allem dann, wenn die Grenzen zwischen dem Störungsbeseitigungsanspruch und dem Folgenbeseitigungsanspruch fließend sind.[626]

hemmer-Methode: Die Anspruchsvoraussetzungen des öffentlich-rechtlichen Unterlassungsanspruchs entsprechen weitestgehend dem Tatbestand des § 1004 BGB (Ausnahme: hoheitlicher Eingriff). Da ihnen im Examen auch der *Schönfelder* zur Verfügung steht, können Sie sich im Falle einer Gedächtnislücke an dieser Norm orientieren.

Bsp.: (1) Buddel ist Eigentümer eines Grundstücks in der Gemeinde G. Auf dem angrenzenden Grundstück wird von der Gemeinde eine Turnhalle errichtet. Aufgrund eines Vermessungsfehlers des zuständigen Amtes wird die Halle nur mit einem Abstand von 5,40 m zum Grundstück des Buddel errichtet. Nach der gültigen Bauordnung wären jedoch 6,50 m einzuhalten gewesen. Buddel bemerkt den Fehler erst, als die Bauarbeiten abgeschlossen sind.

---

622 Sproll, § 13, Rn. 9 ff. m.w.N.
623 BVerwG, NJW 1984, 989 = **juris**byhemmer.
624 BVerwG, NJW 1988, 2396 = **juris**byhemmer. Zur Bedeutung des § 22 BImSchG i.R. einer möglichen Duldungspflicht des Betroffenen vgl. Rn. 386.
625 Vgl. BayVGH, NJW 1999, 666 = **juris**byhemmer.
626 Vgl. das Bsp. von Rn. 376 mit Rn. 396.

Er verlangt von der Gemeinde die Beseitigung der Turnhalle und im Falle eines Neubaus die Einhaltung der gesetzlich vorgeschriebenen Abstandsflächen von 6,50 m zur Grundstücksgrenze. Die Gemeinde lehnt die Geltendmachung der Einhaltung der Abstandsflächen jedoch als „unzumutbar" bzw. „rechtsmissbräuchlich" ab, da die Turnhalle komplett abgerissen und versetzt werden müsste.

Bsp.: (2) *Auf einem Bauernhof in der bayerischen Gemeinde G lebt eine Religionsgemeinschaft, die „Jünger Epikurs" e.V. Den Lebensunterhalt bestreitet die Gruppe ausschließlich durch den Verkauf der angebauten Gemüse und des selbstgebackenen Brotes. Aufgrund der selbst gewählten Abgeschiedenheit der Religionsgemeinschaft wird innerhalb der Nachbarschaft gemunkelt, dass auf dem Bauernhof „unzüchtiges G`schnaksl" getrieben wird. Genaue Kenntnisse besitzt jedoch niemand. Der Bürgermeister des Ortes - um das Wohl seiner Wähler besorgt - sieht sich gleichwohl veranlasst, im Rahmen einer öffentlichen Gemeinderatssitzung am 19.10.2014 vor den von der „Sekte" ausgehenden Gefahren vor allem für die Jugend des Ortes zu warnen. Wie die Religionsgemeinschaft zuverlässig erfahren hat, kündigte der Bürgermeister auch an, bei einem weiteren öffentlichen Auftritt am 26.10.2014 die Gemeindemitglieder zum Boykott der von der Gruppe angebotenen Lebensmittel aufzurufen.*

377

Des Weiteren veranlasst er den Druck von Informationsblättern, in denen die Mitglieder der Religionsgemeinschaft ebenfalls als „verführerische Sektierer" und „hoch gefährlich" bezeichnet werden. Die Blätter werden in allen öffentlichen Einrichtungen der Gemeinde ausgelegt. Die „Jünger Epikurs" begeben sich am 22.10.2014 zu RA Dr. Hennich und schildern ihm die Situation. Sie fordern ihn auf alles zu unternehmen, um eine Entfernung der Informationsblätter und Unterlassung weiterer Äußerungen des Bürgermeisters ihre Religionsgemeinschaft betreffend zu erreichen. Damit haben sie es auch besonders eilig, da an den am 27./28.10.2014 anstehenden Markttagen mit einem erheblichen Umsatzverlust infolge des zu befürchtenden Boykottaufrufs gerechnet werden muss.

Bsp.: (3) *In der kleinen Gemeinde G gibt es als einziges Bestattungsunternehmen das Familienunternehmen „Ewige Ruh" KG. In der Vergangenheit konnte die KG auch alle Bestattungen in der gewünschten Art und Weise durchführen. Im Hinblick auf die Verdienstmöglichkeiten vor allem wegen der hohen Altersstruktur der Bevölkerung von G, beschließt nunmehr der Gemeinderat, ein durch die Gemeinde zu 100 % kontrolliertes Bestattungsunternehmen, die „Sorgenfrei" GmbH, zu gründen. Dieser Beschluss wird gefasst, obwohl nach Einholung eines Gutachtens feststeht, dass der Bedarf auch weiterhin von einem Unternehmen gedeckt werden könnte und, dass das private Unternehmen innerhalb von fünf Jahren vom Markt verschwinden wird. Am Tag nach Bekanntgabe der Gründung im Gemeindeanzeiger fürchtet die „Ewige Ruh" KG berechtigterweise um ihre Existenz, da die Gemeinde auf Dauer mit erheblich geringeren Fixkosten arbeiten kann. Sie möchte deshalb gegen die bevorstehende Tätigkeit der GmbH vorgehen.*[627]

378

I. Hoheitliche Maßnahme

Grundsätzlich kommen sowohl Rechtsakte als auch Realakte eines Hoheitsträgers in Betracht. Die Feststellung des hoheitlichen Charakters staatlichen Handelns ist unproblematisch, wenn sich der Hoheitsträger zur Erfüllung im öffentlichen Interesse liegender Aufgaben den Rechtsformen des öffentlichen Rechts wie Verwaltungsakt und Satzung bedient.

379

---

627 Der Fall ist frei erfunden. Gerade in den letzten Jahren kam es jedoch im Anschluss an die (excessive) Ausweitung der hoheitlichen Betätigung auf dem freien Markt zu häufigen Rechtsstreitigkeiten vor den Gerichten. Die Fallgruppen reichen dabei von der Altautoverwertung über Stadtgärtnereien, Schilderprägebetrieben, Ticket-Vorverkaufsstellen bis zum Nachhilfeunterricht an Volkshochschulen (vgl. BVerwG, BVBl. 96, 152 f.; BGH, BRUR 2002, 825 f.) Dabei ist bereits umstritten, ob der ordentliche Rechtsweg und/oder der Rechtsweg zu den VG eröffnet ist (siehe dazu ab Rn. 398).

Problem: zumeist Realakte

keine „Flucht ins Privatrecht"

Da jedoch zumeist schlichtes Verwaltungshandeln in der Form rechtlich neutraler Realakte gegeben sein wird, ist auf den äußeren und inneren Funktionszusammenhang mit der wahrgenommenen hoheitlichen Aufgabe abzustellen. Im Ergebnis ist grundsätzlich von der Sichtweise des geschädigten Bürgers auszugehen. Insbesondere soll eine „Flucht ins Privatrecht" seitens des Hoheitsträgers ausscheiden. Fehlt der Maßnahme der hoheitliche Charakter, kommen lediglich die privatrechtlichen Anspruchsgrundlagen in Betracht (z.B. § 1004 BGB).

II. Geschützte Rechtsposition

alle grundrechtlichen Rechtspositionen

Durch den hoheitlichen Eingriff muss eine geschützte Rechtsposition des Bürgers betroffen sein. Ausgehend von der dogmatischen Verankerung des Anspruchs, kommen somit alle grundgesetzlich geschützten Rechtspositionen in Betracht. Dabei sind vor allem das allgemeine Persönlichkeitsrecht (Art. 2 I GG i.V.m. Art. 1 I GG), das Eigentum (Art. 14 I GG) und die Berufsfreiheit (Art. 12 GG) als häufig betroffene Grundrechte einschlägig.

auch einfachgesetzlich geprägte Rechtsgüter

Wie beim allgemeinen Folgenbeseitigungsanspruch erstreckt sich der Anwendungsbereich auch auf einfachgesetzlich definierte, aus den Grundrechten abgeleitete subjektive Rechte (z.B. durch BBauPl. determiniertes Eigentum).

III. Andauernde bzw. drohende Beeinträchtigung der Rechtsposition

„Andauern"

tatsächliche Beeinträchtigung und Wiederholungsgefahr (wird vermutet)

⇨ *Störungsbeseitigungsanspruch*

Dabei handelt es sich um die Feststellung eines tatsächlich bestehenden Zustandes. Ist die Rechtsbeeinträchtigung bereits eingetreten und dauert dieser Zustand auch noch an, so wird als ungeschriebene Voraussetzung innerhalb dieses Tatbestandsmerkmals zusätzlich eine Wiederholungsgefahr verlangt. Erst deren Vorliegen löst den Störungsbeseitigungsanspruch aus. Da der Hoheitsträger jedoch nach überwiegender Ansicht immer von der Rechtmäßigkeit seines Handelns ausgeht, wird die Wiederholungsgefahr vermutet.[628]

„Drohen"

Vor.: Erstbegehungsgefahr

⇨ *Beeinträchtigung muss unmittelbar bevorstehen*

⇨ *Unterlassungsanspruch i.e.S.*

Da es sich um eine Ausprägung des vorbeugenden Rechtsschutzes handelt, ist im Falle des Drohens einer erstmaligen Beeinträchtigung demgegenüber eine umfassende einzelfallbezogene Prognoseentscheidung zu treffen, um das Bestehen einer Erstbegehungsgefahr bejahen zu können. Es wird verlangt, dass die Beeinträchtigung einer geschützten Rechtsposition unmittelbar bevorstehen muss. Es müssen demnach konkrete Anhaltspunkte dafür ersichtlich sein, dass die Realisierung eines rechtswidrigen hoheitlichen Eingriffs ernsthaft zu befürchten ist.[629] Umstritten ist, wie das Fehlen der Erstbegehungsgefahr zu beurteilen ist. Nach einer Ansicht soll der Unterlassungsanspruch i.e.S. materiell-rechtlich nicht entstehen; eine Klage wäre insoweit unbegründet. Das BVerwG geht demgegenüber bereits vom Fehlen der Zulässigkeitsvoraussetzung „Rechtsschutzbedürfnis" aus.[630]

IV. Keine Duldungspflicht des Betroffenen (=Rechtswidrigkeit)

Duldungspflicht bei Rechtmäßigkeit des Eingriffs

Aus der dogmatischen Herleitung des Anspruchs als allgemeinen Schutzanspruch gegen öffentlich-rechtliches Unrecht ergibt sich im Umkehrschluss, dass der Betroffene bei Rechtmäßigkeit der Beeinträchtigung zur Duldung verpflichtet ist (vgl. die Regelung des § 1004 II BGB).

---

628 Ossenbühl, S. 301.
629 Ossenbühl, S. 301.
630 Sproll, § 13, Rn. 20 m.w.N.

Dies ist sowohl bei der „drohenden" als auch bei der „andauernden" Beeinträchtigung der Fall. Eine Rechtfertigung der Beeinträchtigung und somit das Bestehen einer Duldungspflicht kann sich z.B. aus dem Vorliegen eines wirksamen, nicht notwendig rechtmäßigen VA, einer gültigen Rechtsvorschrift oder aus einem öffentlich-rechtlichen Vertrag ergeben.

> *Bsp.:* § 126 BauGB begründet für den Eigentümer eines Grundstücks die Pflicht, die Errichtung von Straßenlampen auf seinem Grundstück zu dulden. Entsprechende Vorschriften gibt es im Straßen- und Abfallrecht.

hemmer-Methode: Es zeigt sich hier zum wiederholten Male das Grundprinzip, welches den gesamten Bereich der staatshaftungsrechtlichen Ansprüche durchzieht. Es gilt der Vorrang des Primärrechtsschutzes! Versäumt es der Bürger demnach, (soweit möglich und zumutbar) gegen eine vorausgegangene hoheitliche Primärmaßnahme vorzugehen, so ist ihm die Geltendmachung möglicher sekundärrechtlicher Ansprüche verwehrt. Wird die Duldungspflicht durch einen VA begründet, muss der Bürger also diesen zunächst durch eine Anfechtungsklage beseitigen.

385

Besonderheiten bei Immissionen/Äußerungen

Besonderheiten bzgl. einer Duldungspflicht können sich bei der Ausprägung des Unterlassungsanspruchs i.w.S. als Immissionsabwehranspruch und als Abwehranspruch gegen hoheitliche Äußerungen ergeben.

1. Der Immissionsabwehranspruch

bei Immissionen: Vorrang spezialgesetzlicher Regelungen

Bei Immissionen aus öffentlich-rechtlichen Einrichtungen besteht die Besonderheit darin, dass häufig spezialgesetzliche Regelungen existieren, die einen eigenständigen Abwehranspruch entweder bereits enthalten oder aber gänzlich ausschließen.[631] Ein Rückgriff auf den Immissionsabwehranspruch als Unterlassungsanspruch i.w.S. scheidet dann aus. Eine solche Regelung fehlt jedoch nach ganz h.M. in den §§ 22 ff. BImSchG für die Errichtung nicht genehmigungsbedürftiger Anlagen, da diese Normen keine Rechte und Pflichten im Verhältnis zwischen Anlagenbetreiber und Drittbetroffenen zu begründen vermögen.[632] Somit ist der Anwendungsbereich des Immissionsabwehranspruchs grundsätzlich eröffnet. Für die Frage einer möglichen Duldungspflicht soll hingegen der § 22 BImSchG zur Bestimmung einer Zumutbarkeitsgrenze herangezogen werden.[633]

386

§§ 22 ff. BImSchG als Maßstab der Zumutbarkeit bei nicht genehmigungsbedürftigen Anlagen

2. Abwehr hoheitlicher Äußerungen

bei hoheitlichen Äußerungen: Zwei-Stufen-Prüfung von Rechtsgrundlage und Verhältnismäßigkeit

Im Rahmen der Prüfung der Rechtswidrigkeit der Äußerung und somit einer möglicherweise bestehenden Duldungspflicht, ist zunächst auf der ersten Stufe die Rechtsgrundlage der Äußerung festzustellen. Dies folgt aus dem Vorbehalt des Gesetzes bei Grundrechtseingriffen (vgl. z.B. Art. 2 I GG). Besteht eine solche Befugnis, kann damit allerdings noch nicht automatisch eine Duldungspflicht bejaht werden. Des Weiteren ist auf der zweiten Stufe danach zu fragen, ob die Äußerung im Einzelfall als verhältnismäßig anzusehen ist. Der Hoheitsträger unterliegt dabei besonderen Schranken. Er hat insbesondere willkürliche, unsachliche und aggressive Wertungen zu vermeiden.

387

---

[631] So z.B. die §§ 14, 41 BImSchG.

[632] Nach einer a.A. begründet insbesondere der § 22 BImSchG als drittschützende Norm einen unmittelbaren nachbarrechtlichen Abwehranspruch Drittbetroffener gegenüber dem Anlagenbetreiber. Bejaht man dies, kommt ein Rückgriff auf den Immissionsabwehranspruch ebenfalls nicht in Betracht. Sproll, § 13, Rn. 34 m.w.N.

[633] Der § 22 BImSchG gilt insbesondere für das zumutbare Maß an Lärmbelästigung. Für andere Arten von Immissionen werden zum Teil die jeweiligen BImSchV, normkonkretisierende Verwaltungsvorschriften (z.B. TA-Luft) oder auch der § 906 BGB analog herangezogen. Ossenbühl, S. 315.

hemmer-Methode: Bei Äußerungen der öffentlichen Hand ist aber besondere Zurückhaltung mit der Bejahung eines Eingriffs geboten. Da es meist an der Finalität fehlen wird, kommt es auf die Intention und die faktischen Auswirkungen der Äußerung an. Ein Eingriff oder zumindest eine grundrechtsrelevante Beeinträchtigung liegt meist dann vor, wenn die Äußerung sich nicht lediglich abstrakt gegen ein bestimmtes Verhalten oder bestimmte Gruppen, sondern gegen konkrete Personen richtet. Bei Warnungen der Bundesregierung ist eine weitere Besonderheit zu beachten. Hier lässt das BVerfG als Befugnis die Aufgabe der Bundesregierung zur Öffentlichkeitsarbeit ausreichen.[634] **Hinweis:** Sollten *Sie* in einer Klausur in sonstigen Fällen der Versuchung erliegen, von der Aufgabe auf die Befugnis zu schließen, können Sie sogleich beginnen, sich auf die nächste Klausur vorzubereiten. Zulässig ist ein solcher Rückschluss unter Umständen allenfalls im Europarecht.

C) Inhalt des Unterlassungsanspruchs i.w.S.

Prävention: Erhalt des status quo

Der Unterlassungsanspruch i.e.S. ist darauf gerichtet, eine drohende Rechtsbeeinträchtigung bereits im Vorfeld zu behindern und somit den (noch) störungsfreien status quo zu erhalten. Es handelt sich also um einen in die Zukunft gerichteten präventiven Anspruch.

Kompensation & (ggf.) Prävention: Wiederherstellung und Erhalt des status quo

Mit dem Störungsbeseitigungsanspruch kann demgegenüber gegen eine andauernde Beeinträchtigung vorgegangen werden. Der Schwerpunkt der Maßnahme ist somit grds. als kompensatorisch anzusehen. Möglicherweise kann jedoch der dauerhafte Erhalt des ungestörten status quo nur dadurch erreicht werden, dass die Störungsquelle selbst beseitigt wird. Dies gilt v.a. bei vermuteter Wiederholungsgefahr. In diesen Fällen weist der Anspruch ergänzend einen präventiven Charakter auf.

D) Durchsetzung des Unterlassungsanspruchs

vor den Verwaltungsgerichten

Für den bestehenden Unterlassungsanspruch ist der Verwaltungsrechtsweg gem. § 40 I S. 1 VwGO eröffnet, da sich aus der Natur des Eingriffs als hoheitlicher Realakt die öffentlich-rechtliche Natur des begehrten Verwaltungshandelns als actus-contrarius ableiten lässt. Der Anspruch ist im Wege einer allgemeinen Leistungsklage geltend zu machen.

Passivlegitimation: die Behörde mit Beseitigungskompetenz

Passivlegitimiert ist dabei derjenige Hoheitsträger, der die Kompetenz zur Beseitigung der Rechtsbeeinträchtigung besitzt.[635] Eine Geltendmachung kommt dabei sowohl in der Form des vorbeugenden als auch als vorläufiger Rechtsschutz in Frage. Dies ist davon abhängig, um welche Art des Unterlassungsanspruchs es sich handelt. Vorläufiger und vorbeugender Rechtsschutz schließen sich dabei nicht gegenseitig aus, sondern können auch kombiniert geltend gemacht werden.

Leistungsklage mit besonderem Rechtsschutzbedürfnis

⇨ *vorbeugender Rechtsschutz ggf. i.V.m. Antrag gem. § 123 VwGO*

⇨ Der Unterlassungsanspruch i.e.S. (gegen erstmalig drohende Eingriffe) ist im Rahmen des vorbeugenden Rechtsschutzes geltend zu machen. Dabei handelt es sich um eine nicht speziell geregelte Form einer Leistungsklage (in seltenen Fällen ist aber auch eine Feststellungsklage denkbar). Für diese Klage wird ein besonderes Rechtsschutzbedürfnis gefordert,[636] da es sich um präventiven Rechtsschutz handelt, der aus Gründen der Gewaltenteilung restriktiv zu handhaben ist. Vorbeugender Rechtsschutz ist auch in vorläufiger Form durch Erlass eines Antrages gem. § 123 VwGO denkbar, da die gerichtliche Entscheidung bzgl. der erhobenen Leistungs-Unterlassungsklage zumeist auf sich warten lassen wird.

---

634 BVerfG, NJW 2002, 2621 ff. = **juris**by**hemmer**; siehe auch **Hemmer/Wüst, Staatsrecht II, Rn. 122**.
635 Sproll, § 13, Rn. 30.
636 Siehe dazu **Hemmer/Wüst, Verwaltungsrecht III, Rn. 265 ff.**

§ 11 DER ÖFFENTLICH-RECHTLICHE UNTERLASSUNGSANSPRUCH

> **hemmer-Methode:** In der Literatur wird darüber hinaus diskutiert, ob vorbeugender Rechtsschutz gegen einen drohenden VA auch in Gestalt einer Verpflichtungsklage auf Erlass einer Zusicherung (ebenfalls VA!) begehrt werden kann. Würde man dies bejahen, wäre dieses Vorgehen der Erhebung einer Leistungsklage vorzuziehen, da dieser dann das Rechtsschutzbedürfnis fehlen würde. Ein solches Vorgehen wird jedoch von der ganz h.M. vor allem im Hinblick auf die Gewaltenteilung abgelehnt. Die Gerichte würden den Entscheidungsspielraum der Verwaltung übermäßig einschränken. Es gilt vorrangig der Grundsatz, dass die VwGO ausreichend nachträgliche Rechtsbehelfe gegen erlassene VA zur Verfügung stellt. Dem Rechtsschutzbegehren des Bürgers wird jedenfalls bereits durch ein schlichtes Unterlassen entsprochen, den Erlass einer Zusicherung bedarf es insoweit nicht.[637]

393

Leistungsklage mit allgemeinem Rechtsschutzbedürfnis

⇨ *zumeist Geltendmachung vorläufigen Rechtsschutzes*

Der Störungsbeseitigungsanspruch ist ebenfalls im Rahmen einer allgemeinen Leistungsklage geltend zu machen. Da jedoch bereits eine Beeinträchtigung vorliegt, sind keine gesteigerten Ansprüche an das Rechtsschutzbedürfnis zu stellen.[638] Wegen der zu erwartenden Entscheidungsdauer spielt in diesen Fällen die *Geltendmachung vorläufigen Rechtsschutzes* (§§ 80 V, 80a, 123, 47 VI VwGO) eine große Rolle. Dabei ist weiterhin das grundsätzliche Verbot der Vorwegnahme der Hauptsache zu beachten. Problematisch ist dies dann, wenn die Rechtsfolge mit der begehrten Hauptsacheentscheidung identisch ist. Im Hinblick auf das Gebot des effektiven Rechtsschutzes gem. Art. 19 IV GG soll jedoch insofern eine Ausnahme gelten, als es dem Betroffenen im Einzelfall nicht zugemutet werden kann, die Entscheidung in der Hauptsache abzuwarten.

394

E) Verhältnis und Abgrenzung zu anderen Ansprüchen

negatorische und quasi-negatorische Haftung nach BGB

Beim Fehlen eines hoheitlichen Eingriffs kommen vor allem die zivilrechtlichen Unterlassungs- und Störungsbeseitigungsansprüche in Betracht. Die wichtigsten (verschuldensunabhängigen!) Anspruchsgrundlagen sind dabei § 1004 BGB bzgl. des Eigentums als negatorischer Anspruch und die Haftung gem. § 1004 I S. 2 analog bzgl. der Schutzgüter der §§ 823 ff. BGB (ggf. i.V.m. § 185 StGB beim allgemeinen Persönlichkeitsrecht) als quasi-negatorischer Unterlassungs- und Störungsbeseitigungsanspruch.[639]

395

> **Lösungen zu den Beispielen von Rn. 376 ff:**
>
> **Fall 1:**[640] Buddel wird eine allgemeine Leistungsklage dahingehend anstrengen, die Gemeinde zu verurteilen, den Überbau zu beseitigen und im Rahmen eines Neubaus die vorgeschriebenen Abstandsflächen einzuhalten. Dieses Rechtsschutzziel könnte er beim Vorliegen eines Unterlassungsanspruchs erfolgreich geltend machen. Dieser ist als gewohnheitsrechtliches Rechtsinstitut - abgeleitet aus den Grundrechten unter Ergänzung des Art. 20 III GG - anerkannt.
>
> Die Gemeinde hat vorliegend öffentlich-rechtlich durch Realakt gehandelt und durch die Errichtung der Turnhalle in das grundgesetzlich geschützte Eigentum - konkretisiert durch die entsprechenden bauordnungsrechtlichen Vorschriften - des A eingegriffen.[641] Der Eingriff ist somit rechtswidrig. Er dauert noch an.

396

---

637 Sproll, § 13, Rn. 31.
638 Siehe dazu **Hemmer/Wüst, Verwaltungsrecht III, Rn. 215**.
639 Siehe dazu **Hemmer/Wüst, Deliktsrecht II, Rn. 414 ff.** Zu den privatrechtlichen und sondergesetzlichen Abwehrrechten gegenüber Medien vgl. Fechner, Medienrecht, 4. Auflage, Rn. 242 ff.
640 Nach OVG Münster, NVwZ-RR 1995, 187 ff.
641 Vgl. z.B. Art. 6 BayBO, § 6 NWBauO.

Es ist vorliegend auch kein Rechtfertigungsgrund seitens der Gemeinde ersichtlich, die dem Buddel ggf. eine Duldungspflicht auferlegen würde. Im Ergebnis besteht somit ein öffentlich-rechtlicher Unterlassungsanspruch des Buddel. Fraglich ist jedoch, wieweit der Unterlassungsanspruch inhaltlich reicht. Grundsätzlich finden die aus dem FBA bekannten Ausschlussgründe[642] keine Anwendung im Bereich des Unterlassungsanspruchs, da es sich dabei um einen reinen Abwehranspruch handelt. Eine Eingriffsabwehr wird aber regelmäßig als zumutbar angesehen.

Im vorliegenden Fall hat das zuständige OVG jedoch entschieden, dass das allgemeine Rechtsprinzip der unzulässigen Rechtsausübung abgeleitet aus dem Grundsatz von Treu und Glauben sehr wohl bei der Beurteilung derartiger Fälle zu beachten sein soll. Die tatsächliche Beeinträchtigung sei als so gering anzusehen, dass eine Umsetzung der Halle in keinem Verhältnis dazu stehe. Buddel hat den Eingriff somit zu dulden. Er kann keinen Störungsbeseitigungsanspruch gegen die Gemeinde geltend machen. Die Leistungsklage hat somit keine Aussicht auf Erfolg.

hemmer-Methode: An diesem Fall zeigt sich der fließende Übergang vom Störungsbeseitigungsanspruch zum FBA. Es ist somit nachvollziehbar, dass im Hinblick auf den tatsächlichen Anspruchsinhalt in Einzelfällen und abweichend vom Grundsatz der totalen Kompensation nur eine eingeschränkte Herstellung des status quo in Betracht kommt oder, dass diese ggf. komplett ausscheidet.

Fall 2: Aufgrund der Eilbedürftigkeit, wird RA Dr. Hennich für die „Jünger Epikurs" e.V. beim zuständigen VG neben der Erhebung einer allgemeinen Leistungsklage einen Antrag auf Erlass einer einstweiligen Anordnung stellen mit dem Inhalt, die „Informationsblätter" aus den öffentlichen Einrichtungen zu entfernen. Des Weiteren soll der Bürgermeister auch zukünftig kritische Äußerungen gegen die „Jünger Epikurs" und insbesondere Aufrufe zum Boykott der Lebensmittel unterlassen. Vorliegend kommt als richtiger Rechtsbehelf der Antrag gem. § 123 I VwGO in Betracht, da es sich um tatsächliche Handlungen des Bürgermeisters handelt. Die Religionsgemeinschaft muss einen Anordnungsgrund (vorliegend ist die Eilbedürftigkeit zu unterstellen) und insbesondere einen Anordnungsanspruch gem. § 123 I VwGO glaubhaft geltend machen (vgl. § 123 III VwGO i.V.m §§ 920 II, 294 ZPO). Ein Anordnungsanspruch ist dann gegeben, wenn der Antrag die Sicherung eines eigenen Rechts der Antragsteller betrifft. Dieses Recht ist vorliegend identisch mit dem im Hauptsacheverfahren geltend zu machenden materiellen Anspruch. Um den Antrag erfolgreich geltend machen zu können, ist v.a. auf die Erfolgsaussichten in der Hauptsache abzustellen.

In der Hauptsache könnten die „Jünger Epikurs" einen Unterlassungsanspruch i.w.S. geltend machen.

a) Die Äußerungen des Bürgermeisters und die Herstellung der Informationsblätter stehen im direkten Zusammenhang zur Ausübung eines öffentlichen Amtes. Sie sind somit als öffentlich-rechtliche Eingriffe insbesondere in die Religionsausübungsfreiheit der Religionsgemeinschaft gem. Art. 4 II GG i.V.m. Art. 19 III GG zu qualifizieren.

Dieses Grundrecht wird jedoch nur insoweit gewährleistet, als kollidierende Grundrechte Anderer nicht entgegenstehen.[643] Als Rechtsgrundlage (erste Prüfungsstufe) des Handelns des Bürgermeisters scheidet die Berufung auf Art. 4 GG bzw. Art. 5 GG jedoch aus. Der Bürgermeister übt hoheitliche Gewalt aus, er kann insoweit nicht Träger von Grundrechten sein, die im Rahmen einer praktischen Konkordanz die Religionsausübungsfreiheit der „Jünger Epikurs" einschränken könnten.

---

642 Vgl. Rn. 374.
643 Zur Problematik der Schranken des Art. 4 GG vgl. **Hemmer/Wüst, Staatsrecht I, Rn. 197 ff.**; Jarass/Pieroth, Art. 4 GG, Rn. 27 ff.

Für ein mögliches Äußerungsrecht des Bürgermeisters ist auch der Art. 7 II BayLStVG nicht als Rechtsgrundlage einschlägig,[644] da es aufgrund der ungeklärten Tatsachenlage jedenfalls an einer konkreten Gefahr für die öffentliche Sicherheit bzw. Ordnung fehlt. Ein Rechtfertigungsgrund ist somit nicht ersichtlich, die Äußerungen und die Herstellung/Verteilung der Broschüren sind als rechtswidrige Eingriffe anzusehen (die Prüfung der zweiten Stufe - Verhältnismäßigkeit - kann somit entfallen). Der Religionsgemeinschaft steht insoweit ein Störungsbeseitigungsanspruch zu.

b) Ebenso könnte vom „Drohen" eines rechtswidrigen Eingriffs in die Berufsausübungsfreiheit der Religionsgemeinschaft gem. Art. 12 GG i.V.m. Art. 19 III GG auszugehen sein, da der Bürgermeister einen Boykottaufruf bereits angekündigt hat. Aufgrund der zeitlichen Nähe zu den Markttagen steht der Eingriff auch unmittelbar bevor.

Der somit drohende Eingriff besitzt auch die geforderte berufsregelnde Tendenz, da er auf die einzige Einkommensquelle der „Jünger Epikurs" abzielt und zu schwerwiegenden Beeinträchtigungen führen würde. Im Ergebnis ist die Berufsausübungsfreiheit der Religionsgemeinschaft betroffen. Ein solcher Eingriff ist dann gerechtfertigt, wenn er auf eine wirksame Rechtsgrundlage gestützt wird (erste Prüfungsstufe) und verhältnismäßig ist (zweite Prüfungsstufe). Selbst wenn man eine Norm des Polizei- und Sicherheitsrechts als Rechtsgrundlage anerkennen würde, wäre der Boykottaufruf aufgrund der ungeklärten Tatsachenlage jedenfalls als unverhältnismäßig anzusehen. Der bevorstehende Boykottaufruf ist somit rechtswidrig, eine Duldungspflicht der „Jünger Epikurs" besteht somit nicht. Die Religionsgemeinschaft kann einen Unterlassungsanspruch i.e.S. gegen den drohenden Boykottaufruf geltend machen.

Als Anordnungsgrund kann die Religionsgemeinschaft somit sowohl einen Störungsbeseitigungsanspruch als auch einen Unterlassungsanspruch i.e.S. glaubhaft geltend machen. Das Gericht trifft dabei eine originäre Ermessensentscheidung. Es wird zum Ergebnis kommen, dass es der Religionsgemeinschaft nicht zugemutet werden kann, die Entscheidung in der Hauptsache abzuwarten. Der Antrag auf Erlass einer einstweiligen Anordnung ist somit in vollem Umfang begründet.[645]

Fall 3: Die „Ewige Ruh" KG könnte gegen die unmittelbar drohende Geschäftsaufnahme seitens der gemeindlichen „Sorgenfrei" GmbH mit einem Unterlassungsanspruch vorgehen.

398

Fraglich ist jedoch bereits, welchen Rechtsweg die KG zu beschreiten hat. Denkbar ist es, dass wegen eines Verstoßes gegen die § 3a UWG der ordentliche Rechtsweg zu beschreiten ist.[646] § 3a UWG betrifft den Verstoß gegen Normen, welche das Marktverhalten eines Unternehmens regeln und somit wettbewerbsbezogen sind. Vorliegend könnte die Gemeinde gegen Art. 87, 95 II BayGO verstoßen haben. Ob ein Verstoß tatsächlich vorliegt, kann jedoch dahingestellt bleiben, da diese Normen nicht i.S.d. § 3a UWG an ein Marktverhalten (das „Wie"), sondern an den Markteintritt (das „Ob") anknüpfen. Der Anwendungsbereich des UWG ist somit bereits nicht eröffnet.[647]

Möglicherweise kann die KG jedoch vor dem VG einen öffentlich-rechtlichen Unterlassungsanspruch gegen die GmbH geltend machen.

---

644 Ob Art. 7 II BayLStVG überhaupt eine taugliche Rechtsgrundlage zur Einschränkung des Art. 4 GG sein kann, ist umstritten. Dies dürfte allenfalls dann zu bejahen sein, wenn man entgegen der h.M. gem. Art. 140 GG i.V.m. Art. 136 I WRV einen Vorbehalt des „allgemeinen Gesetzes" anerkennt. Dazu vertiefend Hemmer/Wüst, Staatsrecht I, Rn. 197 ff.; Jarass/Pieroth, Art. 4 GG, Rn. 27 ff.

645 Vgl. BayVGH, BayVBl. 1995, 564 f. = **juris**byhemmer.

646 Das UWG (Gesetz gegen den unlauteren Wettbewerb; kurz: Lauterkeitsrecht) normiert umfassend die „Spielregeln" aller Marktteilnehmer bei einer Beteiligung am Wettbewerb. Beim Verstoß gegen § 3a UWG kann gem. § 8 UWG der Mitbewerber einen Unterlassungsanspruch geltend machen. Streng genommen handelt es sich dabei um eine Problematik, die i.R.d. betreffenden Wahlfachgruppe/des Schwerpunktbereichs vertiefend bearbeitet wird. Die nicht zu unterschätzende öffentlich-rechtliche Relevanz wird jedoch durch die Vielzahl an einschlägigen Entscheidungen mit der Tendenz gegen die Anwendbarkeit des UWG und somit für die Rechtswegeröffnung zu den VG deutlich.

647 So im Ergebnis auch BGHZ 150, 343 ff. in Abkehr von der bisherigen unterinstanzlichen Rspr. (vgl. OLG Hamm, NJW 1998, 3504 ff.) = **juris**byhemmer. Vertiefend Nordemann, Wettbewerbsrecht/Markenrecht, 10. Auflage 2004, Rn. 1716, 1772 m.w.N.; Warneke, JuS 2003, 958 ff.; Antweiler, NVwZ 2003, 1466 ff.; Schink, NVwZ 2002, 129 ff.

Der geplante Markteintritt der gemeindeeigenen „Sorgenfrei" GmbH ist als drohende hoheitliche Störung zu qualifizieren. Es müsste eine geschützte Rechtsposition der „Ewige Ruh" KG betroffen sein. Eine Verletzung des Art. 12 I GG scheidet dabei aus, da sich aus diesem kein subjektives Abwehrrecht gegen hoheitliche Konkurrenten ableiten lässt.[648] Eine Rechtsgutverletzung liegt jedoch möglicherweise dann vor, wenn die wirtschaftliche Betätigung gegen die Subsidiaritätsklausel des Art. 87 GO bzw. gegen Art. 95 II BayGO verstößt.[649] Dies kann jedoch dahingestellt bleiben, wenn selbst im Falle eines Verstoßes die KG nicht vom Schutzbereich der Art. 87, 95 II BayGO erfasst wird.

Nach e.A. soll gerade Art. 95 II BayGO drittschützenden Charakter aufweisen, da diese Regelung neben dem Schutz öffentlicher Interessen auch individualschützende Züge aufweise.[650] Folgt man dieser Ansicht, so liegt ein drohender Eingriff in eine geschützte Rechtsposition der „Ewige Ruh" KG vor. Möglicherweise ist der KG jedoch eine Duldungspflicht auferlegt. Auch von den Vertretern dieser Ansicht ist anerkannt, dass ein Eingriff erst dann nicht (mehr) zu dulden ist, wenn „private Konkurrenz unmöglich oder unzumutbar gemacht werde".[651] Nach dem vorliegenden Sachverhalt ist davon auszugehen, dass die wirtschaftliche Betätigungsfreiheit der privaten „Ewige Ruh" KG durch die Aufnahme eines Verdrängungswettbewerbs seitens der Gemeinde unmittelbar bedroht ist. Die KG könnte einen Unterlassungsanspruch erfolgreich geltend machen.

Schließt man sich jedoch der überwiegenden Meinung in Lit. und Rspr. an,[652] handelt es sich bei Art. 87, 95 II BayGO nicht um drittschützende Normen. Da ein Eingriff in Art. 12 I GG ebenfalls ausscheidet, fehlt es an der Erfüllung des Tatbestandes eines öffentlich-rechtlichen Unterlassungsanspruchs.

Folgt man somit dem BGH bzgl. der Anwendbarkeit des UWG und der h.M. bzgl. des Drittschutzes der GO-Normen, scheidet ein Schutz privater Wettbewerber gegen den Marktzutritt hoheitlicher Unternehmen in Gänze aus. Der BGH sieht diese Rechtsschutzlücke, erachtet die Ausfüllung jedoch als Aufgabe von Gesetzgebung und Verwaltung.[653]

---

648 St. Rspr. seit BVerwGE 39, 329 ff.

649 Vergleichbare Regelungen finden sich beispielsweise in § 107 GO NRW, § 102 BWGemO, § 121 HGO, § 97 SächsGemO, § 91 BbgKVerf, § 108 NdsGO, § 85 RpfGO.

650 OVG Münster, NVwZ 2003, 1520 ff. = **juris**byhemmer (zu § 107 I Nr. 1 GO NRW); ausführlich Schink, NVwZ 2002, 129 ff. m.w.N.; vgl. zum Ganzen auch **Hemmer/Wüst, Kommunalrecht Bayern, Rn. 182 ff.**

651 OVG Münster, NVwZ 2003, 1520 ff. = **juris**byhemmer.

652 BVerwG, NJW 1995, 2938; VGH Mannheim, VBlBW 1995, 99; Ehlers, DVBl 1998, 497 (501); Lux, NWVBl 2000, 7 (8 f.).

653 BGHZ 150, 343 (351).

§ 12 PLANGEWÄHRLEISTUNG, ANPASSUNGSHILFE UND PLANENTSCHÄDIGUNG

A) Einführung

I. Grundlagen

Plan als Handlungsform der Gesetzgebung

Die planerische Tätigkeit zählt zu den wichtigsten Erscheinungsformen des zukunftsgerichteten Tätigwerdens der öffentlichen Hand. Als Plan im Sinne dieser hoheitlichen Handlungsform kommen so unterschiedliche Erscheinungen in Betracht wie Haushaltspläne (Art. 110 GG), regionale Raumordnungsprogramme oder Bebauungspläne.[654] Diese Pläne können in der Rechtsform eines Gesetzes, d.h. als formelles Gesetz, Rechtsverordnung oder Satzung, ebenso erlassen werden wie als Kabinettsbeschlüsse, Verwaltungsvorschriften oder Realakte.[655]

Problem: Spannungsverhältnis von Stabilität und Flexibilität

⇨ *mögliche Verletzung eine Vertrauenstatbestandes*

Eine Plansetzung steht regelmäßig im Spannungsfeld zwischen der Festlegung und Steuerung zukünftigen Verhaltens und der Notwendigkeit, gegebenenfalls auf veränderte Rahmenbedingungen reagieren zu können. Durch den Planerlass wird somit einerseits für die Betroffenen ein Vertrauenstatbestand gesetzt. Andererseits kann es durch die Notwendigkeit, auf veränderte Rahmenbedingungen reagieren zu müssen, dazu kommen, dass durch die Vornahme einer Planänderung dieser Vertrauenstatbestand verletzt wird. Dies vor allem dann, wenn der Bürger im Vertrauen auf den Fortbestand eines erlassenen Planes Aufwendungen getätigt oder sonstige Dispositionen getroffen hat, die in Folge der Änderung gänzlich nutzlos oder zumindest entwertet werden.

Problem: Rechtsschutzlücke bei influenzierenden Plänen

Die so entstehende Situation ist vergleichbar mit den Regelungen über die Aufhebung von Verwaltungsakten. Dafür findet sich eine gesetzliche Regelung in den §§ 48 ff. VwVfG. Für die Änderung oder Aufhebung eines Planes, der nicht in der Rechtsform eines VA erlassen worden ist, fehlt hingegen zumeist eine gesetzliche Regelung, um einen möglichen Ausgleich für enttäuschtes Vertrauen in den Fortbestand der Rechtslage gewähren zu können.[656] Dies ist vor allem damit zu erklären, dass ein Plan - anders als ein konkret-individueller Verwaltungsakt - in den meisten Fällen als abstrakt-generelle Norm erlassen wird, und nicht das Rechtsverhältnis des Hoheitsträgers zu einem bestimmten Bürger, sondern zu einer Vielzahl möglicher Planbetroffener regelt. Diese Rechtsschutzlücke ist vergleichbar mit der grundsätzlichen Verneinung einer Haftung für legislatives/normatives Unrecht.[657]

h.M.: Ausfüllung durch staatshaftungsrechtliche Ansprüche

Aus dem grundgesetzlich verankerten Rechtsstaatsprinzip des Art. 20 GG[658] lässt sich jedoch das Gebot ableiten, dass auch im Falle einer Planänderung zumindest ein Ausgleich zwischen den planerischen Interessen des Hoheitsträgers und dem auf den unveränderten Fortbestand vertrauenden Bürger stattzufinden hat.[659] Dies muss vor allem dann gelten, wenn die Planänderung bzw. -aufhebung in grundgesetzlich geschützte Rechtspositionen des Bürgers eingreift.

---

654 Detterbeck, § 28, Rn. 1.; Maurer, § 16, Rn. 2 ff. mit weiteren Beispielen.
655 Maurer, § 16, Rn. 18 ff. Zu den Plantypen siehe ab Rn. 407.
656 Zu den Ausnahmen bei imperativen Plänen siehe Rn. 408.
657 Siehe dazu die Rn. 63, 255. Anders im Bereich des unionsrechtlichen Staatshaftungsanspruchs zur Richtlinienumsetzung, vgl. Rn. 166 ff.
658 Jarass/Pieroth, Art. 20 GG, Rn. 67 ff.
659 Detterbeck, § 28, Rn. 3; Maunz/Dürig-Grzeszick, Art. 20 GG, Rn. 99.

hemmer-Methode: Diese Ansprüche setzen jeweils voraus, dass ein Plan zumindest bereits einmal erlassen war. Sie unterscheiden sich somit von einem möglichen Anspruch des Bürgers auf Planung bereits im Vorfeld gesetzgeberischer Tätigkeit. Die Existenz eines solchen Anspruchs ist abzulehnen. Spezialgesetzlich geregelt ist dieser Ausschluss für den Bereich der Bauleitplanung in § 1 III S. 2 BauGB. Nicht in den Anwendungsbereich der Ansprüche gehören auch Landesentwicklungspläne und sonstige Regionalpläne. Bei diesen handelt es sich (lediglich) um Verwaltungsvorschriften ohne Außenwirkung;[660] sie sind somit bereits nicht geeignet einen Vertrauenstatbestand zu begründen.

II. Begriffe

Ansprüche auf Planfortbestand und Planbefolgung = Plangewährleistungsansprüche

1. Als Plangewährleistungsansprüche bezeichnet man die Ansprüche auf Planfortbestand und Planbefolgung. Als Rechtsschutzziel strebt der Bürger in diesen Fällen somit keine Kompensation für einen erlittenen Vertrauensschaden an. Er möchte vielmehr, dass der Hoheitsträger an der ursprünglichen planerischen Entscheidung festhält, und dass sein Handeln nicht zuungunsten des Bürgers von den Planzielen abweicht. Die Plangewährleistungsansprüche knüpfen an eine drohende Verletzung des gesetzten Vertrauenstatbestandes an und sind somit als präventive Ansprüche zur Erhaltung des status quo anzusehen. Diese Ansprüche erinnern somit nach ihrer Rechtsnatur an den öffentlich-rechtlichen Unterlassungsanspruch, der auch bereits im Vorfeld einer beabsichtigten hoheitlichen Tätigkeit zum Tragen kommt.

⇨ zumeist präventiv gegen drohende Verletzung

Anspruch auf Anpassungshilfe

2. Beim Anspruch auf Anpassungshilfe handelt es sich demgegenüber um einen Anspruch, dessen Anwendungsbereich erst nach Durchführung einer Planänderung bzw. -aufhebung eröffnet ist. Ein solcher sekundärrechtlicher Anpassungsanspruch ist gerichtet auf die Gewährung von Auslauf- und/oder Übergangsfristen oder auch Ausnahmeregelungen. Er knüpft somit an die Folgen einer Planänderung bzw. -aufhebung an und soll lediglich einen schonenden Ausgleich für den betroffenen Bürger schaffen, ohne die aus der Sicht des Plangebers notwendige Planänderung verhindern zu können.

⇨ schonender Ausgleich nach erfolgter Planänderung/-aufhebung

Planentschädigung

3. Bei den Planentschädigungsansprüchen (auch: Planausgleichsansprüche) handelt es sich demgegenüber um kompensatorische Ansprüche. Der Plangeber ist hierbei schon von seinen ursprünglichen planerischen Absichten abgewichen. Des Weiteren dürfen Anpassungsmaßnahmen nicht zu einem schonenden Ausgleich geführt haben. Der betroffene Bürger verlangt nun Ersatz für die ihm durch die Verletzung des Vertrauenstatbestandes entstandenen Schäden.

⇨ Kompensation des entstandenen Vertrauensschadens

Beispielsfall

Bsp. (1): Aufgrund der niedrigen Erdgaspreise beschließt die Bundesregierung im Sommer 2012 das „Förderprogramm Erdgas 2025" als Rechtsverordnung mit dem Inhalt, zukünftig verstärkt den Ausbau eines Tankstellennetzes für umweltfreundliche erdgasbetriebene Fahrzeuge zu fördern. Sie möchte insbesondere erreichen, dass sich der Erdgas-Literpreis auf Dauer um 20 % unter dem Preis der sonstigen Kraftstoffe einpendelt. Dafür stellt sie den interessierten Tankstellenbetreibern für einen Zeitraum von zehn Jahren in Aussicht, die niedrigeren Gewinne durch Steuererleichterungen auszugleichen. Für den Fall, dass ein Betreiber bereit ist, seine Tankstelle komplett auf ein Erdgasangebot umzurüsten, werden des Weiteren Zuschüsse bis zu einer Höhe von 100.000,- € garantiert.

Der an ökologischen Fragen sehr interessierte Tankstellenbetreiber Ansgar B. beschließt umgehend, seine Tankstelle gänzlich auf das umweltfreundliche Treibstoffangebot umzurüsten. Er erhält einen Zuschuss i.H.v. 100.000,- € und profitiert auch nach Aufnahme seiner Geschäfte von den niedrigeren Abgabesätzen. Im Laufe des Jahres 2014 kommt es jedoch zu einer Preisexplosion auf dem Erdgasmarkt.

---

660   Maurer, § 16, Rn. 25.

§ 12 PLANGEWÄHRLEISTUNG, ANPASSUNGSHILFE UND PLANENTSCHÄDIGUNG 193

Angesichts der desolaten Haushaltslage, und der Aussicht, dass das Programm bis zu fünf Milliarden Euro mehr als ursprünglich geplant verschlingen würde, beschließt die Bundesregierung, mit Ablauf des 31.12.2017 die Förderung bereits bestehender und zukünftiger Erdgastankstellen einzustellen. B fürchtet um seine wirtschaftliche Existenz und verlangt die Beibehaltung der Förderung jedenfalls bis zum Ende des Jahres 2019; erst dann hätten sich seine Investitionen amortisiert. Er wäre aber u.U., dazu bereit, seine Tankstelle wieder auf das herkömmliche Treibstoffangebot umzurüsten. Jedenfalls diese Kosten möchte er dann jedoch ersetzt haben.

hemmer-Methode: Die Ansprüche auf Plangewährleistung, Anpassungshilfe und Planentschädigung stehen selbständig neben dem Anspruch aus Amtshaftung. Dort ist anerkannt, dass bei einer schuldhaften (!) Verletzung der drittgerichteten Amtspflicht zu konsequentem Verhalten gegebenenfalls ein Schadensersatzanspruch gegen den Hoheitsträger geltend gemacht werden kann. Zum Anknüpfungspunkt der Haftung wird dabei ebenfalls die Verletzung eines durch wiederholtes behördliches Handeln gesetzten Vertrauenstatbestandes.[661]

406

III. Plantypen

Abgrenzung von Plantypen

Um die strengen Anforderungen an die jeweiligen Ansprüche auf Planbefolgung bzw. Planentschädigung feststellen zu können, ist zunächst eine Unterscheidung zwischen den verschiedenen Plantypen zu treffen. Dabei wird zwischen imperativen, indikativen und influenzierenden Plänen unterschieden.[662]

407

imperative Pläne

⇨ *spezialgesetzliche Entschädigungsregelungen*

1. Imperative Pläne schreiben eine verbindliche Rechtsfolge für die Planbetroffenen vor. Wichtigstes Beispiel sind die Bebauungspläne gem. §§ 8 ff. BauGB. Aufgrund der Rechtsverbindlichkeit dieser Pläne ist die Möglichkeit des Bürgers gegen Planänderungen vorzugehen unbestritten. Für diese Pläne finden sich jedoch zumeist spezialgesetzliche Regelungen für Entschädigungsfragen (z.B. in den §§ 39 ff. BauGB[663]). Einer Anwendung der Rechtsinstitute Plangewährleistungs- und Planentschädigungsansprüche bedarf es insoweit nicht.

408

indikative Pläne

⇨ *keine Rechtsverbindlichkeit, kein schützenswerter Vertrauenstatbestand*

⇨ *keine Haftung*

2. Unter indikativen (auch: informativen) Plänen versteht man statistische Mitteilungen eines Hoheitsträgers, die lediglich über Datenerhebungen, Entwicklungstendenzen und Prognosen (z.B.: über regionale Wirtschaftsentwicklung, Haushaltsaufkommen etc.) informieren. Da es insoweit an einer Regelungswirkung wegen fehlender Rechtsverbindlichkeit fehlt und demnach ein Eingriff in Rechtspositionen des Bürgers nicht stattfindet, scheidet auch in diesem Bereich eine Anwendung der Haftungsinstitute Plangewährleistungs- und Planentschädigungsansprüche aus.[664]

409

influenzierende Pläne

⇨ *Setzung eines Vertrauenstatbestandes*

3. Als einziger Anwendungsbereich der Geltendmachung von Plangewährleistungs- und Planentschädigungsansprüchen verbleibt somit die Fallgruppe der influenzierenden Pläne. Dabei handelt es sich um Pläne, mit denen der Hoheitsträger auf das Verhalten der Planbetroffenen einwirken will.

410

---

661 Vertiefend MüKo-Papier, § 839 BGB, Rn. 220 f. Dieser spricht weitergehend von einer *Amtspflicht zur Plangewährleistung* und lehnt im Ergebnis einen eigenen Anspruch auf Plangewährleistung ab.

662 Maurer, § 16, Rn. 1 ff., 27. Es handelt sich um eine Unterscheidung aufgrund des Inhalts des Planes. Zur Unterscheidung bzgl. der Rechtsform siehe ab Rn. 412 ff.

663 Es handelt sich dabei um eine besondere Form des Planungsschadensrechts i.R.d. besonderen Verwaltungsrechts. Siehe dazu Battis/Krautzberger/Löhr, Vorb. §§ 39 - 44 BauGB, Rn. 1 ff.; allgemein zum Bebauungsplan **Hemmer/Wüst, Baurecht/Bayern, Rn. 520 ff.**; Megele, BauR 1995, 193 ff.

664 Selbst bei der schuldhaften Mitteilung unrichtiger Daten dürfte ein Amtshaftungsanspruch wegen des Fehlens einer drittgerichteten Amtspflicht nicht in Betracht kommen (vgl. Detterbeck, § 28, Rn. 5).

Dabei werden den Bürgern sowohl Informationen zur Verfügung gestellt (z.B.: Entwicklungsprognosen bzgl. einer bestimmten wirtschaftlichen Betätigung), als auch bestimmte Rechtsfolgen (z.B. Steuervergünstigungen, Subventionen) rechtsverbindlich versprochen.[665]

B) Anspruchsinhalt

I. Ansprüche auf Planfortbestand und Planbefolgung

e.A.:Plangewährleistung (-), Lösung über Art. 34 GG, §839 BGB

Diese Plangewährleistungsansprüche sind darauf gerichtet, dass der Hoheitsträger auf eine Änderung oder gar Aufhebung eines Planes verzichtet, und dass er zukünftig auch die selbst gesetzten Planvorgaben einhält. Während nach e.A. ein Plangewährleistungsanspruch sui generis nicht bestehen soll und die betreffenden Sachverhalte mit Hilfe der herkömmlichen Institute der Staatshaftung zu lösen seien,[666] erkennt die h.M. Ansprüche auf Planfortbestand und Planbefolgung grundsätzlich an.[667] Danach sollen die Anforderungen an die Anspruchsentstehung zunächst davon abhängen, in welcher Rechtsform die planerische Tätigkeit des Hoheitsträgers vorliegt.[668]

h.M.: Ansprüche auf Planfortbestand/ Planbefolgung grds. (+)

bei VA: Regelung über §§ 48 ff. VwVfG

1. Wurde ein Plan als VA erlassen, so müssen etwaige Änderungen (und erst recht eine Rücknahme) den Maßgaben der §§ 48 ff. VwVfG entsprechen. Werden diese Anforderungen nicht erfüllt, so besteht grundsätzlich ein Plangewährleistungsanspruch.[669]

eingeschränkte Plangewährleistung bei Innenrechtssätzen

jedenfalls Willkürverbot über Art. 3 I GG i.V.m. Art. 20 III GG

2. Handelt es sich um einen Plan in der Form einer Verwaltungsvorschrift, d.h. einer reinen Innenrechtsnorm ohne Außenwirkung, so sind unmittelbare Ansprüche des Bürgers auf Plangewährleistung nur über die Anwendung des Art. 3 I GG (ggf. i.V.m. dem Prinzip der Gesetzmäßigkeit der Verwaltung gem. Art. 20 III GG) denkbar. Der Inhalt des Anspruchs beschränkt sich dann jedoch auf die Unzulässigkeit einer sachfremden oder gar willkürlichen Abweichung von früheren Planungsentscheidungen durch die Verwaltung, also auf die Beibehaltung der Verwaltungspraxis. Die Beibehaltung einer bestimmten Verwaltungsvorschrift kann jedoch nicht verlangt werden.

bei Gesetzen: Planänderung/ -aufhebung als unechte Rückwirkung grds. zulässig

3. In den meisten Fällen dürfte der Plan jedoch in der Form eines formellen Gesetzes, einer Rechtsverordnung oder einer Satzung ergangen sein. Probleme können sich vor allem dann ergeben, wenn bei der Änderung oder Aufhebung dieser in der Regel zukunftsorientierten Pläne in der Vergangenheit begonnene, aber noch nicht abgeschlossene Vorhaben betroffen sind. Es handelt sich dabei um einen Fall der grundsätzlich zulässigen unechten Rückwirkung von Gesetzen. Haben Planbetroffene jedoch ein schutzwürdiges Vertrauen am Bestehen der Rechtslage entwickelt, und wurden insbesondere auf dieser Grundlage entsprechende Dispositionen getroffen, sollen Plangewährleistungsansprüche - bspw. in Form einer Übergangsregelung - dann in Betracht kommen, wenn dieses Vertrauen das öffentliche Interesse an der Aufhebung oder Änderung überwiegt.[670]

⇨ *Plangewährleistung (+), wenn Vertrauensschutz überwiegt*

---

665 Detterbeck, § 28, Rn. 7. Denkbar ist jedoch auch, dass für bestimmte zukünftige Verhaltensweisen (z.B. Beibehaltung herkömmlicher Betätigung) negative Rechtsfolgen (z.B. Steuervergünstigungsabbau) in Aussicht gestellt werden.
666 MüKo-Papier, § 839 BGB, Rn. 220 f.; Maurer, § 29, Rn. 35 ff. m.w.N.
667 Detterbeck, § 29, Rn. 2 ff.
668 Ossenbühl, S. 385.
669 Detterbeck, § 29, Rn. 3. Bei Plänen, die aufgrund Landesrechts erlassen worden sind, gelten die entsprechenden Normen des Landes-VwVfG.
670 Maurer, § 16, Rn. 30; Detterbeck, § 29, Rn. 5 ff.

hemmer-Methode: Die Problematik „Rückwirkung von Gesetzen" zählt zu den Basics des Verfassungsrechts. Während eine echte Rückwirkung (= Anknüpfung an einen in der Vergangenheit liegenden und bereits abgeschlossenen Sachverhalt) als prinzipiell unzulässig anzusehen ist, soll die unechte Rückwirkung von Gesetzen (= Anknüpfung an einen in der Vergangenheit begonnenen, aber noch andauernden Sachverhalt bzw. Rechtsbeziehungen) grundsätzlich zulässig sein.[671]

Lösung Bsp.(1):

Tankstellenbetreiber Ansgar B. könnte einen Anspruch auf Planfortbestand bzw. -befolgung geltend machen. Dafür müsste es sich um einen *Plan* im Sinne dieses Anspruchs handeln.

Vorliegen eines Plans

Das „Förderprogramm Erdgas 2025", in der Rechtsform einer Rechtsverordnung erlassen, ist als Plan anzusehen.

unechte Rückwirkung grds. zulässig

Die Änderung des Planes, mit der Einstellung der Zahlungen bereits Ende 2017, knüpft vorliegend an einen Sachverhalt an, der in der Vergangenheit begonnen hat, aber noch nicht abgeschlossen ist. Es handelt sich um den Fall einer unechten Rückwirkung eines (materiellen) Gesetzes. Dies ist grundsätzlich zulässig.

Abwägung mit dem schutzwürdigen Vertrauen des Bürgers

Da B wegen der von ihm getroffenen Dispositionen jedoch ein schutzwürdiges Vertrauen auf die Beibehaltung der Förderung geltend machen kann, ist dieses Interesse des B mit der Notwendigkeit des Hoheitsträgers an der Anpassung seiner Ausgabenvorhaben abzuwägen. In der Rechtsprechung der Gerichte ist in diesen Fällen eine Tendenz dahingehend festzustellen, dass den Interessen des Hoheitsträgers in der Regel ein höheres Gewicht beizumessen sein soll. Dies wird zum einen damit begründet, dass der Gesetzgeber im Hinblick auf das Wohl der Allgemeinheit tätig wird. Zum anderen wird mit dem unternehmerischen Wagnis argumentiert, welches jeder wirtschaftlichen Tätigkeit immanent sei.[672]

Vorliegend kommt der Höhe der zusätzlichen Belastung des Bundeshaushalts im Rahmen der Interessenabwägung ein besonderes Gewicht zu. Demgegenüber steht das Vertrauen des B am Erhalt der Grundlage seiner wirtschaftlichen Betätigung. Schließt man sich der Ansicht der Rechtsprechung an, so ist ein notwendiges überwiegendes Interesse des B am Planfortbestand nicht anzuerkennen.

Die Aufhebung des Planes verstößt somit nicht gegen den Grundsatz des Vertrauensschutzes. B kann keinen Plangewährleistungsanspruch geltend machen. (a.A. vertretbar, vgl. die Alternativlösung von Rn. 421).

bei inhaltlichen Fehlern

hemmer-Methode: Es sind weiterhin Ansprüche anerkannt, die der Bürger bei inhaltlichen Fehlern eines Planes geltend machen kann. Als wichtigster Anspruch ist hierbei der Planergänzungsanspruch anzusehen. Der Bürger kann dabei ggf. verlangen, dass Pläne um gänzlich unterlassene oder unzureichend festgelegte Inhalte (z.B.: Schutzmaßnahmen) ergänzt werden. Dogmatisch handelt es sich dabei jedoch nach überwiegender Ansicht um eine Form des Folgenbeseitigungsanspruchs.[673]

II. Anspruch auf Anpassungshilfe

schonender Übergang in neue Planungssituation

Nach einigen Stimmen in der Literatur soll ein eigenständiger Anspruch auf Anpassungshilfe bestehen, wenn es bereits zu einer Planänderung oder -aufhebung gekommen ist. Inhaltlich ist dieser auf die Zuerkennung von Übergangs- und/oder Auslauffristen oder auch auf die Schaffung von Ausnahmeregelungen gerichtet.

---

671 Vertiefend Jarass/Pieroth, Art. 20, Rn. 67 ff.; zur Abgrenzung und Zulässigkeit zuletzt BVerfG, **Life&Law 2010, 835 ff.**
672 RGZ 139, 177; BVerfG, DÖV 1998, 465 ff., BGHZ 5, 83 = **jurisbyhemmer**.
673 Ossenbühl, S. 384 m.w.N. Zum FBA siehe ab Rn. 314.

Dadurch könnte für den Planbetroffenen ein schonender Übergang zur neuen Planungssituation erreicht werden.[674]

e.A.: kein eigenständiger Anspruch, zu unbestimmt

Aufgrund der Vielgestaltigkeit möglicher denkbarer Übergangsregelungen wird die Existenz eines solchen Anspruchs jedoch nach einer Ansicht verneint. Insbesondere soll es nicht möglich sein, einen inhaltlich hinreichend bestimmten Antrag vor den Gerichten zu stellen.[675]

h.L.: Anspruch auf Anpassungshilfe zur Gewährung eines verfassungsrechtlich gebotenen schonenden Ausgleichs

Aus dem verfassungsrechtlich verankerten Übermaßverbot lässt sich das Gebot des schonendsten Ausgleichs bei unvermeidbaren Grundrechtseingriffen herauslesen. Es erscheint nicht nachvollziehbar, warum eine differenzierende und für beide Seiten unter Umständen mildere Regelung an einer fehlenden Antragsbestimmtheit scheitern sollte. Die Existenz eines Anspruchs auf Anpassungshilfe v.a. durch die Schaffung von Übergangs- und/oder Auslauffristen ist somit grundsätzlich anzuerkennen.

III. Anspruch auf Planentschädigung

Rechtsfolge: Kompensation nach erfolgter Planänderung /-aufhebung

Während die Plangewährleistungsansprüche darauf abzielen, dass der Hoheitsträger sein ursprünglich getroffenes planerisches Vorhaben beibehält und auch planungskonform handelt, und der Anspruch auf Anpassungshilfe auf die Gewährung tatsächlicher Ausgleichsmaßnahmen gerichtet ist, knüpft der Planentschädigungsanspruch an die aufgrund der Verletzung eines Vertrauenstatbestandes entstandenen und für den Bürger nachteiligen Folgen der Änderung oder Aufhebung eines Planes an.

419

Subsidiarität des Entschädigungsanspruchs

Hierbei gilt das die gesamten staatshaftungsrechtlichen Ansprüche beherrschende Prinzip des Vorrangs des Primärrechtsschutzes (vgl. nur § 839 III BGB). Hat der Hoheitsträger somit bereits durch die Änderung oder Aufhebung des Planes unverhältnismäßig in Rechtspositionen des Bürgers eingegriffen, und hat es der Betroffene versäumt dagegen mit der Geltendmachung des Anspruchs auf Plangewährleistung oder jedenfalls auf Anpassungshilfe vorzugehen, obwohl es ihm möglich und zumutbar war, so scheidet ein Anspruch auf Entschädigung aus.[676]

419a

Anspruchsinhalt

Umstritten ist, in welchem Umfang ein Anspruch auf Planentschädigung anzuerkennen sein soll. Die Ansichten gehen hier von der Gewährung einer Entschädigung bis zum Schadensersatz gem. §§ 249 ff. BGB. Aufgrund der Vielgestaltigkeit möglicher Lebenssachverhalte verbietet sich eine pauschalisierte Betrachtungsweise. Es ist somit jeweils eine einzelfallbezogene Kompensation dahingehend zu gewähren, dass die Ersatzleistung jedenfalls dem Prinzip des schonendsten Ausgleichs (= Übermaßverbot), vergleichbar der Praxis etwa bei den ausgleichspflichtigen Inhalts- und Schrankenbestimmungen, entsprechen muss.[677]

---

674 Ossenbühl, S. 384, 390 m.w.N.; Detterbeck, § 30, Rn. 11 ff.
675 Maurer, § 16, Rn. 34 m.w.N.
676 Ossenbühl, S. 391.
677 Ossenbühl, S. 390.

C) Zusammenfassendes Schema

Die Ansprüche auf Plangewährleistung, Anpassungshilfe und Planentschädigung stehen in einem Stufenverhältnis zueinander. Zur bessere Darstellung siehe folgendes Schema:

zusammenfassendes Schema

420

```
           ┌──────────────────────────┐
           │   Änderung/Aufhebung     │
           │       eines Planes       │
           └──────────────────────────┘
    ⇨ wenn Interessenabwägung zugunsten des Bürgers
                      ⇩
        ┌──────────────────────────────────┐
        │  Plangewährleistungsansprüche auf │
        │      Fortbestand & Befolgung      │
        └──────────────────────────────────┘
                      ⇩ wenn (-)
              ┌──────────────────┐
              │   Anspruch auf   │
              │  Anpassungshilfe │
              └──────────────────┘
                      ⇩ wenn (-)
    ┌──────────────────────────────────────────────────┐
    │          Planentschädigungsanspruch              │
    │ (ggf.) Anspruch aus enteignendem/enteignungsgl.  │
    │                     Eingriff                     │
    │          (ggf.) Amtshaftungsanspruch             │
    └──────────────────────────────────────────────────┘
```

Lösung Bsp.(1):

1. Anspruch auf Planbefolgung

bei Nichtgewährung:
2. Anspruch auf Anpassungshilfe

Kommt man zu dem Ergebnis, dass im Rahmen der Interessenabwägung dem Vertrauensschutz des B am Planbestand ein Vorrang einzuräumen ist, und wird das Förderprogramm dennoch eingestellt,[678] so ist zunächst ein Anspruch des B auf Anpassungshilfe denkbar. Ein schonender Ausgleich der enttäuschten Interessen des B auf Beibehaltung der Steuererleichterungen für den Zeitraum von zehn Jahren, könnte dadurch erreicht werden, dass ihm jedenfalls bis zur Amortisierung der Kosten (Ende 2019) weiterhin Steuererleichterungen gewährt werden. B könnte somit einen Anspruch auf Anpassungshilfe durch die Gewährung einer entsprechenden Auslauffrist geltend machen.

421

bei Nichtgewährung:
3. Anspruch auf Planentschädigung

Wird dem B eine solche Anpassungshilfe vom Plangeber ebenfalls nicht gewährt, so könnte er jedenfalls wegen der entstandenen Folgen der Planaufhebung (die Gewinneinbußen werden nicht mehr durch Steuererleichterungen ausgeglichen) gegen den Hoheitsträger einen Anspruch auf Planentschädigung geltend machen.

---

678 Es handelt sich hierbei um einen fiktiven Fall, der v.a. das Stufenverhältnis der Anspruchsarten verdeutlichen soll. Die hier dargestellte Situation könnte insbesondere dann eintreten, wenn der Plangeber durch die Einstellung der Fördermaßnahmen trotz überwiegender Interessen der Betroffenen vollendete Tatsachen schafft. Es erscheint fraglich, ob das Gericht den Plangeber zur Wiederaufnahme der Förderleistungen verurteilen würde. Die Betroffenen müssten ihren Klageantrag entsprechend umstellen. Es käme dann, im dargestellten Stufenverhältnis, der jeweils für den Plangeber „mildere" Anspruch in Betracht.

Fraglich ist jedoch die inhaltliche Ausgestaltung des Anspruchs. Würde der Hoheitsträger verpflichtet, den Betroffenen jeweils den kompletten (Gewinnausfall-) Schaden zu ersetzen, so würde dies im Ergebnis jedoch auf eine Aufrechterhaltung des ursprünglichen Planes hinauslaufen. Es scheint daher ausreichend und interessengerecht, wenn B die Rückbaukosten in Höhe von 100.000,- € erstattet werden. Denkbar ist auch, dass bis Ende 2019 (Amortisierung) die Gewinneinbußen nunmehr durch entsprechende Entschädigungszahlungen ausgeglichen werden.

D) Verhältnis und Abgrenzung zu anderen Ansprüchen

Konkurrenzen

Die Ansprüche auf Plangewährleistung, Anpassungshilfe und Planentschädigung stehen neben den Ansprüchen aus enteignendem Eingriff und aus Amtshaftung.

422

Für eine Haftung aus enteignendem/enteignungsgleichem Eingriff müsste ein Eingriff in ein durch Art. 14 GG geschütztes Rechtsgut vorliegen. In Betracht kommt dabei v.a. der eingerichtete und ausgeübte Gewerbebetrieb des Planbetroffenen.[679]

Ein Anspruch aus Amtshaftung knüpft demgegenüber an die schuldhafte Verletzung einer drittgerichteten Amtspflicht, hier die Amtspflicht zu konsequentem Verhalten, an. Im Rahmen des § 839 BGB ist auch das Vermögen des Planbetroffenen geschützt, es bedarf somit keines Rückgriffs auf den eingerichteten und ausgeübten Gewerbebetrieb.[680]

E) Rechtsweg, Statthafte Klageart, Passivlegitimation

prozessuale Vorgehensweise

Bei der Geltendmachung der Ansprüche handelt es sich um öffentlich-rechtliche Streitigkeiten. Diese sind gem. § 40 I S. 1 VwGO auf dem Verwaltungsrechtsweg geltend zu machen.[681]

423

Die richtige Klageart richtet sich nach dem tatsächlichen Inhalt des klägerischen Begehrens. Die Plangewährleistungsansprüche auf Fortbestand/Befolgung werden grds. durch ein tatsächliches Weiterhandeln (Realakt) des Hoheitsträgers realisiert. Als statthafte Klageart kommt somit die allgemeine Leistungsklage in Betracht. Bei den Ansprüchen auf Anpassungshilfe und Entschädigung kommt es für jeden Einzelfall darauf an, ob die Fristgewährung u.U. (nur) durch Erlass eines VA erreicht werden kann. Richtige Klageart ist dann jeweils die Verpflichtungsklage gem. § 42 I Alt. 2 VwGO.[682]

424

ggf. Stufenklage

Zu beachten ist weiterhin, ob nicht ggf. zunächst die Entscheidung des Hoheitsträgers zur Durchführung einer Planänderung oder -aufhebung durch die Erhebung einer Anfechtungsklage beseitigt werden muss. Es kommt dann die Erhebung einer Stufenklage aus Anfechtungsklage und Verpflichtungs- bzw. Leistungsklage in Betracht.

Passivlegitimation

Passivlegitimiert ist der Rechtsträger der Behörde, welche die Kompetenz für die Gewährung der geltend gemachten Ansprüche besitzt. Es handelt sich dabei grds. zumeist um den Hoheitsträger, der den Plan ursprünglich erlassen hat.

425

---

679 Zu diesem Rechtsgut siehe vertiefend Rn. 202.
680 Vertiefend zu den Anforderungen siehe ab Rn. 7.
681 Problematisch ist hierbei der enge Zusammenhang mit dem enteignenden/enteignungsgleichem Eingriff und dem Amtshaftungsanspruch. Diese sind vor den ordentlichen Gerichten geltend zu machen. Der Betroffene muss sich somit im Vorfeld überlegen, welchem Anspruch er die größten Erfolgsaussichten beimisst.
682 Sollte eine an sich unstatthafte Klage erhoben worden sein, hat das Gericht gem. § 88 VwGO die Möglichkeit, den Antrag entsprechend auszulegen bzw. umzudeuten; Kopp/Schenke, § 88 VwGO, Rn. 1 ff.

WIEDERHOLUNGSFRAGEN:

1. In welche drei Kategorien kann man die staatshaftungsrechtlichen Ansprüche unterteilen, wenn man auf den Grund der Haftung abstellt? 2
2. Was ist Verschuldenshaftung? 3
3. Was ist Unrechtshaftung? 4
4. Was ist Aufopferungshaftung? 5
5. Was ist der Unterschied zwischen Schadensersatz und Entschädigung? 6
6. Skizzieren Sie die Systematik des Amtshaftungsanspruchs! 8
7. Erklären Sie den Begriff „Institutsgarantie" des Amtshaftungsanspruchs! 14
8. Nennen Sie die Anspruchsgrundlage des Amtshaftungsanspruchs! 16
9. Welcher Beamtenbegriff liegt dem Amtshaftungsanspruchs zugrunde? 18
10. Nennen Sie weitere Beamtenbegriffe! 19
11. Erklären Sie den Begriff „Beliehener"! 20
12. Welche Theorie des BGH (und mit welchem Inhalt) liegt der Haftung für Verwaltungshelfer zugrunde? 22
13. Was unterscheidet den Verwaltungshelfer vom Beliehenen? 22
14. Welche Rechtsnatur haben die Verkehrsregelungspflichten? 30
15. Wie löst die h.M. die Fälle der Haftung für Privatunternehmer im Bereich der Leistungsverwaltung? 31
16. Welche Rechtsnatur haben nach Ansicht des BGH Verkehrssicherungspflichten? Begründung? 32
17. Welches Verständnis liegt dem Begriff „öffentliches Amt" zugrunde? 33
18. Was ist unter einem „Realakt" zu verstehen und wie ist er rechtlich zu bewerten? 34
19. Welches Merkmal wird für die haftungsrechtliche Bewertung eines Realaktes herangezogen? 36
20. Skizzieren Sie die Besonderheiten der Amtshaftung bei der Teilnahme am allgemeinen Straßenverkehr? 37
21. Was versteht man unter „Verwaltungsprivatrecht"? 40
22. Kommen in diesem Bereich Amtshaftungsansprüche in Betracht? Begründung! 42
23. Welche Voraussetzungen werden für das TB-Merkmal „in Ausübung" verlangt? 44
24. Welche Arten von Amtspflichten gibt es? Nennen Sie Beispiele! 49
25. Von welchen sonstigen Pflichten des Staates sind Amtspflichten v.a. abzugrenzen? .... 50 ff.
26. Was ist unter dem Begriff „bindendes Innenrecht" zu verstehen? .... 53 ff.
27. Skizzieren Sie die Probleme des Verstoßes eines Amtswalters gegen bindendes Innenrecht! .... 53 ff.
28. Welche Voraussetzungen werden an die „Drittbezogenheit" einer Amtspflicht gestellt? .... 57 ff.
29. Erklären Sie den Begriff „Schutzzweck der Amtspflicht"! 61
30. Welche Probleme ergeben sich bei der Haftung für normatives Unrecht? 63
31. Erklären Sie die Begriffe Einzelfall-/Maßnahmegesetz! 64
32. Können Satzungen drittschützend sein? Begründung! 67
33. Unter welchen Voraussetzungen ist eine Haftung für unterlassene Rechtssetzung denkbar? 68
34. Kann ein Drittbezug auch zwischen Trägern öffentlicher Gewalt bestehen? Begründung! .... 69 f.
35. Welche Anforderungen werden an das Verschulden gestellt? .... 74 ff.
36. Wie wird das Verschulden von Kollegialorganen bewertet? 82

37.	Welche Schadenspositionen werden vom Amtshaftungsanspruch erfasst? Wie findet die Schadensermittlung statt?	84
38.	Welche Anforderungen sind an die haftungsausfüllende Kausalität bei Ermessensentscheidungen zu stellen?	91
39.	Welche Anforderungen sind an haftungsbeschränkende Satzungen zu stellen?	93 ff.
40.	Wozu diente ursprünglich das Verweisungsprivileg?	98
41.	Nenne Sie Fallgruppen der Nichtanwendbarkeit des Verweisungsprivilegs!	102
42.	Was „schützt" das Richterspruchprivileg?	107
43.	Erläutern Sie den sachlichen Anwendungsbereich!	109 ff.
44.	Was versteht man unter dem „Vorrang des Primärrechtsschutzes"?	114
45.	Welche Rechtsmittel werden von § 839 III erfasst?	117
46.	Ist der § 254 BGB anwendbar?	121
47.	Wann verjährt der Amtshaftungsanspruch?	122
48.	Welche Theorien werden bzgl. der Passivlegitimation vertreten? Erklären Sie die vom BGH vertretene Theorie!	124 ff.
49.	Können Privatrechtssubjekte passivlegitimiert sein? Begründung!	128
50.	Welche Art der Ersatzpflicht kommt in Betracht? Begründung!	130
51.	Nennen Sie die Voraussetzungen einer möglichen Vorteilsanrechnung!	132
52.	Nennen Sie die Voraussetzungen eines Anspruchs aus § 253 II BGB! Ist davon auch das allgemeine Persönlichkeitsrecht erfasst? Begründung!	133 f.
53.	Vor welchen Gerichten ist der Anspruch geltend zu machen?	135
54.	Erläutern Sie das „Problem der Rechtswegspaltung"!	136 ff.
55.	Welche Ansprüche konkurrieren grds. mit dem Amtshaftungsanspruch?	142 ff.
56.	Was ist Grundvoraussetzung für die Entstehung eines unionsrechtlichen Staatshaftungsanspruchs?	150
57.	Nennen Sie den Unterschied zu Art. 340 II AEUV!	152
58.	Auf welcher (Rechts-)Grundlage wurde der Anspruch insbesondere entwickelt?	153
59.	Warum ist zwischen der Entstehung und der Durchsetzung des Anspruchs zu trennen?	155
60.	Nennen Sie die allgemeinen Haftungsvoraussetzungen!	160
61.	Nennen Sie die Voraussetzungen einer Schutznormverletzung!	161
62.	Welcher Voraussetzungen müssen für das Vorliegen eines „hinreichend qualifizierten Unionsrechtsverstoßes" vorliegen?	164
63.	Was ist der Hauptanwendungsfall der Haftung für legislatives Unrecht?	168
64.	Wie ist es zu beurteilen, wenn ein bundesstaatlich organisierter Mitgliedstaat seiner Umsetzungsverpflichtung nicht nachkommt, die Umsetzungskompetenz jedoch bei den Bundesländern liegt?	169
65.	An welchem Tb-Merkmal des Art. 34 GG / § 839 BGB scheitert regelmäßig die Haftung für die Nichtumsetzung einer Richtlinie? Begründung!	170
66.	Erklären Sie den Begriff „Administrative"!	173
67.	Mit welcher Fallgruppe sind die Haftungsvoraussetzungen beim „administrativen Unrecht" vergleichbar?	174
68.	Wann liegt in der Fallgruppe „judikatives Unrecht" grds. ein hinreichend qualifizierter Unionsrechtsverstoß vor?	177 ff.
69.	In welchem Bereich ist eine entstandener Anspruch durchzusetzen?	181
70.	Welche (zwei) Grundprinzipien haben die mitgliedstaatlichen Gerichte insbesondere zu beachten?	181
71.	In welchem Umfang gelten die Haftungsbeschränkungen des Art. 34 GG / § 839 BGB bei der Durchsetzung eines entstandenen Anspruchs?	186 ff.

72.	Welche Probleme sind im Bereich der Passivlegitimation v.a. in bundesstaatlich verfassten Mitgliedstaaten denkbar? Begründung!	193
73.	Wie definierte der BGH früher die Enteignung und was waren die Konsequenzen dieses Enteignungsbegriffs?	197
74.	Was sind die wesentlichen Elemente der neuen Eigentumsrechtsprechung des BVerfG?	198
75.	Wie lautet die heute maßgebliche Enteignungsdefinition?	200
76.	Was ist Eigentum i.S.d. Art. 14 GG?	201
77.	Welche Abgrenzungsfrage stellt sich bei der Definition des eingerichteten und ausgeübten Gewerbebetriebs?	202
78.	Ist das Vermögen von Art. 14 GG erfasst?	203
79.	Sind öffentlich-rechtliche Rechtspositionen von Art. 14 GG erfasst?	204
80.	Kann sich der Mieter auf Art. 14 GG berufen?	206
81.	Wodurch ist der „Entzug" eines Eigentumsrechts charakterisiert?	210
82.	Worin besteht die Schwierigkeit bei nutzungsbeschränkenden Gesetzen?	211
83.	Wie ist die Gesetzgebungskompetenz für Enteignungen geregelt?	216
84.	Was ist der Regelfall, Administrativ- oder Legalenteignung?	217
85.	Dürfen Enteignungen auch zugunsten Privater durchgeführt werden?	218
86.	Was ist eine Junktimklausel, was sind salvatorische Klauseln?	220 f.
87.	Hat sich durch die Schuldrechtsreform etwas an der Verjährung der staatshaftungsrechtlichen Ansprüche geändert?	224
88.	Wer ist passivlegitimiert?	225
89.	Worauf kommt es bei Enteignungen für die Frage des Rechtswegs an?	226
90.	Welche Funktion kommt bei Inhaltsbestimmungen der Ausgleichsregelung zu?	227
91.	Darf ein Ausgleich ohne gesetzliche Grundlage gewährt werden?	229
92.	Genügen salvatorische Klauseln in diesem Zusammenhang dem Erfordernis der Gesetzmäßigkeit?	230
93.	Was ist das Gebot der gerechten Abwägung?	233
94.	Welche Gesichtspunkte sind bei der Inhaltsbestimmung abwägungserheblich?	234
95.	Unter welchen Voraussetzungen kann ein finanzieller Ausgleich nach neuerer Rechtsprechung die Verfassungsmäßigkeit des Gesetzes gewährleisten?	236
96.	Wo ist die Rechtswegfrage hinsichtlich der ausgleichspflichtigen Inhaltsbestimmung geregelt?	241
97.	Was unterscheidet den enteignenden und den enteignungsgleichen Eingriff voneinander?	242
98.	Warum wurde der Fortbestand dieser Ansprüche nach dem Nassauskiesungsbeschluss in Zweifel gezogen?)	243
99.	Was ist die Rechtsgrundlage dieser Ansprüche?	244
100.	Wie lautet das gemeinsame Grundschema für beide Ansprüche?	245
101.	Ist auch bei Enteignungen ein Anspruch aus enteignungsgleichem Eingriff möglich?	249
102.	Genügt ein hoheitliches Unterlassen für den enteignungsgleichen Eingriff?	251 f.
103.	Was ist ein präventives Verbot mit Erlaubnisvorbehalt?	252
104.	Gewährt der BGH eine Entschädigung für legislatives Unrecht?	255
105.	Was bedeutet Unmittelbarkeit?	256
106.	Was ist ein Sonderopfer, wann liegt es beim enteignungsgleichen Eingriff vor?	257
107.	Wie berücksichtigt der BGH das Mitverschulden des Klägers?	259
108.	Wer ist beim enteignungsgleichen Eingriff passivlegitimiert?	261
109.	Welcher Rechtsweg ist beim enteignungsgleichen Eingriff einschlägig?	262

#	Frage	Seite
110.	Welche Bedeutung hat die Unterscheidung zwischen Handlungs- und Erfolgsunrecht für den enteignenden Eingriff?	266
111.	Nach welchen Kriterien bestimmt sich das Vorliegen eines Sonderopfers beim enteignenden Eingriff?	269
112.	Ist auch beim enteignenden Eingriff der Vorrang des Primärrechtsschutzes zu beachten?	270
113.	Auf welche Rechtsgüter erstreckt sich der Aufopferungsanspruch?	277
114.	Was versteht man unter „psychologischem Abfordern"?	279
115.	Was ist Rechtsgrundlage des öffentlich-rechtlichen Erstattungsanspruchs?	284
116.	Was unterscheidet dieses Haftungsinstitut von anderen?	285
117.	Welche Anspruchskonstellationen sind vorstellbar?	286
118.	Welche wichtige Spezialvorschrift ist vorrangig zu prüfen?	287a
119.	Welche Voraussetzungen hat der öffentlich-rechtliche Erstattungsanspruch?	289 ff.
120.	Welche Bedeutung kann § 43 VwVfG zukommen, wenn Rechtsgrund der Vermögensverschiebung ein VA war?	291
121.	Unter welchen Voraussetzungen kann sich der Anspruchsgegner auf den Wegfall der Bereicherung berufen?	293
122.	Wie kann ein Privater den öffentlich-rechtlichen Erstattungsanspruch durchsetzen?	296
123.	Wie kann eine Behörde den Anspruch durchsetzen?	297
124.	Was besagt die Zwei-Stufen-Theorie?	300
125.	Ist ein Haftungsausschluss durch Satzung im Rahmen eines öffentlich-rechtlichen Benutzungsverhältnisses möglich?	302
126.	Was ist eine öffentlich-rechtliche Verwahrung?	303
127.	Wie grenzt man die öffentlich-rechtliche von der privatrechtlichen GoA ab?	305
128.	Welches verfassungsrechtliche Problem stellt sich bei einer GoA zwischen zwei Verwaltungsträgern?	307
129.	Kann ein Verwaltungsträger einen Kostenbescheid auf der gestützt auf GoA-Vorschriften erlassen?	310
130.	Darf ein Bürger spontan für einen Verwaltungsträger handeln?	311
131.	Auf welchem Rechtsweg sind Ansprüche aus verwaltungsrechtlichen Schuldverhältnissen geltend zu machen?	312
132.	Welche Ansprüche bilden in ihrer Gesamtheit den Allgemeinen Folgenbeseitigungsanspruch?	314
133.	Nennen Sie Beispiele für Unrechtslasten!	315
134.	Was ist das Rechtsschutzziel des FBA?	316; 344
135.	Nennen Sie die Rechtsgrundlage(n) des FBA!	317
136.	Kann ein FBA im Fall eines Widerrufsanspruchs gegen Meinungsäußerungen in Betracht kommen?	323
137.	Wonach richtet sich die Klageart zur Geltendmachung eines FBA?	324 ff.
138.	Sind Unrechtslasten auch infolge eines Unterlassens denkbar? Begründung!	326 f.
139.	Welche Rechtspositionen werden insbesondere geschützt?	328
140.	Welches TB-Merkmal wird zum Bezugspunkt der Rechtswidrigkeit?	330
141.	Unter welchen Voraussetzungen kommt die Legalisierung eines rechtswidrigen Zustands in Betracht?	334
142.	Welche Ausschlussgründe kommen in Betracht?	335 ff.
143.	Für welche Fallgruppen wurde der Folgenentschädigungsanspruch geschaffen?	343
144.	Kommen juristische Personen des öff. Rechts als Anspruchsinhaber in Betracht?	348
145.	Wer ist passivlegitimiert?	350

146. Skizzieren Sie den Inhalt des sozialrechtlichen Erstattungsanspruchs! 357
147. Nennen Sie den wesentlichen Unterschied des öffentlich-rechtlichen Unterlassungsanspruchs zum FBA! 368
148. Nennen Sie Beispiele für hoheitliche Eingriffe! 369
149. Was ist die Rechtsgrundlage des Unterlassungsanspruchs? 371
150. Weist der TB des UA Ausschlussgründe auf? Begründung! 374
151. Was unterscheidet den Störungsbeseitigungsanspruch vom Unterlassungsanspruch i.e.S.? .... 382 f.
152. Welche Besonderheit weist der Immissionsabwehranspruch auf? 386
153. Welche Besonderheiten sind bei der Abwehr hoheitlicher Äußerungen zu beachten? .... 387 f.
154. Welche Rechtsfolge soll mit der Geltendmachung eines UA erreicht werden? 389
155. Nennen Sie die prozessualen Besonderheiten bei der Geltendmachung eines UA! .... 392 ff.
156. Welches Spannungsverhältnis ergibt sich ggf. aus der planerischen Tätigkeit eines Hoheitsträgers? 399
157. Nennen Sie die verschiedenen Plantypen! .... 407 ff.
158. Bei welchem Plantyp kommt ein Staatshaftungsanspruch in Betracht? Begründung! 410
159. Skizzieren Sie die Problematik der „Rückwirkung von Gesetzen"! .... 414 f.
160. Was ist der Hauptkritikpunkt am Anspruch auf Anpassungshilfe? 418
161. Erklären Sie das Stufenverhältnis der Ansprüche! 420

STICHWORTVERZEICHNIS

Die Zahlen verweisen auf die Randnummern des Skripts

A

Administrativenteignung	**216**
Administratives Unrecht	
Anspruchsdurchsetzung	184
Anspruchsentstehung	174 f.
Begriff	172 f.
Allgemeines Persönlichkeitsrecht	**134, 277a, 381**
Allgemeiner Folgenbeseitigungsanspruch	**314 ff.**
Aktivlegitimation	
Jur. Personen des Privatrechts	346 f.
Jur. Personen des öffentl. Rechts	348
Ausschlussgründe	
Mitverantwortung	342 f.
Unmöglichkeit d. Wiederherstellung	336 ff.
Unzulässige Rechtsausübung	341
Unzumutbarkeit	339
Begriff	314
Folgenbeseitigungspflicht	337
Folgenentschädigungsanspruch	314, 318, 339, 361
Geschützte Rechtspositionen	328
Haftungsausfüllende Kausalität	345
Hoheitlicher Eingriff	
Abgrenzungen	324 f.
Unterlassen	326 f.
Klageart	354 f.
Konkurrenzen	357 ff.
Legalisierung	334, 341
Passivlegitimation	
Beseitigungskompetenz	350
Rechtsträgerprinzip	348
Widerrufsanspruch	351
Rechtsfolge	316, 344 f.
Rechtsgrundlage	317
Rechtsweg	353
Schema	366
Tatbestand	319
Unmittelbarkeit	329
Unrechtslasten	
Andauern	333 f.
Beispiele	315
Rechtswidrigkeit	330
Unteilbarkeit	343
Verjährung	356
VollzugsFBA	314, 318, 331, 354
Amtshaftungsanspruch	**7 ff.**
Amtshaftungsverdrängende Sondervorschriften	15
Amtspflichtverletzung	siehe dort
Amtswalter	siehe dort
Anspruchsgrundlage	16
Einheitliche	16
Haftungsüberleitung	16
Drittbezogene Amtspflicht	siehe dort
Haftungsausfüllende Kausalität	86 ff.
Adäquanz	88
Äquivalenz	87
Ermessensentscheidungen	91
Schutzzweck der Norm	89
Haftungsbeschränkung	siehe dort
Handeln in Ausübung	siehe dort
Historische Entwicklung	9
Institutsgarantie	14
Konkurrenzen	142 ff.
Öffentliches Amt	siehe dort
Passivlegitimation	124 ff.
Prüfungsschema	17
Rechtsmittelversäumung	s. Haftungsbeschränkung
Rechtsweg	siehe dort
Rechtswidrigkeit	56
Rückgriff auf den Amtswalter	147
Schaden	84 f.
Schadensersatz	siehe dort
Systematik	8
Verfassungsrechtliche Grundlagen	10
Verschulden	74 ff.
Schuldfähigkeit	76
Fahrlässigkeit	81
Kollegialgerichtsrichtlinie	83
Organisationsverschulden	82
Vorsatz	80
Amtspflichtverletzung	**48 ff.**
Amtspflichten	
Abgrenzung zu Rechtspflichten	50 ff.
Allgemeine	49 a
Spezielle	49
Verstoß gegen bindendes Innenrecht	53
Haftungsverschiebung	55
Objektive Widerrechtlichkeit	54
Amtswalter	**18**
Beliehene	siehe dort
Funktionshaftung	18
Privatunternehmer	siehe dort
Statushaftung	18
Verwaltungshelfer	siehe dort
Anspruch auf Anpassungshilfe	
Anspruchsinhalt	418
Begriff	403
Grundlage	399 ff.
Konkurrenzen	422
Schema	420
Anspruchskonkurrenzen	
Allgemeiner FBA	357 ff.
Amtshaftungsanspruch	142 ff.
Öffentlich-rechtliche GoA	313

STICHWORTVERZEICHNIS

Öffentlich-rechtlicher Erstattungsanspruch	298
Öffentlich-rechtlicher UA	395
Plangewährleistung	422
Aufopferungsanspruch	**274 ff.**
Abgrenzung	274
Anspruchsgrundlage	276
Anspruchsprüfung	274
Eingriff	
Hoheitlicher Zwang	278
Psychologisches Abfordern	279
Rechtsgüter	277
Rechtsfolge	283
Sonderopfer	281
Subsidiarität	275, 282
Unmittelbarkeit	280
Aufopferungshaftung	**5**
Ausgleichspflichtige Inhaltsbestimmung	**227 ff.**
Abgrenzungen	231
Anspruchsgrundlage	229 f.
Salvatorische Klauseln	230
Fallgruppen	227
Gebot der gerechten Abwägung	233
Abwägungserhebliche Gesichtspunkte	234
Kompensatorische Maßnahmen	236 f.
Staatszielbestimmungen	235
Vorrang faktischer Kompensation	236 b
Passivlegitimation	240
Prüfungsschema	228
Rechtsfolge	238
Rechtsweg	241
Verjährung	239

B

Beamtenbegriffe	**18 f.**
Haftungsrechtlicher	18
Statusrechtlicher	19
Strafrechtlicher	19
Beliehene	**20 f.**
Beispiele	20
Haftung für	20 f.

D

Dienstfahrt	**36**
Diskriminierungsverbot	**181, 186**
Drittbezogenheit der Amtspflicht	**57 ff.**
Schutzbereich der Amtspflicht	58 ff.
Drittbetroffenheit	62
Prüfungsschema	58
Schutznormtheorie	59
Schutzzweck der Amtspflicht	60 f.
Normatives/legislatives Unrecht	63 ff.
Altlasten	66 f.
Bauleitplanung	65 ff.
Einzelfall-/Maßnahmegesetze	64
Unterlassene Rechtssetzung	68
Gegenüber Trägern öffentlicher Gewalt	69 f.
Bei innerbehördlichen Vorgängen	71 ff.
„Dulde und Liquidiere"	**5, 115, 197, 215**

E

Effizienzgebot	**181, 186**
Eigentumsdogmatik	**196 ff.**
Rechtsprechung des BGH	197
Schweretheorie	197
Rechtsprechung des BVerfG	198
Nassauskiesungsbeschluss	198
Prinzip der Gesetzmäßigkeit	198 b
Eingerichteter u. ausgeübter Gewerbebetrieb	**202, 422**
Enteignender Eingriff	**263 ff.**
Anspruchsgrundlage	265
Anspruchsprüfung	263
Eingriff	
Duldungspflicht	267
Handlungs-/Erfolgsunrecht	266
Passivlegitimation	272
Rechtsfolge	270
Rechtsweg	273
Sonderopfer	269
Subsidiarität	264
Unmittelbarkeit	268
Verjährung	271
Enteignungsentschädigung	**199 ff.**
Allgemeinwohlbedürfnis	218
Begriff: Eigentum	201 f.
Definition: Enteignung	200
Abgrenzung	210, 211, 213
Finalität	213
Gezielter hoheitlicher Rechtsakt	209
Güterbeschaffungsvorgang	212
Klassischer Enteignungsbegriff	210
Enteignungsrechtliche Vorwirkung	222
Enteignung zugunsten Privater	218 a
Grundrechtsträger	207
Junktimklausel	22
Salvatorische Klauseln	220 a
Passivlegitimation	225
Rechtmäßigkeit	215 ff.
Administrativenteignung	216
Legalenteignung	217
Rechtsfolge	223
Schutzbereich	202 ff., 208
Baufreiheit	205
Besitzrecht des Mieters	206
Einger. und ausgeübter Gewerbebetrieb	202
Subj. Öffentliche Rechte	204
Vermögen	203

STICHWORTVERZEICHNIS

Verjährung	224
Verfahren	221
Verhältnismäßigkeit	219
Zweckrichtung	214
Enteignungsgleicher Eingriff	**246 ff.**
Anspruchsgrundlage	248
Anspruchsprüfung	246
Eingriff	
Geschützte Rechtspositionen	249
Rechtsform	250
Unterlassen	251 f.
Mitverschulden	259
Passivlegitimation	261
Rechtsfolge	258
Rechtsweg	262
Rechtswidrigkeit	254 f.
Handlungsunrecht	254
Legislatives / normatives Unrecht	255
Sonderopfer	257
Subsidiarität	247
Unmittelbarkeit	256
Verjährung	260
Enteignungsgleicher / Enteignender Eingriff	**242 ff.**
Abgrenzung	242
Anspruchsgrundlage	243 f.
Anspruchsvoraussetzungen	
Grundschema	245
Schweretheorie	269
Situationsgebundenheit	269
Enteignungsrechtliche Vorwirkung	**222**
Entschädigung	**6, 199, 223, 258, 270, 283**
Ersetzungsbefugnis	**340**

F

„feindliches Grün"	**3, 29**
Verkehrsregelungspflichten	29
Verkehrssicherungspflichten	32 f.
„Flucht ins Privatrecht"	**30, 42, 380**
Folgenbeseitigungsanspruch	siehe Allgemeiner FBA
Folgenentschädigungsanspruch	**314, 318, 339, 361**
Formenwahlfreiheit der Verwaltung	**38, 42, 299**

G

Gefährdungshaftung	**3**
Grundsatz der Allverantwortlichkeit	**169**

H

Haftungsbeschränkungen i.R.d. Amtshaftung	**92 ff.**
Mitverschulden	121
Rechtsmittelversäumung	113 ff.
Zurechnungszusammenhang	120
Rechtsmittel	117
Vorwerfbarkeit	118 f.
Vorrang des Primärrechtsschutzes	114
Richterspruchprivileg	107 ff.
Beschlüsse	110 f.
Kausalität	112
Rechtskraft von Urteilen	107
Satzungen	43, 93 ff.
Verweisungsprivileg	97 ff.
Beamtenhaftung	106
Fahrlässiges Handeln	105
Nichtanwendbarkeit	102
Vorteilsanrechnung	103
Vorbehalt des Gesetzes	95
Handeln in Ausübung	**44 ff.**
Äußerer / innerer Zusammenhang	44 ff.
Handeln „bei Gelegenheit"	44 f.
Hinreichend qualifizierter Rechtsverstoß	**163 f., 168, 177 a**

I

Immissionsabwehranspruch	**386**
Institutsgarantie	**14**
Einfacher Gesetzesvorbehalt	14
Amtshaftungsverdrängende Sondervorschriften	15

J

Judikatives Unrecht	
Anspruchsdurchsetzung	185
Anspruchsentstehung	179 f.
Offenkundiges Verkennen der Rechtslage	177a ff.
Urteil „Köbler"	177
Junktimklausel	**197 ff., 220, 230 f., 244**

L

Legalenteignung	**217**
Legislatives Unrecht	
Allverantwortlichkeit des Bundes	169
Amtshaftungsanspruch für	63
Anspruchsdurchsetzung	183
Anspruchsentstehung	170
Begriff	167
Enteignungsgleicher Eingriff	255
Richtlinienumsetzung	168
Ermessen	168 b
Gebundene Entscheidungen	168 a

M

Mitverschulden	**121, 190, 223, 245, 259**
Modifizierte Subjektstheorie	**38**

N

„Nassauskiesungsbeschluss" des BVerfG	**115, 198, 243, 259**
Normatives Unrecht	**63, 255**

O

Öffentliches Amt	**33 ff.**
Begriff	33
Eingriffsverwaltung	34 ff.
Haftung für Realakte	34 ff.
Dienstfahrt	36
Teilnahme am allg. Straßenverkehr	37
Leistungsverwaltung	38 ff.
Haftung für Realakte	38 ff.
Verwaltungsprivatrecht	40 ff.
Formenwahlfreiheit	42
Haftungsausschluss	43
Öffentlich-rechtliche GoA	**304 ff.**
Abgrenzung	305
Anspruchsinhalt	304
„auch fremdes Geschäft"	309
Fallbearbeitung	308
Fallvarianten	306
Keine Selbsthilfe	311
Konkurrenzen	313
Prüfungsschema	306 a
Rechtsweg	312
Spezialregelungen	310
Umgehung Kompetenzordnung	307
Öffentlich-rechtlicher Erstattungsanspruch	**284 ff.**
Allgemeines	284
Anspruchsgrenzen	294
Anspruchskonstellationen	286
Anspruchsvoraussetzungen	
Anspruchsgrundlage	288
Öffentlich-rechtliche Rechtsbeziehung	290
Öffentlich-rechtlicher Vertrag	290 a
Ohne Rechtsgrund	291
Schema	287
Subsidiarität	287a
Vermögensverschiebung	289
Durchsetzung	
Ansprüche Privater	296
Ansprüche Behörde gegen Bürger	297
Erstattungsumfang	
Rechtsfolge	292
Wegfall der Bereicherung	293
Konkurrenzen	298
Problem der VA-Befugnis	297
Öffentlich-rechtlicher Unterlassungsanspruch	**367 ff.**
Abgrenzung zum FBA	368
Begriff	367
Duldungspflicht	
Abwehr hoheitlicher Äußerungen	387 f.
Immissionsabwehranspruch	386
Erstbegehungsgefahr	383
Geschützte Rechtspositionen	381
Hoheitlicher Eingriff	369, 379 f.
Konkurrenzen	395
Passivlegitimation	391
Prozessuale Geltendmachung	
Vorbeugender Rechtsschutz	392 f.
Vorläufiger Rechtsschutz	394
Rechtsfolge	368, 389
Rechtsgrundlage	371 f.
Rechtsweg	390, 398
Schema	366
Störungsbeseitigungsanspruch	368, 394, 396
Tatbestand	373
Wiederholungsgefahr	382

P

Passivlegitimation	
Allgemeiner FBA	349 ff.
Amtshaftungsanspruch	124 ff.
Anstellungstheorie	124
Anvertrauenstheorie	126 ff.
Doppelstellung	127
Funktionstheorie	125
Haftungssubjekt	128
Ausgleichspflichtige Inhaltsbestimmung	240
Enteignung	225
Enteignender Eingriff	272
Enteignungsgleicher Eingriff	261
Öffentlich-Rechtlicher UA	391
Plangewährleistung	425
Unionsrechtlicher Staatshaftungsanspruch	192 ff.
Planentschädigungsanspruch	
Anspruchsinhalt	419
Begriff	404
Grundlage	399 ff.
Konkurrenzen	422
Schema	420
Subsidiarität	419a
Planergänzungsanspruch	**417**
Plangewährleistungsansprüche	
Anspruchsinhalt	411 ff.
Anspruch auf Planbefolgung	402 ff., 411 ff.
Anspruch auf Planfortbestand	402 ff., 411 ff.
Begriff	402
Grundlage	399 ff.
Konkurrenzen	422
Rückwirkung von Gesetzen	414 f.
Schema	420
Plantypen	**407 ff.**
Imperative Pläne	408
Indikative Pläne	409
Influenzierende Pläne	410
Rechtsformen	412 ff.
Privatunternehmer	**24 ff.**
Haftung für selbständige	24 ff.
Eingriffsverwaltung	25 ff.

Leistungsverwaltung		28 ff.
„Werkzeugtheorie"		26 f., 31

R

Rechtsmittel		**117**
Rechtsmittelversäumung		siehe Haftungsbeschränkung
Rechtsweg		
Allgemeiner FBA		353
Amtshaftungsanspruch		135 ff.
Bindungswirkung VA		139 f.
Rechtswegspaltung		136 f.
Vorfragenkompetenz		138
Ausgleichspflichtige Inhaltsbestimmung		241
Enteignung		226
Enteignender Eingriff		273
Enteignungsgleicher Eingriff		262
Öffentlich-Rechtliche GoA		312
Öffentlich- Rechtlicher UA		390, 398
Plangewährleistung		423
Unionsrechtlicher Staatshaftungsanspruch		195
Richterspruchprivileg		**107 ff., 188**
Rückforderung unionswidriger Beihilfen		**294a**
Rückgriff auf den Amtswalter		**147**

S

Salvatorische Klauseln		**220a, 230**
Schadensersatz		**6**
Differenzhypothese		6, 84
Differenzmethode		131
Entgangener Gewinn		131a
Naturalrestitution		129, 191
Ausschluss		130
Normativer Schaden		85
Schmerzensgeld		133
Allgemeines Persönlichkeitsrecht		134
Vorteilsausgleichung		132
Schutznormtheorie		**161**
Sonderopfer		**5, 210, 257, 269, 281**
Sonderrechtstheorie		**38**
Sozialrechtlicher Herstellungsanspruch		**357**
Staatshaftungsgesetz von 1981		**10, 75, 317**
Störungsbeseitigungsanspruch		**315, 368, 374, 394, 396**
Subjektives Öffentliches Recht		**12**

U

Unionsrechtlicher Staatshaftungsanspruch 150 ff.		
Anspruchsdurchsetzung		
Administratives Unrecht		184
Diskriminierungsverbot		181
Effizienzgebot		181
Grundsatz		181
Gerichtszuständigkeit		182
Judikatives Unrecht		185
Legislatives Unrecht		183
Arten von Unionsrechtsverstößen		166 ff.
Administratives Unrecht		siehe dort
Judikatives Unrecht		siehe dort
Legislatives Unrecht		siehe dort
Begriff		150
Entstehungsvoraussetzungen		
Allg. Haftungsvoraussetzungen		160 ff.
Hinreichend qual. Verstoß		163 f., 168, 177 a
Schutznormverletzung		161
Besondere Haftungsmaßstäbe		165 ff.
Grundlagen		153
Haftung der EU gem. Art. 340 II AEUV		152
Haftungsbeschränkungen		
Diskriminierungsverbot / Effizienzgebot		186
Mitverschulden		190
Rechtsmittelversäumung		189
Richterspruchprivileg		188
Passivlegitimation		
Grundsatz		192
Gesetzgebungskompetenz d. Länder		193
Primäres Unionsrecht		151
Prüfungsaufbau		158
Rechtsweg und Gerichtszuständigkeit		195
Schadensersatz		191
Systematik		154 ff.
Trennung zw. Entstehung / Durchsetzung		156
Verhältnis zu Art. 34 GG / § 839 BGB		157
Verjährung		**194**
Unrechtshaftung		**4**
Unterlassungsanspruch		siehe Öffentlich-Rechtlicher UA
Verfassungsbeschwerde		**13, 226, 323**

V

Verjährung		**29**
Allgemeiner FBA		356
Amtshaftungsanspruch		122 f.
Fristbeginn		122
Hemmung		123
Ausgleichspflichtige Inhaltsbestimmung		239
Enteignung		224
Enteignender Eingriff		271
Enteignungsgleicher Eingriff		260
Unionsrechtlicher Staatshaftungsanspruch		194
Öffentl.-rechtl. Erstattungsanspruch		295
Verkehrsregelungspflichten		**30**
Verkehrssicherungspflichten		**3, 32**
Verwaltungshelfer		**22 f.**
Beispiele		23
Unselbständiges Werkzeug		22 f.
Verwaltungsprivatrecht		**42 ff., 250, 325**
Verwaltungsrechtliche Schuldverhältnisse		**299 ff.**
Definition		299
Benutzungs-/Leistungsverhältnisse		300
Anwendung der §§ 280 ff. BGB analog		301

Haftungsausschluss	302
öffentlich-rechtliche GoA	siehe dort
öffentlich-rechtliche Verwahrung	303
Verweisungsprivileg	**97 ff., 187**
Vollzugsfolgenbeseitigungsanspruch	**296, 314, 318, 331, 354**
Vorbehalt des Gesetzes	**94 f.**
Vorrang des Primärrechts-	
schutzes	**11, 198 b, 232, 244, 259, 326, 419 a**

W

Werkzeugtheorie	**26 f., 31, 250**
Modifizierte	27, 31
Widerrufsanspruch	**323**
Widerrufsfähigkeit	323a
Widerrufskompetenz	351

Z

Zivilrechtliche Unterlassungsansprüche	**395**

hemmer/wüst Verlag

UNSER LERNSYSTEM IM ÜBERBLICK

VERSANDKOSTENFREI IN UNSEREM SHOP: www.hemmer-shop.de

DIE STUDENTENSKRIPTEN

■ DAS GRUNDWISSEN - 10 BÄNDE (je 9,90 €)

Die Grundwissenskripten sind für den Studenten in den ersten Semestern gedacht. In den Theoriebänden Grundwissen werden leicht verständlich und kurz die wichtigsten Rechtsinstitute vorgestellt und das notwendige Grundwissen vermittelt. Die Skripten werden durch den jeweiligen Band unserer Reihe „Die wichtigsten Fälle" ergänzt.

■ DIE BASICS - 11 BÄNDE (je 16,90 €)

Das Grundwerk für Studium und Examen. Es schafft schnell Einordnungswissen und mittels der hemmer-Methode richtiges Problembewusstsein für Klausur und Hausarbeit. Wichtig ist, wann und wie Wissen in der Klausur angewendet wird. Umfangreicher als die Grundwissenreihe und knapper als die Hauptskriptenreihe.

■ DIE HAUPTSKRIPTEN - 52 BÄNDE (je 19,90 €)

DAS PRÜFUNGSWISSEN:

In unseren Hauptskripten werden die für die Prüfung nötigen Zusammenhänge umfassend aufgezeigt und wiederkehrende Argumentationsketten eingeübt. Nutzen Sie die Skripten als Ihre ortsunabhängige Bibliothek - vom 1. Semester bis zum 2. Staatsexamen Ihr ideales Nachschlagewerk. Sie ersetzen das gute alte Lehrbuch. Sie sind - anders als das typische Lehrbuch - klausurorientiert. Beispielsfälle erleichtern das Verständnis. So wird Prüfungswissen auf anspruchsvollem Niveau vermittelt. Die studentenfreundliche Preisgestaltung ermöglicht den Erwerb als Gesamtwerk. So gehen Sie sicher in die Klausur.

■ DIE WICHTIGSTEN FÄLLE - 26 BÄNDE (je 14,80/12,80 €)

VOM FALL ZUM WISSEN:

An Grundfällen werden die prüfungstypischen Probleme übersichtlich in Musterlösungen dargestellt. Eine Kurzgliederung erleichtert den Einstieg in die Lösung. Der jeweilige Fallschwerpunkt wird grafisch hervorgehoben. Die Reihe „Die wichtigsten Fälle" ist ideal geeignet, schnell in ein Themengebiet einzusteigen. So werden Zwischenprüfung und Scheine leicht.

www.hemmer-shop.de

hemmer/wüst Verlag

UNSER LERNSYSTEM IM ÜBERBLICK

VERSANDKOSTENFREI IN UNSEREM SHOP: www.hemmer-shop.de

DIE KARTENSÄTZE

■ DIE ÜBERBLICKSKARTEIKARTEN - 7 SÄTZE (je 30,00/19,90 €)

ÜBER PRÜFUNGSSCHEMATA ZUM WISSEN:

Ihr Begleiter vom 1. Semester bis zum 2. Staatsexamen! In den Überblickskarteikarten sind die wichtigsten Problemfelder im Zivil-, Straf- und Öffentlichen Recht knapp, präzise und übersichtlich dargestellt. Sie erfassen effektiv auf einen Blick das Wesentliche. Die grafische Aufbereitung der Prüfungsschemata auf der Vorderseite schafft Überblick über den Prüfungsaufbau. Die Kommentierung mit der hemmer-Methode auf der Rückseite vermittelt deshalb das nötige Einordnungswissen für die Klausur und erwähnt die wichtigsten Definitionen.

■ DIE BASICS KARTEIKARTEN - 3 SÄTZE (je 16,90 €)

DAS PENDANT ZU DEN BASICS SKRIPTEN:

Mit dem Frage- und Antwortsystem zum notwendigen Wissen. Die Vorderseite der Karteikarte ist unterteilt in Einordnung und Frage. Der Einordnungstext erklärt den Problemkreis und führt zur Frage hin. Die Frage trifft dann den Kern der prüfungsrelevanten Thematik. Auf der Rückseite schafft der Antworttext Wissen.

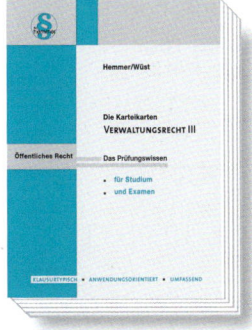

■ DIE HAUPTKARTEIKARTEN - 18 SÄTZE (je 16,90 €)

DAS PENDANT ZU DEN HAUPTSKRIPTEN:

Das Prüfungswissen in Karteikartenform für den, der es bevorzugt, mit Karteikarten zu lernen. Im Frage- und Antwortsystem zum Wissen. Auf der Vorderseite der Karteikarte führt ein Einordnungsteil zur Frage hin. Die Frage trifft die Kernproblematik des zu Erlernenden. Auf der Rückseite schafft der Antworttext Wissen.

■ DIE SHORTIES - IN 20 STUNDEN ZUM ERFOLG
IN DER HEMMER LERNBOX - 7 BOXEN (je 24,90 €)

Die kleinen Karteikarten in der hemmer Lernbox enthalten auf der Vorderseite jeweils eine Frage, welche auf der Rückseite grafisch aufbereitet beantwortet wird. Die bildhafte Darstellung ist lernpädagogisch sinnvoll. Die wichtigsten Begriffe und Themenkreise werden anwendungsspezifisch erklärt. Knapper geht es nicht - die Sounds der Juristerei! In Kürze verhelfen die Shorties so zum Erfolg.

www.hemmer-shop.de

hemmer/wüst Verlag

UNSER LERNSYSTEM IM ÜBERBLICK

VERSANDKOSTENFREI IN UNSEREM SHOP: www.hemmer-shop.de

NEU UND MODERN: UNSERE DIGITALEN PRODUKTE

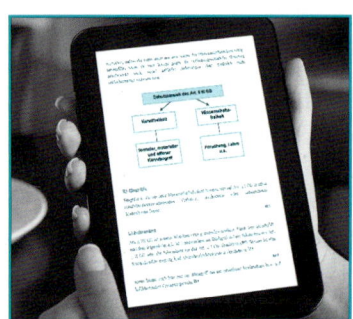

■ DIE eBOOKS (ab 9,90 €)

UNSERE eBOOKS ERHÄLTLICH FÜR IHRE MOBILGERÄTE UND PC's:

In den eBooks, die mit unseren Hauptskripten identisch sind, werden die für die Prüfung nötigen Zusammenhänge umfassend aufgezeigt und wiederkehrende Argumentationsketten eingeübt.

Nutzen Sie die eBooks als Ihre ortsunabhängige Bibliothek. Sie sind klausurorientiert und zahlreiche Beispielsfälle erleichtern das Verständnis. So wird Prüfungswissen auf anspruchsvollem Niveau vermittelt. Die studentenfreundliche Preisgestaltung ermöglicht den Erwerb als Gesamtwerk. Die hemmer eBooks sind über den hemmer-shop erhältlich.

■ DIE APPS (je 6,99 €)

IN FÜNF STUNDEN ZUM ERFOLG:

Das Frage-Antwort-System der hemmer-Skripten als app. Das moderne Frage-Antwort-System für Ihr Handy oder Tablet:

Ideal zum Erlernen, Vertiefen und Wiederholen des prüfungsrelevanten Stoffs, auch für sog. Leerlaufphasen (z.B. in der Bahn ...).

Die Lernfragen eignen sich zur Kontrolle, ob Sie richtig gelernt haben.

Automatisches, gezieltes Wiederholen schafft Sicherheit und reduziert langfristig den Lernaufwand.

■ DIE AUDIOCARDS (zum Download: ab 19,95 €)

AUDITIVES LERNSYSTEM ZUM DOWNLOAD:

Die AudioCards sind auf dem aktuellen Rechtsstand der entsprechenden Hauptskripte.

Das Frage-Antwort-System der hemmer-Skripten zum Hören

Ganz nach dem Motto „Geht ins Ohr, bleibt im Kopf" verhelfen wir Ihnen mit unserem auditiven Lernsystem zu einer optimalen Prüfungsvorbereitung.

- auditiv: Der examensrelevante Stoff zum auditiven Lernen von erfahrenen Repetitoren. Ideal für schnelles Repetieren der hemmer-Skriptenreihe.
- modern: Frage-Antwort-System für Ihren i-Pod oder mp3-Player
- effektiv: Auditives Lernen optimiert die Wiederholung, im mp3-Format jederzeit verfügbar.

  Nutzen Sie Leerlaufphasen (z.B. im Auto, in der U-Bahn ...) zum Wiederholen und Vertiefen des gelernten Stoffs.

www.hemmer-shop.de

2018 PRODUKTLISTE
REIHE INTELLIGENTES LERNEN

Seite 1

hemmer/wüst
Verlagsgesellschaft mbH

Mergentheimer Str. 44 / 97082 Würzburg
Tel.: 09 31 /7 97 82 38 / Fax: 09 31/7 97 82 40
Internet: www.hemmer-shop.de

ISBN 978-3-86193- Auflage/Jahr/Euro

Grundwissen für Anfangssemester

Nr.	ISBN	Titel	Auflage/Jahr/Euro
GW10	(-732-6)	BGB-AT Theorieband zu den wicht. Fällen	9.A/18 · 9,90
GW11	(-481-3)	SchuldR-AT Theorieband zu den wicht. Fällen	7.A/16 · 9,90
GW12	(-457-8)	SchuldR-BT I Theorieband zu den wicht. Fällen	7.A/16 · 9,90
GW13	(-694-7)	SchuldR-BT II Theoriebd. zu den wicht. Fällen	7.A/18 · 9,90
GW14	(-598-8)	Sachenrecht I Theorieband zu den wicht. Fällen	7.A/17 · 9,90
GW15	(-455-4)	Sachenrecht II Theorieband zu den wicht. Fällen	6.A/16 · 9,90
GW20	(-525-4)	Strafrecht AT Theorieband zu den wicht. Fällen	7.A/16 · 9,90
GW21	(-594-0)	Strafrecht BT Theorieband zu den wicht. Fällen	6.A/17 · 9,90
GW30	(-545-2)	StaatsR Theorieband zu den wicht. Fällen	7.A/17 · 9,90
GW31	(-523-0)	VerwaltungsR Theorieband zu den wicht. Fällen	7.A/16 · 9,90

Die wichtigsten Fälle

Nr.	ISBN	Titel	Auflage/Jahr/Euro
F0	(-198-0)	Sonderband: Der Streit- und Meinungsstand im neuen Schuldrecht	5.A/13 · 14,80
F1	(-700-5)	76 Fälle - BGB AT	10.A/18 · 12,80
F2	(-613-8)	55 Fälle - Schuldrecht AT	10.A/17 · 12,80
F3	(-691-6)	51 Fälle - Schuldrecht BT - Kauf/WerkV	10.A/18 · 12,80
F4	(-518-6)	42 Fälle - GoA/Bereicherungsrecht	9.A/16 · 12,80
F5	(-631-2)	45 Fälle - Deliktsrecht	8.A/17 · 12,80
F6	(-517-9)	44 Fälle - Verwaltungsrecht	9.A/16 · 12,80
F25	(-632-9)	30 Fälle - Verwaltungsrecht BT Bayern	5.A/17 · 12,80
F7	(-709-8)	32 Fälle - Staatsrecht	11.A/18 · 12,80
F8	(-510-0)	34 Fälle - Strafrecht AT	10.A/16 · 12,80
F9	(-551-8)	44 Fälle Strafrecht BT I - Vermögensd.	10.A/17 · 12,80
F10	(-618-3)	44 Fälle Strafrecht BT II - Nicht-Vermögensd.	9.A/17 · 12,80
F11	(-715-9)	50 Fälle - Sachenrecht I	9.A/18 · 12,80
F12	(-494-3)	43 Fälle - Sachenrecht II - ImmobiliarSR	9.A/16 · 12,80
F13	(-567-4)	40 Fälle - ZPO I - Erkenntnisverfahren	8.A/17 · 12,80
F14	(-485-1)	25 Fälle - ZPO II - ZwangsvollstreckungsV	7.A/16 · 12,80
F15	(-707-4)	35 Fälle - Handelsrecht	8.A/18 · 12,80
F16	(-506-3)	36 Fälle - Erbrecht	7.A/16 · 12,80
F17	(-489-9)	26 Fälle - Familienrecht	8.A/16 · 12,80
F18	(-680-0)	32 Fälle - Gesellschaftsrecht	7.A/18 · 12,80
F19	(-515-5)	39 Fälle - Arbeitsrecht	7.A/16 · 12,80
F20	(-533-9)	35 Fälle - Strafprozessrecht	6.A/16 · 12,80
F21	(-701-2)	23 Fälle - Europarecht	6.A/18 · 12,80
F22	(-682-4)	10 Fälle - Musterkl. Examen ZivilR	8.A/18 · 14,80
F23	(-475-2)	10 Fälle - Musterkl. Examen StrafR	6.A/17 · 14,80
F24	(-591-9)	8 Fälle - Musterkl. Examen SteuerR	9.A/17 · 14,80

Skripten Basics (110)

Nr.	ISBN	Titel	Auflage/Jahr/Euro
I/1	(-448-6)	Zivilrecht I - BGB AT u.vertragl. SchuldV	10.A/16 · 16,90
I/2	(-674-9)	Zivilrecht II - Sachenrecht/gesetzl. SV	9.A/18 · 16,90
I/3	(-724-1)	Zivilrecht III - FamilienR/ErbR	9.A/18 · 16,90
I/4	(-605-3)	Zivilrecht IV - ZivilprozessR	9.A/17 · 16,90
I/5	(-486-8)	Zivilrecht V - Handels-/GesellschR	8.A/16 · 16,90
I/6	(-522-3)	Zivilrecht VI - ArbeitsR	6.A/16 · 16,90
II	(-542-1)	Strafrecht	7.A/17 · 16,90
III/1	(-268-0)	Öffentliches Recht I - VerfassR/StaatsHR	6.A/14 · 16,90
III/2	(-388-5)	Öffentliches Recht II - VerwaltungsR	7.A/15 · 16,90
IV	(-403-5)	Steuerrecht - EstG & AO	9.A/15 · 16,90
V	(-512-4)	Europarecht	9.A/16 · 16,90

Skripten Zivilrecht (120)

Nr.	ISBN	Titel	Auflage/Jahr/Euro
1	(-415-8)	BGB-AT I, Ensteh.d.Primäranspruchs	14.A/15 · 19,90
2	(-479-0)	BGB-AT II, Scheitern des Primäranspr.	14.A/16 · 19,90
3	(-659-6)	BGB-AT III, Erlösch.d. Primäranspruchs	14.A/17 · 19,90
4	(-278-9)	Schadensersatzrecht I	8.A/14 · 19,90
5	(-492-9)	Schadensersatzrecht II	7.A/16 · 19,90
6	(-532-2)	Schadensersatzrecht III (§§ 249 ff.)	12.A/17 · 19,90
7	(-342-7)	Verbraucherschutzrecht	4.A/14 · 19,90
51	(-624-4)	Schuldrecht AT	11.A/17 · 19,90
52	(-683-1)	Schuldrecht BT I	10.A/18 · 19,90
53	(-563-6)	Schuldrecht BT II	10.A/17 · 19,90
8	(-519-3)	Bereicherungsrecht	15.A/16 · 19,90
9	(-697-8)	Deliktsrecht I	13.A/18 · 19,90
10	(-581-0)	Deliktsrecht II	10.A/17 · 19,90
11	(-619-0)	Sachenrecht I	14.A/17 · 19,90
12	(-465-3)	Sachenrecht II	11.A/16 · 19,90
12A	(-642-8)	Sachenrecht III	13.A/17 · 19,90
13	(-564-3)	Kreditsicherungsrecht	12.A/17 · 19,90
14	(-483-7)	Familienrecht	13.A/16 · 19,90
15	(-459-2)	Erbrecht	13.A/16 · 19,90
16	(606-0)	Zivilprozessrecht I	13.A/17 · 19,90
17	(-633-6)	Zivilprozessrecht II	12.A/17 · 19,90
18	(-717-3)	Arbeitsrecht	16.A/18 · 19,90
19A	(-462-2)	Handelsrecht	11.A/16 · 19,90
19B	(-579-7)	Gesellschaftsrecht	14.A/17 · 19,90
31	(-450-9)	Herausgabeansprüche	7.A/16 · 19,90
32	(-254-3)	Rückgriffsansprüche	7.A/13 · 19,90

Skripten Strafrecht (120)

Nr.	ISBN	Titel	Auflage/Jahr/Euro
20	(-511-7)	Strafrecht AT I	13.A/16 · 19,90
21	(-671-8)	Strafrecht AT II	13.A/17 · 19,90
22	(-722-7)	Strafrecht BT I	13.A/18 · 19,90
23	(-392-2)	Strafrecht BT II	12.A/15 · 19,90
30	(-675-6)	Strafprozessordnung	12.A/17 · 19,90

Skripten Öffentliches Recht (120/130)

Nr.	ISBN	Titel	Auflage/Jahr/Euro
24	(-478-3)	Verwaltungsrecht I	13.A/16 · 19,90
25	(-630-5)	Verwaltungsrecht II	13.A/16 · 19,90
26	(-597-1)	Verwaltungsrecht III	13.A/16 · 19,90
27	(-524-7)	Staatsrecht I	12.A/16 · 19,90
28	(-287-1)	Staatsrecht II	9.A/14 · 19,90
29	(-655-8)	Europarecht	13.A/17 · 19,90
40	(-729-6)	Staatshaftungsrecht	5.A/18 · 19,90
33	(-662-6)	Baurecht/Bayern	12.A/17 · 19,90
33	(-505-6)	Baurecht/Nordrhein-Westfalen	9.A/16 · 19,90
33	(-666-4)	Baurecht/Baden-Württembg.	5.A/17 · 19,90
33	(-331-1)	Baurecht/Hessen	2.A/14 · 19,90
33	(-847-0)	Baurecht/Saarland	1.A/08 · 19,90
34	(-327-4)	Polizeirecht Bayern	10.A/14 · 19,90
34	(-698-5)	Polizei- u. Ordnungsrecht/NRW	6.A/18 · 19,90
34	(-432-5)	Polizeirecht/Baden-Württembg.	4.A/15 · 19,90
34	(-417-2)	Polizei- u. Ordnungsrecht/Hessen	2.A/15 · 19,90
34	(-028-0)	Polizei- u. Ordnungsrecht/Rheinl.-Pfalz	1.A/11 · 19,90
34	(-877-7)	Polizei- u. Sicherheitsrecht/Saarland	1.A/09 · 19,90
35	(-719-7)	Kommunalrecht/Bayern	11.A/18 · 19,90
35	(-076-1)	Kommunalrecht/NRW	8.A/11 · 19,90
35	(-541-4)	Kommunalrecht/Baden-Württembg.	5.A/17 · 19,90

www.hemmer-shop.de

Lieferung erfolgt in aktueller Auflage

2018 PRODUKTLISTE

Reihe intelligentes Lernen

hemmer/wüst Verlagsgesellschaft mbH

Mergentheimer Str. 44 / 97082 Würzburg
Tel.: 09 31 /7 97 82 38 / Fax: 09 31/7 97 82 40
Internet: www.hemmer-shop.de

ISBN 978-3-86193- | | Auflage/Jahr/Euro

Lexikon/Definitionen
- D1 (-288-8) Definitionen Strafrecht - schnell gemerkt 4.A/14 · 19,90
- D2 (-065-5) Legal terms für Juristen - Fachwörterbuch Englisch - Deutsch 1.A/11 · 19,90

Skripten Schwerpunkt (120)
- P1 (-429-5) Kriminologie 7.A/15 · 21,90
- P2 (-245-1) Völkerrecht 8.A/13 · 21,90
- P4 (-349-6) Kapitalgesellschaftsrecht 5.A/14 · 21,90
- P7 (-243-7) Rechtsgeschichte I 3.A/13 · 21,90
- P8 (-119-5) Rechtsgeschichte II 2.A/12 · 21,90
- P11 (-085-3) Rechts- und Staatsphilosophie sowie Rechtssoziologie 2.A/11 · 21,90
- P12 (-183-6) Insolvenzrecht 3.A/12 · 21,90

Skripten Steuerrecht (120)
- 42 (-528-5) Abgabenordnung 9.A/16 · 21,90
- 43 (-267-3) Einkommensteuerrecht 8.A/14 · 21,90

Skripten für BWL'er, WiWi & Steuerberater
- W1 (-430-1) PrivatR f. BWL'er, WiWi & Steuerberat 8.A/15 · 19,90
- W2 (-102-7) Ö-Recht f. BWL'er, WiWi & Steuerberat 4.A/12 · 19,90
- W3 (-480-9) Musterkl. für's Vordiplom PrivatR 2.A/04 · 19,90
- W4 (-197-6) Musterkl. für's Vordiplom Ö-R 1.A/00 · 19,90
- WF1 (-472-1) Die 74 wicht. Fälle (BGB AT, SchuldR AT/BT) 5.A/16 · 19,90
- WF2 (-247-5) Die 44 wicht. Fälle (GoA, BerR, GesR, ...) 2.A/13 · 19,90

Skripten Fachbegriffe & Erläuterungen
- G1 (-146-1) Mikroökonomie & Makroökonomie 1.A/12 · 19,90
- G2 (-147-8) Buchführung/Jahresabschl./Rechnungsw. 1.A/12 · 19,90
- G6 (-151-5) HandelsR/GesellschaftsR/WirtschaftsR 1.A/12 · 19,90
- G7 (-152-2) Öffentl. Recht/EuropaR/VölkerR 1.A/12 · 19,90

Basics Karteikarten
- BK1 (-329-8) Basics - Zivilrecht 6.A/14 · 16,90
- BK2 (-441-7) Basics - Strafrecht 4.A/15 · 16,90
- BK3 (-320-5) Basics - Öffentliches Recht 4.A/14 · 16,90

Karteikarten Zivilrecht
- KK1 (-603-9) BGB-AT I 10.A/17 · 16,90
- KK2 (-496-7) BGB-AT II 8.A/16 · 16,90
- KK3 (-539-1) Schuldrecht AT I 10.A/17 · 16,90
- KK4 (-507-0) Schuldrecht AT II 8.A/16 · 16,90
- KK5 (-476-9) Schuldrecht BT I (Kauf-u.WerkVR) 8.A/16 · 16,90
- KK6 (-480-6) Schuldrecht BT II 7.A/16 · 16,90
- KK7 (-464-6) Arbeitsrecht 5.A/16 · 16,90
- KK8 (-413-4) Bereicherungsrecht 7.A/15 · 16,90
- KK9 (-531-5) Deliktsrecht 7.A/16 · 16,90
- KK11 (-484-4) Sachenrecht I 9.A/16 · 16,90
- KK12 (-482-0) Sachenrecht II 8.A/16 · 16,90
- KK13 (-495-0) Kreditsicherungsrecht 4.A/16 · 16,90
- KK14 (-336-6) Familienrecht 4.A/14 · 16,90
- KK15 (-699-2) Erbrecht 5.A/18 · 16,90
- KK16 (-566-7) ZPO I 7.A/17 · 16,90
- KK17 (-491-2) ZPO II 6.A/16 · 16,90
- KK18 (-358-8) Handelsrecht 5.A/14 · 16,90
- KK19 (-383-0) Gesellschaftsrecht 6.A/15 · 16,90

ISBN 978-3-86193- | | Auflage/Jahr/Eu

Die Shorties (Minikarteikarten) inkl. Box
- SH1 (686-2) Box 1: BGB AT, Schuldrecht AT 10.A/18 · 24,9
- SH2/I (-326-7) Box 2/1: vertragliches Schuldrecht 5.A/14 · 24
- SH2/II (-514-8) Box 2/2: gesetzliches Schuldrecht 6.A/16 · 24
- SH3 (-546-9) Box 3: Sachenrecht, ErbR, FamR 8.A/17 · 24
- SH4 (-547-6) Box 4: ZPO I/II, GesellschaftsR, HGB 7.A/17 · 24
- SH5 (-586-5) Box 5: Strafrecht 10.A/17 · 24
- SH6 (-537-7) Box 6: Grundrecht, StaatsOrgR, BauR, u.a. 8.A/17 · 24
- SH7 (-534-6) Box 7: EuropaR, StaatshaftungsR 1.A/16 · 24
- SH8 (-513-1) Box 8: ArbeitsR, StPO 1.A/16 · 24

Karteikarten Strafrecht
- KK20 (-540-7) Strafrecht AT I 9.A/17 · 16
- KK21 (-673-2) Strafrecht-AT II 9.A/17 · 16
- KK22 (-488-2) Strafrecht-BT I 9.A/16 · 16
- KK23 (-696-1) Strafrecht-BT II 9.A/18 · 16
- KK24 (-409-7) StPO 6.A/15 · 16

Karteikarten Öffentliches Recht
- KK25 (-538-4) Verwaltungsrecht I 9.A/17 · 16
- KK26 (-348-9) Verwaltungsrecht II 6.A/14 · 16
- KK27 (-352-6) Verwaltungsrecht III 6.A/14 · 16
- KK28 (-608-4) Staats- u. Verfassungsrecht 10.A/17 · 16
- KK29 (-470-7) Europarecht 4.A/16 · 16

Überblickskarteikarten
- ÜK I (-669-5) BGB im Überblick I 13.A/17 · 30
- ÜK II (-536-0) BGB im Überblick II (Nebengebiete) 8.A/17 · 30
- ÜK III (-607-7) StrafR im Überblick 10.A/17 · 30
- ÜK IV (-467-7) Öffentl.-R im Überblick 10.A/16 · 19
- ÜK V (-725-8) Öffentl.-R im Überblick II Bayern 9.A/18 · 19
- ÜK VI (-468-4) Öffentl.-R im Überblick II NRW 3.A/16 · 19
- ÜK VII (-706-7) Europarecht 6.A/18 · 19

Assessor-Basics/Theoriebände (410)
- A IV (-730-2) Die zivilrechtl. Anwaltsklausur/Teil 1 12.A/18 · 19
- A VII (-543-8) Das Zivilurteil 12.A/17 · 19
- A VIII (-544-5) Die Strafrechtskl. im Assessorexamen 8.A/17 · 19
- A IX (-412-7) Die Assessorklausur Öffentl. Recht 6.A/15 · 19

Assessor-Basics/Klausurentraining
- A I (-471-4) Zivilurteile 17.A/16 · 19
- A II (-535-3) Arbeitsrecht 15.A/17 · 19
- A III (-411-0) Strafrecht 12.A/15 · 19
- A V (-731-9) Zivilrechtl. Anwaltsklausuren/Teil 2 12.A/18 · 19
- A VI (-390-8) Öff.rechtl. u. strafrechtl.Anwaltskl. 6.A/15 · 19

Assessorkarteikarten
- AK I (-645-9) Zivilprozessrecht im Überblick 7.A/17 · 19
- AK II (-516-2) Strafprozessrecht im Überblick 8.A/16 · 19
- AK III (-721-0) Öffentliches Recht im Überblick 6.A/18 · 19
- AK IV (-676-3) Familienrecht im Überblick 3.A/18 · 19

Lieferung erfolgt in aktueller Auflage

2018 PRODUKTLISTE
REIHE INTELLIGENTES LERNEN

Seite 3

Mergentheimer Str. 44 / 97082 Würzburg
Tel.: 09 31 /7 97 82 38 / Fax: 09 31/7 97 82 40
Internet: www.hemmer-shop.de

Sonderartikel   Euro

Lernkarteikartenbox (28.01)
LB _____ Die praktische Lernbox für die Karteikarten   1,99
S 810 _____ Din A4, 80 Blatt 10er Pack   17,50

S1 _____ **Der Referendar (70.01)**
24 Monate zwischen Genie und Wahnsinn (Format A6)   9,80

S2 _____ **Der Rechtsanwalt (70.02)**
Meine größten Rein-) Fälle (Format A6)   9,80

S3 _____ **Der Jurist (70.03)**
Ein Lehrbuch für Leader (Format A6)   9,80

S5 _____ **Coach dich! (70.05)**
Psychologischer Ratgeber   19,80

S6 _____ **Lebendiges Reden (70.06)**
Psychologischer Ratgeber inkl. Audio-CD   21,80

S7 _____ **NLP für Einsteiger (71.01)**
Psychologischer Ratgeber   12,80

S8 _____ **Prüfungen als Herausforderung (70.08)**
Psychologischer Ratgeber   14,80

_____ **Wiederholungsmappe (75.01)**   9,90
Intelligentes Lernen
inkl. Handbuch und Kurzskript

_____ **Ordner hemmer.group (88.20)**   2,50
Ringbuchmappe für Einlagen, DIN A4

(-200-0) _____ **Die wahren Paradiese** - 15 traumhafte Gärten   39,80
Gebunden (Hardcover) mit Schutzumschlag, 208 Seiten
(275 x 255 mm)

(-500-1) _____ **Vom „Baumeland" zum Traumgarten**   34,80
Ein ländlicher Garten mit mediterranem Charme
Gebunden (Hardcover) mit Schutzumschlag, 180 Seiten
(275 x 255 mm) - 1. Auflage Mai 2016
Ein Buch über den eigenen Garten
Die intensive Beschäftigung mit dem Thema Garten seit mehr als zwanzig Jahren, all die Tätigkeiten im Jahreslauf, das Erleben der Natur und die Erfahrungen, die ich gemacht habe, fließen in dieses Werk über unseren Garten ein. Es werden sowohl die Entstehung der Gartenanlage als auch die vier Jahreszeiten mit den dazugehörenden Aufgaben im Garten beschrieben.

Life&Law   Euro

_____ Einzelheft der Life&LAW   6,80
AboLL _____ Abonnement der Life&LAW
Life&Law 3 Monate kostenfrei,
danach erhalten Sie die Life&Law zum Preis von   5,80
LLJ _____ Life&LAW Jahrgangsband 1999 - 2016
_____ bitte Jahrgang eintragen   je 50,00
LLJ14 _____ Life&LAW Jahrgangsband 2017   80,00
LLE _____ Einband für Life&LAW Jahrgang   je 6,00

Die AnwaltsBasics

978-3-9813969-0-4 _____ Die AnwaltsBasics Erbrecht
1. Auflage, November 2010, 429 S.   39,90

978-3-9813969-5-9 _____ Die AnwaltsBasics Mediation
erweiterte 2. Auflage, November 2013, 237 S.   23,90

Endsumme:

Lieferung erfolgt in aktueller Auflage

Kundennummer D

Prüfen Sie in Ruhe zuhause!
Alle Produkte dürfen innerhalb von 14 Tagen an den Verlag (Originalzustand) zurückgeschickt werden. Es wird ein uneingeschränktes gesetzliches Rückgaberecht gewährt. Hinweis: Der Besteller trägt bei einem Bestellwert bis 40 Euro die Kosten der Rücksendung. Über 40 Euro Bestellwert trägt er ebenfalls die Kosten, wenn zum Zeitpunkt der Rückgabe noch keine (An-) Zahlung geleistet wurde.
Die Lieferung erfolgt (ausschließlich innerhalb Deutschlands) versandkostenfrei an Ihre angegebene Adresse.
Ich weiß, dass meine Bestellung nur bearbeitet wird, wenn ich zum Einzug ermächtige. Bestellungen auf Rechnung können nicht berücksichtigt werden.
Bei fehlerhaften oder unleserlichen Angaben, sowie einer Rücklastschrift aufgrund Nichtdeckung meines Kontos wird der branchenübliche Schaden in Rechnung gestellt. Der Kunde ist berechtigt, diesem Pauschalbetrag den Nachweis entgegenzuhalten, dass nur ein geringerer Schaden entstanden ist. Die Lieferung erfolgt unter Eigentumsvorbehalt.

Name: _____ Vorname: _____

Adresse: _____

Telefon: _____ e-mail-adresse: _____

Buchen Sie die Endsumme von meinem Konto ab:

Konto-Nr.: _____ Bankleitzahl: _____

Bank: _____ BIC: _____

IBAN: _____

Ort, Datum: _____ Unterschrift: _____

Die Skripten: Ihr Erfolgsprogramm für Studium und Examen

Das Prüfungswissen

Staatsrecht I

Die Grundrechte sind das Herzstück der Verfassung. Zulässigkeit und Begründetheit der Verfassungsbeschwerde geben jedem Klausurersteller die Möglichkeit, Grundrechtsverständnis abzuprüfen. Die einzelnen Grundrechte werden im Rahmen der Begründetheit der Verfassungsbeschwerde umfassend erklärt. Lernen Sie mit der hemmer-Methode den richtigen Fallaufbau, auf den gerade im Öffentlichen Recht besonders viel Wert gelegt wird.

Inhalt:

- Stellung des Bundesverfassungsgerichts
- Zulässigkeitsvoraussetzungen
- Abschließender Übungsfall zur Zulässigkeit
- Prüfungsumfang bei einer Verfassungsbeschwerde
- Exkurs: Bindungswirkung der Verfassungsgerichtsentscheidung
- Arten und Funktionen der Grundrechte
- Prüfungsschemata zur Verletzung von Freiheitsgrundrechten
- Schutz der Menschenwürde, Art. 1 I GG
- Freie Entfaltung der Persönlichkeit, Art. 2 I GG
- Recht auf Leben und körperliche Unversehrtheit, Art. 2 II S. 1 GG
- Freiheit der Person, Art. 2 II S. 2, 104 GG u.a.

hemmer/wüst Verlag

www.hemmer-shop.de